Gft.Holstein
Lübeck
Hamburg
Schwerin
HZM. POMMERN
Warthe
Lüneburg
Altmark
M. Brandenburg
Oder
Magdeburg
Elbe
M. Lausitz
Goslar
HZM. SCHLESIEN
Breslau
Thüringen
Erfurt
M. Meißen
Eger
Prag
Moldau
BÖHMEN
Bamberg
Würzburg
Nürnberg
Markgft. Mähren
Regensburg
Donau
HZM. ÖSTERREICH
Ulm
Freising
Augsburg
Salzburg
HZM. BAIERN
Gran
KÖNIGREICH UNGARN
HZM. STEIERMARK seit 1180
Inn
Gft.Tirol
HZM. KÄRNTEN
Theiß
M.Friaul
Aquileja
M.Krain
M.Verona
Verona
Lodi
Etsch
Venedig
Sawe
Donau
Cremona
Po
Mathildische Güter
Genua
Bologna
Pisa
Florenz
M.Ancona
Ancona
ADRIA
KÖNIGREICH SERBIEN
HZM. SPOLETO
Spoleto
Viterbo
Sutri
Kirchenstaat
Rom
Tusculum
KGR. SIZILIEN
Benevent
SARDINIEN

HELMUT HILLER

FRIEDRICH BARBAROSSA
und seine Zeit

Eine Chronik

LIST VERLAG MÜNCHEN

Umschlagentwurf: Design Team, München

Umschlagbild:
Siegel des Kaisers Friedrich Barbarossa aus dem Jahre 1184
(Bildarchiv Preußischer Kulturbesitz, Berlin).

Vorsatzkarten: Christel Aumann

Register: Irene Matthes

ISBN 3-471-77516-1

Gesamtherstellung: May & Co, Darmstadt.

Inhalt

Zeittafel

Friedrich I.

1122 Vermutlich gegen Ende d. Jhr.s geboren

1147 Friedrich wird Herzog von Schwaben u. nimmt am 2. Kreuzzug teil

1152 Zum deutschen König gewählt

1153 Vertrag von Konstanz mit dem Papst

1155 Am 18.6. in Rom zum Kaiser gekrönt

1156 Heinrich d. L. erhält Bayern. Österreich wird selbständiges Herzogtum

1156 Vermählung Friedrichs I. mit Beatrix von Burgund

1156 Der Papst schließt mit Sizilien Vertrag von Benevent und torpediert dadurch Vertrag von Konstanz

1157 Feldzug gegen Polen

1158 Mailand zum erstenmal unterworfen

Allgemeines

1122 Wormser Konkordat
Euklid und Ptolemäus Anfang d. Jh.s. erstmals ins Lateinische übersetzt.
Die »Schule von Salerno« befruchtet die abendländische Medizin
Universalienstreit u. a. zwischen Petrus Abälard und Bernhard von Clairvaux

1147 Die neue steinerne Brücke in Regensburg wird als Bauwunder bestaunt

Mitte d. Jh. Die deutsche Kaiserchronik entsteht in Regensburg
Universitäten in Bologna und Paris entstehen, bald auch in Oxford
Deutsche siedeln in Siebenbürgen
Trittwebstühle, Windmühlen kommen auf, u. U. auch Räderuhren

1158 Friedrich festigt auf dem roncalischen Reichstag seine Stellung in Italien und beschneidet die Freiheit der dortigen Städte

1159 Das alexandrin. Schisma der Kirche bricht aus

1160 Papst Alexander III. bannt Friedrich

1162 Kapitulation Mailands

1162 Gescheitertes Treffen mit Ludwig VII. von Frankreich

1165 Bündnis zwischen dem Reich und England. Würzburger Eide gegen Papst Alexander

1165 Heiligsprechung Karls d. Gr.

1167 Lombardischer Städtebund gegründet

1167 Malaria-Katastrophe in Rom zwingt Friedrich zum Rückzug

1168 Friedrich beschwichtigt Fronde geg. Heinrich d. L.

1169 Friedrich regelt Erbfolge. sein Sohn Heinrich VI. zum König gewählt und gekrönt

1176 Heinrich d. L. verweigert Friedrich Hilfe, dieser unterliegt bei Legnano

1177 Friedensschluß in Venedig mit Papst Alexander III.; Waffenstillstand mit den Lombarden

1180/81 Heinrich d. L. verfällt der Reichsacht, seine Herzogtümer werden neu vergeben

1183 Friedensschluß mit den lombardischen Städten in Konstanz

1190 Am 10. 6. auf dem 3. Kreuzzug im Saleph (Kleinasien) ertrunken

Aristoteles erstmals ins Lateinische übersetzt

1155 Arnold von Brescia als Gegner der weltlichen Macht der Päpste in Rom hingerichtet

Hildegard von Bingen schreibt ihre medizinisch-naturwissenschaftl. Bücher

1157 Erste Staatsschuldscheine in Venedig. Kölner Kaufleute haben in London eine »Hanse«

1158/59 Heinrich d. L. macht München zu einem Knotenpunkt des süddeutschen Salzhandels und gründet Lübeck neu

1161 In London eine der frühesten bekannten Anordnungen gegen die Ausbreitung der Geschlechtskrankheiten erlassen

1163/64 In Holland immer wieder Überschwemmungen, Dammbauten

Das Mittelhochdeutsche bildet sich und löst das seit ca. 100 Jahren gebräuchliche Frühmittelhochdeutsch ab

Blütezeit des Rittertums

um 1170 Walther von der Vogelweide, Wolfram von Eschenbach und Hartmann von Aue geboren

etwa 1171 Heinrich d. L. beginnt den Bau des romanischen Domes in Braunschweig; in Frankreich sind bereits die ersten gotischen Dome im Bau

1189 Erste Heller in Schwäbisch Hall geprägt

Kompaß, Steuerruder, künstliche Häfen und Orientierungszeichen auf See kommen in Gebrauch

Das Jahrhundert Barbarossas

Das Mittelalter begriff sich als eine »Endzeit«; deshalb sah man in jedem außergewöhnlichen Naturereignis – in Sonnen- und Mondfinsternis, im Aufprall von Meteoriten, in Erdbeben, Überschwemmungen, Hungersnöten und Epidemien – ein Zeichen für den unmittelbar bevorstehenden Weltuntergang.

Die Menschen fühlten sich dabei ganz in der Gewalt, aber auch im Schutze ihres, des christlichen Gottes.

Freilich, neben einer tiefen Frömmigkeit gab es unüberschaubar viele Beispiele von Aberglauben und von Magie. Im 12. Jahrhundert – dem Jahrhundert, in dem Friedrich I. Barbarossa geboren wurde und starb – entstanden die Glaubensbewegungen der Katharer, Waldenser usw., die den christlichen Gott zwar nicht leugneten, die Institutionen der römischen Kirche aber ablehnten und bekämpften. Ihr Auftreten blieb auch in der Auseinandersetzung des deutschen Kaisers mit dem Papst und seiner Kirche nicht ohne Wirkung.

Die Furcht vor überirdischen Mächten aller Art bestimmte weithin die Handlungen der Menschen. Und die Furcht vor der Hölle stand dabei an erster Stelle, wie andererseits die Hoffnung auf das ewige Leben im Himmel das Motiv vieler guter Taten war. Der Glaube an das Fegefeuer griff im 11. und 12. Jahrhundert immer weiter um sich, obgleich diese Möglichkeit der Läuterung schon im 5. Jahrhundert von Augustinus in die katholische Heilslehre eingeführt worden war. Nicht wenige Scharlatane machten sich die grenzenlose Gläubigkeit ihrer Mitmenschen zunutze und berichteten von persönlichen Erlebnissen in der Hölle und im Fegefeuer, woher sie glücklich wieder auf die Erde zurückgekehrt sein wollten. Dergleichen wurde mit Inbrunst geglaubt und weitererzählt, und noch zu Beginn des 14. Jahrhunderts konnte sich Dante nicht in den Straßen von Verona sehen lassen, ohne den Kindern voll Staunens als der Mann gezeigt zu werden, der in der Hölle war.

So wie Gott vom Himmel aus ein uneingeschränktes Regiment führte, so herrschten nach der hierarchischen Ordnung auf Erden die Fürsten und in den Familien die Männer ohne Vorbehalt. Der Ehemann hatte gegenüber seiner Frau ein absolutes Züchtigungsrecht, das auch von der Kirche anerkannt wurde. Als gegen Ende des 13. Jahrhunderts in einem berühmten französischen Rechtsbuch festgelegt wurde, daß die Ehefrau von ihrem Mann »nur mit Maß und Ziel« geschlagen werden dürfe, da war dies schon ein beträchtlicher Fortschritt zugunsten der Frauen.

Die Frauen waren überhaupt weitgehend zur Passivität gezwungen. Das zeigte sich schon bei der Eheschließung. Keineswegs nur in Adelskreisen wurde mit den Töchtern kräftig Heiratspolitik getrieben. Aus materiellen Gründen hat man sie nicht selten schon im Kindesalter verlobt oder verheiratet. Altersunterschiede und das Aussehen der Braut spielten oft ebensowenig eine Rolle wie die Zuneigung der Partner, wenn die Ehe nur ein politisches, erbrechtliches oder geschäftliches Vehikel war. In Anbetracht des oft kindlichen Alters der Brautleute wurde die Ehe erst durch den Vollzug des Beilagers gültig. Zwischen der Verheiratung und der Rechtsgültigkeit einer Ehe konnten viele Jahre vergehen, und das Beilager wurde dann häufig vor Zeugen bestiegen, damit diese die Gültigkeit der Ehe nötigenfalls beschwören konnten. Die kirchliche Einsegnung der Ehe war ja noch lange nicht die Regel, denn sie wurde erst im 16. Jahrhundert auf dem Tridentinischen Konzil vorgeschrieben.

Es war also den Brautleuten überlassen und richtete sich nicht zuletzt nach Stand und Besitz, ob die Hochzeit festlich begangen wurde oder ob man ohne große Feier zusammenzog. Die Kopulation aus materiellen Motiven war ebenso wie der formlose Übergang zum Zusammenleben der Grund dafür, daß Eheleute nicht selten wieder auseinandergingen. Natürlich sind Scheidungen in Adelskreisen mehr bekanntgeworden als aus den einfachen Schichten. Sowohl Friedrich Barbarossa als auch Heinrich der Löwe haben sich von ihren ersten Gemahlinnen scheiden lassen. Aus dem Jahre 1174 ist

das »Urteil« eines Minnehofes der Gräfin von Champagne bezeugt, in dem es unter anderem heißt: »Die Liebe kann ihre Rechte nicht auf Ehemann und Ehefrau ausdehnen. Während sich die Liebenden über jede Sache gegenseitig und freiwillig einigen, ohne irgendwelche Verpflichtung oder Notwendigkeit, sind die Ehegatten pflichtgemäß an den gegenseitigen Willen gekettet. Dieses Urteil, das wir aussprechen, nachdem wir mehrere edle Damen gehört haben, soll als ständige und unverbrüchliche Wahrheit gelten.«
Sowenig wie hier, sowenig hat sich auch in anderer Hinsicht seit dem Mittelalter geändert, denn auch damals versuchte man sich vor unerwünschtem Nachwuchs zu schützen, und auch damals kämpfte die katholische Kirche dagegen an. Thomas von Aquin verurteilte die Empfängnisverhütung als ein Verbrechen, das nur vom Mord übertroffen werde. Aber in der Regel machten sich die Ehepartner darüber ohnedies wenig Gedanken, so daß die Frauen in einer Ehe nicht selten zwanzig und mehr Kinder zur Welt brachten, von denen freilich infolge schlechter ärztlicher und hygienischer Versorgung sehr viele wieder starben. In den Städten sollen auf solche Weise pro Familie meist nur ein bis zwei Kinder groß geworden sein.
Von den vielfach formlos geschlossenen Ehen ließen sich die unehelichen Verbindungen zwischen Männern und Frauen wohl oft kaum unterscheiden, und so ist es auch nicht erstaunlich, daß die freien Liebesbeziehungen üblich waren. Es gab deshalb auch viele uneheliche Kinder, und die außereheliche Liebe brachte sogar eine ganze Dichtungsgattung hervor, die sogenannten *Tagelieder,* in denen die Liebenden bei Tagesanbruch durch einen Wächter vor unliebsamer Überraschung bewahrt werden. Die sich im Laufe des 12. Jahrhunderts entwickelnden Städte haben zur Entfaltung der freien Beziehungen zwischen den Geschlechtern wohl ebenso beigetragen wie die nicht wenigen reisenden Vaganten mit ihrem unbändigen Lebenshunger, der zunehmende Handelsverkehr und das sich ausbreitende Geld, das vom früheren Gütertausch und von der Suche nach einem tauschwilligen

Partner unabhängig machte. Während des dritten Kreuzzuges sollen 1189 bei der Belagerung von Akkon dreihundert Frauen zum Trost für die französischen Kreuzritter zur Verfügung gestanden haben, von denen viele wohl schon vorher den Zug in Männerkleidern begleitet haben. In London hat das Parlament im Jahre 1161 vorgeschrieben, daß sich in den dortigen Freudenhäusern keine Frauen mit der »gefährlichen brennenden Krankheit« aufhalten dürften. Das war wohl eine der frühesten Vorschriften gegen die Ausbreitung der Geschlechtskrankheiten – in der damals schon blühenden Hafenstadt sicher eine dringende Notwendigkeit.
Die Kleidung brachte die soziale Stellung des Trägers im Mittelalter beinahe mehr zum Ausdruck als heute, denn von weltlichen und kirchlichen Obrigkeiten wurden sogar Vorschriften erlassen, die zum Beispiel festlegten, welche Stände an welchen Kleidungsstücken Pelze tragen durften. Die Wohlhabenden trugen stoffreiche, wallende, lose über den Körper gestreifte glockenartige Kleider aus feinen Tuchen. Besonders flämische Stoffe waren damals begehrt, und je reicher der Träger war, um so mehr ließ er seine Kleider verzieren. Der Mantel wurde mit Hilfe eines Fürspans zusammengehalten, der aus einer schön gestalteten Kordel oder aus einer Kette bestand. Seide war noch außerordentlich selten, da sie durchweg aus dem Orient eingeführt wurde. Hier leisteten die Kreuzzüge und die nicht wenigen Wallfahrten in das Heilige Land Schrittmacherdienste. Erst Mitte des 12. Jahrhunderts wurde die Seidenherstellung zunächst im südlichen Europa eingeführt. Die vornehmeren Kreise bedienten sich jedoch gerne der Handschuhe, um ihre Distinktion sichtbar zu machen. Die einfachen Leute trugen derbe, schmucklose Kleider, die auf die praktischen Notwendigkeiten bei der Arbeit zugeschnitten waren. Die Beine wurden bis etwa zur Mitte der Oberschenkel mit langen Strümpfen oder Beinlingen bekleidet, die mit Schnürbändern an dem Bruoch oder Niederkleid befestigt wurden, das den Unterleib schützte. Den Oberkörper bekleideten auch die einfachen Leute mit einem glockenartigen Überwurf. Das

Schuhzeug bestand wiederum, je nach Tätigkeit des Trägers und je nach Verwendungszweck, aus feinerem oder kräftigerem Leder. Die Frauen trugen auf dem Kopf meist das Gebende, eine Art Mütze, die mit einer Binde unter dem Kinn gehalten wurde. Im übrigen war aber die Kleidung der beiden Geschlechter oft kaum zu unterscheiden.
Die Häuser der damaligen Zeit wurden aus Holz, Stroh, Reisig oder Schilf gebaut, wozu Lehm als Bindemittel diente. Wenn brauchbare Natursteine vorhanden waren, wurden auch diese benutzt, z. B. in Regensburg. Dem Bremer Domherrn Vizelin wird wohl die Einführung des Ziegelbaues in Wagrien – das Land um Lübeck – um das Jahr 1125 zugeschrieben, aber die nennenswerte Anwendung erfolgte nur sehr allmählich. Und obgleich Glasfenster schon von den Römern verwendet worden waren, kannte man sie in den wesentlich rauheren Gegenden nördlich der Alpen im 12. Jahrhundert so gut wie nicht. Die Fenster zur Belüftung und zum Einlaß des Tageslichtes wurden bei schlechtem Wetter mit ölgetränkter Leinwand, mit Fetthäuten, Pergament oder einfach mit Holzläden zugemacht. Die Beleuchtung erfolgte dann mit einem Kienspan, an festlichen Tagen oder in besseren Kreisen mit den teuren Kerzen. Fackeln wurden für die Beleuchtung von Innenräumen nur ungern verwendet, jedoch ist um die Mitte des 12. Jahrhunderts bereits eine Lampe mit Asbestdocht bekannt. Für die Heizung der Räume kannte man offene Kohlebecken, auch offene Kamine und sogar einfache Kachelöfen. Aus der Kaiserpfalz in Goslar ist aus dem 11. Jahrhundert eine Warmluftheizung bekannt. In Bauern- und Bürgerhäusern war aber wohl meist keine Heizmöglichkeit vorhanden, und dieser Umstand wie auch die schlechte Beleuchtung führten dazu, daß man in der Regel bei Einbruch der Dunkelheit »mit den Hühnern« zu Bett ging. Je nach dem Besitzstand hatte man ein einfaches Kastenbett aus Holz oder ein kunstvoll verziertes mit einem »Himmel« und teilweise mit Wänden, so daß derartige Bettstätten ein eigenes Gehäuse bildeten. Man lag zumeist auf einem Strohsack und deckte sich auch mit einem solchen

oder einer Schaffell-Decke zu, gelegentlich hatte man aber auch bereits ein mit Federn gefülltes Bett. Der teilweise geübte Brauch, auf den Kissen und Polstern halb im Sitzen zu schlafen, erklärt, warum die Betten der früheren Zeiten oft so erstaunlich kurz sind. Als Sitzgelegenheiten dienten Bänke und niedere Schemel. Der Stuhl mit Lehne war feierlichen Gelegenheiten vorbehalten, da man in ihm eine Art von Thron sah.

Als Speisen dienten damals neben dem Brot, das zu keiner Mahlzeit fehlte, das Fleisch von Haustieren – vor allem vom Schwein – und Wildbret, wobei man auch Krähen, Störche und Kraniche nicht verschmäht hat. Fischgerichte waren häufig und sehr geschätzt. Gemüse gab es dagegen nicht viel, und die Kartoffeln waren noch ebensowenig bekannt wie Salate. Aber man liebte Gewürze, um den Speisen mehr Geschmack zu geben. Butter, Käse und Eier waren häufig auf dem Tisch zu finden. Der Wunsch nach Süßigkeit mußte hauptsächlich mit Honig befriedigt werden, der deshalb sehr begehrt war. Die Möglichkeiten der Vorratshaltung waren gering, so daß man meist »von der Hand in den Mund« leben mußte. Gegessen wurde mit den Fingern. Obgleich im *Hortus deliciarum* der Äbtissin Herrad von Landsberg aus der zweiten Hälfte des 12. Jahrhunderts Gabeln abgebildet sind und solche in Adelskreisen seit dem 11. Jahrhundert gelegentlich verwendet wurden, kamen sie beim Volk als Tischgeräte erst etwa im 15. Jahrhundert in Gebrauch. Vor allem widersetzte sich die Kirche der Einführung von Gabeln, weil diese seit alters Instrumente der Hexen und des Teufels waren. Löffel und Teller waren nach unserer Kenntnis noch kaum im Gebrauch, wenn auch der *Ruodlieb*, der erste Roman deutscher Herkunft, Mitte des 11. Jahrhunderts bereits einen Löffel auf einen Bauerntisch bringt. Messer führten die Männer stets als Waffen bei sich, und sie benutzten diese sowohl zum Schneiden wie auch zum Aufspießen des Fleisches. Getrunken wurde im Norden gerne Bier, im Süden mehr Wein, in den einfacheren Schichten Wasser und Milch. Die zahlreichen kirchlichen Feiertage boten Anlaß für das beliebte üp-

Mühle aus dem »Hortus deliciarum« der Herrad von Landsberg (zwischen 1175 und 1185 entstanden). Beispiel für Zahnradübersetzungen im 12. Jh. (Nach der Handschriftenedition von Straub/Keller 1879 ff).

pige Schmausen, aber die noch zahlreicheren Fastentage schrieben den Verzicht auf Fleisch vor und verboten, daß man sich öfters als einmal am Tag satt esse.

Natürlich ist es interessant zu sehen, was im 12. Jahrhundert an technischen Geräten und Einrichtungen zur Verfügung stand. Der seit drei Jahrtausenden unverändert gebliebene Webstuhl wurde jetzt weiterentwickelt, es gelang die Konstruktion des wesentlich effektiveren Trittwebstuhles. Schon aus dem 11. Jahrhundert sind für die Wasserversorgung zwei erstaunlich tiefe Brunnen bekannt: in der Abtei Limburg in der Pfalz einer mit 88 Metern Tiefe und in der Nürnberger Burg einer mit 70 Metern. Der Mönch Theophilus Presbyter hat Anfang des 12. Jahrhunderts in seiner *Schedula diversarum artium* einen Überblick über eine Reihe der zu seiner Zeit bekannten technischen Fertigkeiten zusammengestellt, die

zum Teil bereits eine lange und bewegte Entwicklung hinter sich hatten. Er behandelte die zeitgenössische Goldschmiedekunst einschließlich des Emaillierens, des Tauschierens und des Niello, weiter den Glockenguß und die Herstellung von Stanniol. Auch die Erzeugung von Glas sowie der Orgelbau werden in diesem wohl bedeutendsten mittelalterlichen technischen Lehrbuch beschrieben. Es ist möglich, aber nicht eindeutig nachweisbar, daß der Verfasser Theophilus Presbyter mit dem Mönch und Goldschmied Rogerus aus dem Benediktinerkloster Helmarshausen bei Paderborn identisch ist. Dieser Mönch hat wertvolle sakrale Metallarbeiten geschaffen, und von seinem Kloster gingen auch großartige Werke der Buchmalerei aus. Bei der Verbreitung technischer Fertigkeiten haben die Klöster entscheidende Schrittmacherdienste geleistet. Die verschiedenen Orden empfanden sich dabei teilweise als Konkurrenten.
Schon im Alterum hat es erfinderische Geister gereizt, Automaten zu konstruieren. Aus dem 12. Jahrhundert sind »automatisch« bewegliche Vögel, Hunde und Bogenschützen bekannt, die bei den Zeitgenossen viel Aufsehen und Vergnügen erregten. Im Zusammenhang damit steht die Entwicklung von mechanischen Räderuhren, die im gleichen Jahrhundert wohl zuerst in den Klöstern zu finden waren. Im Jahre 1120 erhielten die Sakristanen der Zisterzienserklöster die Anweisung, dafür zu sorgen, daß die Uhr »vor der Frühmesse schlage und wecke«. Daraus ist allerdings nicht sicher auf Räderuhren zu schließen, denn Karl der Große hatte auch bereits eine persische Wasseruhr mit einem »Schlagwerk« und Stundenschlag. Wichtigste Voraussetzung für die Konstruktion von Räderuhren war die Erfindung der »Hemmung«, die das Ablaufen der aufgezogenen Gewichte regulierte. Bis dahin waren nur Sonnen-, Sand- und Wasseruhren bekannt, die freilich auch nach dem Auftreten der ersten Räderuhren teilweise noch einige Jahrhunderte lang im Gebrauch blieben.
Im 12. Jahrhundert gelangten auch die Windmühlen in das Abendland, wo man bis dahin nur Wassermühlen gekannt

Der Turmbau zu Babel. Eine Vielfalt von Werkzeugen war für den Hausbau im 12. Jh. bereits vorhanden. Aus dem »Hortus deliciarum«. (Nach der Handschriftenedition von Staub/Keller 1899 ff).

hatte. Der erste Steinkohlenbergbau über Tage erfolgte anscheinend gleichfalls Anfang des 12. Jahrhunderts in Herzogenrath nördlich von Aachen, während nach Erzen – zum Beispiel Silber – im Abendland schon seit der Antike gegraben wurde. Für das Schreiben kamen allmählich Graphitstifte in Gebrauch. In England befahl König Heinrich I. im Jahre 1101 zur Normierung der Längenmessung den Gebrauch der sächsischen Elle.

Nachdem die Chinesen und Muselmanen die Orientierung auf See schon seit längerer Zeit mit Hilfe von Kompassen verbessert hatten, drangen diese Instrumente gegen Ende des 12. Jahrhunderts auch in das Abendland vor. Einzelne Schiffsbesatzungen sollen sich allerdings geweigert haben, sich diesem »Teufelsding« anzuvertrauen. Aber die Magnetnadel war auch im Abendland schon länger bekannt, die

Sage vom Magnetberg, der den sich nähernden Schiffen die Nägel herauszieht, beweist dies.
Im Schiffbau lernte man in jenem Jahrhundert die Schiffe mit Steuerrudern auszustatten, so daß sie leichter und sicherer lenkbar wurden. Neben den natürlichen wurden nunmehr auch künstliche Häfen benutzt, und an der Nord- und Ostseeküste wurden jetzt auch erstmals planmäßig Orientierungszeichen für die Schiffahrt gesetzt.
Der Umbruch vom romanischen zum gotischen Baustil nahm in der zweiten Hälfte des 12. Jahrhunderts von Frankreich seinen Ausgang. In den deutschen Ländern wird der Kirchenbau ebenso wie der Stil der königlichen Pfalzen allerdings noch völlig von der Romanik bestimmt.
Die naturkundlichen und medizinischen Kenntnisse der Barbarossa-Zeit waren mit viel Mystik und religiösem Symbolismus durchtränkt. Das kann ein Beispiel aus dem *Physiologus* zeigen, einem während des ganzen Mittelalters in vielen Abschriften und Übersetzungen verbreiteten Lehrbuch. Darin wird der Panther mit der christlichen Heilsgeschichte auf folgende Weise in Verbindung gebracht: »Ein Tier heißt Panther und ist mild, von bunter Vielfalt und sehr schön. Er ist des Drachen Feind. Seine Art ist so beschaffen: wenn er satt ist von vielerlei, legt er sich in seine Höhle und schläft drei Tage. Dann steht er auf und stößt gewaltige Laute aus und hat einen so süßen Geruch, daß der alle Gewürze übertrifft. Sobald die Tiere nah und fern seine Stimme vernehmen, versammeln sie sich und folgen der Süße seines Geruches. Der Drache wird so furchtsam, daß er liegt, als sei er unter der Erde. Der Panther, der bedeutet unseren Herrn, der die ganze Menschheit mit der Süße seiner Gnade zu sich holte. Er war mild, wie Jesajas sagte: ›Freue dich und sei froh, Jerusalem, denn dein König kommt zu dir, der milde.‹ Er war, als ob er von bunter Vielfalt wäre, wegen seiner mannigfachen Weisheit und wegen der Wunder, die er tat. Er war schöner, als je ein Mensch sein kann. Nachdem er gesättigt war mit dem Leid und dem Spott und dem Geißeln der Juden und gekreuziget war, da ruhte er in dem Grabe drei Tage, wie

der Panther, und am dritten Tage erstand er von den Toten und seine Worte wurden bald auf der ganzen Welt gehört und er überwand den großen Teufel wie der Panther den Drachen.«

Auch die medizinischen und naturkundlichen Schriften der im 12. Jahrhundert lebenden Hildegard von Bingen waren stark mit der christlichen Glaubenslehre verquickt. Wie sehr diese Zeit noch eine vorwissenschaftliche Periode war und zum Beispiel an die Wirkung von allerlei Zaubersprüchen glaubte, illustriert der folgende Pferdesegen:

Ging ein Mann des Weges
Zog sein Roß hinter sich
Da begegnete mein Herr ihm
Mit all seinen Leuten.

»Warum gehst du, Mann?
Weshalb nicht reitest du?«
»Wie kann ich reiten?
Mein Roß ist versteifet.«

»So zieh es bei der Flanke
Und raun ihm ins Ohr
Tritt es auf den rechten Fuß
So wird's nimmer steif sein.«

Neben dem weitverbreiteten christlichen Symbolismus darf allerdings die Schule von Salerno nicht übersehen werden, die zum Schrittmacher aller medizinischen Fakultäten des Abendlandes wurde und ihre Blütezeit vom 11. bis 13. Jahrhundert hatte. Die dort tätigen griechischen, jüdischen und muselmanischen Lehrer bauten auf den Erkenntnissen der Antike und des Orients auf und wurden von den christlichen Glaubensvorschriften offenbar wenig eingeengt. Die gesammelten Schriften des arabischen Arztes und Philosophen Avicenna, der im 11. Jahrhundert in Isfahan gelehrt hatte, bildeten eine wichtige Grundlage für die Schule von Salerno. Ein dort im frühen 12. Jahrhundert entstandenes geburtshilfliches Lehrbuch war berühmt, ein Traktat aus der Mitte des gleichen Jahrhunderts beschrieb bereits die Destillation von Alkohol, und 1180 wurde gegen den Kropf die Anwendung des stark jodhaltigen Seetangs empfohlen, während man in großen Teilen des Abendlandes noch an die Heilkraft von Zaubersprüchen glaubte.

Für die weitere Entfaltung der Wissenschaften im Abendland wurde es von unschätzbarer Bedeutung, daß im 12. Jahrhundert eine Reihe von Schriften aus dem griechischen und arabischen Kulturkreis erstmals ins Lateinische übersetzt wurde. Allen voran sind die Schriften des Aristoteles zu nennen, für deren Verständnis die gleichzeitige Übersetzung der Erläuterungen seines arabischen Kommentators Averroës entscheidend war. Ein weiteres bedeutendes Ereignis in der Wissenschaftsgeschichte jener Zeit war die Übersetzung des *Almagest* von Ptolemäus durch einen Wissenschaftler aus Salerno. Dieses Werk brachte tausend Jahre nach seiner ersten Niederschrift das Ptolemäische Weltsystem in das Abendland und verdrängte alle bis dahin bekannten Schriften über Astronomie.

Für die Geometrie öffnete sich durch die Übertragung der Schriften Euklids ins Lateinische ein völlig neues Verständnis. Gegen Ende des Jahrhunderts wurden auch die Werke des Hippokrates durch Übersetzungen in der lateinisch sprechenden Welt bekannt. Zur wissenschaftlichen Begründung der Physik – einschließlich der Optik und Mechanik – sowie der Biologie im Abendland trugen die Übersetzungen griechischer und arabischer Schriften wesentlich bei. Diese Übertragungen wissenschaftlicher Kenntnisse aus fremden Kulturkreisen bildeten wichtige Ausgangspunkte für die weitere Entfaltung der abendländischen Kultur in den folgenden Jahrhunderten. Auch das Dezimalsystem und die Algebra mit den sogenannten arabischen Zahlen hielten damals im Abendland ihren Einzug, aber es dauerte doch ähnlich wie bei den anderen neuen Kenntnissen noch einige Jahrhunderte, bis die römischen Zahlen verdrängt und die sehr viel größeren Möglichkeiten der arabischen Zahlen genutzt wurden.

Es unterlag in Barbarossas Jahrhundert keinem Zweifel, daß die Erde der Mittelpunkt des Weltalls sei, und auch das Ptolemäische System änderte an dieser Sicht nichts. Der Grieche Anaximander, der im 6. Jahrhundert vor Christus die Erde als Kugel, und Aristarch von Samos, der im 3. Jahrhundert vor Christus die Sonne als Mittelpunkt unseres Planetensystems angesehen hatten, waren längst wieder vergessen. Man betrachtete die Erde als eine Scheibe, deren Mittelpunkt die Stadt Jerusalem bildete, wie die Bibel schrieb: »Gott der Herr spricht: Das ist Jerusalem, das ich in den Mittelpunkt der Völker gesetzt habe und in seinen Umkreis die Länder« (Ezechiel V, 5). Die geographischen Kenntnisse der damaligen Mitteleuropäer reichten nur mit wenigen Ausnahmen über das heutige Europa und die Küstengebiete des Mittelmeeres hinaus. Man sprach und schrieb wohl vom »Erdkreis« und von der »Welt«, aber der Gesichtskreis war noch sehr klein.
Entsprechend den Lehren der römischen Kirche war man im Abendland von der Vorzugsstellung der Erde unter den Gestirnen ebenso überzeugt wie von derjenigen der Menschen unter den Kreaturen. Das wichtigste theologische Handbuch des Mittelalters hat Mitte des 12. Jahrhunderts der italienische Scholastiker und spätere Bischof von Paris Petrus Lombardus geschrieben. Zur gleichen Zeit verfaßte der bolognesische Kirchenrechtslehrer und Kamaldulensermönch Gratian sein nachmals *Decretum Gratiani* genanntes Handbuch, in dem er das Kirchenrecht systematisch ordnete und mit dem er eine wichtige Grundlage für das *Corpus iuris canonici*, die maßgebende Sammlung kirchenrechtlicher Vorschriften, schuf.
Weit über die Kirche hinaus wirkte jedoch Petrus Abälard in Paris, der mit dem Universalienstreit eine ungeheuer aufwühlende geistige Bewegung verursachte. *Universalia sunt realia* – die Ideen sind die Wirklichkeit – war einer der fruchtbarsten Gedanken des Mittelalters. Nur aus ihm ist die damalige Auffassung des Papsttums und des Kaisertums zu verstehen, die losgelöst von einzelnen Päpsten und Kaisern

den Ideengehalt dieser Institutionen in den Vordergrund stellte. Der Streit Abälards mit einem anderen bedeutenden Geist jener Zeit, dem Zisterzienserabt Bernhard von Clairvaux, bewegte das ganze christliche Abendland. Bernhard hatte freilich den Volksgeist mehr auf seiner Seite, denn mit seinem mystischen Christus-Glauben und mit seiner Marien-Verehrung konnte er auf seine Mitlebenden einen ungeheuren Einfluß ausüben. Das zeigte sich besonders bei seinen Aufrufen zum 2. Kreuzzug im Jahre 1147.
Wichtige Äußerungen des Zeitgeistes sind in den Werken der Dichter und in anderen schriftlichen Darstellungen überliefert. Am Anfang der Zeit Friedrichs I. Barbarossa steht die *Kaiserchronik*, ein mittelhochdeutsches episches Gedicht. Es gibt die Biographien römischer und deutscher Kaiser wieder, und man hat in diesem Werk einiger Regensburger Kleriker den Wunsch nach einem neuen starken Kaisertum gesehen. Einen ähnlichen Wunsch kann man auch dem zur gleichen Zeit nach einem altfranzösischen Vorbild entstandenen *Alexanderlied* des Pfaffen Lamprecht von der Mosel unterlegen:

Wo Darius ward begraben
und Porus erschlagen
Alexander fuhr in ein Land
das Occidratis ward genannt.
Das Land ist von der Sonne warm
das Volk da drinnen, das ist arm.

Ein weiteres *Alexander*-Epos hat in lateinischer Sprache der Kanoniker Walther von Châtillon geschrieben, von dem auch eine Reihe kleinerer Dichtungen überliefert ist. Ein unbekannter flämischer Geistlicher hat im lateinischen *Isengrimus* seinem Unmut über die Kurie, über Bernhard von Clairvaux und über die Mißstände im Klerus Luft gemacht. Ein rheinischer Geistlicher wird als Verfasser des mittelhochdeutschen Epos *König Rother* vermutet – es könnte sich aber auch um eine Spielmannsdichtung handeln, in der die Brautwerbung des normannischen Königs Roger II. von Sizilien am Hof von Byzanz erzählt wird.

Das Pseudonym Archipoeta wählten mehrere lateinische Dichter des Mittelalters. Der bedeutendste unter ihnen war mit Rainald von Dassel, dem Kanzler Friedrichs Barbarossa, befreundet und zählte zu den Vagantendichtern. Seine Huldigung an den staufischen Kaiser wird immer wieder als Beweis für dessen Weltherrschaftspläne zitiert:

Beherrscher der Welt
sei gegrüßt, unser Kaiser!
Dir beugen sich alle
denn Gott hat bestimmt dich
zum König der Könige.

Ähnlich geht es mit dem lateinischen *Spiel vom Antichrist*, das um 1160 im Kloster Tegernsee entstanden ist und in dem der Kaiser als Weltherrscher dargestellt wird.
Um 1160 traten der Kürenberger und Dietmar von Aist in Österreich mit ihren mittelhochdeutschen ritterlichen Liebesgedichten auf. Sie waren von der provençalischen Dichtung noch nicht beeinflußt und ließen auch Frauen mit ihrem Liebesbegehren auftreten, wie der folgende Vers des Kürenbergers zeigt:

Es kommt mir von dem Herzen, daß ich weine:
ich und mein Geselle müssen nun scheiden.
Das brachten uns Lügner – Gott gebe ihnen Leid!
Uns zwei er vereine, des wär' ich erfreut.

Das *Rolandslied* eines vermutlich anglo-normannischen Klerikers in altfranzösischer Sprache übertrug der Regensburger Pfaffe Konrad etwa 1170 in mittelhochdeutsche Reime. Der Verrat an Roland, einem Paladin Karls des Großen, durch seinen Schwiegervater Genelon findet nach einem Gottesurteil und einem Zweikampf grausame Rache:

Genelunen sie banden
mit Füßen und mit Handen
wilden Rossen an den Schweif.
Durch Dornen und durch Hecken

an seinem Bauch und Rücken
brachen sie ihn zu Stücken.
So ward sein Verrat gerächt.

Bei Heinrich von Morungen und Heinrich von Veldeke sind um 1180 in der Liebeslyrik bereits provençalische Einflüsse anzutreffen, wie ein ungeduldiger Vers des Morungers an eine unnahbare, idealisierte Frau zeigt:

Fraue, höre meinen Kummer
eh ich verlasse meinen Leib.
Ein Wort sprich nur
zu mir, du selig Weib.
Sprichst immer neina neina
neina neina neina nein
das bricht mein Herz entzwein.
Sprich doch endlich einmal ja
ja ja ja ja ja ja ja?
Das liegt meinem Herzen nah.

Bei Friedrich von Hausen treten die provençalischen Einflüsse noch stärker in Erscheinung.
Um 1180 schrieb der Elsässer Heinrich der Glichesaere (der Gleisner) möglicherweise in Anlehnung an den lateinischen *Isengrimus* das mittelhochdeutsche Tierepos *Reinhart Fuchs* oder *Isengrines Not* in satirisch-lehrhafter Form. Zur gleichen Zeit verfaßte ein mittelfränkischer Dichter, teilweise auf Grund historischer Ereignisse, das mittelhochdeutsche *Epos von Herzog Ernst*, das im 16. Jahrhundert zu einem vielgelesenen Volksbuch wurde.
Die vier Dichter Walther von der Vogelweide, Wolfram von Eschenbach, Hartmann von Aue und Gottfried von Straßburg waren ebenfalls noch Zeitgenossen Friedrichs I. Barbarossa, aber ihre Wirksamkeit begann wohl erst nach seinem Tod. Das gleiche ist über den unbekannt gebliebenen Dichter zu sagen, der Anfang des 13. Jahrhunderts das Nibelungenlied in der uns überlieferten Form geschrieben hat. Ein anderer unbekannt gebliebener Dichter hat jedoch während Bar-

barossas Zeit dem Nibelungenlied wichtige Figuren eingefügt, unter anderen Volker und Giselher.
Schließlich haben gegen Ende von Barbarossas Jahrhundert Braunschweiger Geistliche im Auftrag Heinrichs des Löwen im *Lucidarius* sowohl die Glaubensgrundsätze als auch wichtige Bestandteile des Wissens der Zeit zusammengetragen. Sie schrieben ihr Werk in dialogisierter Form in mittelhochdeutscher Sprache nieder.
Die Dichter konnten ihre Werke auf der Grundlage der im Laufe des 12. Jahrhunderts deutlich verbesserten Lebensumstände schreiben. Die Blüte des Rittertums und des höfischen Lebens, die Entfaltung der Städte und die Zunahme von Handel und Verkehr waren dafür günstige Voraussetzungen.
Die Entwicklung der Städte und die mit wachsender Energie betriebenen Unabhängigkeitsbestrebungen ihrer Bürger waren ein Charakteristikum jener Zeit. Mailand, Venedig, Brügge, Gent und andere Städte in Oberitalien und Flandern hatten infolge ihrer Lage am Handel besonders großen Anteil.
Der Bischof war häufig der Stadtherr – aber die Bürger versuchten sich immer mehr von ihren Herren zu befreien und zur Selbstverwaltung zu gelangen. Sie zogen es vor, reichsunmittelbare Untertanen zu sein und den kaiserlichen Herrn in weiter Ferne zu wissen. Die bürgerlichen Freiheitsbewegungen gewannen nicht nur in Oberitalien zunehmend an Elan. Nicht von ungefähr entstand um diese Zeit das geflügelte Wort »Stadtluft macht frei«. Schon 1074 hat Heinrich IV. die Wormser von der Herrschaft ihres Bischofs gelöst, und Worms kann daher als älteste deutsche Reichsstadt gelten. Friedrich I. hat 1156 in Augsburg zwar den Bischof als Stadtherrn bestätigt, jedoch zugleich den Kaufleuten wichtige Sonderrechte eingeräumt. In Köln vertrieben die Bürger bereits 1074 ihren Erzbischof, 1112 schlossen sie sich zu einem Schwurverband gegen die erzbischöfliche Herrschaft zusammen, und 1182 fällte Kaiser Friedrich I. einen Schiedsspruch zugunsten der Bürger, als sie erneut mit ihrem Erzbi-

schof im Streit lagen. Die Mainzer wollten sich 1160 durch die Ermordung ihres Erzbischofs ebenfalls von dessen Herrschaft befreien, aber Friedrich I. nahm ihnen diese Gewalttat sehr übel.
Die Städte waren zu jener Zeit mit Mauern oder Wall und Graben befestigt. Sie vergrößerten sich ständig und mußten dann jeweils ihre Befestigungen erweitern. Die geschätzten Einwohnerzahlen gehen aber so weit auseinander, daß sie beinahe wertlos sind. Selbst die Angaben über die von den Städten bedeckten Areale sind höchst unsicher. Als die größten Städte des Abendlandes sind wohl Paris und Venedig anzusehen, gefolgt von Mailand, Florenz, Gent und Brügge. In den deutschen Landen war Köln die größte Stadt. Kriege, Feuersbrünste und Seuchen haben die Entwicklung der Städte immer wieder gebremst.
Die Entstehung der Zünfte war ebenso wie vieles andere eine Folge der Entfaltung der Städte, denn auf dem flachen Lande waren die verschiedenen Berufsangehörigen viel zu weit verstreut, um sich zusammenschließen zu können. Im Jahre 1106 wurde von den Wormser Schiffern die erste deutsche Zunft gegründet, und die Weber, Walker, Färber, Böttcher, Gerber, Kürschner, Metzger, Bäcker, Töpfer, Schmiede usw. folgten ihnen bald nach. Die Zünfte wachten nicht nur über das ständisch korrekte Verhalten ihrer Mitglieder, wie zum Beispiel angemessene Preisgestaltung, Vermeidung von Schleuderpreisen und Überproduktion, sondern sie vertraten auch die Belange und Rechte ihrer Mitglieder gegenüber der Obrigkeit.
Die bedeutenderen Städte des Abendlandes begannen im 12. Jahrhundert mit der Gründung eigener Schulen, um für die Verwaltungen nicht länger auf kirchlich ausgebildete Männer angewiesen zu sein. Zu Beginn des Jahrhunderts konnten nämlich nur die Kleriker und sehr wenige weltliche Gebildete lesen und schreiben.
Im Jahrhundert des Stauferkaisers Friedrich gab es auch außerhalb Mitteleuropas bedeutende Städte. Die später bekanntgewordenen Einwohnerzahlen von Konstantinopel

mit einer Million, Kairo mit zwei Millionen und Bagdad sogar mit drei Millionen klingen zwar sehr übertrieben, aber Kiew hatte schon zu Beginn des 11. Jahrhunderts 40 Kirchen, und die Stadt soll nach einem Reisebericht Dietmars von Merseburg mit ihren acht Märkten bedeutender gewesen sein als jede andere nördlich der Alpen. In Nowgorod bildeten die Skandinavier ebenso wie in Kiew einen großen Teil der Bevölkerung. Moskau, Delhi und Timbuktu wurden im 12. Jahrhundert gegründet, und Konstantinopel war ein bedeutender Handelsplatz, der dank seiner günstigen Lage von Schiffen aus dem Abend- und Morgenland sowie aus Kiew, Nowgorod usw. angesteuert wurde. Pelze, Honig, Wachs, Gewürze und Sklaven waren anscheinend die wichtigsten Handelsobjekte.

Flämische Tuche, englische Wolle, elsässische Weine, Lüneburger Salz und Goslarer Erze wurden schon seit Jahrhunderten in ferne Länder verschifft. Seit Anfang des 12. Jahrhunderts wurde von Händlern in Überschußgegenden Getreide aufgekauft und in Mangelgebiete transportiert. Die wichtigsten Straßen galten damals bereits als Reichsstraßen. Auf ihnen hatte der Königsfrieden sein Recht, und wer sie verließ, tat es auf eigene Gefahr. Friedrich I. berücksichtigte schon in seinem ersten großen Landfriedensgesetz von 1152 ausdrücklich die reisenden Kaufleute. An den Reichsstraßen an einer Kreuzung wurde unter freiem Himmel auch Gericht gehalten. Aber die Straßen waren meist nur durch den häufigen Gebrauch verbreiterte Trampelpfade mit viel Staub und Schmutz. Ihr Verlauf mußte sich vielfach nach Flußfurten und nach den wenigen damals zur Verfügung stehenden Brücken richten. Da man mit Wagen auf den unebenen Straßen nur schlecht vorankam, zog man für die Beförderung von Lasten Packpferde und Maulesel vor, mit denen auch die Flußfurten sicherer zu durchwaten waren. Nach Möglichkeit führte man größere Transporte auf einem Fluß durch.

Aber auch die sonstige Reisetätigkeit war nicht unbeträchtlich. Die Reichs-, Hof- und Landtage wurden von den Fürsten stets mit einem möglichst großen Gefolge besucht, da

diese so ihre feudale Macht demonstrieren wollten. Der Kaiser selbst war zwischen seinen Pfalzen ständig unterwegs, denn er konnte nur durch häufige Anwesenheit in den verschiedenen Gegenden sein Reich beherrschen. Die Kirchenfürsten waren laufend in Verbindung mit dem Papst. Nicht wenige Bildungsreisen führten wohlhabende junge Leute – zum Beispiel Heinrich den Stolzen, Otto von Freising, Rainald von Dassel – nach Paris, das seit Anfang des 12. Jahrhunderts als die hervorragende Bildungsstätte des Abendlandes galt. Pilgerfahrten und Kreuzzüge förderten die Reisetätigkeit zusätzlich, und viel fahrendes Volk war in den schönen Jahreszeiten unterwegs.
Zur Sicherung der nötigen Nahrungsmittel eigneten sich die wachsenden Städte immer mehr von ihrem agrarischen Umland an. Allerdings war die landwirtschaftliche Produktivität infolge primitiver Arbeitsmethoden nicht sehr groß: Man verwandte weithin den nur oberflächlich wirkenden hölzernen Hakenpflug, und die Düngung mit Mist war nur in wenigen Gebieten bekannt. Trotz der schon im frühen Mittelalter aufgekommenen Dreifelderwirtschaft, bei der statt der Hälfte des Bodens jährlich zwei Drittel bearbeitet wurden, reichte die Erzeugung von Nahrungsmitteln nicht aus. Örtliche Hungersnöte waren deshalb nicht selten, denn damals gab es bereits einen deutlichen Bevölkerungsüberschuß, der mit den mangelhaften Möglichkeiten der Landwirtschaft und den geringen Bodenerträgen zu erklären ist. Deshalb wurden in Barbarossas Zeit große Waldflächen gerodet und der menschliche Lebensraum damit beträchtlich erweitert. Aber auch die Wanderungsbewegungen vor allem der Rheinländer, Flamen und Holländer in die Gebiete östlich der Elbe und nach Ungarn galten neuen, besseren Siedlungsräumen. Die Holländer hatten immer wieder unter Überschwemmungen zu leiden und versuchten seit langem, ihr Land mit Dämmen zu sichern und zu erweitern, wie ihrerseits auch die Italiener südlich des Lago Maggiore ab 1179 einen Kanal zum Po gruben und dadurch neues, fruchtbares Land gewannen. Schon damals wurden also die verschie-

densten Möglichkeiten zur Ausweitung der landwirtschaftlichen Anbauflächen und damit zur Sicherung der menschlichen Ernährung ausgenutzt.
Der aufstrebende Handel forderte immer stärker die Erleichterung des Zahlungsverkehrs. Kaiser Friedrich Barbarossa hat zu den bereits bestehenden Münzstätten eine Reihe von neuen ins Leben gerufen. Gemünztes Geld war ja schon lange vor Christus bekannt, Gold und Silber standen als Münzmetall gleichberechtigt nebeneinander. Zwischen dem 8. und 13. Jahrhundert wurden fast im ganzen Abendland nur zweiseitige Pfennige aus Silber sowie Teilwerte davon geprägt. Man spricht deshalb von der Pfennigzeit. Aber Anfang des 12. Jahrhunderts ging man zur Prägung einseitiger Münzen über, den sog. Brakteaten. In Frankfurt am Main wurden zum Beispiel in der zweiten Hälfte des 12. Jahrhunderts die »Wetterauer« geprägt, das waren künstlerisch besonders schöne Brakteaten. Gegen Ende des Jahrhunderts – 1189 – trat auch der Heller aus Schwäbisch-Hall erstmals auf. Kaiser Friedrich I. mußte die Falschmünzerei abwehren, wie auch vorher schon 1125 der englische König Heinrich I. bestimmt hatte, daß »alle Falschmünzer die rechte Hand und die Hoden verlieren« sollten. Im 11. Jahrhundert hatte von England und Skandinavien her die Mark in den deutschen Landen ihren Einzug gehalten und das von den Römern übernommene Pfund als Münzeinheit nach und nach verdrängt. Mit der Münzreform Karls des Großen war ein Münz-Pfund auf 409 Gramm festgesetzt worden. Eine Mark galt ebensoviel wie ein halbes Pfund. 1162, während einer Teuerung in Burgund, kostete ein mittelgroßer Laib Brot eine Mark. Dieser Preis wurde als sehr hoch empfunden. Zwei Jahre zuvor zahlte Friedrich Barbarossa für ein Pferd 12 Pfund Silber. Den Teilnehmern des dritten Kreuzzuges überließ der ungarische König für eine Mark vier Schlachtochsen, denselben Preis mußten sie für 100 Rationen Pferdefutter bezahlen. Das waren wohl Sonderpreise, und diese ermöglichen naturgemäß nur einen mangelhaften Einblick in den Geldwert der damaligen Zeit.

Infolge des intensiven Handels mit den Ländern der Levante haben sich in den italienischen Seestädten zuerst neue Formen der Finanzierung entwickelt. In Genua und Venedig kannte man im 12. Jahrhundert bereits »bancherii«, Bankiers, die Zahlungen zwischen ihren Kunden bargeldlos, also durch bloße Umbuchungen auf den Konten regulierten. Die Republik Venedig hat 1157 die erste Zwangsanleihe an ihre Bürger ausgegeben, wozu eine eigene Behörde für die Entgegennahme der Einzahlungen und für die Ausgabe der Zinsscheine ins Leben gerufen wurde. Die Kirche hat es ihren Gläubigen wiederholt verboten, Zinsen für verliehenes Geld zu fordern, aber selbst die Kleriker hielten sich nicht daran und umgingen das Verbot, indem sie einen Anteil am Gewinn verlangten, der mit ihrem Geld erzielt wurde. Der Handel in Italien wurde durch diese Manipulationen wesentlich gefördert.

Auch der König und das Reich benötigten Geld. Da es Steuern im heutigen Sinn noch nicht gab, wollte zum Beispiel Heinrich V. nach dem Vorbild seines englischen Schwiegervaters eine allgemeine Reichssteuer einführen, stieß dabei jedoch auf erheblichen Widerspruch; man warf ihm vor, er wolle damit die Deutschen zu Knechten machen. Auch in den Beratungen auf dem roncalischen Reichstag 1158 wurde über eine direkte Reichssteuer gesprochen, aber sie wurde nicht verwirklicht. Natürlich mußten die reichsunmittelbaren Städte Abgaben an den König entrichten, und ebenso flossen diesem die Erträge der Reichsgüter sowie die Zinsen seiner Lehnsleute zu. Es gab sogar eine Art Erbschaftssteuer, das Mortuarium, kraft dessen die Hinterbliebenen eines Hörigen das beste Stück Vieh, ein Gewand oder ein Stück Tuch an den Herrn abliefern mußten. Die Vasallen mußten den königlichen Hof verpflegen, wenn er in ihr Gebiet kam, oder regelmäßige Abgaben an Getreide, Vieh oder Kleidern leisten. Das Rückgrat der Reichsfinanzen bildeten jedoch die Regalien, das waren nutzbare Hoheitsrechte zum Beispiel für die Einhebung von Zöllen, für das Prägen von Geldmünzen und für das Abhalten von Märkten. Wenn der König derartige Rechte verlieh, erhielt er dafür von den Beliehenen einen Zins. Es gab auch Regalien für Einkünfte aus der Jagd und Fischerei, ein Forstregal und eines für Bergwerke sowie für das Salz, auch Mühlen- und Fährenregalien wurden praktiziert, und nicht zuletzt gab es Regalien für die Ausübung der Gerichtsbarkeit, für den Geleitschutz und für den Schutz der Juden. Um das Regalienrecht der Bistümer wurde zwischen Kaiser und Papst lange gestritten. Man kann die Regalien als ein Übergangsinstrument von der Naturalwirtschaft zur fiskalischen Finanzpolitik ansehen.

Zur Wahrung des Rechtes und für die Rechtsprechung wurden in jenen Zeiten noch häufig Weistümer herangezogen, zu denen rechtserfahrene, rechtschaffene Schöffen und Älteste auf Grund ihrer Erfahrungen Vorschläge machten. Die Rechtsprechung war also sehr an Traditionen gebunden und nicht frei von Zufälligkeiten. Neben dem König und den Reichsversammlungen sprachen auch die Herzöge, Markgrafen, Bischöfe und Grafen in ihren Gebieten Recht. Die soziale Stellung der Streitenden war von großer Bedeutung, und die Ritter hatten zum Beispiel gewisse Vorteile gegenüber den Bauern. Man stützte sich nicht selten auf Gottesurteile und Reinigungseide – Verfahren, die nach heutigen Ansichten mit Rechtsprechung nichts zu tun haben. Friedrich Barbarossa erließ einige Gesetze, mit denen er verschiedene Unzulänglichkeiten der Rechtsprechung auszuschalten suchte. Schon in seinem ersten Regierungsjahr sorgte er mit einem Gesetz für Ruhe und Sicherheit in seinem Reich. Damit schuf er die Grundlage für eine neue Reichsgesetzgebung, die allerdings regional ergänzt werden mußte.

Die Rechtsprechung war besonders für die Lehnsverhältnisse wichtig, und Kaiser Friedrich Barbarossa sah im Lehnswesen und im Rittertum wichtige Stützen seines Reiches. Das Rittertum hatte sich aus dem germanischen Gefolge entwickelt. Als Gegenleistung für die leihweise Überlassung von Grund und Boden übernahmen die Lehnsmannen Kriegsdienste zu Pferd und in schwerer Rüstung. Das Lehnsverhältnis verpflichtete sowohl den Lehnsherrn als auch den Lehnsmann gegenseitig zu Schutz und Treue. Ein Herzog, Markgraf oder Graf mußte natürlich nicht nur selbst dem König Ritterdienste leisten, sondern aus seinem Gebiet eine ganze Mannschaft mit Rittern und Fußvolk zur Verfügung stellen. Die Lehen waren nicht immer, aber doch in zunehmendem Ausmaß erblich. Dadurch wurde die Handlungsfreiheit des Lehnsherrn immer stärker eingeschränkt. Wohl bald nach Barbarossa wurde zunehmend der Leihezwang praktiziert, durch den die Lehnsherren genötigt wurden, infolge Todes oder Treubruchs (Felonie) frei gewordene Güter wieder als Lehen auszugeben. Das galt vor allem für die Reichslehen. Der König konnte auf diese Weise keine größere Verfügungsgewalt gewinnen und seine Herrschaft nicht ausweiten. Lediglich die Allodien, die Privatgüter einer fürstlichen Familie, brauchten nicht weggegeben zu werden. Im Hochmittelalter wurden nicht nur Grund und Boden zu Lehen gegeben, sondern auch Ämter und Rechte, zum Beispiel Marktrechte, Zölle usw. Größere Lehen wurden nicht selten aufgeteilt. Dies brachte jedoch erhebliche Nachteile für den obersten Lehnsherrn, den König, weil ihm die Aftervasallen meist keine Treue schuldeten. Die Könige versuchten deshalb einerseits, die Teilung und Weitergabe von Reichslehen zu unterbinden, und andererseits strebten sie an, daß Lehnseide in den unteren Rangordnungen die Treueverpflichtung gegenüber dem König einschlossen. Nach einer aus dem 13. Jahrhundert überlieferten Lehnsordnung durften Lehen nur auf Grund der folgenden sogenannten Heerschildordnung ausgegeben werden: 1. Der König, 2. die kirchlichen Fürsten, 3. die weltlichen Fürsten, 4. die Grafen und Freiherren, 5. die schöffenbar Freien und Ministerialen, 6. deren Mannen, 7. die übrigen rittermäßigen Leute. Nur der König war ausschließlich Lehnsherr, ohne selbst jemandes Lehnsmann zu sein. Die beiden untersten Stufen der Heerschildordnung haben keine Lehen vergeben.

Wer außerhalb dieser Ordnung stand, konnte nicht mit Gütern belehnt werden. Das galt etwa für Bauern, die als Unfreie nur im Rahmen der Grundherrschaft gegen Natural-,

Geld- und/oder Dienstleistungen von einem Herrn Boden zur Nutzung erhielten. Man nannte diese abhängigen Bauern auch Grundholde, Hintersassen oder Vogtzinsleute. Sie unterlagen völlig ihrem Grundherrn und seiner Gerichtsbarkeit, so daß zum Beispiel nicht einmal das Königsgericht zu ihren Gunsten wirksam werden konnte. Die Situation der Bauern war aber landschaftlich sehr unterschiedlich, und in der zweiten Hälfte des 12. Jahrhunderts wurden insbesondere in den großen Rodungsgebieten mehr und mehr freie Bauern angesiedelt. Andererseits ging aber die Abhängigkeit der Unfreien so weit, daß zum Beispiel der Herzog von Schwaben im Jahre 1163 fünf Frauen, die zur Nürnberger Burg gehörten, mit Zustimmung des Kaisers an das Bistum Bamberg verschenken konnte.

Innerhalb des gleichen 12. Jahrhunderts, in dem neben der herrschenden elitären Schicht des Hochadels und der Kirchenfürsten die große Anzahl der Ritter mehr in den Vordergrund getreten ist, treten auch schon die ersten Söldnertrupps auf, die man gewissermaßen als Entartungserscheinungen des Rittertums ansehen kann. Für das Hervortreten der Söldner war die bereits erwähnte Überbevölkerung, doch auch das stärkere Aufkommen des Geldwesens ausschlaggebend.

Ein wichtiger Stand waren zu jener Zeit auch die Ministerialen, die ursprünglich unfreie Dienstleute für gehobene Tätigkeiten waren. Der König, die Herzöge, Bischöfe usw. konnten ihre Ministerialen wie alle Unfreien nach Gutdünken jederzeit veräußern, diese waren der Gerichtsbarkeit ihres Herrn unterworfen und benötigten seine Erlaubnis zur Verheiratung. Im Laufe des 12. Jahrhunderts übernahmen auch verarmte Edelleute Tätigkeiten als Ministeriale, wobei sie aber ihre vorherigen Freiheitsrechte behielten. Diese Vermischung führte dazu, daß auch die älteren Ministerialen nach mehr Freiheit strebten. Immer mehr von ihnen konnten sich aus der Unfreiheit lösen. An Stelle des Lebensunterhaltes, den sie vorher für ihre Dienste bekommen hatten, erhielten sie fortan Güter zu Lehen und führten auch zunehmend

Kriegsdienste aus. Damit wuchsen die Ministerialen in den Ritterstand hinein, der dadurch einen beträchtlichen Zuwachs erhielt und immer mehr Einfluß auf das gesellschaftliche Leben gewann. Die Lösung einer großen Anzahl von Ministerialen aus der Unfreiheit kann als beträchtlicher Fortschritt für diese Menschen gewertet werden. Man hat allerdings diese Vermehrung der Lehnsberechtigten später scharf verurteilt, weil die Reichsministerialen damit ihre ehemaligen Dienstgüter zu Lehen beanspruchten und erhielten. Dadurch büßten diese Güter zum Nachteil des Reiches ihre Reichsunmittelbarkeit ein, und der König verlor die Aufsicht darüber.

Der deutsche König wurde von den kirchlichen und weltlichen deutschen Reichsfürsten gewählt, also auf kirchlicher Seite von den Erzbischöfen, Bischöfen und Reichsäbten. Dem Mainzer Erzbischof oblag die Leitung der Königswahl, dem Kölner die Krönung. Auf weltlicher Seite waren die Herzöge, Mark- und Pfalzgrafen sowie die sonstigen Grafen wahlberechtigt. Der König hatte zwar formell die Regierungsgewalt in der Hand, aber seine Herrschaft wurde von den Fürsten stark eingeschränkt. Sie hatten bei allen wichtigen Entscheidungen ein bedeutendes Mitspracherecht. Zu Friedrichs I. Zeiten mußten die Fürsten noch dem königlichen Aufgebot zu Reichs- oder Hoftagen folgen. Sie waren zwar Vasallen des Königs, aber sie übten praktisch die landesherrliche Gewalt in ihren Gebieten aus, weil der König nicht die notwendigen Machtmittel hatte, um ihnen seinen Willen aufzwingen zu können. Friedrich I. konnte jedoch kraft seiner Persönlichkeit und seiner natürlichen Autorität, aber auch dank seines diplomatischen Geschickes mehr erreichen als zum Beispiel sein Vorgänger Konrad III.

Der Titel des römisch-deutschen Kaisers war in erster Linie ein Repräsentationstitel, der machtpolitisch und verfassungsrechtlich ohne Bedeutung war. Durch die Kaiserkrönung, die traditionsgemäß nur der Papst vornehmen konnte, wurde der König symbolisch zum Schutzherrn der Kirche erhoben. Friedrich I. ließ sich nach seiner Wahl und Krönung

zum deutschen König auch mit der italienischen und burgundischen Krone krönen. Die deutsche Vormachtstellung im römisch-deutschen Reich kam unter anderem auch darin zum Ausdruck, daß zwar die deutschen Reichsfürsten ein Recht zur Wahl des deutschen Königs hatten, daß der von ihnen Gewählte jedoch ohne Wahlrecht der italienischen und burgundischen Fürsten auch Anspruch auf die Kronen der beiden anderen Reichsteile hatte. Seit Mitte des 11. Jahrhunderts wurde der deutsche König bereits vor der Kaiserkrönung als römischer König bezeichnet. Damit wurde die feste Verbundenheit zwischen den zum Reich gehörenden Teilen Italiens und der deutschen Oberherrschaft deutlich.
Das 11. und 12. Jahrhundert waren gekennzeichnet von den Bestrebungen der Kirche, sich von der weltlichen Macht, vor allem vom römisch-deutschen Kaiser, unabhängig zu machen. Angesichts der Verringerung ihres Machtbereiches, den die römische Kirche im Jahre 1054 durch die Abtrennung der Ostkirche erlitten hatte, war die Kühnheit dieser Auseinandersetzung, die als Investiturstreit in die Geschichte eingegangen ist, sehr beachtlich.
Bis etwa zur Mitte des 11. Jahrhunderts war der Kaiser als Schirmherr und Vorkämpfer der Kirche in einer dem Papst ebenbürtigen Stellung, denn die Welt sollte nach althergebrachten Vorstellungen von der geistlichen und der weltlichen Macht gleichberechtigt regiert werden. Der König hatte eine priestergleiche Stellung. Aber machtbewußte Päpste wie Gregor VII. beanspruchten vom 11. Jahrhundert an mehr und mehr die alleinige Oberherrschaft über Kirche und Welt. Der Kaiser sollte im Rang unter dem Papst stehen und von diesem die Insignien seiner Macht nur zu Lehen erhalten. Er sollte seiner sakralen Würde entkleidet und zu einer ausschließlich weltlichen Macht degradiert werden. Damit war der Kaiser bedroht, seine ideologische Höherstellung gegenüber den anderen Fürsten zu verlieren und auch an Autorität in den Augen des gläubigen Volkes einzubüßen.
Lothar III. und Konrad III., die beiden Vorgänger Friedrichs I. Barbarossa, mußten diesen Forderungen der Päpste gegen-

über erhebliche Zugeständnisse machen. Aber Friedrich hat den Kampf um die Wiederherstellung der kaiserlichen Würde und der ungeteilten Macht des römisch-deutschen Reiches mit einer beispielhaften Kraftanstrengung aufgenommen. Er hat diesen Kampf beinahe vier Jahrzehnte lang über alle Höhen und durch alle Tiefen hinweg, mit Niederlagen und Siegen, mit dem Schwert und in Verhandlungen geführt, ohne jemals müde und wankend zu werden. Diese Festigkeit des Willens, alle Widerwärtigkeiten dieser Welt zu überwinden, machten Friedrich I. Barbarossa zu einer großen geschichtlichen Figur, auch wenn man einzelne seiner Handlungen nicht immer gutheißen kann.

Von Friedrichs I. Geburt bis zu seinem Regierungsantritt 1122 – 1152

Lange war man davon überzeugt, daß Friedrich I. Barbarossa etwa 1124 oder 1125 geboren ist. Nach neueren Forschungen war aber wohl das Ende des Jahres 1122 die Geburtszeit. Für uns heutige Menschen ist es erstaunlich, daß das Geburtsdatum eines deutschen Kaisers nicht genau feststeht oder zu ermitteln ist. Friedrich war ja von seiner Geburt an nicht irgendwer, sondern er stammte vom fürstlichen Hochadel ab, wo man auch zu damaligen Zeiten die Geburt eines Sohnes genauer registriert haben könnte als ein sonstiges Ereignis. So meinen wir Heutigen – aber man hat es offenbar nicht getan. Das Bedürfnis und die Möglichkeit zur exakten Zeiteinteilung war, an unseren heutigen Gewohnheiten gemessen, überhaupt noch sehr unterentwickelt. Man teilte den Tag nach dem Sonnenstand und nach dem Tageslicht ein, wenn keine Sonne schien. Man kannte Sonnen-, Sand- und Wasseruhren, und die ersten mechanischen Räderuhren kamen in den Klöstern in Gebrauch – aber wer hatte auch einen Kalender? Noch gab es im Abendland kein Papier, und an den Druck selbst einfacher Kalenderblätter dachte überhaupt noch niemand. Urkunden wurden nicht selten ohne Datum ausgefertigt, und oft wurden sie einfach nach den kirchlichen Heiligen- oder Namenstagen datiert.

Wahrscheinlich wurde Friedrich in der Burg auf dem Hohenstaufenberg bei Göppingen in der Schwäbischen Alb geboren – aber auch das ist nicht sicher. Es war jedenfalls die Stammburg der Staufer, die seit der Belehnung durch Kaiser Heinrich IV. im Jahre 1079 über das Herzogtum Schwaben herrschten. Wir dürfen uns eine solche Burg nicht allzu komfortabel vorstellen – im Gegenteil, es war ein recht zugiges Gemäuer, denn durch die unverglasten Fenster pfiff der Wind und ließ kaum Wärme aufkommen. Man verhängte die

Fenster wohl bei schlechtem Wetter und im Winter mit geölter Leinwand, mit Fetthäuten oder Pergament, aber dann gab es nur noch ein recht schummeriges, trübes Licht in den kalten Räumen. Und wenn Sturm und Regen allzusehr tobten, dann mußte man die hölzernen Klappläden schließen und den Kienspan anzünden, um noch etwas zu sehen. Kein Wunder, daß man am Abend bald ins Bett ging, denn wenn man auch nicht anspruchsvoll und verwöhnt war, so war die vom Kienspan rauchige und verrußte Luft doch alles eher als angenehm.

Friedrichs Vater hieß ebenfalls Friedrich, und er war der zweite Herzog von Schwaben in der Familie der Staufer. Friedrichs Mutter Judith entstammte dem Hause der Welfen. Diese Verbindung der Eltern aus den beiden Dynastien sollte für das Schicksal Friedrichs noch besondere Bedeutung bekommen, wie wir sehen werden. Bis zu seinem 30. Lebensjahr war ihm ja nichts anderes bestimmt, als seinem Vater auf dem schwäbischen Herzogstuhl zu folgen. Das ist vielleicht auch der Grund, weshalb wir über seine Jugendzeit so gut wie nichts wissen, obgleich man einem heranwachsenden Herzog durchaus mehr Beachtung hätte schenken können. Schon in Friedrichs Geburtsjahr 1122 wurde mit dem Wormser Konkordat zwischen Kaiser und Papst eine der wichtigsten Vereinbarungen der deutschen Geschichte geschlossen. Nachdem die weltlichen Fürsten der zunächst besitzlosen Kirche jahrhundertelang Güter und Gotteshäuser gestiftet und für ihre Stiftungen mit Erfolg beansprucht hatten, daß sie die Bischöfe und Äbte einsetzen könnten, hatte die Kirche darin mehr und mehr Unerfreuliches, ja sogar Unerträgliches für sich gefunden. Man sprach von Einmischung in kirchliche Angelegenheiten, von Bevormundung und sogar von Ämterschacher (Simonie). Machtbewußte Päpste sahen die Zeiten Karls d. Gr. längst überwunden, der noch gesagt hatte: »Zu befehlen gebührt in der Kirche allein dem Kaiser, Sache des Papstes ist es nur, für das Gelingen zu beten.« Jetzt hieß es gerade umgekehrt: »Es ist Sache der Könige, den Geistlichen zu folgen«, und Papst Gregor VII. (1073-1085), der

prominenteste und radikalste Verfechter dieser Richtung, stellte sogar die Exorzisten – niedere kirchliche Weihegrade – rangmäßig weit über den König!
Der Streit um den Vorrang zwischen den kirchlichen und weltlichen Mächten wurde immer schärfer, und schließlich setzte König Heinrich IV. – der erst 1084 Kaiser wurde – seinen Gegenspieler Papst Gregor VII. im Jahre 1076 ab. Er hatte aber nicht die Macht, die Absetzung wirklich zu vollziehen, und der Papst sprach seinerseits über den König den Bann aus und löste dessen Untertanen von ihrem Treueid. Diese Revanche des Papstes kam der Absetzung des Königs gleich. Frühere Kaiser hatten wohl bereits Päpste abgesetzt, aber es war noch nie vorgekommen, daß ein König, der doch »Gesalbter des Herrn« und in einer priesterähnlichen Stellung war, vom Papst verflucht wurde. Jetzt mußte es sich zeigen, wer stärker war, Papst oder König!
Aber Heinrich IV. hatte die Festigkeit seiner Stellung überschätzt. Die deutschen Fürsten verlangten von ihm, daß er sich innerhalb eines Jahres von dem Bann befreien müsse, andernfalls würden sie ihn nicht mehr als König anerkennen. Gleichzeitig luden sie den Papst zu einem Reichstag nach Augsburg ein.
Was konnte Heinrich in dieser Lage tun? Er brach mit seiner Gemahlin und seinem zweijährigen Sohn sowie einem kleinen Gefolge auf und zog bei strenger Winterkälte über die Alpen, um dem Papst entgegenzukommen. Daraus entstand die berühmte Begegnung in der Burg Canossa am 28. Januar 1077 mit dem Kniefall des Königs vor dem Papst. Gregor VII. löste Heinrich IV. vom Bann, und beide vereinbarten für die Klärung der weiteren Fragen ein Konzil in Mantua, das aber nicht stattfand. Die Anhänger des Papstes sahen in dem Kniefall des Königs vor allem die tiefe Demütigung Heinrichs vor Gregor, die Anhänger des Königs hoben aber das diplomatische Geschick Heinrichs hervor, kraft dessen es diesem mit einer harmlosen Geste gelungen war, sich vom Bann zu lösen und seine Ansprüche zu wahren.
Jetzt war aber auf jeden Fall für alle Welt deutlich, daß der

König den Papst als über sich stehend hat anerkennen müssen und daß es mit der direkten Einsetzung des Königs durch Gott nicht so weit her sein konnte, wenn ihn der Papst bannen und absetzen und wieder vom Bann lösen und erneut einsetzen konnte. Niemand konnte mehr daran zweifeln, daß sich die Verhältnisse zwischen Papst und König bzw. Kaiser seit Karl dem Großen genau umgekehrt hatten.

Von diesem dramatischen Höhepunkt der Auseinandersetzungen zwischen Papst und König bis zu dem Kompromiß des Wormser Konkordats im Jahre 1122 hat es auf beiden Seiten viele Veränderungen gegeben, die wir hier nicht verfolgen wollen und können, obgleich mit dem päpstlichen Schisma, einer erneuten Exkommunikation des Königs und einem Gegenkönig, dem 1. Kreuzzug und dem Kampf zwischen Heinrich IV. und seinem Sohn Heinrich V. mehr als genug brisanter Stoff vorhanden wäre.

Im Wormser Konkordat vereinbarten Kaiser Heinrich V. und Papst Kalixt II., daß die Bischofswahlen künftig in Anwesenheit des Kaisers oder seines Stellvertreters erfolgen sollten und der Kaiser zwiespältige Wahlen nach dem Rat des zuständigen Erzbischofs und nach seinem eigenen Urteil entscheiden könne. Auf die kirchliche Investitur der Bischöfe mit Ring und Stab verzichtete der Kaiser, aber in den deutschen Landen sollte er den Bischöfen noch vor Erhalt der Weihen mit dem Zepter die Regalien verleihen. Das hieß, daß der Kaiser den Amtsantritt eines mißliebigen Bischofs verhindern konnte. Die Regalien waren die Nutzungsrechte z. B. für die landwirtschaftlichen Güter eines Bistums, für die Gerichtsbarkeit oder für die Einnahmen aus den Marktrechten in einem Bistum usw. Ohne diese Regalien war der neue Bischof weitgehend ohne Einkünfte. Das hieß also auch, daß der Kaiser die Herrschaft über die Reichskirche behielt. In den deutschen Landen hatten die mit den Regalien beliehenen Bischöfe dem Kaiser die Vasallenhuldigung und im Kriegsfall Hilfsdienste zu leisten. In den außerdeutschen Teilen des Reiches, in Italien und Burgund, war die Regalienverleihung an die neuen Bischöfe und Äbte durch den

1 *Basilika des ehemal. Benediktinerklosters Lorch. Sie wurde 1102 von Friedrich I. gestiftet und birgt Gräber der Staufer.*

2 *Hohenstaufen. Im Vordergrund Burg Hohenrechberg*

3 *Grundmauern der Burg Hohenstaufen*

4 *Friedrich Barbarossa: Fresko auf einem Pfeiler der Klosterkirche Lorch.*

Kaiser allerdings erst nach den Weihen vorgesehen, womit sie zu einem rein formalen Akt absank.
Das Konkordat wurde nach mehr als zweiwöchigen Verhandlungen von dem päpstlichen Bevollmächtigten, dem Kardinalbischof Lambert von Ostia, am 22. September 1122 auf der Laubwiese bei Worms feierlich verkündet. Eine jubelnde Menschenmenge freute sich über den Friedensschluß zwischen Kaiser und Papst, und der Kardinallegat bot dem Kaiser zur Besiegelung und öffentlichen Demonstration des Friedens den päpstlichen Friedenskuß und das Abendmahl. Die Kirche hatte die Unabhängigkeit von der weltlichen Gewalt weitaus nicht erreicht, die die Gregorianer, die Sinnesgenossen in der Nachfolge von Papst Gregor VII., wollten. Aber doch waren die Rechte des Kaisers nicht unerheblich geschmälert worden. Das Ganze war wohl ein Kompromiß, zu dem freilich der Kaiser wirklich etwas hergegeben hatte, während der Papst nur nicht alles bekommen hatte, was er ursprünglich wollte. Ungeklärt war die Frage, wie lange der abgeschlossene Vertrag gelten sollte. Die Kurie hatte die Urkunde für Heinrich V. ganz persönlich ausgestellt, und das Laterankonzil von 1123 war nur bereit, die beträchtlichen Zugeständnisse, die die Gregorianer in dem Vertrag von seiten der Kirche sahen, Heinrich V. zuzubilligen. Aber Eike von Repgow, der Verfasser des *Sachsenspiegels* und berühmte Rechtskundige, betrachtete das Wormser Konkordat noch hundert Jahre später als geltendes Recht.
Was niemand erwartet hatte, trat bald ein: Der Kaiser wurde von einem Siechtum befallen, von dem er sich nicht mehr erholte. Am 23. Mai 1125 ist er, wahrscheinlich noch nicht vierzig Jahre alt, in Utrecht an Krebs gestorben – ohne Kinder, der letzte Salier. Vieles blieb unerledigt und unerfüllt, was er sich ehedem voller Tatendrang vorgenommen hatte. Wie sollte es weitergehen?
Die Kinderlosigkeit des verstorbenen Kaisers machte einen Wechsel der Dynastie notwendig. Heinrich V. hatte noch seinem Neffen, dem schwäbischen Staufer-Herzog Friedrich II., die salischen Güter übergeben und ihn damit als seinen Er-

ben bezeichnet, allerdings ohne ihn formell durch Übergabe der Reichsinsignien zu seinem Nachfolger zu bestimmen. Friedrich und sein jüngerer Bruder Konrad hatten ihren Onkel schon seit längerer Zeit bei seinen Regierungsgeschäften unterstützt. Dadurch standen sie im Geruch, der Kirche gegenüber mindestens ebenso kritisch zu sein wie Heinrich V., und als nun die Wahlvorbereitungen begannen, hob sogleich eine mächtige Konspiration gegen Friedrich als möglichen Nachfolger seines Onkels an. Vor allem der Mainzer Erzbischof, der mächtigste in den deutschen Landen, entfaltete seine ganze Regsamkeit, um die Stimmung gegen Friedrich aufzuputschen. Boten ritten zwischen ihm, dem Papst sowie den Erzbischöfen und Bischöfen hin und her, und schließlich sandte der Papst sogar eigens zwei Kardinäle, um seine Meinung zur Geltung zu bringen. Die kirchliche Partei gab dem sächsischen Herzog Lothar von Supplinburg den Vorzug, denn dieser hatte schon längst die Salier bekämpft und sich als ein gutwilliger und treuer Verfechter der kirchlichen Sache erwiesen. Dem Mainzer Erzbischof war es gelungen, sich mit List in den Besitz der Reichsinsignien zu setzen, die Heinrich seiner Gemahlin Mathilde zur Verwahrung und späteren Übergabe an den Nachfolger gegeben hatte. So begab sich die Anti-Friedrich-Partei Ende August 1125 in Mainz wohlgerüstet zur Wahl des neuen deutschen Königs.

Der bevorstehende Wechsel der Dynastie und die nicht allzu geheim geführten Vorverhandlungen trieben die Spannung gewaltig in die Höhe. Eine große Anzahl von Fürsten, Rittern, Ministerialen und Volk ist deshalb in und um Mainz zusammengeströmt. Wenn man von 60000 Köpfen spricht, so ist das aber sicher zu hoch gegriffen. Wie sehr jedoch die Thronfolge das Abendland beschäftigte, zeigt sich darin, daß auch der französische König einen seiner maßgebenden Berater, den nachmals berühmt gewordenen Abt Suger von St. Denis, nach Mainz entsandt hat.

Es gab zunächst einiges Hin und Her, weil nach dem seit Generationen geübten Geblütsrecht in der Königsnachfolge zu dem Erbberechtigten zwei Gegenkandidaten aufgestellt wurden, die mit der bisher regierenden Dynastie überhaupt nicht verwandt waren. Aber den Reichsfürsten war es nur recht, daß sie ihr Wahlrecht voll nutzen und dem Gewählten von Anfang an zeigen konnten, wie sehr er von ihrer Gunst abhängig war. Herzog Lothar von Sachsen und Markgraf Leopold von Österreich baten kniend und unter Tränen, man möge ihnen die schwere Last der deutschen Krone nicht aufbürden.

Am zweiten Tag fragte der Mainzer Erzbischof die Kandidaten in der Pfalz zu Mainz, ob sie im Falle der Wahl eines Gegenkandidaten diesen vorbehaltlos anerkennen und ihm Gehorsam leisten würden. Diese Frage war für Friedrich ungleich schwieriger zu beantworten als für den Sachsen und den Österreicher, denn eine Bejahung bedeutete für ihn den Verzicht auf seine Erbansprüche. Als er aber der Antwort auswich, machte dies einen schlechten Eindruck auf die Fürsten, die in Friedrich sofort einen eigensinnigen König heraufkommen sahen, der ihren Bestrebungen nach mehr Selbständigkeit nur im Wege wäre.

Als am dritten Tag wieder emsig beraten wurde, erhob sich plötzlich der Ruf »Lothar soll unser König sein!« Da man der Debatten um die Wahl schon überdrüssig war und der Staufer ohnedies nicht mehr in Betracht kam, schlossen sich andere dem Ruf an und überstimmten die Proteste sowohl Lothars als auch weiterer Fürsten. Aber der welfische Bayern-Herzog Heinrich der Schwarze hatte sich an diesem Tag von der Wahl ferngehalten. Als man ihn nun herbeiholte, stand er vor einem Dilemma. Sollte er seine Stimme seinem Schwiegersohn Friedrich geben, damit seine Tochter Königin würde – oder sollte er sich für den Sachsen-Herzog Lothar entscheiden, dessen einzige Tochter seinem Sohn versprochen war? Der Welfe entschied sich für Lothar, denn durch die Verbindung mit dessen Tochter erhielt sein Geschlecht Anrechte auf das Herzogtum Sachsen und hatte damit Aussicht, die weitaus mächtigste Dynastie in den deutschen Landen zu werden. Damit waren die Würfel zugunsten Lothars gefallen, und der Mainzer Erzbischof hatte sich für seine schmachvolle Haft unter Heinrich V. gerächt. Die beiden staufischen Brüder machten Lothar das Leben nicht leicht. Zunächst mußte das Hausgut der Salier von den Reichsgütern geschieden werden, denn für das erstere hatte Heinrich V. Friedrich als Erben eingesetzt, während die Reichsgüter in die Gewalt des Königs kommen mußten. Aber die Trennung war schwierig durchzuführen, weil Haus- und Reichsgüter seit rund zweihundert Jahren immer in einer Hand waren und man in der Verwaltung keine großen Unterschiede gemacht hatte. So gab es Kämpfe, und schließlich erhob die staufische Partei 1127 den jüngeren Konrad sogar zum Gegenkönig. Erst nach jahrelangen Auseinandersetzungen und blutigen Fehden unterwarfen sich die Staufer und wurden 1135 wieder in Gnaden vom König aufgenommen.

Da er mit den Staufern im Krieg lebte, konnte Lothar erst im achten Jahr seiner Regentschaft zu seiner Kaiserkrönung nach Rom aufbrechen. Die Kaiserwürde brachte ihm zwar keinerlei machtpolitische oder rechtliche Vorteile, aber aus Gründen der Reputation wollten sich die deutschen Könige durch den Papst zum Kaiser krönen lassen. Lothars Gefolge war so klein, daß er gegen die aufsässigen oberitalienischen Städte nichts unternehmen konnte. Er zog nach Rom, wo allerdings ein Papst herrschte, den er nicht anerkannte. Seit 1130 hatte die katholische Kirche wieder zwei Päpste, und Lothar konnte nur einen Teil von Rom in Besitz nehmen und sich am 4. Juni 1133 im Lateran von Papst Innozenz II. zum Kaiser krönen lassen – die Peterskirche blieb in der Hand des Gegenpapstes. Obwohl der Papst durch das Schisma erheblich geschwächt war, fühlte sich Lothar III. offenbar noch schwächer. Schon 1131 hatte er sich in Lüttich als Steigbügelhalter des Papstes betätigt, was ihn als dessen Lehnsmann erscheinen ließ, und jetzt legte Innozenz II. nicht nur die Krönung ohne Widerspruch Lothars als Belehnung aus, sondern Lothar nahm die Mathildischen Güter auch tatsächlich vom Papst zu Lehen. Die Gräfin Mathilde hatte bei ihrem Tod 1115 große Besitzungen auf der westlichen Apenninenhalbinsel südlich des Arno bis nördlich über den Po hinaus hinterlassen. Zunächst hatte sie sie der Kirche vermacht, dann aber hat Heinrich V. das Erbe angetreten. Um diese Güter jetzt vor dem Zugriff der Staufer zu sichern, anerkannte Lothar die Oberherrschaft der Kirche über diesen Besitz und nahm ihn von dieser zu Lehen. So war der Streit zweier Fürsten schuld daran, daß wesentlicher Besitz formell verlorenging, auch wenn noch sehr lange und erbittert darum gestritten wurde.

Nach wiederholten Versuchen gelang es Lothar in Rom doch noch, dem Papst wenigstens ein kleines Zugeständnis in der Frage der Investitur der deutschen Bischöfe und Äbte abzuringen. Die Kirche hatte alle Rechte kassiert, die sich Heinrich V. im Wormser Konkordat ausbedungen hatte. Auf Anweisung von Innozenz II. mußte künftig jeder Gewählte vom König die Belehnung mit den Regalien erbitten.

Im Osten folgte Lothar III. der von seinen Vorgängern seit Karl dem Großen eingeschlagenen Richtung und festigte die Macht des Reiches. Er setzte zum Beispiel Albrecht den Bären in die Nordmark ein, und dieser nannte sich bald Markgraf von Brandenburg. Die Mark Meißen, die Lausitz, Pommern, Holstein, Dänemark, Böhmen vergab Lothar als Lehen des Reiches an deutsche oder einheimische Fürsten. Kirchenmänner wie Bischof Otto von Bamberg und Erzbischof Norbert von Magdeburg sowie die Orden der Zisterzienser und Prämonstratenser trugen tatkräftig dazu bei, zusammen mit dem Christentum die abendländische Kultur nach Osten zu verbreiten. Bauern aus niederländischen und rheinischen Gebieten siedelten sich zunächst westlich der Elbe an, um jedoch bald den Strom zu überschreiten und sich östlich davon niederzulassen.

Auf dem Hoftag in der alten Königspfalz Merseburg im Jahre 1135, wohl dem Höhepunkt von Lothars Machtentfaltung, huldigten ihm der Dänenkönig und der polnische Herzog. Seine feste Position erlaubte es Lothar, auch in ungarischen Thronwirren als Schiedsrichter tätig zu werden. Boten des byzantinischen Kaisers und des venezianischen Dogen baten den Kaiser, ihnen gegen den normannischen König Roger II. von Sizilien zu helfen, der das Mittelmeer zu beherrschen versuchte und den Handel zwischen ihnen beträchtlich störte. Auch Papst Innozenz II. fühlte sich von Roger bedroht, zumal der Sizilier die stärkste Stütze des Gegenpapstes war und sein Reich in Italien bis an die Grenzen des Kirchenstaates ausgedehnt hatte. Bernhard von Clairvaux, der alles vermögende Zisterzienserabt dieser Jahrzehnte, forderte den Kaiser gleichfalls auf, einen Zug gegen Roger zu unternehmen, und solchem Drängen konnte sich Lothar nicht entziehen. Trotz seines Alters von rund sechzig Jahren machte er sich im Sommer 1136 nochmals nach Italien auf. Diesmal hatte er zusammen mit seinem welfischen Schwiegersohn Heinrich dem Stolzen genügend Männer bei sich, um schon in Oberitalien die Herrschaft des Reiches durchsetzen zu können. Anders als bei seinem ersten Italienzug vier Jahre zuvor öffneten ihm jetzt die Städte, die nach Ottos von Freising Meinung alle Städte der Welt an Reichtum und Macht übertrafen, ihre Tore. Durch ihren Handel waren vor allem die lombardischen Städte sehr vermögend geworden und hatten sich größtenteils von der Herrschaft ihrer Bischöfe und Adeligen befreien können. Lothar erließ im November 1136 auf der roncalischen Ebene auf dem linken Ufer des Po bei Piacenza ein Lehnsgesetz, das den Aftervasallen verbot, ihre Lehen zu veräußern oder zu zerstückeln. Es hatte sich als schwierig erwiesen, nachgeordnete Lehnsmänner zu den notwendigen Dienstleistungen für das Reich heranzuziehen, und dem wollte Lothar nun vorbeugen. Anfang 1137 zog der Kaiser entlang der adriatischen und Heinrich der Stolze entlang der tyrrhenischen Küste Italiens nach Süden. Ende Mai vereinigten sich beide Heere bei Bari und festigten ihre Herrschaft während der folgenden Monate in diesem Gebiet. König Roger zeigte sich unter dem Druck seiner Verluste friedensbereit, und Lothar und die Seinen waren froh, den Zug in der glühenden Sommerhitze Süditaliens beenden zu können. Der Papst wollte zwar die völlige Vernichtung des Normannenreiches, aber er konnte sich nicht durchsetzen, zumal die Griechen die versprochene Hilfe nicht gesandt hatten und die pisanische Flotte abgefallen war. Ohnehin gab es Mißhelligkeiten zwischen dem Papst und den Deutschen, vor allem dem hochfahrenden Welfen Heinrich dem Stolzen. Die Meinungen über die Neuordnung des eroberten Landes prallten oft aufeinander. In den ersten Oktobertagen wurde endlich der Heimweg angetreten. Mühsam schleppte sich der alte, kränkelnde Kaiser auf seinem Pferd vorwärts, er überwand die Alpen und hauchte am 4. Dezember 1137 in einem Bauernhaus bei Reutte in Tirol sein Leben aus.

Lothar hat noch auf dem Sterbebett die Reichsinsignien seinem Schwiegersohn Heinrich dem Stolzen übergeben. Es war zu erwarten gewesen, daß sich Lothar als Nachfolger den mächtigen und ehrgeizigen Welfen wünschte, den er auf dem Italienfeldzug durch die Belehnung mit der Toskana und dem Erbe des sächsischen Herzogtums noch mächtiger gemacht hat.

Damit war Heinrich freilich den anderen Reichsfürsten zu mächtig, als daß sie ihm auch noch die Königswürde geben wollten. Ein König mit so viel Macht und Besitz hätte sich alles gegen die Fürsten erlauben können. Vor allem aber hatte sich Heinrich in Italien allerlei Unfreundlichkeiten gegen den Papst, die Kardinäle und die Bischöfe erlaubt und sich dabei sehr herrschsüchtig und eigenmächtig gezeigt.

Für Erzbischof Albero von Trier stand es fest, daß der stolze Heinrich auf keinen Fall deutscher König werden dürfte, und Albero konnte wohl einiges bewirken, denn ihm fiel die Leitung der Wahl zu, nachdem der Mainzer Erzbischofsstuhl verwaist und der neue Kölner Erzbischof noch nicht geweiht war. Die Wahl war für Pfingsten 1138 in Mainz vorgesehen. Aber wenn man bei der Wahl Lothars 1125 noch halbwegs offen manipuliert hatte, so folgte nun ein Ränkespiel, das seinesgleichen suchen muß. In einer Verschwörung mit dem päpstlichen Kardinallegaten Dietwin von S. Rufina berief Albero eineinhalb Monate vor dem Wahltermin heimlich eine Versammlung nach Koblenz ein. Da der Trierer Oberhirte auf dem Italienzug erkannt hatte, daß der ehemalige Gegenkönig Konrad von Staufen leicht lenkbar war, schlug er diesen nun als neuen deutschen König vor. Wenn Konrad diese Kandidatur annahm, so mußte er als willfähriges Werkzeug der Kirche erscheinen, das Lob wie Tadel gleicherweise ertrug. Und Konrad nahm den Vorschlag Alberos und des päpstlichen Legaten an! Allzusehr stand für die Staufer die Rivalität mit den Welfen im Vordergrund, allzutief saß noch der Stachel, daß man Friedrich bei der Wahl Lothars zurückgewiesen hatte.

Alberos Ränkelust war nun grenzenlos. Als Wahlleiter unterlief er kurzentschlossen den offiziellen Termin und ließ Konrad sogleich von dem in Koblenz versammelten kleinen Kreis zum neuen deutschen König wählen. Kein Fürst aus Bayern oder Sachsen wird von dieser Wahl etwas gewußt haben – anwesend war jedenfalls keiner. Und um nun den Staatsstreich wirklich zu vollenden, ließ Albero seinen Kandidaten bereits sechs Tage später in Aachen krönen, wobei der päpstliche Legat am 13. März 1138 die Krönung völlig regelwidrig ausführte.

Albero war überzeugt, daß ihm die deutschen Fürsten und der Papst für die Ausschaltung des übermächtigen welfischen Heinrich nur dankbar sein würden. Aber zweifellos war damit eine wichtige Chance für die kraftvolle Entfaltung des Königtums vertan, und für den Welfen kamen die Ereignisse überdies einem Sturze gleich. Aber noch war er im Besitz der Reichsinsignien! Sollte er sie behalten?

Nachdem man ihn mehrmals dazu aufgefordert hatte, schickte Heinrich die Kleinodien an Konrad, erschien selbst aber trotz wiederholter Vorladung nicht vor dem König und verweigerte diesem auch die Huldigung. Konrad verlangte von Heinrich vergeblich den Verzicht auf eines seiner beiden Herzogtümer. Schon im Juli 1138 wurde der Welfe geächtet. Der Babenberger Leopold von Österreich erhielt Bayern, und mit Sachsen wurde Albrecht der Bär belehnt.

Der Krieg zwischen Staufern und Welfen war nun nicht mehr zu vermeiden. Mitten in erfolgreichen Kämpfen starb jedoch Heinrich der Stolze etwa vierzigjährig im Oktober 1139 in

5 *Der Monat August (Fässer werden für den Wein bereitgestellt). Monatsfigur von Benedetto Antélami, 1178. Baptisterium zu Parma.*

6 *Feste und Burg Trifels, häufiger Aufenthaltsort der deutschen Kaiser und Pfalz der Stauferzeit, entstanden Mitte 11. Jh.*

Quedlinburg. Wer weiß, ob sich der verhaßte Thronräuber Konrad weiter als König hätte halten können, wenn Heinrich nicht gestorben wäre . . . Für seinen zehnjährigen Sohn, den späteren Heinrich den Löwen, übernahm dessen Großmutter Richenza, die Witwe Lothars III., den Kampf mit großem Elan. Sie hatte ohnedies mit dem inzwischen aus Sachsen vertriebenen Albrecht noch eine Rechnung zu begleichen, da er einst über ihre Güter hergefallen war und sie übel zugerichtet hatte. Bald darauf mußte Albrecht auf das Herzogtum Sachsen wieder verzichten.

In den südlichen deutschen Ländern vertrat Welf VI., ein Bruder Heinrichs des Stolzen, dessen Sache. Nach einem Sieg über den babenbergischen Leopold an der Mangfall unterlag er Konrad vor der Burg Weinsberg bei Heilbronn. Konrad versprach den Frauen der Burg, daß sie mit allem, was sie tragen konnten, abziehen durften. Als sie dann aber bald nacheinander unter dem Burgtor erschienen, trug jede ihren Mann auf dem Rücken, um ihn so vor Gefangenschaft oder Tod zu bewahren. Als der Bruder des Königs dies nicht zulassen wollte, soll Konrad geantwortet haben: »Ein Königswort darf nicht verdreht werden« – und die Weiber von Weinsberg konnten ihre Männer davontragen.

Im Mai 1142 waren die Friedensbemühungen soweit gediehen, daß der König während eines Reichstages in Frankfurt am Main den jungen Heinrich den Löwen als Herzog von Sachsen anerkennen konnte. Auf Bayern verzichtete Heinrich bald darauf. Mit großem Geschick war es Konrad auch gelungen, die Mutter Heinrichs des Löwen und Witwe Heinrichs des Stolzen zu einer Verehelichung mit dem neuen Markgrafen Heinrich von Österreich zu bewegen. Damit hätten die Gegensätze zwischen den Welfen und den Babenbergern ausgeglichen werden können – wenn Welf VI. sich nicht dagegen gesträubt hätte und Heinrichs des Löwen Mutter nicht ein Jahr später im Kindbett gestorben wäre.

Welf VI. anerkannte den Verzicht seines Neffen Heinrichs des Löwen auf Bayern nicht, und er erhielt für seinen Kampf gegen den deutschen König ansehnliche finanzielle Unterstüt-

zung von König Roger II. von Sizilien. Roger hielt Konrad auf diese Weise jahrelang nördlich der Alpen fest, so daß dieser ihm nicht, ähnlich wie Lothar 1137, sein Reich in Süditalien streitig machen konnte. Aber Welf wurde gelegentlich auch von dem jungen staufischen Friedrich, dem nachmaligen Kaiser Friedrich Barbarossa, unterstützt, der wenigstens vorübergehend mit der welfischen Partei mehr sympathisierte als mit seinem Onkel Konrad. Aus unklarem Anlaß griff Friedrich im Sommer 1146 auch die Zähringer an, nahm Zürich ein und eroberte die Gebiete bis hinein in den Breisgau. Aber nach Intervention seines Vaters und König Konrads III. mußte Friedrich alles wieder herausgeben.
Trotz dieser für Konrad äußerst schwierigen Lage, die noch durch Komplikationen in Böhmen und Polen verstärkt wurde, entschloß sich der König unter dem Einfluß Bernhards von Clairvaux zur Teilnahme an dem geplanten zweiten Kreuzzug in das Heilige Land. Der seit 1145 auf dem Stuhl Petri residierende Papst Eugen III. hätte den deutschen König allerdings lieber zu seinem Schutz in Rom gesehen, wo eine republikanische Bewegung sehr aggressiv gegen ihn agitierte und ihn schließlich im März 1146 aus der Stadt vertrieb. Der Papst hatte Bernhard von Clairvaux mit der Werbung für den Kreuzzug beauftragt, und dessen feuriger Beredsamkeit gelang es, Fürsten, Adelige, Ritter und Volk in einen hemmungslosen Begeisterungstaumel zu stürzen. Dabei wandte sich die fanatisierte Menge auch gegen die am nächsten erreichbaren Antichristen, die Juden, von denen viele niedergemetzelt wurden.
Im Mai 1147 machten sich die deutschen Teilnehmer des Kreuzzuges auf den Weg – von Regensburg aus, wo im gleichen Jahr die noch unter Heinrich dem Stolzen 1135 begonnene und nun allseits bestaunte große steinerne Brücke über die Donau fertiggestellt wurde. Auch Friedrich, der nachmalige Kaiser Barbarossa, nahm an dem Zug teil. Er war eben einen Monat vorher, nach dem Tod seines Vaters, Herzog von Schwaben geworden. Durch Ungarn und den Balkan kam der Zug gut voran und erreichte bald Konstantinopel.

Das Übersetzen über den Bosporus ging dank den verwandtschaftlichen Beziehungen zwischen König Konrad und Kaiser Manuel von Byzanz – sie waren Schwäger – glatt vonstatten. Aber in Kleinasien gab es die ersten Schwierigkeiten. Das Kreuzzugsheer teilte sich in zwei Teile, die unter dem Kommando von König Konrad und Otto von Freising standen. In grenzenlosem Gottvertrauen versuchten die einen ohne Ortskenntnisse und Orientierungshilfen durch das Landesinnere ihr Ziel zu erreichen, während die anderen dem Verlauf der Küste folgen wollten. Aber beide Teile litten bald unter Nahrungsnöten, und ständige Attacken der Seldschuken ließen die Überlebenden das Heil in der Rückkehr zum Bosporus suchen. Die Mehrzahl derjenigen, die Konstantinopel wieder erreichten, hatte von dem Abenteuer genug und trat die Heimreise an. Nur ein kleiner Teil schloß sich den nachkommenden Franzosen an. Der verwundete König blieb den Winter über in Konstantinopel und fuhr im Frühjahr 1148 zu Schiff nach Jerusalem, das vom ersten Kreuzzug her noch im Besitz der Christen war. Dort verhinderte aber die Uneinigkeit zwischen Deutschen und Franzosen einen Erfolg, so daß ein kläglicher Rest schließlich im Herbst mit byzantinischen Schiffen wieder nach Konstantinopel zurückkehrte, von wo die wenigen Überlebenden im Frühjahr 1149 durch das Adriatische Meer in die Heimat gelangten. Mit ihnen kam nach verschiedenen, wohl nicht eindeutig beweisbaren Meinungen die schwarze Ratte nach Europa, deren Flöhe die Pest verbreiteten.

Nur die süddeutschen Stämme hatten sich an der Kreuzfahrt beteiligt, während die sächsischen Großen sich mit ihren Vasallen 1147 gegen die Wenden auf den Weg machten. Nach Bernhards von Clairvaux Losung wollten sie dort die Heiden entweder bekehren oder vernichten. Das Werk jahrzehntelanger friedlicher Bemühungen von Predigern und Missionaren drohte zerstört zu werden, während sich Papst Eugen III. im Westen in Abwesenheit des Königs als Herr des Reiches aufspielte und den von König Konrad eingesetzten Stellvertreter, Erzbischof Heinrich von Mainz, kaltstellte.

Der Kreuzzug gab Gelegenheit für neue Koalitionen zwischen den europäischen Fürsten. Konrad erneuerte Abmachungen mit dem byzantinischen Kaiser Manuel zur Vernichtung des normannischen Reiches in Süditalien. Roger hatte das Engagement seines Erzfeindes Manuel während des Kreuzzuges nicht nur dazu benutzt, in Korfu und Epirus einzufallen, sondern er hatte sich auch an der nordafrikanischen Küste festgesetzt. Nun verbündete er sich neuerlich mit Welf VI., dem französischen König Ludwig VII. und dem ungarischen König Geza II. Nur Papst Eugen widerstand der Werbung König Rogers, denn er erhoffte sich mehr Schutz von dem deutschen König, der nun wohl bald zu seiner Kaiserkrönung nach Rom kommen würde.
Welf war schon vor Konrad über Sizilien wieder in die Heimat zurückgekehrt und fiel auf Grund der Abmachungen mit Roger sogleich wieder mit Feuer und Schwert über die Besitzungen Konrads in den süddeutschen Ländern her, um diesen auf jeden Fall von dem mit Manuel vereinbarten Feldzug gegen Roger abzuhalten.
Bald erhob auch Heinrich der Löwe wieder seine Ansprüche auf das frühere welfische Herzogtum Bayern. Er hatte sich durch die Verheiratung mit Clementia von Zähringen die Unterstützung dieses reichen Geschlechtes im Südwesten des Reiches gesichert. Mit solcher und anderer Rückendekkung konnte er den Vorladungen des Königs zu mehreren Reichstagen trotzen, auf denen seine Ansprüche geklärt werden sollten. Daraufhin entschloß sich Konrad zu einem Kriegszug gegen das welfische Braunschweig, doch er mußte die Belagerung ergebnislos abbrechen.
Konrad war seit dem Kreuzzug krank, und der Tod seines Sohnes Heinrich im Jahre 1150 traf ihn deshalb besonders hart. Es hieß damals, der junge Staufer, der kurz vor dem Kreuzzug als Konrads Nachfolger zum König gewählt worden war, sei mit Gift ermordet worden, aber ein Beweis war nicht zu erbringen. Als sich Konrad dann entschloß, im September 1152 den lange vorgesehenen Krönungszug nach Rom anzutreten, war sein Schicksal bereits entschieden –

König Konrad starb am 15. Februar 1152 während eines Reichstages zu Bamberg.
Die Regierung Konrads III. war beherrscht von den Auseinandersetzungen mit den Welfen. Die Hintansetzung der Staufer bei der Königswahl 1125 durch die Welfen und die Ausschaltung der welfischen Thronansprüche im Jahre 1138 hatten überreichlich Zündstoff für den Streit zwischen den beiden Dynastien gegeben. Beide Male waren jedoch die Staufer und die Welfen mehr oder weniger nur die Objekte, die Schachfiguren, die von anderen Kräften – vor allem auf kirchlicher Seite – nach deren Gutdünken verschoben wurden.
Der Streit zwischen Konrad III. und Heinrich dem Stolzen war nach diesen Vorgängen unumgänglich gewesen, und ebenso war die Niederlage Konrads unvermeidlich. Im Vergleich zur welfischen Hausmacht war diejenige Konrads geradezu verschwindend. Während Heinrich der Stolze nicht zuletzt auf Grund der Verfügungen seines Schwiegervaters Kaiser Lothar III. der reichste und mächtigste Fürst im römisch-deutschen Reich war, konnte Konrad nicht einmal über die Hälfte der staufischen Hausgüter verfügen, die ohnedies weitaus kleiner waren als die welfischen.
Darüber hinaus war Konrad durch die Art seiner Wahl und seiner Erhebung auf den Königsthron auch in ein äußerst ungünstiges Abhängigkeitsverhältnis zur Kirche verstrickt und hatte es dabei in Bernhard von Clairvaux sowie in den Päpsten Innozenz II. und Eugen III. mit sehr starken Persönlichkeiten zu tun. Das zeigte sich besonders, als er sich entgegen allen politischen Erwägungen dem Drängen Bernhards zur Teilnahme am zweiten Kreuzzug nicht entziehen konnte und als sich Eugen III. in Abwesenheit des Königs immer wieder in dessen Machtbefugnisse einmischte. Diese Abhängigkeit Konrads trug ihm den Ruf eines »Pfaffenkönigs« ein, wozu nicht zuletzt der Abt Wibald von Stablo und Corvey beigetragen hat, ein hochgebildeter, aber dem Papst sehr ergebener Mann, der beträchtlichen Einfluß auf den König gehabt hatte.

Die Meinung, Konrad sei bei seinem Zusammengehen mit den Babenbergern gegen die Welfen auf der falschen Seite gestanden, gibt zu sehr die Sicht der Späteren, der Nachkommen wieder. Konrad konnte die Verhältnisse zu seiner Zeit nur so sehen, daß ihm statt des Kampfes gegen die mächtigen Welfen als Alternative lediglich der Versuch geblieben wäre, deren Beistand zu erreichen, der allerdings nach Lage der Dinge mit ziemlicher Sicherheit in einer tödlichen Umarmung geendet hätte. Es blieb ihm also nichts, als entweder die Wahl zum König nicht anzunehmen oder mit dem Mut der Verzweiflung den Kampf mit den Welfen zu führen. Konrad hat sein Schicksal auf sich genommen!
Sein Nachfolger, der von der Geschichte wesentlich günstiger beurteilte Friedrich I. Barbarossa, hat sich schon zu Konrads Zeiten für eine Verständigung mit den Welfen eingesetzt und stand zeitweise auch auf deren Seite. Er konnte auf den Erfahrungen seines Oheims aufbauen und verfügte nicht zuletzt auch über eine größere Hausmacht als sein Vorgänger. Die Ausgangsstellung Friedrichs I. Barbarossa war also eindeutig günstiger als diejenige von Konrad III. Es ist völlig unwahrscheinlich, daß die Staufer und damit auch Friedrich I. Barbarossa jemals an die Macht gekommen wären, wenn Konrad seine Wahl zum König 1138 nicht angenommen hätte.

Die Anfänge Friedrichs I. Barbarossa 1152 – 1155

Ungewöhnlich wie das kurze Interregnum von nur drei Wochen zwischen dem Tod Konrads III. und der Wahl Friedrichs I. ist auch die völlig regelwidrige Verlegung der Wahl von Mainz nach Frankfurt am Main. Was ging da hinter den Kulissen vor?

Beim Tod Konrads III. waren nur sein Neffe, der Schwabenherzog Friedrich, und Bischof Eberhard von Bamberg anwesend. Man muß also den beiden Überlebenden glauben, daß Konrad den Schwabenherzog und nicht seinen sechsjährigen Sohn zum Nachfolger bestimmt hat. Warum wurde aber Konrad mit so merkwürdiger Eile in Bamberg und nicht in der staufischen Familiengruft in Lorch begraben? Und worauf bezieht sich der Hinweis Gisleberts von Mon, Friedrich habe seine Wahl durch eine Hinterlist erschlichen?

Konrad hat sein Reich zweifellos nicht in einem sicheren und gefestigten Zustand hinterlassen. Es war deshalb nicht auszuschließen, daß gewisse Leute die königslose Zeit ausnutzen würden, um sich Vorteile zu verschaffen und die Lande noch mehr zu verunsichern, als sie es schon waren. Alle anderen aber, die an Ruhe und Frieden interessiert waren, strebten nach einer baldigen Wahl.

Tatsächlich schien der Schwabenherzog Friedrich für den Thron sehr geeignet zu sein – nicht nur, weil ihn Konrad designiert hatte, sondern auch, weil er als Sohn eines staufischen Vaters und einer welfischen Mutter die unheilvollen Zwistigkeiten zwischen diesen beiden Dynastien am ehesten beseitigen konnte und weil er eine kraftvolle, geschickt taktierende Persönlichkeit war. Aber was war von dem ehrgeizigen Heinrich dem Löwen zu erwarten, der immerhin der Enkel des vorletzten deutschen Königs, Lothar III. war?

Friedrich machte sich auch sogleich nach dem Begräbnis seines Oheims Konrad von Bamberg aus auf den Weg, um mit den verschiedenen geistlichen und weltlichen Fürsten im

Lande zu verhandeln. Er legte ihnen dar, was sie von ihm als König zu erwarten hätten. Zweifellos hat er sich dabei im besten Licht gezeigt und für den Fall seiner Wahl verschiedene Versprechungen gemacht. Auf Grund der späteren Ereignisse ist anzunehmen, daß er seinem Vetter Heinrich dem Löwen das Herzogtum Bayern und dessen Onkel Welf VI. verschiedene größere Besitzungen in Italien in Aussicht gestellt hat.

Als dann am 4. März 1152 in Frankfurt gewählt wurde, erhielt Friedrich beinahe alle Stimmen. Nur vom Mainzer Erzbischof ist überliefert, daß er gegen Friedrich gestimmt hat, da er auf die Staufer nicht gut zu sprechen war. Er kolportierte eifrig die angebliche Äußerung Friedrichs, dieser wolle die Krone auch dann an sich reißen, wenn er nicht zum König gewählt würde. Der Mainzer Erzbischof wünschte sich den sechsjährigen Sohn Konrads als König, für den er bis zur Mündigkeit die Regierung ausüben wollte. Haben die von Friedrich nach Frankfurt beorderten schwäbischen Ritter – es sollen 3000 gewesen sein! – die Einmütigkeit seiner Wahl ertrotzt? Sie war aber ganz sicher auch eine Frucht der Diplomatie und der Eile, denn der Papst konnte in den kurzen drei Wochen nicht wieder, wie 1125 und 1138, Legaten entsenden, die die Wahl in seinem Sinn beeinflußt hätten – ganz abgesehen davon, daß diesmal ein ränkeliebender kirchlicher Wortführer wie Albero fehlte.

Am folgenden Tag nahm der neue König von allen anwesenden Fürsten den Treueid für ihre Lehnsmannschaft entgegen, löste die Tagung auf und beschied die Fürsten für den 9. März zu seiner Krönung nach Aachen. Er selbst schiffte sich in Frankfurt mit einem kleinen Gefolge ein und fuhr den Main und den Rhein abwärts bis zur Pfalz Sinzig an der Mündung der Ahr, von wo er den weiteren Weg nach Aachen zu Pferd zurücklegte.

Man sah dem neuen König wohl mit gemischten Gefühlen entgegen, denn es war ein strenges Regiment zu erwarten, das jene Freiheiten, die sich Fürsten wie Ministerialen unter Konrad III. herausgenommen hatten, mit großer Sicherheit beschneiden würde. Aber alle die, die unter dem Unfrieden und unter den unsicheren Verhältnissen der letzten Jahre und Jahrzehnte gelitten hatten, freuten sich, denn nun bestand Aussicht, daß Recht und Gerechtigkeit wieder mehr Gewicht erhalten sollten.

Die feierliche Krönung nahm der Kölner Erzbischof Arnold unter Assistenz mehrerer Bischöfe am 9. März 1152, an einem Sonntag, in der von Karl dem Großen gestifteten Pfalzkapelle vor. Friedrich I. bestieg den Thron jenes Kaisers Karl, den er sich als sein Vorbild gewählt hatte. Nach der Zeremonie, als der König die Kirche verlassen wollte, warf sich einer seiner schwäbischen Ministerialen vor ihm auf den Boden und flehte ihn um Erlaß einer Strafe an. Er hatte gehofft, daß ihm der Regent an diesem festlichen Tag die Bitte nicht abschlagen würde. Aber Friedrich antwortete: »Ich habe dich nicht aus Übermut bestraft, sondern weil es die Gerechtigkeit gebietet. Nun kann ich dich nicht wieder begnadigen, denn das wäre gegen die Gerechtigkeit.« Diese Episode sprach sich rasch im Reich herum, und sie zeigte, wie ernst der neue König seine Pflichten nahm. Dem Erzbischof Eberhard von Bamberg verlieh Friedrich an seinem Krönungstag für seine eifrige Wahlhilfe die reiche niederbayerische Benediktiner-Abtei Niederaltaich.

Abt Wibald, der getreue Diener des Papstes und einflußreicher Ratgeber Konrads III., schrieb unter anderem nach Rom: »Unser König ist noch keine dreißig Jahre alt. Er zeigte sich bisher scharfen Geistes, rasch von Entschluß, glücklich im Kampf und begierig nach Ruhm und Gefahr. Nimmermehr duldet er Unbill, ist leutselig, freigebig und von glänzender Beredsamkeit in seiner Muttersprache.« Über Friedrichs Antlitz berichtet ein Engländer aus eigener Anschauung, daß es »die Festigkeit seiner Seele spiegelte, stets gleichmäßig und unbewegt blieb, weder vom Schmerz verdüstert, noch vom Zorn verzerrt oder in Freude ausbrechend«.

Bei seiner Krönung hat der neue König gelobt, daß er dem Papst Ehrerbietung und Liebe erweisen werde, die römische Kirche und alle kirchlichen Personen schützen wolle, den

Witwen und Waisen sowie allen ihm Untergebenen Recht und Frieden sichern werde. Aber schon in seinem ersten Brief an den Papst bringt Friedrich seine Meinung deutlich zum Ausdruck, daß ihm seine königliche Würde direkt von Gott übertragen worden sei. Er setzt sich damit ausdrücklich in Gegensatz zur kurialen Anschauung, die sich in den seit Papst Gregor VII. vergangenen Jahrzehnten immer stärker herausgebildet hatte und nach der die königlichen Würden nur durch die Vermittlung des Papstes verliehen werden können. Friedrich mag daran gedacht haben, in welch bittere Abhängigkeiten von der Kirche sich seine Vorgänger Lothar III. und Konrad III. begeben hatten, und das ist zweifellos auch der Grund, warum in dem Sendschreiben an den Papst der Wunsch nach Anerkennung der Königswahl fehlt. Friedrich bezeichnete es zwar als ein Ziel seiner Regierung, die katholische Kirche mit all ihren Vorrechten und ihrem Glanz zu erhalten, aber zugleich findet sich bei ihm von Anfang an die Maxime, daß die Hoheit des römischen Reiches in ihrer alten Kraft und Herrlichkeit wiederhergestellt werden solle. Das war praktisch ein Widerspruch in sich selbst.

Friedrich begriff sich, wie Karl der Große, als das weltliche und kirchliche Oberhaupt seiner Untergebenen. Er war ganz von den karolingischen Vorstellungen über das gleichberechtigte Zusammenwirken der kirchlichen und weltlichen Gewalt durchdrungen, wobei er natürlich der Kirche den Primat über die Seelen zugestand. Im Papst sah Friedrich allerdings nur den Bischof von Rom, einen *Primus inter pares* in der Gemeinschaft der Bischöfe. Das *Dictatum Papae* Gregors VII. und der ihm nachfolgenden Gregorianer wollte Friedrich I. nicht anerkennen – er nahm es überhaupt nicht zur Kenntnis. Damit war der Konflikt mit dem Papst vorprogrammiert, denn sowohl Friedrich wie auch die Gregorianer beanspruchten für sich die Oberherrschaft über die andere Seite.

Aber weder die Neuordnung der Beziehungen zum Papst noch die Sanierung der Verhältnisse in den italienischen Städten standen für Friedrich jetzt im Vordergrund. Weitaus

wichtiger war für ihn die Wiederherstellung der königlichen Autorität und die Befriedung der vielen Unruheherde auf deutschem Boden. Dazu gehörte vor allem der Ausgleich zwischen den Welfen und den Babenbergern im Süden sowie zwischen Heinrich dem Löwen und Albrecht dem Bär in Sachsen. In Niederlothringen beanspruchten verschiedene Fürsten den Herzogtitel, in Burgund waren starke separatistische Tendenzen vorhanden, der Böhmenherzog ließ bei jeder Gelegenheit erkennen, daß er dem Reich wenig gewogen sei, und im Südwesten zeigten sich auch die Zähringer nicht gerade als die eifrigsten Parteigänger des Reiches.
Wie wollte Friedrich mit seinen wenigen Besitztümern und seinem entsprechend geringen Gewicht unter den Reichsfürsten den auf ihn zukommenden Aufgaben gerecht werden? Wie wollte er seine Wahlversprechen gegenüber den Welfen einlösen, wozu er doch das Herzogtum Bayern von den Babenbergern freibekommen mußte? Die Welfen würden zweifellos gegen ihn genauso losziehen wie vorher gegen Konrad III., wenn er seine Versprechen nicht verwirklichen könnte.
Der neue König trat also wahrhaftig in schwierige Verhältnisse ein, die er sich zum Teil erst noch selbst geschaffen hatte. Aber Friedrich kannte die Schwierigkeiten und war sich von vornherein dessen bewußt, daß er hohen Anforderungen ausgesetzt sein würde. Trotzdem hatte er den brennenden Wunsch gehabt, die Regierung zu übernehmen und zu zeigen, daß er all dieser Bedrängnisse Herr werden könne.
Noch während seines Aufenthaltes in Aachen übergab Friedrich sein bisheriges Herzogtum Schwaben dem unmündigen Sohn Konrads III., Herzog Friedrich von Rothenburg. Der König wollte damit seinen Neffen dafür entschädigen, daß er nicht auf den Thron seines Vaters gekommen war. Allerdings behielt der König zunächst die vormundschaftliche Verwaltung Schwabens für sich, um seine Königsherrschaft zu stärken.
Ebenfalls noch in Aachen übertrug Friedrich I. seinem Onkel Welf VI. die Markgrafschaft Tuszien, das Herzogtum Spoleto

und die Inseln Sardinien und Korsika sowie die umfangreichen Mathildischen Güter zu Lehen. Damit war wohl ein Teil der Versprechungen eingelöst worden, die der König vermutlich vor der Wahl den Welfen gemacht hatte. Der unter Konrad so friedlose Fürst war somit für die Sache des Staufers gewonnen, und dieser konnte annehmen, daß sich Welf künftig vor allem in Italien zur Verwaltung seiner Lehen aufhalten würde. Heinrich der Löwe hatte auf diese italienischen Güter seines Vaters aber wohl nur gegen das Versprechen verzichtet, Bayern zu erhalten. Immerhin erhob nun wenigstens Welf darauf keine Ansprüche mehr.

Friedrich hat seine neuen Aufgaben also rasch und mit beachtlichem Elan aufgegriffen. Wenige Tage nach seiner Krönung trat er einen Umritt durch die deutschen Lande an. Wer im Mittelalter ein Land beherrschen wollte, der mußte sich bei seinen Untertanen sehen lassen und ständige persönliche Kontakte mit ihnen pflegen. Dadurch gab er ihnen das Gefühl, daß sie unter seinem Schutz und Schirm stehen. Wenn Friedrich in seinen Ländern sehr viel unterwegs war, so hatte das seinen Grund auch darin, daß das römisch-deutsche Reich keine einigermaßen zentral gelegene Hauptstadt hatte, von der aus der Kaiser sein Regiment hätte führen können. Die erste Reise führte den Neugewählten nach Utrecht, wo er einen Streit zwischen dem bischöflichen Stadtherrn und den Bürgern zu schlichten hatte. Die Wiederherstellung des Landfriedens in Niederlothringen zwischen Rhein, Maas, Schelde und Mosel übertrug er seinem damaligen engsten Berater, dem Kölner Erzbischof Arnold.

In Burgund war die Hoheit des Reiches seit langem schwach vertreten. Seit rund hundert Jahren hatte sich dort kein Kaiser mehr sehen lassen. Friedrich vereinbarte mit dem jungen Herzog Berthold von Zähringen einen Heerzug, der die Reichsgewalt in Burgund wiederherstellen sollte. Dem Zähringer übertrug er sogleich das Rektorat über das Land, und dieser versprach ihm die Teilnahme an dem geplanten Krönungszug nach Rom mit 500 wohlgerüsteten Rittern und 50 Bogenschützen.

Für Mitte Mai 1152 hatte Friedrich seinen ersten Reichstag nach Merseburg einberufen, jener an einer Furt durch die Saale gelegenen alten Grenzfeste gegen die Slawen. Hier konnte er jahrelange dänische Thronzwistigkeiten beenden, indem er einen der Streitenden kurzentschlossen mit dem Land belehnte und ihn gleichzeitig zum König krönte. Vom Rivalen des neuen Dänenherrschers ließ sich Friedrich zum Zeichen des Verzichtes das Schwert übergeben.
Schon zwei Monate nach seiner Krönung machte Friedrich in Merseburg auch deutlich, wie er seine Ansprüche auf das Regiment über die Kirche zu verwirklichen gedachte. Der wichtige Erzbischofsstuhl in Magdeburg war nach dem Ableben des bisherigen Inhabers neu zu besetzen. Die beiden Bewerber waren aber nicht nach dem Geschmack des Königs. Er wollte den jungen Bischof Wichmann von Naumburg nach Magdeburg bringen, der seine Reichstreue bereits bewiesen hatte. Bei der vom König veranlaßten Neuwahl fand aber Wichmann keine Mehrheit. Trotzdem verlieh ihm der König in Merseburg die Regalien und provozierte damit nicht nur das Domkapitel, sondern auch den Papst, dessen Genehmigung für die Versetzung von Bischöfen nach kanonischem Recht erforderlich war.
Der Versuch Friedrichs, in Merseburg auch einen Streit zwischen Heinrich dem Löwen und Albrecht dem Bär zu schlichten, mißlang zwar, aber der König belieh seinen Vetter Heinrich, um ihn bei Laune zu halten, mit der vom Silberbergbau wohlhabenden Reichsvogtei Goslar. Der 23jährige Sachsenherzog wartete freilich noch voll Ungeduld auf seine Einsetzung in das Herzogtum Bayern.
Um diese Belehnung einzuleiten, ritt der König nach Regensburg, der damals bedeutendsten bayerischen Stadt, die nach einer großen Feuersbrunst allerdings noch nicht wieder aufgebaut war. Hier hielt er einen weiteren Reichstag, auf dem ihm der bayerische Adel huldigte, und traf seinen Oheim, den bayerischen Herzog Heinrich II., der nach seinem Tod den Beinamen Jasomirgott erhielt. Der König versuchte, den Babenberger zum freiwilligen Verzicht auf

Bayern zu bewegen. Aber alle Überredungskünste nützten nichts, und selbst als ihm Friedrich einen Rachefeldzug gegen die Ungarn in Aussicht stellte, die ihn 1146 an der Leitha vernichtend geschlagen hatten, lehnte der Babenberger ab. Das Angebot war allerdings nicht ganz uneigennützig erfolgt, denn Friedrich wollte die Ungarn recht gerne wieder – wie unter Heinrich III. – in das Reich eingliedern, und der Babenberger sollte ihm dazu ebenso wie andere süddeutsche Fürsten die Streitkräfte zur Verfügung stellen. Die Unterwerfung der Ungarn wäre ein guter Auftakt seiner Regierungszeit gewesen. Da er aber kein eigenes Heer besaß und die Fürsten für den Krieg nicht zu gewinnen waren, mußte der Feldzug unterbleiben.
Friedrichs rigoroses Vorgehen bei der Besetzung des Magdeburger Erzbischofsstuhles führte rasch zu scharfen Reaktionen des Papstes. Erstaunlicherweise hatte sich eine Reihe deutscher Kirchenfürsten auf die Seite des Königs gestellt. Ihnen warf der Papst Buhlerei um die königliche Gunst vor, und die Magdeburger Domherren bedrohte er mit Absetzung, wenn sie Wichmann gehorchen und anerkennen würden. Noch mehr verstimmte den Heiligen Vater ein Beschluß, den die schwäbischen Fürsten in Anwesenheit des Königs in Ulm faßten: Ein Bannfluch wegen Raubes oder Brandstiftung in kirchlichen Gütern sollte erst nach dem Schuldspruch eines weltlichen Gerichtes rechtswirksam werden. Das mußte nach Meinung des Papstes zur Auflösung der kirchlichen Disziplin und zum Untergang der christlichen Religion führen. Die anfängliche Harmonie zwischen Kaiser und Papst war also bereits wenige Monate nach der Krönung stärksten Belastungen ausgesetzt und drohte ganz und gar in das Gegenteil umzuschlagen.
Nachdem er in Schwaben im Einvernehmen mit den dortigen Großen noch einen Landfrieden aufgestellt hatte, beendete Friedrich seinen Krönungsumritt und begab sich nach Speyer.
Zur Ergänzung seiner örtlichen Friedensbemühungen erließ der König in dieser Zeit ein allgemeines Landfriedensgesetz,

um ein Fundament für die Ruhe und Sicherheit in seinem Reich zu schaffen. Er wollte die unterschiedlich auszulegenden Gewohnheitsrechte beschneiden und mit diesem genau fixierten Gesetz eindeutige Rechtsnormen schaffen. Dabei ist es höchst bemerkenswert, daß das Gesetz im Gegensatz zu früheren Friedensordnungen nicht mehr zwischen Freien und Unfreien unterscheidet, sondern zum Beispiel den Mord einheitlich mit der Todesstrafe bedroht. Wer einen anderen während der Dauer eines Landfriedens verwundet, der soll eine Hand verlieren. Die bewegliche Habe eines flüchtigen Verbrechers soll unter das Volk verteilt werden, seinen Landbesitz erhalten die Erben unter der Bedingung, daß sie dem Friedensbrecher keinen Nutzen davon zukommen lassen. Tun sie es trotzdem, so wird das Gut vom Grafen eingezogen und diesem vom König als Lehen überlassen. Wer einen anderen seiner Freiheit beraubt und mißhandelt, der muß dem Mißhandelten 10 Pfund Buße und dem Gericht 20 Pfund Strafe bezahlen. Schmähreden werden durch Bußgelder von je 10 Pfund an den Beleidigten und an das Gericht geahndet. Die Strafen für Diebstahl werden verschärft: Bei Diebesgut im Wert von 5 Schillingen und darüber wird der Dieb sofort gehenkt, bei kleineren Diebstählen ist Stäupen und Zwicken mit Ruten und Scheren vorgesehen. Hier begnügt sich der Gesetzgeber also nicht mit allgemeinen Formulierungen, sondern er setzt genau die Grenze fest, ab welchem Wert des Diebesgutes der Täter zu hängen ist. Ähnlich exakt wird auch bei Streitigkeiten auf dem Gebiet des Lehnrechtes differenziert. Priester werden ebenfalls der weltlichen Gerichtsbarkeit unterstellt, wenn sie Friedensbrecher in ihr Haus aufnehmen.
Mit einem sogenannten Reinigungseid, in dem er seine Unschuld beschwört, kann sich ein Beschuldigter von der Anklage befreien. Hier zeigten sich Friedrichs Sympathien für die Ritter, denn ein Ritter benötigte für seinen Reinigungseid vier Zeugen, ein Bauer dagegen sechs. Der Bauer sollte aber auch die Wahl zwischen einem Richterspruch und einem Gottesurteil haben, wobei er zum Beispiel mit Gottes Hilfe

unbeschadet einen Gegenstand mit der Hand aus siedendem Wasser herausholen mußte, wenn er seine Unschuld beweisen wollte. Auch der Zweikampf wurde als Gottesurteil angesehen, denn Gott half nach damaligem Glauben immer dem Gerechten, Unschuldigen, so daß also der Sieger im Recht war. Zweikämpfe waren zwar verboten, doch in Fällen von Friedensbruch oder einer anderen todeswürdigen Schuld waren Ausnahmen zugelassen, wenn ein Ritter seine ritterliche Abkunft nachweisen konnte.

Friedrichs immer wieder angezweifeltes Verständnis für den Handel zeigte sich bereits in einer Bestimmung dieses Gesetzes, die den Handelsleuten das Waffentragen erlaubte, damit sie sich unterwegs der Wegelagerer erwehren konnten, während die Bauern keine Waffen mit sich führen durften. Wer durch das Land zog, konnte zur Fütterung seiner Pferde auch so viel Getreide von den Feldern nehmen, wie er von der Straße aus mit den Händen erreichen konnte. An altgermanische Sitten erinnerte schließlich die Bestimmung, daß jedermann von den Wiesen und aus dem Wald so viel nehmen konnte, wie er, ohne Verwüstungen anzurichten, für seine Versorgung benötigte. Wiesen und Wälder waren also noch Gemeingut. Aber Netze, Schlingen und Fallen durften nur gegen Bären, Eber und Wölfe aufgestellt werden, nicht jedoch gegen anderes Wild. Und mit einer drakonischen Strafe wurde bedroht, wer den jährlich festzusetzenden Getreidepreis überschritt: sovielmal 20 Pfund waren an den Grafen zu bezahlen, wie der Wucherer den Scheffel zu teuer verkauft hat. Diese Bestimmung wurde wohl unter dem frischen Eindruck der Mißernte des Jahres 1151 und der daraus folgenden Hungersnot erlassen.

Im Oktober unternahm Friedrich einen neuen Versuch, den Babenberger zum Verzicht auf Bayern zu bewegen. Aber wieder war ihm der Erfolg versagt. Sicher fragte sich der Babenberger, wieso er eigentlich das seinem Bruder rechtsgültig übertragene Herzogtum wieder herausgeben sollte, und um diese Debatte von Anfang an zu vermeiden, erschien er überhaupt nicht zu dem Reichstag in Würzburg, wo man

7 *Gelnhausen : Die Kaiserpfalz wurde zwischen 1170 und 1190 unter Friedrich Barbarossa erbaut.*

8 *Erntebild aus dem Jungfrauenspiegel, Ende 12. Jh. (Rheinisches Landesmuseum, Bonn).*

seine Sache verhandeln wollte. Die zahlreich anwesenden Fürsten wurden nur Zeugen, wie der König zwei umstrittene Erbschaften in Sachsen zwischen Heinrich dem Löwen und Albrecht dem Bär aufteilte und damit wenigstens diesen Streit beilegen konnte. Aber Friedrich brachte auch seinen Krönungszug nach Rom auf die Tagesordnung, und es wurde beschlossen, im Herbst 1154 über die Alpen zu ziehen. Nicht wenige lombardische Herren klagten in Würzburg über die immer ärger werdende Bedrückung durch Mailand, aber auch über die um sich greifende republikanische Revolution, die den bisherigen bischöflichen und adeligen Stadtherren häufig die Stühle vor die Tore der Städte stellte. In Rom tauchten sogar Wünsche nach Loslösung der Stadt vom Reich auf, nachdem man die anfänglich freundlichen Beziehungen zwischen dem neuen römischen König – wie Friedrich auch tituliert wurde – und dem Papst festgestellt hatte. Daß sie inzwischen getrübt worden waren und Papst Eugen III. deshalb den schon vor Monaten angekündigten Kardinallegaten immer noch nicht entsandt hatte, war bis dahin unbemerkt geblieben. Aber bald kam in der Ewigen Stadt ein gemäßigter Senat ans Ruder, so daß es dem Papst nach längerem Exil schließlich möglich wurde, im Dezember 1152 wieder nach Rom zurückzukehren.

Das Oberhaupt der Kirche und der römisch-deutsche König waren viel zusehr aufeinander angewiesen, als daß sie es wegen der Magdeburger Sache oder wegen des Ulmer Beschlusses zu einem völligen Bruch hätten kommen lassen. Der Papst brauchte den König, damit er ihn vor dem Wankelmut der Römer wie auch vor den Aggressionsgelüsten der sizilischen Normannen unter Roger II. und des byzantinischen Reiches unter Manuel I. schütze. Der König wiederum hatte den dringenden Wunsch, zum Kaiser gekrönt zu werden, und dazu brauchte er den Papst. Unter den Vorzeichen dieser gegenseitigen Abhängigkeit entsandte Friedrich Ende des Jahres eine Delegation unter Bischof Anselm von Havelberg und Graf Ulrich von Lenzburg nach Rom, die die bereits früher eingeleiteten Verhandlungen über einen Vertrag zur

Zusammenarbeit und gegenseitigen Unterstützung weiter vorantreiben sollte. Die päpstlichen Ängste vor Byzanz und den Normannen deckten sich mit Aversionen des Königs, so daß auf diesen Gebieten sehr wohl eine Übereinstimmung erzielt werden konnte.

Der König hielt im Dezember 1152 Hof in Trier, wo er zahlreiche kirchliche und weltliche Fürsten aus den westlichen Teilen seines Reiches empfing, etwa die Erzbischöfe von Mainz und Köln, Herzog Matthäus von Oberlothringen, Gottfried von Löwen, Graf Theoderich von Flandern, den Bischof von Cambrai. Auch Heinrich der Löwe war wieder anwesend, und während seine Frau Clementia, die Zähringerin, zu Hause in Sachsen nach dem Rechten sehen mußte, lag er seinem Vetter zweifellos ständig wegen des Herzogtums Bayern in den Ohren.

Heinrich war auch dabei, als der König Anfang Februar 1153 in Mülhausen im Elsaß mit Herzog Berthold von Zähringen zusammentraf. Berthold hatte wohl Schwierigkeiten, eine ausreichende Streitmacht für den vereinbarten Heerzug nach Burgund aufzustellen. Aber Graf Wilhelm von Mâcon, der Vormund der unmündigen Beatrix, der eigentlichen Herrin Burgunds, hatte von den Absichten des Königs erfahren und wenigstens eine vordergründige Schwenkung in seiner bisher frankreichfreundlichen Haltung vorgenommen. Als der König Mitte Februar in Besançon einen Hoftag hielt, erschien Graf Wilhelm zusammen mit dem Erzbischof Humbert von Besançon und dem Bischof von Lausanne an der Spitze weiterer burgundischer Aristokraten. Seit Heinrich III. war kein deutscher König mehr nach Burgund gekommen. In der Folge von Friedrichs persönlichem Erscheinen wurden die Beziehungen zwischen dem Reich und Burgund wieder enger, und burgundische Große stellten sich künftig öfter am Hof des deutschen Königs ein.

Auf dem Rückweg von Burgund hielt Friedrich Ende März 1153 in Konstanz einen Reichstag, auf dem zwei Kardinallegaten des Papstes die seit längerem geführten Verhandlungen über die Beziehungen zwischen Kirche und Reich zum

Abschluß bringen sollten. Am 23. März 1153 beschwor ein Ministerialer den Vertrag für den König in einer feierlichen Zeremonie, und der König selbst gelobte den Kardinallegaten durch Handschlag die Einhaltung des Vertrages »ohne Lug und Trug«. Es wird vereinbart, daß der römische König ohne Zustimmung des Papstes weder mit den Römern noch mit den sizilischen Normannen einen Waffenstillstand oder einen Frieden abschließen wird, sondern daß er die Römer nach den Kräften seines Königreiches wieder der Herrschaft des Papstes zu unterwerfen versucht. Weiter verpflichtet sich der König, die Ehre des Papstes und die Regalien des apostolischen Stuhles gegen jedermann zu verteidigen sowie jene Regalien zurückzugewinnen, die gegenwärtig in fremden Händen sind. Papst und König versprechen sich gegenseitig, dem byzantinischen Reich keine Gebiete in Italien abzutreten und einen Einfall byzantinischer Truppen mit allen Mitteln zu verhindern. Der Papst versichert dem König, ihn ohne jeden Einwand oder Widerstand zum Kaiser zu krönen, wenn er nach Rom kommt, sowie die Ehre des Königtums zu wahren und zu erhöhen. Wer die Rechte und die Ehre des Königreiches verletzt, den will der Papst auf Ersuchen des Königs mit einer kirchlichen Verwarnung oder dem Bannfluch bestrafen.

Das sind mit nüchternen Worten die entscheidenden Vereinbarungen des Vertrages von Konstanz. Man hat sich auf beiden Seiten über die Verhandlungserfolge sehr gefreut: die Päpstlichen, weil die Unterwerfung der Römer und damit das Domizil des Papstes in der Heiligen Stadt gesichert sowie die Gefahr eines Übergriffes von Byzanz oder den Normannen auf den Kirchenstaat stark gemindert war, der König, weil seine Krönung zum Kaiser, die er als eine wesentliche Stufe für die Wiederherstellung der Reichsgewalt betrachtete, unverlierbar war. Die Freude darüber, daß es der königlichen Seite gelungen war, für drei Verpflichtungen des Regenten ebenso viele Verpflichtungen des Papstes einzuhandeln, war nach den früheren Triumphen des Papstes über das Königtum zwar verständlich, aber trotzdem etwas vordergründig, denn die Hilfsversprechen des Königs sind doch erheblich gewichtiger und konkreter als die des Papstes. Das entspricht auch durchaus der Einstellung und Aufgabe Friedrichs als Schutzherrn der Kirche. Ob er sich mit dem Hinweis, die Unterwerfung der Römer erfolge nach den Kräften des Königreiches, ein Hintertürchen offengelassen hat, möge dahingestellt bleiben. Zweifellos konnte er nur über die Streitkräfte verfügen, die ihm die Fürsten zur Verfügung stellten – aber wäre es nicht gegen die Ehre und das oft gerühmte Rechtsgefühl Friedrichs gegangen, sich so von vornherein mit seiner eigenen Schwäche eine moralische Rückzugsmöglichkeit zu schaffen?

Insgesamt haben beide Parteien in dem Vertrag im wesentlichen nur das versprochen, was ihnen ohnehin selbstverständlich war. Natürlich wollte Friedrich als römischer König die republikanischen Tendenzen der Römer unterdrücken – allerdings nicht zugunsten eines politischen Regimentes des Papstes. Und natürlich gehörte es zu den unabdingbaren Voraussetzungen von Friedrichs Regierung, byzantinische und normannische Expansionsgelüste auf Kosten des Reiches abzuwehren. Eine offensive Politik gegen Manuel und Roger hat auch der Konstanzer Vertrag nicht vorgesehen, obgleich sich Byzanz seit einigen Jahren in Ancona festgesetzt hatte. Papst Eugen hat wohl auch nie ernsthaft daran gedacht, Friedrich die Kaiserkrone zu verweigern, denn nur durch die Krönung konnte er sich Friedrichs Schutzverpflichtung vor aller Welt sichern. Freilich erlaubte der Vertrag, wie sich bald zeigen sollte, sehr unterschiedliche Auslegungen. Die Ehre des Papstes und des Königreiches zu verteidigen, das war in der Tat keine sehr konkrete Zusage. Aber auch dieser Vertrag konnte nur von dem Willen der Vertragschließenden leben, ihn »ohne Lug und Trug« zu halten.

Der König hatte den Reichstag nach Konstanz aber ursprünglich wegen eines persönlichen Anliegens einberufen, und die Zusammenkunft hat nur durch das Erscheinen der beiden päpstlichen Legaten eine unvorhergesehene Wendung bekommen. Friedrich war seit 1147 oder 1149 – auch hier ist keine genaue Datierung möglich – mit Adelheid von Vohburg-Cham-Nabburg verheiratet. Die Beziehungen der beiden Eheleute zueinander waren aber schon seit langem, vielleicht von Anfang an, alles andere als gut. Möglicherweise war es eine der vielen Heiraten, bei denen es in erster Linie um die Mitgift der Frau ging, denn Adelheid hatte Friedrich beträchtliche Güter eingebracht. Aber Friedrich ist nie in Begleitung seiner Frau erschienen, er hat sie auch nicht zur Königin krönen lassen, und es waren dieser Ehe keine Kinder entsprossen. Friedrich betrieb deshalb schon seit einiger Zeit die Scheidung, und es gelang, mit einer weit zurückliegenden, entfernten Verwandtschaft eine Begründung zu finden, die auch der Kurie die Zustimmung zu der Auflösung der Ehe ermöglichte. In Konstanz sagte sich Friedrich nun im Chor der Kirche öffentlich von seiner Frau los. Die eingebrachten Güter behielt der König zurück. Später wurde die Kinderlosigkeit der Ehe als Grund für die Scheidung genannt. Den neuen Ehen der beiden Partner sind aber Kinder entsprossen. Erst in neuerer Zeit wurde schlüssig festgestellt, daß der Grund für Friedrich in einem Ehebruch seiner Frau gelegen haben dürfte.

Wie sehr der Papst und der deutsche König nun auf Harmonie bedacht waren, zeigte nicht nur die kuriale Zustimmung zu Friedrichs Scheidung, sondern das bewies auch das Vorgehen gegen den Mainzer Erzbischof. Nachdem dieser während des zweiten Kreuzzuges von Papst Eugen bereits suspendiert, bald darauf allerdings wieder eingesetzt worden war, hatte er sich auch bei Friedrich durch seine Gegnerschaft bei der Königswahl unbeliebt gemacht. Nun warf ihm die Kurie Verschleuderung von Kirchengut vor, und der Erzbischof wurde auf einem Konzil zu Worms im Juni 1153 im Auftrag des Papstes von zwei Kardinälen seines Amtes enthoben. Bernhard von Clairvaux hat sich zwar für den Erzbischof eingesetzt, aber das gute Einvernehmen mit dem König war dem Papst sicher wichtiger. König und Papst einigten sich darauf, daß Arnold von Seelenhofen, der seit 1151 als Kanzler diente, die Mainzer Nachfolge antreten solle.

Die beiden Kardinäle hatten den Auftrag, eine allgemeine Säuberung unter den deutschen Bischöfen vorzunehmen. Eine Reihe von unfähigen Männern sollte aus ihren Stellungen entfernt werden. Für den König war das eine günstige Gelegenheit, seinen Einfluß auf die Neubesetzungen geltend zu machen. Nur als die beiden Legaten auch den Magdeburger Erzbischof Wichmann vorladen wollten, schob der König energisch einen Riegel vor. Als dann Papst Eugen am 8. Juli 1153 gestorben war und Anastasius IV. an seine Stelle trat, gelang es bald, die päpstliche Anerkennung Wichmanns in Magdeburg zu erreichen. Es wird erzählt, daß der Papst bei einem persönlichen Aufenthalt Wichmanns in Rom das Pallium auf den Altar gelegt und den Erzbischof aufgefordert habe, es selbst zu nehmen, wenn er glaube, kanonisch gewählt worden zu sein. Wichmann zögerte, aber seine Begleiter legten ihm das Pallium um. Damit war auch diese lange schwelende Streitsache zwischen Papst und König erledigt. Otto von Freising berichtet, das Ansehen des jungen Königs sei durch diese Lösung gewaltig gehoben worden, was sich in geistlichen und weltlichen Angelegenheiten deutlich bemerkbar gemacht habe.

Kurz nach Eugen ist im August 1153 auch Bernhard von Clairvaux gestorben. Nach dem mißglückten Kreuzzug von 1147 bis 1149 hatte er sich immer mit der Möglichkeit eines weiteren Zuges in das Morgenland beschäftigt, aber die Ernüchterung nach der fehlgeschlagenen Fahrt war viel zu groß, als daß sich Teilnehmer in ausreichender Anzahl für ein neues derartiges Abenteuer gefunden hätten. Mit dem 62jährigen Bernhard von Clairvaux starb eine Persönlichkeit, die während der letzten Jahrzehnte auf Päpste, Könige, Fürsten und Volk einen überragenden Einfluß ausgeübt hatte.

In Konstantinopel hatte der byzantinische Kaiser Manuel I. zweifellos längst schon genauere Erkundigungen über den neuen römisch-deutschen König eingezogen. Nachdem er mit dem staufischen Haus durch Heirat verwandt war und mit Konrad III. in dessen letzten Regierungsjahren interessante Kriegspläne geschmiedet hatte, dachte er daran, sich auch mit dem neuen Herrscher zu verbünden. Friedrich war allerdings strikt dagegen, den Byzantinern auch nur einen Fußbreit Land in Italien zu lassen, und Entsprechendes hat er ja dann auch im Konstanzer Vertrag mit dem Papst vereinbart. Für seinen bevorstehenden Italienzug erschien es Friedrich indes nicht ungünstig, sich mit Kaiser Manuel gegen den Normannenkönig Roger zusammenzutun. Nachdem schon Konrad III. mit dem Komnenen verschwägert war und Heinrich II. Jasomirgott nach dem überraschenden Tod seiner welfischen Frau Gertrud die byzantinische Prinzessin Theodora geheiratet hatte, erschien es Friedrich in politischer Hinsicht gleichfalls verlockend, sich seine zweite Frau aus Byzanz zu holen. So entwickelte sich im Herbst 1153 ein reger Gesandtschaftsverkehr mit Konstantinopel, denn beide Seiten waren an den Aspekten, die sich durch solche Verbindungen ergaben, lebhaft interessiert.

Obwohl ihn Heinrich der Löwe ständig drängte, hatte es der König bisher nicht zuwege gebracht, diesem das Herzogtum Bayern zu übergeben, da der Babenberger allen Lösungsversuchen gegenüber unzugänglich geblieben war – in persönlichen Gesprächen in Speyer zum Jahresende 1153 ebenso wie während einer glanzvollen Versammlung im Februar 1154 zu Bamberg. Fast alle bayerischen Fürsten waren anwesend, so zum Beispiel die Kirchenfürsten von Salzburg, Bamberg und Regensburg, der alte Pfalzgraf Otto von Wittelsbach mit zwei Söhnen, die Grafen von Tirol, Sulzbach, Andechs, Dachau, Bogen sowie nicht zuletzt die drei babenbergischen Brüder Herzog Heinrich II., Bischof Otto von Freising und Bischof Konrad von Passau. Man ging aber wieder ohne Ergebnis auseinander. Dabei drängte den König allmählich die Zeit, denn er wollte im Oktober nach Italien aufbrechen und benötigte dazu auch den Beistand Herzog Heinrichs des Löwen. Der Welfe war sich seines Wertes für den König und seiner Notwendigkeit für den Krönungszug natürlich längst bewußt und benutzte die gute Gelegenheit, seinen Vetter unter Druck zu setzen: entweder das Herzogtum Bayern oder keine Beteiligung an dem Italienzug!

In dieser Zwangslage berief der König für Anfang Juni 1154 einen Hoftag nach Goslar ein. Aber Heinrich II. Jasomirgott war schon im Vorjahr zu einigen Reichstagen mit der Begründung nicht erschienen, daß er nicht rechtmäßig eingeladen worden sei – und er kam nun auch nicht nach Goslar. Jetzt sah der König aber keine Möglichkeit mehr, die Sache zu vertagen. Der Löwe saß ihm im Nacken! Er veranlaßte einen entscheidenden Spruch der anwesenden Fürsten – und da es meist sächsische und thüringische Herren waren, war das Ergebnis nicht zweifelhaft. Die Ansprüche Heinrichs des Löwen auf das Herzogtum Bayern, das Konrad III. im Jahre 1138 Heinrich dem Stolzen abgesprochen hatte, wurden als rechtmäßig anerkannt. Der König vermied im Hinblick auf den bevorstehenden Italienzug allerdings eine abrupte Lösung und ließ die Babenberger zunächst noch im Besitz Bayerns; die Einsetzung des Welfen wurde vertagt. Erhoffte er sich dadurch die Teilnahme beider Fürsten an dem Italienzug? Heinrich der Löwe konnte nun auf die grundsätzliche Klärung seiner Ansprüche pochen und seine baldige effektive Belehnung mit Bayern fordern.

Eine weitere in Goslar entschiedene Angelegenheit zeigt, wie sehr Friedrich I. seinen Vetter verwöhnte und dazu auch Ansprüche anderer Fürsten und sogar Rechte des Reiches hintanstellte. Einer der Schwerpunkte der Tätigkeit des Welfen war die Ausweitung seines Herrschaftsgebietes östlich und nördlich der unteren Elbe in den Gebieten der Wenden. Dort überließ der König seinem Vetter das Recht der Investitur neuer Bischöfe zunächst in den Bistümern Oldenburg, Mecklenburg und Ratzeburg, für die Zukunft aber auch in allen neu zu errichtenden Bistümern jener Gegenden. Das war ein harter Schlag für den Erzbischof von Bremen-Hamburg, zu dessen Kirchenprovinz diese Gebiete gehörten. Der König betonte zwar, daß es sich bei diesen Rechten des Sachsenherzogs um abgeleitete Rechte des Königs handle, aber er hat hier Rechte an den Herzog abgetreten, um deren Erhaltung für sich und das Reich er anderswo hartnäckig kämpfte. Für Heinrich den Löwen war die Übertragung dieser Rechte eine Stärkung seiner politischen Macht und eine Anerkennung seiner kolonisatorischen Tätigkeit, mit der er Bauern aus Westfalen, Holland, Friesland und Sachsen nach Nordelbingen holte.

Für den Krönungszug des Königs nach Italien hatten die Fürsten Zusagen für die Teilnahme mit ihren Rittern und Kriegsknechten gegeben. Als Friedrich im Oktober 1154 das versammelte Heer auf dem Lechfeld bei Augsburg sah, war er jedoch über die kleine Anzahl enttäuscht. Aber er hoffte schließlich auf die Unterstützung durch eine Reihe lombardischer Städte, die wie Cremona, Pavia und Lodi seine Ankunft in Oberitalien dringend erwarteten, um von den mailändischen Bedrückungen befreit zu werden.

Heinrich II. Jasomirgott war ebensowenig bereit mitzuziehen wie der Markgraf von Brandenburg, Albrecht der Bär. Beide waren vor allem auf den vom König bevorzugten Löwen schlecht zu sprechen, der mit einer großen Ritterschar an dem Zug teilnahm und von dem man deshalb erwarten mußte, daß er entsprechend tonangebend sein würde. Auch andere Fürsten, wie etwa der Erzbischof von Bremen-Hamburg und der Bischof von Halberstadt, gingen dem Löwen aus dem Weg und verweigerten deshalb die Teilnahme, weshalb ihnen der König die Regalien entzog. Otto von Freising, der neue Erzbischof Arnold von Mainz und Herzog Welf VI. blieben wohl im Einvernehmen mit dem König zu Hause. Groß war die Begeisterung für den Zug auf keinen Fall, wie die geringe Zahl der Teilnehmenden zeigt – die Überlieferung spricht von nur rund 1800 Rittern. Das Fußvolk setzte sich aus Bogen- und Wurfschützen sowie Schleuderern zusammen.

Der Heerzug nahm seinen Weg über den Brennerpaß und traf Ende Oktober am südlichen Ufer des Gardasees ein. Die Beschaffung der notwendigen Lebensmittel und des Futters für die Pferde machte große Schwierigkeiten, so daß Beschlagnahmen und Plünderungen kaum zu verhindern waren. Aus Furcht vor Vergeltung durch die reichsfeindlichen Städte wie Mailand und Piacenza, doch auch in dem Bestreben, die Unabhängigkeit tunlichst zu wahren, weigerten sich die Städte vielfach, dem Heer Unterstützung zu leisten. Die lombardischen Städte hatten während der letzten Jahrzehnte wesentliche Freiheiten gewonnen und dabei ihre ursprünglichen adeligen oder bischöflichen Herren verdrängt. Die bürgerliche Bewegung mit den gewählten Konsuln profitierte von dem wachsenden Handel mit dem Orient, der einen beachtlichen wirtschaftlichen Aufschwung bescherte. Darüber hinaus hatten die Städte auch zahlreiche Rechte und Güter des Reiches an sich gerissen, die sie jetzt, beim Auftreten des Heerzuges mit dem energischen jungen König, in großer Gefahr sahen. Es war deshalb nicht so einfach, wie sich Friedrich das ursprünglich vorgestellt hatte, die oberitalienischen Verhältnisse wieder im Sinne des Reiches zu ordnen und in die Hand zu bekommen. Man empfing ihn keineswegs mit freundlichen, sondern durchweg mit feindlichen Erwartungen. Die Mailänder hatten noch im Vorjahr sogar eine Urkunde, mit der sie der Staufer an seine Vorrechte erinnerte, mit Füßen getreten und das Siegel zerbrochen, denn sie fühlten sich sehr stark und frei.

In den ersten Dezembertagen hielt Barbarossa – wie ihn die Italiener wegen seines rötlichblonden Bartes bald nannten – auf der roncalischen Ebene am linken Po-Ufer nördlich von Piacenza eine Heerschau. Neben dem mächtigen Patriarchen Peregrin von Aquileja finden wir die Erzbischöfe von Köln und Trier dort, ebenso die Bischöfe von Bamberg, Basel, Konstanz und Worms, einige Äbte, die Herzöge Heinrich den Löwen, Berthold von Zähringen und Heinrich von Kärnten, die Markgrafen Ottokar von Steiermark und Hermann von Verona, den Pfalzgrafen Otto von Wittelsbach und eine Reihe von Grafen.

Hier hielt der König am 5. Dezember 1154 auch seinen ersten Reichstag in Italien. Von allen lombardischen Städten, die dazu bereit waren, nahm Friedrich die Huldigung entgegen. Die Genuesen schenkten ihm Löwen, Papageien und Strauße, die sie bei den Eroberungen von Almeria und Lissabon erbeutet hatten und die in der damaligen Zeit natürlich eine ungeheure Attraktion darstellten. Die Genuesen waren Friedrich ebenso wie die Pisaner mit ihren Flotten für den geplanten Krieg gegen die sizilischen Normannen wichtig. Da Barbarossa auf der roncalischen Ebene auch zu Gericht saß, wurden ihm Klagen über radikale Bürger-Vereinigungen vorgetragen. Für diese Beschwerden hatte Friedrich ein offenes Ohr, denn die ganze republikanische Bewegung war ihm äußerst zuwider – nicht nur, weil sie ständig die Rechte und das Ansehen des Reiches zu schmälern suchte, sondern weil er entsprechend seiner Erziehung und seinem Herkommen einzig und allein im Adel und im Rittertum die ordnenden und bestimmenden Elemente für das öffentliche Leben sah. Deshalb verhängte er über einige besonders trotzige Städte – Asti und Chieri – die Reichsacht. Ein wesentlicher Aspekt des von Friedrich bevorzugten Rittertums war die Treue zwischen der Lehnsgemeinschaft. Auf diese Treue und Verläßlichkeit ist das Gesetz gegründet, das der König am 5. Dezember 1154 erließ. Es verbot die Veräußerung von Lehen und bedrohte alle diejenigen mit dem Verlust ihrer Lehen, die einen vom Lehnsherrn verlangten Dienst nicht leisteten. Damit erweiterte und verschärfte Friedrich das Lehnsgesetz, das von Lothar im November 1136 für Deutschland erlassen worden war, und er dehnte damit seine Wirksamkeit auch auf Italien aus. Mit diesem Gesetz, das auch rückwirkende Geltung hatte, bekam der König eine Möglichkeit, jene Annexionen der lombardischen Städte zu annullieren, durch die sie sich immer mehr zu Stadtstaaten ausgedehnt hatten.

Nach Beendigung des Reichstages brach der König mit seinem Heer auf und zog unter Führung mailändischer Konsuln westwärts durch die Po-Ebene. In der von den Kämpfen zwischen Mailand und Pavia verwüsteten Gegend fehlten aber die nötigen Lebens- und Futtermittel, so daß das mißmutige Heer Städte plünderte, Ortschaften, Burgen und Brücken zerstörte. Die Disziplin geriet immer mehr ins Wanken. Um sie wenigstens innerhalb des Heeres aufrechtzuerhalten, mußte jeder Teilnehmer an dem Zug einen Friedenseid lei-

sten, bei dessen Bruch Enthauptung oder bei kleineren Delikten das Abhacken einer Hand angedroht wurden.
Die Mailänder hatten dem König 4000 Mark in Silber angeboten, wenn sie nicht zum Wiederaufbau der von ihnen zerstörten Städte Como und Lodi gezwungen würden. Aber Friedrich verschmähte das Geld und verlangte von den Mailändern die Beendigung ihrer Angriffe gegen das reichstreue Pavia. Da die Mailänder den wiederholten Vorladungen vor das königliche Gericht nicht folgten, erklärte Barbarossa über sie die Reichsacht. Mit einer Gesandtschaft der Republik Venedig dagegen erneuerte der König einen alten Freundschaftspakt.
Anfang 1155, nach der Überquerung des Po bei Turin, wurden die geächteten Städte Chieri und Asti zerstört. Die dem König besonders sympathischen Pavesen hatten sich über die Stadt Tortona beklagt, die an der großen Straße von Genua nach Mailand lag und deren Bewohner den reichsfreundlichen Pavesen schon viele Streiche gespielt hatten. Da die Bewohner Tortonas im Vertrauen auf Unterstützung aus Mailand einer Vorladung des Königs nicht folgten, verfiel die Stadt gleichfalls der Reichsacht und wurde mit Zerstörung bedroht. Aber die Bürger zeigten sich trotzig, und so begann der König Mitte Februar 1154 mit der Belagerung. Die Burg der Stadt lag auf einer steilen Klippe, einem Ausläufer des Apennin. Ihr Zugang war durch mehrere Türme geschützt. Die untere Stadt konnte Heinrich der Löwe mit seinen Rittern schon in den ersten Tagen der Belagerung erobern und zerstören. Die Bewohner flohen zum größten Teil in die Burg, wo sie sich mit den etwa 100 Rittern und 200 Bogenschützen zusammendrängten, die Mailand gesandt hatte. Ein Kampf auf Gedeih und Verderb brach um die kleine Festung aus. Die Belagerten machten wiederholt Ausfälle, um sich aus ihrem Gefängnis zu befreien. Aber der Ring der Belagerer war viel zu dicht, als daß diese Versuche erfolgreich hätten sein können. Andererseits blieben auch die von Barbarossa eingesetzten Belagerungsmaschinen – wohl vornehmlich große Steinschleudern, sogenannte Onager –

weitgehend wirkungslos und konnten die Befestigungen kaum überwinden. Ein Turm sollte unterminiert werden, aber die Belagerten merkten die Absicht und vereitelten sie durch den Bau von Gegenminen.
Der Wassermangel zwang die Eingeschlossenen zu täglichen Kämpfen um den Zugang zu dem unterhalb der Burg gelegenen Brunnen. Mit Todesmut erzwangen sie sich immer wieder das so dringend benötigte Wasser. Schließlich machten die Belagerer den Brunnen unbrauchbar, indem sie Leichen und Pechfackeln hineinwarfen. Jetzt wurde die Not bei den Belagerten beinahe unerträglich – aber sie hielten nun schon wochenlang aus, und als einige von ihnen in die Hände ihrer Feinde fielen, ließ sie Barbarossa aufhängen und zwar so, daß sie den Eingeschlossenen zur Demoralisierung deutlich sichtbar waren. Einer der deutschen Stallknechte, dem das Trauerspiel zu lange dauerte, kletterte eines Tages die Felswand zur Burg hinauf, indem er sich mit einem kleinen Beil Stufen in den Stein schlug. Ungeachtet eines Hagels von Geschossen, mit dem er von den Belagerten eingedeckt wurde, erreichte er unter dem Schutz seines Schildes die Brustwehr der Burg und konnte trotz seines schlechten Standes dort auch noch einen Mann mit seinem Schwert niederschlagen. Dann kehrte er unverletzt zu den Seinen zurück. Der König wollte den Knecht mit dem Rittergürtel auszeichnen, der aber meinte, er sei ein einfacher Mann und wolle in seinem Stand bleiben. Trotz Hungersnot, Wassermangel und Krankheiten unter den Eingeschlossenen zog sich die Belagerung bereits sechs Wochen hin, als während der österlichen Waffenruhe die in der Burg mit eingeschlossenen Kleriker einen Bittgang zum König unternahmen. Aber Barbarossa war nicht bereit, Gnade walten zu lassen, und so mußten die Kleriker ohne Ergebnis wieder in die Festung zurück. Mitte April ergaben sich die Eingeschlossenen schließlich, nachdem sie so lange Zeit vergeblich auf Entsatz durch die befreundeten Mailänder gehofft hatten. Es wurde ihnen der Abzug mit allem, was sie tragen konnten, gestattet. Aber es war verständlich, daß die ausgehungerten und

ausgemergelten Gestalten nicht mehr viel zu schleppen vermochten, so daß die Plünderer noch reiche Beute vorfanden. Die Burg wurde in Brand gesteckt, und die Pavesen vollendeten die Zerstörung der verhaßten Stadt. Die Mailänder begannen jedoch schon bald mit dem Wiederaufbau.
Nach dem Fall von Tortona ritt der König mit seinem Heer nach Pavia, wo man ein großes Siegesfest feierte, in dessen Verlauf sich Friedrich am 17. April 1155 die lombardische Königskrone selbst aufs Haupt setzte. An Pfingsten lagerte das Heer bei Bologna, und Friedrich konnte mit den berühmten Rechtsgelehrten Martinus und Bulgarus Gespräche führen, womit er Kontakt zu der 1119 gegründeten ersten europäischen Universität in Bologna bekam.
Unterdessen hatten in Rom, dem vorläufigen Ziel Barbarossas, die Auseinandersetzungen zwischen Kurie und Bürgern eine bis dahin nie gekannte Schärfe angenommen. Im Dezember 1154 war Papst Anastasius IV. gestorben. Sein Nachfolger, Papst Hadrian IV., der einzige Engländer auf dem apostolischen Stuhl, verfolgte als ausgeprägter Gregorianer die Interessen der Kirche mit großem Nachdruck. Im Mittelpunkt der republikanischen römischen Bewegung stand der asketische Augustinerchorherr Arnold von Brescia, der kraft seines brennenden Idealismus und seiner rhetorischen Talente die Leidenschaften des Volkes tief aufwühlte. In der von wilder Erregung hochgepeitschten Stadt war niemand mehr vor revolutionären Häschern sicher, und eines Tages wurde sogar ein Kardinal auf offener Straße überfallen. Das war für Papst Hadrian der Anlaß, in der vorösterlichen Fastenzeit den Kirchenbann über die Ewige Stadt zu verhängen, eine vorher noch niemals gegen Rom angewandte Strafe. In der mit Pilgern gefüllten Stadt wirkte sich diese Maßnahme äußerst deprimierend aus: Sämtliche Kirchen mußten geschlossen werden, kein Gottesdienst fand mehr statt, keine Glocken läuteten mehr über den Gläubigen. Auf Drängen des Volkes erbat und erwirkte der Senat vom Papst kurz vor Ostern die Aufhebung des Interdikts, allerdings nur unter der Voraussetzung, daß sich Arnold von Brescia entweder

unterwürfe oder vom Senat aus der Stadt gewiesen werde. Da der bereits von vier Päpsten gebannte Arnold zur Unterwerfung nicht bereit war, mußte er die Stadt verlassen. Das Oberhaupt der Kirche konnte am Gründonnerstag mit seinen Kardinälen in einer feierlichen Prozession endlich zum Lateran ziehen.

Aber die Lage des Papstes blieb trotzdem sehr kritisch, da die Normannen unter Wilhelm I., dem Sohn des Anfang 1154 verstorbenen Roger, von Süden her bis nahe an Rom vordrangen und das zum Kirchenstaat gehörende Benevent besetzten. Zwar war auch Wilhelm in Bedrängnis, weil byzantinische Truppen in Bari gelandet waren, aber der Papst konnte sein Heil nur noch im baldigen Erscheinen Barbarossas sehen und mahnte diesen deshalb immer wieder, doch endlich nach Rom zu kommen.

Als sich Friedrich schließlich im Mai 1155 der Heiligen Stadt näherte, entschloß sich Hadrian, ihm entgegenzuziehen – vermutlich verließ er aber die Stadt nicht ganz aus eigenem Antrieb oder war zumindest froh, sich mit einer akzeptablen Begründung von ihr trennen zu können! Sosehr der Papst das Kommen des deutschen Königs herbeiwünschte, so mißtrauisch blickte er diesem Ereignis doch auch entgegen. Würde das deutsche Heer, dem wegen seiner Zerstörungen und Plünderungen in Oberitalien ein so schlimmer Ruf vorauseilte, seine persönliche Integrität und die des Kirchenstaates respektieren? Würde der furiose König in seinem Vorwärtsdrang vor der Unabhängigkeit der Kirche haltmachen? Hadrian verlangte jedenfalls vor der ersten Begegnung mit dem König Sicherheiten für seine Person, die ohne Umstände gegeben wurden, denn niemand hatte einen Anschlag auf den Papst vor.

Beim ersten Zusammentreffen am 8. Juni 1155 bei Sutri nördlich von Rom weigerte sich jedoch der König, den vom Papst erwarteten Marschalldienst zu leisten, wobei er das Pferd des Papstes eine kurze Strecke zu führen und den Steigbügel zu halten gehabt hätte. Hadrian sah alle seine schlimmen Befürchtungen bestätigt. Als er sich jedoch in den bereitgestellten Thronsessel gesetzt hatte, warf sich der König vor ihm nieder und küßte ihm die Füße. Nun sträubte sich aber der Papst und verweigerte dem König den erwarteten Friedenskuß – er verlangte zuerst Genugtuung für den nicht geleisteten Marschalldienst. Dazu fand sich der König bereit, nachdem in Verhandlungen von kurialer Seite versichert worden war, daß es sich dabei um eine traditionelle Ehrenbezeigung handle und man darin keinerlei Anerkennung einer Lehnsmannschaft des Königs gegenüber dem Papst sehe. Nachdem der König am nächsten Tag in einer eigens inszenierten Zeremonie den Marschalldienst geleistet hatte, gab ihm Hadrian den Friedenskuß und seinen Segen.

Während des folgenden gemeinsamen Zuges von Papst und König nach Rom stellte sich bei Friedrich eine Gesandtschaft der Römer ein, die ihm die römische Kaiserkrone aus den Händen des Volkes anbot. Die Bürger der Heiligen Stadt wollten dafür ein Krönungsgeld von 5000 Pfund Gold sowie die Anerkennung der Rechte und Besitzungen der Stadtrepublik. Durch solche Forderungen fühlte sich Friedrich provoziert, denn seine Ansichten von den Beziehungen zwischen Fürsten und Volk wurden dadurch geradezu auf den Kopf gestellt: »Seit wann gibt das Volk dem Fürsten statt der Fürst dem Volk die Gesetze?« soll er gefragt haben. Vor dem Papst und den Kardinälen verwies Friedrich die Gesandten darauf, daß Macht und Würde des römischen Reiches auf Grund der Eroberungen Karls des Großen und Ottos des Großen auf die Deutschen übergegangen seien und daß ihm die Kaiserwürde deshalb als Erbe seiner Vorfahren zustehe. Damit trat er nicht nur den Ansprüchen des römischen Senats entgegen, sondern auch denen der Kurie, die glaubte, die Kaiserkrone als Lehen an den König vergeben zu können. Aber dem Papst und den Kardinälen war es im Augenblick das wichtigste, daß der Senat mit seinem Antrag gescheitert war.

Die Krönung Friedrichs konnte nun allerdings nur noch gegen die Opposition der Römer vorgenommen werden. Um keine Unruhen hervorzurufen, wurde sie auf einen Samstag und nicht wie üblich auf einen Sonntag angesetzt. Die Leostadt und die Umgebung der Peterskirche wurden von den deutschen Rittern und Kriegsknechten besetzt. Am Morgen des 18. Juni 1155 brachen der Papst und der König vom Monte Mario aus auf. Der Papst ritt voraus und begrüßte dann den König auf den Stufen von Sankt Peter. In der benachbarten Kirche S. Maria in Turri legte Friedrich I. sein Gelöbnis ab: »Ich verspreche und gelobe vor Gott und dem heiligen Petrus, daß ich ein Schutzherr und Verteidiger der römischen Kirche in allen ihren Angelegenheiten nach meinem besten Wissen und Vermögen unter Gottes Beistand sein werde.« Daraufhin begaben sich Papst und König mit der Festversammlung in einer feierlichen Prozession wieder nach Sankt Peter, wo schließlich die Krönung stattfand. Mit den üblichen Gebeten und Fürbitten für den neuen Kaiser wurde er am Grab des Apostels Petrus gesalbt. Bei der Messe überreichte ihm der Papst Schwert, Zepter und Krone und erteilte ihm den Segen. Ein donnernder Freudenjubel erfüllte den weiten Dom, und der Papst konnte deshalb dem auf Veranlassung Friedrichs zum Erzbischof von Ravenna gewählten bisherigen Bischof Anselm von Havelberg erst nach geraumer Zeit das Pallium verleihen. Gegen die Mittagszeit ging die Zeremonie zu Ende.

Als sich die Kunde von der Krönung in der Stadt verbreitete, drängte das Volk zur Leostadt, sprengte die Tore der im neunten Jahrhundert errichteten Mauer und machte seinem Zorn Luft. Der Kaiser und sein Gefolge hatten den Ort bereits verlassen, aber zwei zurückgelassene Kriegsknechte wurden von der tobenden Menge sogleich erschlagen, während mehrere Kardinäle mißhandelt und ausgeraubt wurden. Der Kaiser stürmte mit seinen Rittern heran, und es entwickelte sich ein übles Gemetzel. Vor allem die sächsischen Ritter Heinrichs des Löwen waren an der Niederschlagung des Aufstandes beteiligt, bei dem angeblich über 800 Römer entweder erstochen wurden oder im Tiber ertrunken sind. Der von Friedrich I., seit Jahren herbeigewünschte Krönungstag fand damit einen äußerst unerfreulichen Abschluß.

Arnold von Brescia, den Gefolgsleute des Kaisers in Tuszien gefangengenommen und an den päpstlichen Präfekten ausgeliefert hatten, wurde in diesen Tagen zum Tod durch den Strang verurteilt. Als der Strick bereits um seinen Hals gelegt werden sollte, wurde er nochmals gefragt, ob er seine Irrlehre widerrufe und seine Sünden bekenne. Aber Arnold war dazu nicht bereit und wurde deshalb hingerichtet. Ein großer Idealist starb für seine Überzeugungen und Vorstellungen den Märtyrertod. Seine Leiche wurde verbrannt und die Asche in den Tiber gestreut, um sie seinen Anhängern zu entziehen.

Die üblen Ereignisse am Krönungstag, aber auch Mangel an Nahrung für Menschen und Tiere sowie die glühende Sommerhitze veranlaßten den Kaiser schon am folgenden Tag, sich zusammen mit dem Papst und dem Heer in die Gegend von Tivoli zurückzuziehen. Dort wurde die Krönung noch ausgiebig gefeiert. Die beiden hohen Würdenträger blieben bis Mitte Juli beisammen. Der Papst versuchte, den Kaiser zum Weiterzug nach Süden zu bewegen, damit er dort den Kampf mit den Normannen aufnehme. Auch die deutschen Kirchenfürsten unterstützten diesen Wunsch des Papstes, der ja auch den ursprünglichen Plänen Friedrichs entsprach. Die Gelegenheit war günstig, denn Wilhelm wurde zu dieser Zeit von Aufständischen seines Reiches wie von den eingebrochenen byzantinischen Streitkräften bedrängt. Der Normanne mußte deshalb seine Eroberungen in Campanien, Benevent und Apulien bald wieder aufgeben. Aber Kriegsmüdigkeit und Seuchen in seinem Heer bewogen Barbarossa zum Abzug nach Norden. Der kampflustige deutsche Kaiser war über diese Entwicklung wohl nicht weniger enttäuscht als der Papst, der schließlich erst ein Jahr später wieder nach Rom zurückkehren konnte.

Inzwischen waren in Frankreich und England – teilweise durch Heiraten – bedeutende Veränderungen vorgegangen. Im März 1152 war Eleonore von Aquitanien vom französischen König Ludwig VII. geschieden worden, weil man ihr nachsagte, daß sie während des zweiten Kreuzzuges, an dem

sie teilgenommen hatte, eine Liebschaft gehabt habe. Schon zwei Monate nach ihrer Scheidung heiratete Eleonore den englischen Thronfolger Heinrich Plantagenet, der dann im Oktober 1154 als Heinrich II. den englischen Thron bestieg. Mit dieser ehelichen Verbindung war auf französischem Boden Poitou, Guyenne und die Gascogne an die englische Krone gefallen. Von seinem Vater hatte der englische König in Frankreich ferner Anjou, Maine sowie die Touraine, von seiner Mutter aber die Normandie geerbt. Die englischen Besitztümer in Frankreich waren damit größer und umfangreicher als das Königreich England selbst. Die Hälfte Frankreichs, vor allem ein Großteil der französischen Küsten, gehörte zu England. Der englische König war für diese festländischen Besitzungen zwar formal nur Lehnsmann des französischen Königs, aber es ist nicht erstaunlich, daß der junge, kraftvolle englische König auf dieser Grundlage ein mächtiges westeuropäisches Imperium aufrichten wollte. Auf Heinrich II. geht die englische Herrschaft über Irland zurück, und er zwang später auch den König von Schottland zur Ableistung des Treueides. Allerdings kann man in seinem Regime auch den Anfang der jahrhundertelangen englisch-französischen Auseinandersetzungen sehen.
Das deutsche Heer zog müde und von der Hitze erschöpft nach Norden. Von Spoleto in Umbrien forderte der Kaiser das Fodrum, eine Art Kriegssteuer. Die Spoletaner zahlten aber mit falschen Münzen und hielten außerdem einen kaiserlichen Gesandten zurück. Als sie merkten, daß der Kaiser etwas gegen ihre gut befestigte, auf einer steilen Anhöhe gelegenen Stadt im Schilde führte, sandten sie ihre Bogenschützen und Schleuderer vor die Stadtmauer, um einem Angriff zuvorzukommen. Aber des Kaisers Scharen konnten die Spoletaner in die Stadt zurücktreiben und mit ihnen zusammen eindringen. Friedrich selbst meinte später: »Das war ein Spiel mit Knaben, kein Kampf mit Männern«. Die Stadt wurde geplündert und in Brand gesteckt. Eine große Anzahl Gefangener wurde später gegen Lösegeld wieder freigegeben und der Wiederaufbau der Stadt erlaubt.

Bei Ancona am Adriatischen Meer, das bereits seit 1151 von Byzanz besetzt war, traf sich Friedrich mit einer Gesandtschaft des Kaisers Manuel aus Konstantinopel, die ihm kostbare Geschenke überreichte und zu erkennen gab, daß Byzanz bereit war, ihm Manuels schöne Nichte Maria zur Frau zu geben. Friedrich wurde von den Abgesandten des Kaisers von Konstantinopel auch sehr viel Geld geboten, wenn er mit seinem Heer umkehre und sogleich den Kampf gegen die Normannen in Apulien aufnehme. Angesichts des Aufstandes in Apulien und der bereitstehenden griechischen Flotte konnte man Barbarossa einen leichten und sicheren Sieg in Aussicht stellen. Friedrich erschienen die Möglichkeiten ebenfalls sehr günstig, und er verhandelte einige Tage lang mit den deutschen Fürsten, um sie für den Zug nach Süden zu gewinnen. Der Feldzug gegen die Normannen hätte auch ihnen reiche Beute bringen können. Aber Kriegsmüdigkeit und Krankheiten unter den Rittern und dem Fußvolk machten ein längeres Verweilen in Italien unmöglich, und schon gar jetzt, in der heißesten Jahreszeit. Daran konnte auch ein verlockendes Angebot der Aufständischen in Apulien nichts ändern.

Der Kaiser war über diese Entwicklung mißgestimmt. Er löste noch bei Ancona das Heer auf, zog mit einer kleinen Schar weiter und kam Anfang September in Veroneser Gebiet. Um die Stadt selbst vor dem Durchzug der gefürchteten Deutschen zu bewahren, hatten die Bürger außerhalb eine Brücke über die Etsch geschlagen, die freilich nach dem Wunsch ihrer Erbauer die Schar des Kaisers in die Fluten reißen sollte. Doch die Brücke hielt, obgleich zur Zeit der Überquerung noch eine Menge Holz darunter durchgeflößt wurde, das durch den Anprall an die Pfeiler den Einsturz beschleunigen sollte. Erst als auch noch Veroneser Truppen die Brücke passierten, stürzte sie ein. Als daraufhin die Veroneser die kaiserliche Schar angriffen, wurden sie geschlagen, und viele von ihnen büßten den Verrat mit dem Tod.

Zermürbt von den Strapazen und Mißlichkeiten dieses Heimzuges kamen die Deutschen an das Engtal der Etsch nördlich von Verona, das als Veroneser oder Berner Klause (nach dem früheren Namen »Bern« für Verona) bekannt ist. Ein Steinhagel aus einer oberhalb dieser Engstelle gelegenen Burg versperrte ihnen den Weiterzug. Alberich, ein veronesischer Grande, verlangte für den Durchzug jedes Ritters einen vollständigen Harnisch und ein Pferd. Auf eine solch unverschämte Forderung konnten sich die Deutschen nicht einlassen, obwohl es schwierig war, die günstig gelegene Burg oberhalb der Engstelle zu überwinden. Nur wenn man auf Umwegen eine steile Felsklippe über der Burg erreichen konnte, war an eine Bezwingung zu denken. Otto von Wittelsbach gelang dieses kühne Unternehmen mit einigen Mutigen, und als sie oberhalb der Burg das kaiserliche Banner zeigten und die im Tal verbliebenen Soldaten ihren Angriff begannen, geriet die Burgbesatzung in Panik. Die meisten Veroneser stürzten sich den Felsen hinunter, Alberich aber wurde gefangengenommen und gehenkt.

Die selbstbewußten Mailänder hatten natürlich längst gemerkt, daß es Barbarossa mit seinem kleinen Heer stets sorgfältig vermied, sich mit ihnen anzulegen. Nur diese Schwäche des Kaisers war die Ursache, daß die Reichsacht an Mailand nicht ebenso vollstreckt wurde wie an Tortona, Asti und Chieri. Die Mailänder provozierten den Kaiser aufs neue, da sie Novara, Como, Bergamo, Cremona und Lodi für die Hilfe bestraften, die diese Städte den Deutschen gegeben hatten. Mit Unterstützung von Piacenza und Brescia stand Mailand auch wieder im Krieg gegen Pavia. Der Kaiser hatte mit seiner angeschlagenen Truppe keine andere Möglichkeit, als die Acht gegen Mailand zu wiederholen, was im Augenblick eine recht theroretische Maßnahme war. Er entzog der aufsässigen Stadt auch das Münzrecht sowie die Regalien für Zoll und Gerichtsbarkeit und nahm sich vor, seinen Anordnungen bald Nachdruck zu verleihen.

Über Trient, Bozen und Brixen erreichte Friedrich mit seinem Gefolge den Brenner und kam Ende Oktober 1155 nach Augsburg, von wo sein Zug nach Italien ein Jahr vorher seinen Ausgang genommen hatte.

Der nun im 33. Lebensjahr stehende Friedrich I. war stolz, daß es ihm schon im vierten Jahr seiner Regierungszeit gelungen war, sich zum Kaiser krönen zu lassen, was sein Vorgänger Konrad III. während seiner ganzen Regierungszeit nicht erreicht hatte. Daß Konrad keinen Heerzug nach Italien unternehmen konnte, hat Friedrich hart zu spüren bekommen, denn die freiheitlichen Strömungen in Oberitalien waren sehr erstarkt, und die Bürger mit ihren Senaten und Konsuln zeigten wenig Bereitschaft, sich wieder der Autorität des Kaisers unterzuordnen. Friedrich mußte daher alle seine Kräfte aufbieten, um die vorgesehene Wiederherstellung des Reiches und seines Ansehens zu erreichen. Auf dem zurückliegenden Italienzug war ihm dies noch keineswegs gelungen, und er hatte sich mit seinem gewaltsamen Vorgehen mehr Feinde als Freunde geschaffen. Aber auch gegenüber den deutschen Reichsfürsten befand sich Friedrich noch in einer sehr schwachen Position. Das zeigte erneut die Notwendigkeit seines Einlenkens, als die Fürsten den vom Kaiser gewünschten Zug nach Süditalien nicht durchführen wollten und die Rückkehr erzwangen. Der ganze Italienzug hatte bereits infolge der Lustlosigkeit der Fürsten um zwei Jahre verschoben werden müssen, und die von Friedrich vorgeschlagenen Heerzüge gegen Ungarn und in die Provence waren ebenfalls an dem Widerwillen der Fürsten gescheitert. Die Abhängigkeit des Königs von den Fürsten wird auch in der Behandlung der welfischen Ansprüche deutlich, wo der König auf die Babenberger Rücksicht nehmen mußte. Es war ihm nur mit großen Hindernissen möglich, seine Hausmacht zu stärken und eigene Vorteile wahrzunehmen. Aber es war nur natürlich, daß der relativ junge und unverbrauchte Friedrich alle Widerwärtigkeiten frischer, fester und tatkräftiger anpackte als der bei seinem Regierungsantritt bereits im 45. Lebensjahr stehende und durch vorausgegangene Schlappen angeschlagene Konrad III.

Zwischen dem ersten und zweiten Italienzug 1155 – 1158

Während der einjährigen Abwesenheit des Königs von den deutschen Landen war wieder viel Unsicherheit eingerissen: Straßenräuber, Wegelagerer, Fehden und Raub an vielen Orten, der Handel litt unter willkürlich geforderten Zöllen, und besonders die zahlreichen Gegner Heinrichs des Löwen hatten dessen Abwesenheit genutzt, ihre Positionen zu verbessern und neue Verschwörungen zu planen. Die wichtigste Aufgabe des aus Italien zurückkehrenden Kaisers mußte es also sein, die zahlreichen offenen und schwelenden Fehden wieder auszulöschen.

Bereits für Oktober 1155 berief Friedrich einen Reichstag nach Regensburg ein. Seine Hoffnungen, vorher noch den babenbergischen Heinrich zur Aufgabe des bayerischen Herzogtums bewegen zu können, erfüllten sich nicht. Nachdem sich aber Heinrich der Löwe in Italien so rückhaltlos für den Kaiser eingesetzt hatte, wollte ihn Friedrich nun endgültig mit Bayern belehnen. Der Kaiser führte seinen Plan während einer feierlichen Sitzung auf dem Reichstag in Regensburg aus, zu dem der Babenberger wieder nicht erschienen war. Die bayerischen Großen mußten auf Veranlassung des Kaisers ihrem neuen Herzog sogleich huldigen und den Lehnseid leisten, die Regensburger Bürger mußten dem welfischen Heinrich Treue schwören und sogar Geiseln stellen. Aber trotz allem gab sich der Babenberger noch nicht geschlagen, denn nach Lage der Dinge mußten Heinrich II. Jasomirgott für das Herzogtum Bayern, das seinem Bruder von Konrad III. rechtsgültig übertragen worden war, zumindest in irgendeiner Weise abgefunden werden.

Erneut zeigte der Kaiser in Regensburg, daß er nicht bereit war, seine Rechte willkürlich schmälern zu lassen. Den neuen Bischof von Regensburg verurteilte er zu einer Buß-

zahlung von 100 Pfund, weil dieser, ohne von ihm investiert zu sein, nicht nur die Weihe empfangen, sondern sogar Lehen ausgegeben hatte. Einen derartigen Affront ließ sich Friedrich nicht bieten, und so mußten auch die Fürsten Bußgelder bezahlen, die Lehen entgegengenommen hatten, obgleich sie gewußt hatten, daß der Bischof noch nicht darüber verfügen konnte.
Die Veroneser hatten eine Abordnung nach Regensburg geschickt, um beim Kaiser wegen des Vorfalles in der Veroneser Klause um Entschuldigung nachzusuchen. Das zeigt, wie sehr die italienischen Städte während Friedrichs einjähriger Anwesenheit Respekt vor ihm bekommen hatten.
Nach Abschluß des Regensburger Reichstages bemühte sich der Kaiser sogleich überall um die Wiederherstellung des Landfriedens. Zunächst regelte er in Würzburg die Frage der Mainzölle, um die Behinderungen des Verkehrs auf dieser wichtigen Wasserstraße beiseite zu räumen. In Köln saß er nach einem festlichen Empfang durch den Erzbischof und die Bürgerschaft zu Gericht. Anschließend ritt er zunächst nach Konstanz, dann in die Pfalz zur Reichsburg Trifels und verbrachte das Jahresende in Worms. Dort mußte er noch einen Friedensbruch bestrafen, der während seines Italienzuges üble Ausmaße angenommen hatte. Der neue Mainzer Erzbischof war mit allem Eifer bemüht, die von seinem Vorgänger vernachlässigten Kirchengüter wieder zu ordnen. Das löste bei den betroffenen Priestern und Lehnsmännern große Verbitterung aus, weil ihre Freiheiten dadurch gezügelt wurden. Unter Führung des Pfalzgrafen Hermann von Stahleck taten sich die Gemaßregelten zusammen und plünderten oder zerstörten Burgen und Güter des Erzstiftes sowie Kirchen und Klöster. Nun wurde der Pfalzgraf zusammen mit zehn mitschuldigen Grafen zum Hundetragen oder Harnescharren, wie es auch hieß, verurteilt. Das war im Mittelalter eine äußerst schimpfliche Strafe, bei der die Beschuldigten barfuß – auch im Winter! – einen Hund etwa eine Meile weit öffentlich tragen mußten. Diese Bestrafung soll auf den altgermanischen Brauch zurückgehen, zusammen mit zum

Erhängen verurteilten Verbrechern auch Hunde aufzuhängen. Analog zum Hundetragen, das nur über Fürsten verhängt wurde, mußten etwa Ministeriale einen Sattel und Bauern ein Pflugrad tragen.
Ende Januar 1156 traf der Kaiser zu Straßburg in Anwesenheit einiger Herzöge mit Erzbischof Humbert von Besançon zusammen. Dabei verhandelte man wohl über die Möglichkeiten einer Verheiratung Friedrichs mit Beatrix, der Erbin von Burgund. Friedrich hatte längst den Wunsch nach Kindern und wollte sich nach seiner Scheidung natürlich wieder verheiraten. Zwar war der Kaiser von Byzanz bereit, dem römisch-deutschen Kaiser seine Nichte Maria zur Frau zu geben, aber Friedrich erschien zweifellos eine Verheiratung mit der Herrin von Burgund politisch günstiger. Vielleicht hat Manuel für die Überlassung seiner Nichte auch Gebietsforderungen in Italien erhoben, die Friedrich auf keinen Fall erfüllen wollte und konnte. Jedenfalls sah Friedrich in einer Verbindung mit der Burgunderin größere Vorteile als bei einer Eheschließung mit einer morgenländischen Prinzessin, wenngleich im ersteren Fall gewisse Schwierigkeiten mit den Zähringern auf den Kaiser zukamen. Friedrichs Hausmacht war aber so gering, daß er tunlichst auf eine Vergrößerung bedacht sein mußte.
Nach dieser Besorgung persönlicher Angelegenheiten in Straßburg ritt der Kaiser wieder durch die Lande, um die Ruhe und Sicherheit erneut herzustellen. Die Friedensbrecher und Unruhestifter wußten, daß sie mit schmerzlichen Strafen zu rechnen hatten, wenn der Kaiser zu Gericht saß. Ihre Burgen und Güter wurden ohne Ansehung der Person zerstört oder eingezogen. Wo kein Landfrieden beschworen war, erließ der Kaiser einen solchen während seiner Anwesenheit. Im Februar 1156 söhnte er sich durch Vermittlung Heinrichs des Löwen mit dem Erzbischof von Bremen–Hamburg aus, der während des Italienzuges an einer Fürsten-Verschwörung gegen den Welfen teilgenommen hatte. Im März sorgte der Kaiser am Niederrhein für den Landfrieden, Mitte April war er zu Ostern in Münster, und bald traf er in

Halberstadt ein, wo er den wegen Nicht-Teilnahme am Italienzug seiner Regalien enthobenen Bischof Udalrich wieder in seine Huld aufnahm. Mitte Mai hielt sich Friedrich zusammen mit einer Reihe von Fürsten in der kaiserlichen Pfalz Boyneburg oder Bomeneburg an der Werra auf. Zu dieser Zeit tritt einer der wichtigsten Männer in der Umgebung des Kaisers erstmals in Erscheinung: der Kanzler Rainald von Dassel.

Er entstammte einem sächsischen Grafengeschlecht, hatte philosophisch-theologische Schulen in Hildesheim und Paris besucht und war vor seinem Eintritt in die kaiserliche Kanzlei Dompropst zu Hildesheim. Nach den bisherigen wesentlich älteren Ratgebern – dem Erzbischof Arnold von Köln und dem Bischof Eberhard von Bamberg – hat sich der Kaiser mit Rainald einen etwa gleichaltrigen Mitstreiter gesucht. Diesem weltgewandten Mann werden beträchtliche Begabungen und ein großer Elan nachgesagt, womit er sich freilich nicht nur Freunde, sondern auch viele Feinde schuf. Wenn Rainald unter den Ratgebern Friedrichs einen hervorragenden Platz einnehmen konnte, so vor allem deshalb, weil er nach Charakter und Mentalität mit dem Kaiser weitgehend übereinstimmte.

Nach einer Begegnung mit dem Pfalzgrafen Otto von Wittelsbach, mit dem er sich ausgezeichnet verstand, traf sich der Kaiser im Juni 1156 in Regensburg mit Heinrich Jasomirgott. Wahrscheinlich hat der Kaiser bei dieser Gelegenheit dem Babenberger endlich eine ausreichende Gegenleistung für den Verzicht auf das bayerische Herzogtum angeboten, denn nun konnte eine Übereinkunft in dieser Angelegenheit erzielt werden. Die Vereinbarung sollte während eines Reichstages in Regensburg im September endgültig fixiert werden.

Zuvor war aber die Hochzeit mit der Burgunderin Beatrix, der »Glückbringerin«, wie ihr Name aus dem Lateinischen zu übertragen ist, festgesetzt. Friedrich hatte sich nämlich inzwischen soweit mit den Burgundern geeinigt, daß er die etwa Zwölf- bis Vierzehnjährige am 10. Juni 1156 in Würz-

burg heiraten konnte. Sie wird von Zeitgenossen als in jeder Hinsicht sehr schön geschildert, doch auch als gebildet und kenntnisreich. Vor der Hochzeit wurde Beatrix im Dom zu Worms gekrönt, und man titulierte sie sogleich als »Kaiserin«, obgleich ihr dazu die Krönung durch den Papst fehlte. An den Festlichkeiten in Würzburg nahm eine glänzende Gesellschaft weltlicher und geistlicher Fürsten teil, die sich eine solche Gelegenheit köstlicher Gelage nicht entgehen lassen wollten. Vom englischen König kamen Gesandte mit herrlichen Geschenken. Der babenbergische Heinrich konnte sich freilich nicht entschließen, nach Würzburg zu kommen, denn noch war sein Handel mit dem Kaiser nicht perfekt. Und auch Berthold von Zähringen mied das Fest, da er doch zweifellos unerfreuliche Folgen für sein Rektorat über Burgund auf sich zukommen sah. Für den Kaiser bedeutete diese Vermählung einen großen Zuwachs an Macht, doch auch an Ansehen, denn eine so enge Bindung Burgunds an das Reich war keinem seiner Vorgänger gelungen – Friedrich hatte diese Erhöhung seiner Stellung allerdings auch sehr nötig, denn bei dem Machtzuwachs seines welfischen Vetters durch die Belehnung mit Bayern wäre er sonst allzusehr in den Schatten des übermächtigen Löwen geraten. Die Ehe Friedrichs mit Beatrix blieb aber keineswegs eine ausschließliche Zweckverbindung mit materiellen Motiven. Das wird daran deutlich, daß Kritiker Friedrichs ihm öfters nachsagten, er habe politische und kriegerische Notwendigkeiten mit Rücksicht auf seine schöne und kluge Gemahlin vernachlässigt, ja man verspottete ihn sogar als Pantoffelheld und Weiberknecht. Wie dem auch sei: In Würzburg wurde eine Ehe geschlossen, die rund dreißig Jahre glücklich verlief und mit einer Reihe von Kindern gesegnet war – eine auch damals keineswegs selbstverständliche Tatsache.
Papst Hadrian hatte die Enttäuschung nicht vergessen, die ihm der schnelle Rückzug des Kaisers im Sommer 1155 bereitet hatte. Seither konnte er Rom nicht mehr betreten, und die Bedrohungen aus dem Süden Italiens machten ihm schwer zu schaffen. Im Herbst 1155 war es byzantinischen Truppen

gelungen, sich mit Hilfe von Aufständischen in Unteritalien festzusetzen, und als im Frühjahr 1156 der von einer langwierigen Krankheit genesene normannische König Wilhelm I. wieder Herr der Lage wurde, kam der Papst erneut in eine schwierige Situation, weil er sich vorher von den rebellischen Untertanen Wilhelms als deren Lehnsherr hatte anerkennen lassen. Als ihm Wilhelm nun trotzdem die Hand zur Verständigung bot, nahm Hadrian die Offerte an – freilich nicht ohne Bedenken, denn er war sich darüber im klaren, daß ein Bündnis mit den Normannen dem mit Barbarossa abgeschlossenen Konstanzer Vertrag widerspreche. Obgleich ihn solche Überlegungen vor kurzem noch davon abgehalten hatten, ein Bündnisangebot des byzantinischen Kaisers Manuel zu akzeptieren, schloß der Papst am 18. Juni 1156 mit Wilhelm den Vertrag von Benevent. In seiner augenblicklichen Lage mußte Hadrian in den Normannen seine größte Bedrohung sehen; mit diesem Bündnis von Benevent hoffte er nun, sie auszuschalten. Darüber hinaus versprach er sich von Wilhelm auch eine tatkräftigere Hilfe, als Friedrich sie ihm geleistet hatte. Wirklich konnte der Papst dann auch bald – im November 1156 – mit Unterstützung Wilhelms nach Rom zurückkehren, womit sich für ihn wohl die Anerkennung der Königswürde des Siziliers und dessen Belehnung mit Sizilien, Kalabrien und Apulien einschließlich der Abruzzen bis hinauf nach Aquila nordöstlich von Rom und die Einräumung weitgehender Rechte für Wilhelm über die sizilische Kirche durchaus gelohnt hatte. Überdies erhielt die Kurie für die Belehnung von Wilhelm auch noch ansehnliche jährliche Zahlungen. Die Ansprüche des römisch-deutschen Reiches auf Unteritalien, die auf Karl den Großen und Otto den Großen zurückgingen, wurden durch diesen Vertrag von Benevent rücksichtslos ignoriert, der Bruch zwischen Kaiser und Papst war damit besiegelt. Beide Seiten warfen sich gegenseitig die Nichteinhaltung des Vertrages von Konstanz vor: Der Papst wollte dies nachträglich mit dem Abbruch des kaiserlichen Italienzuges im Sommer 1155 begründen, der Kaiser mit dem nun vom Papst abgeschlossenen

Vertrag von Benevent. Der Wortlaut des Konstanzer Vertrages wurde zwar durch keines der beiden Ereignisse verletzt, aber jede Seite konnte der anderen unterstellen, daß sie gegen den Geist und den Sinn der Vereinbarungen von 1153 verstoßen habe.

Eine Gesandtschaft Kaiser Manuels, die bald nach der Würzburger Hochzeit in Nürnberg mit Friedrich Barbarossa zusammentraf, mußte überrascht zur Kenntnis nehmen, daß die Heiratspläne mit der byzantinischen Prinzessin nunmehr hinfällig waren. Einen weiteren Vorschlag Manuels zur gemeinsamen Bekämpfung der Magyaren wollte oder konnte Friedrich zu diesem Zeitpunkt nicht aufgreifen, denn er dachte bereits an einen neuen Zug nach Italien. Dazu hatte er schon in Würzburg mit einigen Fürsten verhandelt.

Am 21. Juni 1156 beurkundete der Kaiser den Augsburgern ein Stadtrecht, wozu er sich vorher ein Weistum, also eine Auskunft über das praktizierte Recht hatte geben lassen. Stadtherr blieb in Augsburg zwar der Bischof, aber die meist Handel treibenden Bürger bildeten eine eigene Gemeinschaft, für die der Kaiser, ebenso wie in dem Landfriedensgesetz von 1152 und bei den Mainzöllen, die Bedürfnisse der Kaufleute berücksichtigte. Bald zog Friedrich auch selbst ins Schwäbische, hielt in Ulm einen Hoftag und ritt weiter ins Elsaß, wo er am 17. August nach Colmar kam.

Für Mitte September hatte Friedrich einen Reichstag nach Regensburg einberufen, auf dem die Angelegenheit des Herzogtums Bayern abschließend so geregelt werden sollte, wie er es Anfang Juni mit Heinrich Jasomirgott vereinbart hatte. Zahlreiche Fürsten, vor allem aus den süddeutschen Ländern, zogen zu dem bestimmten Termin in die große bayerische Stadt. Natürlich kamen auch die unmittelbar Beteiligten, der welfische und der babenbergische Heinrich. Aber der Babenberger wollte die Stadt nicht betreten, sondern lagerte sich mit seinem Gefolge östlich davon über der Donau. Er wollte noch einmal sein Prestige ausspielen und erwartete, daß der Kaiser zu ihm käme. Barbarossa tat dies dann auch in Begleitung aller Fürsten und Großen, die in Regensburg anwesend waren. Im Lager Heinrichs Jasomirgott wurde der bereits vorher ausgehandelte Vertrag besiegelt. Danach wurde die bisherige Mark Österreich vom Herzogtum Bayern abgetrennt und zu einem selbständigen Herzogtum unter Heinrich Jasomirgott erhoben. Die Belehnungsurkunde vom 17. September 1156, das sog. *Privilegium minus*, bestimmte, daß der Herzog ebenso wie seine Gemahlin, die byzantinische Prinzessin Theodora, frei über das neue Herzogtum verfügen konnten. Sie durften sowohl Söhne als auch Töchter beerben und bei Erbenlosigkeit dem königlichen Lehnsherren einen Nachfolger vorschlagen. Niemand durfte ohne Erlaubnis des Herzogs in Österreich Gericht halten, und der Herzog brauchte königliche Hoftage nur in Bayern zu besuchen und nur Feldzüge in den Österreich benachbarten Ländern zu unterstützen.

Damit erhielt Österreich eine Sonderstellung unter den deutschen Herzogtümern. Erstmals wurde ein Reichslehen auf eine Frau übertragen, und erstmals wurde auch die weibliche Erbfolge eines deutschen Fürstentums verbrieft. Was sich schon in Sachsen und Brandenburg angebahnt hatte, das wurde nun mit Österreich weiterentwickelt, nämlich die immer größere Verselbständigung der Fürstentümer gegenüber dem Reich. Ein entscheidender Schritt vom alten Stammesherzogtum zum fürstlichen Gebietsstaat und zur Länderhoheit war mit dieser in Regensburg ausgestellten Urkunde getan. Über das Herzogtum Österreich konnte nun lange kein deutscher König mehr verfügen.

Bayern wurde also von Friedrich I. Barbarossa weiter verkleinert, nachdem es schon 180 Jahre zuvor, im Jahre 976, unter Kaiser Otto II. Kärnten verloren hatte. Man kann diese Zugeständnisse an den Babenberger durchaus als ein Zeichen der Abhängigkeit des Kaisers gegenüber den Fürsten bewerten, denn für die deutsche Zentralgewalt bedeuteten diese Konzessionen erhebliche Abstriche. Aber es verdient Beachtung, daß es Friedrich gelungen ist, Heinrich den Löwen zum Verzicht auf einen Teil Bayerns zu bewegen. Das war durchaus ein machtpolitisches Plus für Friedrich, der darauf achten mußte, das welfische Übergewicht nicht allzu groß werden zu lassen. Der Verzicht Heinrichs des Löwen auf Österreich zeugt zweifellos von dem beträchtlichen Verhandlungsgeschick des Kaisers, der dem Welfen vor der Königswahl doch wohl das ganze Bayern versprochen hatte. Trotz dieser Reduzierung war der welfische Machtzuwachs für den Kaiser natürlich nicht unproblematisch. Die Stellung des Löwen als mächtigstem deutschen Fürsten wurde damit weiter bestärkt. Daran konnte die Festigung der Position des Kaisers durch seine burgundische Heirat nichts ändern.

Friedrich hat, wie Otto von Freising berichtet, keinen seiner bisherigen Erfolge auch nur ähnlich hoch eingeschätzt wie das Ergebnis dieser langwierigen Verhandlungen. Am Tage nach dem Vertragsabschluß mußten alle bayerischen Großen einen Landfrieden beschwören, der bis Pfingsten 1157 Gültigkeit haben sollte. »Von diesem Tag an erfreute sich das ganze Reich diesseits der Alpen eines so herrlichen Friedens, daß Friedrich nicht allein Kaiser und Augustus, sondern auch Vater des Vaterlandes mit Recht genannt wird«, schrieb dazu Otto von Freising.

Später, um die Mitte des 14. Jahrhunderts, gab das *Privilegium maius* Österreich noch mehr Vorrechte, indem es das Land von allen Pflichten gegenüber dem Reich befreite, dieses aber zu Schutz und Hilfe gegenüber Österreich verpflichtete. Erst im 19. Jahrhundert wurde dieses *Privilegium maius* als Fälschung entlarvt.

Seine Herrschaftsansprüche gegenüber der Kirche machte der Kaiser in Regensburg erneut deutlich. Der ihm nahestehende Kölner Erzbischof Arnold, der ihn 1152 gekrönt hatte, war verstorben und nachdem die Wahl kein klares Ergebnis brachte, entschied der Kaiser über die Neubesetzung dieses wichtigen Amtes.

Eine weitere Gelegenheit zur Stärkung von Barbarossas Macht brachte der Tod des Pfalzgrafen Hermann von Stahleck. Da dieser keine Erben hinterlassen hatte, belieh Friedrich seinen Stiefbruder Konrad mit der Rheinpfalz und gliederte diese somit dem staufischen Machtbereich ein.

Dem Kaiser war viel daran gelegen, die durch seine Verheiratung mit Beatrix in Burgund notwendig gewordenen Änderungen so rasch wie möglich vorzunehmen. Berthold von Zähringen, dessen Rektorat über das Land nun hinfällig geworden war, entschädigte der Kaiser mit Privilegien einschließlich des königlichen Investiturrechtes für die Bistümer Genf, Lausanne und Sitten. Der Zähringer erhielt damit ähnliche Vorrechte wie Heinrich der Löwe im Nordosten, aber er war mit dieser Regelung doch nicht zufrieden.

Worms, wo sich Friedrich häufig aufhielt, verlieh er am 20. Oktober 1156 einen Stadtfrieden und bestellte zur Erhaltung desselben ein Gericht aus 12 Ministerialen und 28 Bürgern. Diese starke Betonung bürgerlicher Selbstverwaltung durch den Kaiser ist sehr bemerkenswert. Worms konnte freilich als die älteste deutsche Reichsstadt gelten, nachdem ihr Kaiser Heinrich IV. bereits 1074 eine Freiheitsurkunde verliehen und sie damit von der bischöflichen Herrschaft losgelöst hatte. Offenbar wohnte nun auch eine größere Anzahl von Juden in der Stadt, denn der Kaiser erwähnte sie in seinem Privileg eigens *praesertim cum ad cameram nostram attineant*, als unter seinem besonderen Schutz stehend.

Wie sehr der Friede im Land nicht nur ständiger Sorge bedurfte, sondern auch einer starken Hand, das zeigen Klagen über Verwüstungen des Klosters Corvey und über die Ermordung des Stadtgrafen von Höxter. Der Kaiser war dazu ständig unterwegs, und im Dezember 1156 finden wir ihn zunächst auf einem Hoftag in Würzburg und einige Tage später in Speyer. In den ersten Januartagen des neuen Jahres 1157 mußte der Kaiser bereits wieder einen Streit zwischen dem Erzbischof von Trier und dem Grafen von Namur schlichten. Auch ein Reichtstag zu Ulm am 2. Februar 1157 sollte »die Wohltat des Friedens sichern«.

In der Lombardei hatten die Mailänder dem Kaiser zum Trotz die Stadt Tortona schöner und fester wieder aufgebaut, als sie vor der Zerstörung gewesen war. Im August 1156 hatten sie im Tal von Lugano etwa 20 Kastelle erobert, hatten Cremona zu einem Waffenstillstand gezwungen und die Bürger von Como und Lodi erneut tyrannisiert. Ein Schutz- und Trutzbündnis mit Piacenza wurde zwar vordergründig in Treue gegen den Kaiser abgeschlossen, aber es richtete sich offensiv gegen die Bundesgenossen des Kaisers, die Städte Pavia und Cremona. So setzte Mailand seine Aggressionen gegen das Reich fort und machte sich mehr und mehr Städte in der Lombardei botmäßig. Der Kaiser schrieb dazu an Otto von Freising: »Da der Hochmut der Mailänder sich schon lange gegen das römische Reich erhoben hat und jetzt mit Gewalt ganz Italien zu verwirren und seiner Herrschaft zu unterwerfen sucht, wollen wir, auf daß solche Keckheit zu unserer Zeit nicht ungestraft bleibe und das ruchlose Volk nicht unsere Macht an sich reiße oder beschimpfe, mannhaft dem Schicksal entgegentreten und zur Vernichtung der Mailänder die ganze Kraft des Reiches aufbieten.«

Ende März 1157 wurde während eines Reichstages in Fulda der förmliche Beschluß zu dem längst vorgesehenen neuen Italienzug gefaßt, der im Frühjahr 1158 von Ulm aus aufbrechen sollte. Die anwesenden Fürsten gelobten ihre Unterstützung, und weitere beschworen sie kurze Zeit später zu Ostern in Worms. Den Konsuln von Pavia, Novara, Como und Cremona, die hilfesuchend nach Worms gekommen waren, wurde versichert, daß bald ein deutsches Heer in die Lombardei kommen werde. Zugunsten der Stadt Cremona erließ der Kaiser ein Verbot, in der Poebene zwischen den Flüssen Adda und Oglio Burgen zu bauen, die sich gegen Stadt oder Bistum Cremona richteten. Natürlich betraf dies vor allem die Mailänder und ihre Bundesgenossen.

Nachdem diese Beschlüsse gefaßt waren, zog der Kaiser zum Niederrhein. Abt Wibald hatte er seine Absichten angekündigt: »Wir wollen den Hochmut derer, die ihre Hände gegen unsere durchlauchtigste kaiserliche Macht zu erheben sich erdreisten, mit allen uns zu Gebote stehenden Mitteln so züchtigen, daß ihre Söhne und Enkel, durch das Beispiel der Väter gewarnt, die Widersetzlichkeit gegen das Reich verlernen und begreifen, daß sie sich dessen Geboten in schuldigem Gehorsam und Ehrfurcht zu fügen haben.«

Vor diesem Zug, der ihn über Köln und Aachen nach Nymwegen führte, hat Friedrich seinen Onkel, den Bischof Otto von Freising, damit beauftragt, eine Chronik seines Wirkens zu schreiben. Es zeugt von dem Selbstbewußtsein und von dem Wunsch nach öffentlicher Geltung und Anerkennung auch durch die Nachwelt, daß der 35jährige in seinem sechsten Regierungsjahr bereits einen derartigen Auftrag erteilt hat. Friedrich wußte natürlich von der Weltgeschichte, die Otto mehr als zehn Jahre zuvor abgefaßt hatte. Er ließ nun in der Reichskanzlei das nötige Material für den Chronisten zusammenstellen, vor allem über den Italienzug, den sein Onkel nicht mitgemacht hatte. Im übrigen war jedoch Otto von Freising mit allen Vorgängen und Ereignissen vertraut und konnte die vom Kaiser gewünschte Darstellung der ersten fünf Regierungsjahre schon nach etwa einem Jahr vorlegen. Er war allerdings zu sehr darauf bedacht, dem Kaiser angenehme Dinge nachzurühmen, als daß man seine Darstellung als objektive Geschichtsschreibung bezeichnen könnte. Sie hebt jedoch mit Recht die intensiven Bemühungen Friedrichs um den Frieden in den deutschen Landen und in seinem Reich hervor. Der Kaiser konnte mit Recht in einem Schreiben vom 6. Mai 1157 an den englischen König Heinrich II. ebenso wie in einem späteren an den französischen König Ludwig VII. den Zunamen *Pacificus* für sich in Anspruch nehmen.

Im Osten des Reiches hatte der polnische Herzog Boleslaw IV. dem Kaiser trotzig immer noch die Huldigung versagt und es auch wiederholt abgelehnt, seinen seit zehn Jahren vertriebenen Bruder an der Regierung zu beteiligen. Auf einem Hoftag in Goslar vereinbarte deshalb der Kaiser Ende Juni mit den sächsischen Fürsten einen Heerzug nach Polen, der schon zwei Monate später beginnen sollte und den man so rasch zu beenden hoffte, daß er die Vorbereitungen für den Italienzug nicht stören würde. Eben zur gleichen Zeit gelang es auch Albrecht dem Bär, sich endgültig in den Besitz von Brandenburg zu bringen, das er zwar schon 1150 von dem Hevellerfürsten Pribislaw geerbt, aber unterdessen wieder

verloren hatte. Erzbischof Wichmann konnte Jüterbog (südlich des späteren Berlin) in sein Erzbistum Magdeburg einbeziehen, und beide Erfolge waren entscheidend für das Vordringen deutscher Siedler an Havel und Spree.
Anfang August 1157 sammelte sich das Heer bei Halle an der Saale für den Zug nach Polen. Aus Sachsen und Thüringen kamen fast alle weltlichen und kirchlichen Größen mit einem Aufgebot. Pfalzgraf Otto von Wittelsbach und der böhmische Herzog Wladislaw II. waren die einzigen, die nicht aus Sachsen oder Thüringen stammten. Am 4. August brach das Heer auf, nachdem das unrealistische Friedensangebot einer polnischen Gesandtschaft vom Kaiser verworfen worden war. Die Oder wurde zwölf Tage später an der Bobermündung bei Krossen überschritten. Die Polen verbrannten auf ihrem Rückzug zahlreiche Burgen und Orte in Schlesien. Sie versuchten auch mit vielen künstlichen Hindernissen, Baumverhauen usw. den Vormarsch der Kaiserlichen aufzuhalten. Auf solche Weise bereitete die Beschaffung von Lebensmitteln und Futter bald Schwierigkeiten. Trotzdem konnten die Deutschen rasch bis in die Gegend von Posen vordringen und den polnischen Herzog zur Aufgabe zwingen. Der böhmische Herzog vermittelte zwischen seinem polnischen Verwandten und dem Kaiser. Boleslaw gelobte, Weihnachten 1157 nach Magdeburg zu kommen, den Streit mit seinem vertriebenen Bruder zu beenden und diesem die Mitregentschaft in Polen und die Herrschaft in Schlesien einzuräumen. Er leistete dem Kaiser den Huldigungseid, zahlte eine Geldbuße und versprach, 300 Ritter für den Italienzug zu stellen. Für die Einhaltung seiner Versprechungen überließ Boleslaw eine Reihe polnischer Adliger als Geiseln, die freilich, da Boleslaw seine Gelöbnisse nicht einlöste, lange nicht in ihre Heimat zurückkehren konnten.
Als der Kaiser nach diesem rasch und erfolgreich beendeten Heerzug am 28. September 1157 in Würzburg einen Hoftag hielt, merkte er, wie sehr sein Ansehen gestiegen war: Abgesandte aus Byzanz, England, Italien, Burgund und Ungarn stellten sich mit Geschenken und Bittgesuchen ein. König

Heinrich II. von England, der mit seinen Ländereien auf dem Festland ein Lehnsmann des französischen Königs, aber doch weitaus mächtiger als dieser war, fürchtete ein Bündnis des Kaisers mit dem Franzosen zu seinem Nachteil. Heinrich war deshalb sehr darauf bedacht, sich das Wohlwollen des Kaisers zu erhalten, und sandte ihm jetzt, neben anderen Geschenken, ein prachtvolles, großes Zelt. In einem Schreiben versicherte er dazu dem Kaiser, daß er alles tun wolle, was zu dessen Ehre beitragen könne. Alle seine Länder stelle er dem Kaiser zur Verfügung, und nichts solle dort ohne dessen Willen geschehen. »Zwischen uns und unseren Völkern soll eine unlösbare Liebes- und Friedensgemeinschaft bestehen und ein ungehemmter Verkehr. Ihr als der Höhergestellte sollt befehlen und an dem Willen zum Gehorchen wird es uns nicht fehlen.« Solche unterwürfigen Worte eines der mächtigsten Könige mußten das Selbstgefühl am kaiserlichen Hof natürlich gewaltig steigern. Heinrich II. bekräftigte seine Worte noch dadurch, daß er die Kölner Kaufleute, die um diese Zeit bereits in London eine »Hanse« gegründet hatten, im gleichen Jahr unter seinen Schutz nahm.
In neuerer Zeit bringt man den viel diskutierten, unterwürfigen Brief des englischen Königs in recht eigenartige Zusammenhänge. Die englische Witwe des deutschen Kaisers Heinrich V. hatte einige Jahrzehnte vorher eine Reliquie, eine Hand des Apostels Jakobus, mit nach England genommen, als sie dorthin zurückkehrte. Derartige religiöse Andenken erfreuten sich immer schon großer Wertschätzung und Jakobsreliquien ganz besonders, weil Jakobus als erster Apostel zum Märtyrer geworden war. Friedrich wollte diese Reliquie wieder aus England zurückhaben, der Plantagenet wollte sie ihm aber nicht geben. Um nun möglichst keinen Streit darüber entstehen zu lassen und die Rückgabe aber doch zu vermeiden, schickte der Engländer dem Kaiser nicht nur kostbare Geschenke, sondern schrieb auch jenen devoten Brief, der nach der neuerdings aufkommenden Meinung (H. E. Mayer und F. Trautz) jedoch nicht ernst zu nehmen ist.

König Geza II. von Ungarn argwöhnte, daß eine Verbindung zwischen dem Kaiser und seinem Bruder Stephan zu seinem Sturz führen könnte. Er beeilte sich deshalb, dem Kaiser für den bevorstehenden Italienzug Hilfe zuzusichern, um so sein Wohlwollen zu gewinnen. Der Böhmenherzog Wladislaw, seit der Würzburger Hochzeit ein besonders eifriger Anhänger des Kaisers, hat diese Verbindung zwischen den beiden ursprünglichen Gegnern intensiv gefördert. König Geza II. hat übrigens um diese Zeit bereits Siedler aus dem Niederrheingebiet und aus Mitteldeutschland – Siebenbürger Sachsen – in Ungarn ansässig gemacht.
Dagegen wollte und konnte der Kaiser Friedensvorschläge, die ihm aus Konstantinopel überbracht wurden, nicht ernst nehmen. Kaiser Manuel I. aus der Dynastie der Komnenen spekulierte ständig darauf, das oströmische und das abendländische Kaiserreich in seiner Person zu vereinigen, und er versuchte auch in den Jahren 1157 und 1158 wieder, mit seinen Truppen in Italien einzudringen. Aber Friedrich erfüllte einen Wunsch der deutschblütigen byzantinischen Kaiserin und ließ ihren vierzehnjährigen Neffen Herzog Friedrich von Schwaben, den Sohn Konrads III., noch in Würzburg zum Ritter schlagen. Weil für ihn alle Pläne Manuels von besonderem Interesse waren, schickte Barbarossa mit der zurückkehrenden byzantinischen Gesandtschaft auch Abt Wibald nach Konstantinopel. Er sollte die weiteren Absichten des Komnenen erkunden. Aber Wibald starb auf dem Rückweg von dieser Reise im Juli 1158 in Mazedonien.
Auf einem Reichstag in Besançon im Oktober 1157 wollte der Kaiser die Verhältnisse in Burgund neu ordnen. Vor einer beträchtlichen Anzahl von burgundischen Großen sowie Gesandten aus England, Frankreich, Spanien und vielen italienischen Granden bestimmte der Kaiser die Funktionen und Zuständigkeiten der Kirchenfürsten von Vienne, Besançon, Lyon, Avignon und Valence neu, verlieh ihnen Privilegien und machte ihnen sowie verschiedenen Klöstern Geschenke. So gewann sich Barbarossa das bisher so eigenwillige und in ständiger Opposition verharrende Burgund. Ein Zeitge-

nosse meinte, er hätte ohne Schwierigkeiten bis hinunter nach Arles ziehen können.
In Dänemark agitierte Erzbischof Eskil von Lund gehässig gegen den Kaiser und gegen den von diesem 1152 anerkannten König Sven. Anfang 1157 hatte es Eskil bei einem Besuch in Rom erreicht, daß ihm Papst Hadrian den Primat über die schwedische Kirche erteilte, wobei die bisherigen Rechte des Erzbistums Bremen-Hamburg übergangen wurden. Auf der Rückreise von Rom wurde Eskil in Burgund von Wegelagerern überfallen, beraubt und eingesperrt, um Lösegeld zu erpressen. Der Kaiser unternahm trotz des Ersuchens des Papstes nichts für die Befreiung Eskils.
Während des Reichstages in Besançon erschienen nun zwei päpstliche Legaten und überreichten dem Kaiser eine Beschwerde des Papstes in dieser Sache. Hadrian warf dem Kaiser Undankbarkeit vor, denn er, der Papst, habe ihm die Kaiserkrone doch bereitwillig übertragen und er hätte ihm gerne auch noch größere Benefizien verliehen. Nach dem damaligen Sprachgebrauch konnte man unter einem Benefizium sowohl allgemein eine Wohltat verstehen als auch speziell ein Lehen. Die römische Kirche war aber schon seit langem geneigt, den römisch-deutschen Kaiser als ihren Vasallen anzusehen, und sie versuchte ihre Meinung immer wieder der Öffentlichkeit darzulegen. Papst Hadrian IV. war nicht umsonst ein Gregorianer, der zusammen mit seinem Kanzler Roland, einem Kirchenrechtslehrer aus Bologna, nachdrücklich auf die Vorrangstellung der Kirche gegenüber dem Reich bedacht war. Der Standpunkt Kaiser Friedrichs Barbarossa und seines Kanzlers Rainald von Dassel war dazu diametral entgegengesetzt. Bei solch ausgeprägten, scharfen Gegenpositionen ist es wahrscheinlich, daß in der päpstlichen Kanzlei der zweideutige Ausdruck »beneficia« vorsätzlich im Sinne von »Lehen« in das Schreiben an den Kaiser gesetzt worden ist, und es ist nicht erstaunlich, daß Rainald von Dassel, als er dieses Schreiben im Reichstag vorlas und übersetzte, ebenso vorsätzlich die Bezeichnungen »Lehen« und »verleihen« in Verbindung mit der Kaiserkrone gebrauchte.

Unter den versammelten Fürsten erhob sich daraufhin ein Sturm der Entrüstung, und als einer der beiden Legaten – eben der Kanzler Roland – die provokante Frage einwarf: »Von wem hat denn der Kaiser seine Krone, wenn nicht vom Papst?«, zog Otto von Wittelsbach wütend sein Schwert, und nur der Kaiser selbst rettete den päpstlichen Kanzler vor der Waffe.

In der Kurie war man auf den kaiserlichen Kanzler Rainald von Dassel bereits aufmerksam geworden, in dem man trotz seines geistlichen Gewandes einen scharfen Gegner der päpstlichen Politik erkannt hatte. Rainald hatte sich ganz in den Dienst der kaiserlichen Ziele gestellt und sah darin keinen Widerspruch zu seiner geistlichen Herkunft. Aber in dem päpstlichen Sendschreiben an den Kaiser war über Rainald von »dem verderblichen Menschen in der Umgebung des Kaisers, der Unkraut sät«, zu lesen. Jetzt brachte er die beiden Kardinäle des Papstes in ihre Wohnung, angeblich um sie vor weiteren Bedrohungen zu schützen, in erster Linie aber wohl, um ihr Gepäck durchsuchen zu lassen. Dabei wurden einige Briefe des Papstes an deutsche Bischöfe gefunden, aber auch Blankoschreiben mit der Unterschrift des Papstes, die die Legaten nach eigenem Ermessen ausfüllen konnten.

Der Kaiser ordnete an, daß die beiden Kardinäle das Land sofort zu verlassen hätten. So konnten sie ihre weiteren Aufträge nicht mehr erfüllen, die Spannungen zwischen Kaiser und Papst möglichst zu bereinigen und die deutschen Bistümer zu visitieren, um sie stärker den kurialen Anweisungen zu unterstellen. Der bevorstehende neue Italienzug des Kaisers konnte sehr leicht zusätzliche Komplikationen bringen, denen die Legaten vorbeugen sollten. Es konnte natürlich dem Papst nicht gleichgültig sein, wenn es dem Kaiser gelänge, die Herrschaft des Reiches in der Lombardei wieder zu festigen. Und wie würde sich eine erneute kaiserliche Machtstellung gegenüber dem päpstlichen Lehnsmann, dem König von Sizilien, sowie gegenüber der Kurie selbst auswirken? Keines dieser Probleme konnten die beiden Kardinäle

nun mehr klären, sie hatten die Partie mit einem falschen Zug eröffnet.
Die Beziehungen zwischen Kaiser und Papst waren mit der Ausweisung der päpstlichen Gesandten gerissen. Die beiden Mächte, die die Universalherrschaft für sich beanspruchten und zwischen denen es deshalb immer wieder zu Reibungen gekommen war, standen sich nun in offener Feindschaft gegenüber. Am kaiserlichen Hof erkannte man sofort, wie unheilvoll die Situation werden konnte, wenn sich in der damaligen christlichen Welt die Meinung durchsetzen sollte, der Kaiser sei nur ein Vasall des Papstes und dieser sei die einzige und höchste Autorität auf Erden. Deshalb beeilte sich die kaiserliche Kanzlei, den Fürsten des Abendlandes die Ereignisse von Besançon aus der Sicht des Kaisers zu erläutern: Unter Berufung auf die alte Theorie der zwei Schwerter, des weltlichen und des kirchlichen, die zur Regierung der Welt notwendig seien, wird jeder »mit der Lehre Gottes und Petri im Widerspruch und der Lüge schuldig« befunden, der behauptet, der Kaiser habe seine Krone als ein Lehen vom Papst empfangen. Die päpstliche Meinung wird als »unerhörte Neuerung und hoffärtige Anmaßung« bezeichnet, und die Fürsten werden aufgefordert, sich von ihr nicht einschüchtern zu lassen: »Seid fest davon überzeugt, daß wir uns eher in Todesgefahr stürzen, als eine so schmähliche Verdrehung zu dulden.«
Die deutschen Bischöfe konnte der Kaiser davon überzeugen, daß er ihnen durch die Abwendung der geplanten Visitation große Unbill und Schmach erspart habe. Als der Papst einige Wochen später an die deutschen Kirchenfürsten appellierte, die Unabhängigkeit der Kirche zu verteidigen und ihm in seinem Streit mit dem Kaiser beizustehen, mußte er zu seiner Überraschung feststellen, daß die Bischöfe mehr auf der kaiserlichen als auf seiner Seite standen. Sie teilten dem Papst mit, daß die Worte, die den Kaiser in Besançon so empört hatten, auch sie aufs äußerste erregt hatten. In ihrem Schreiben an den Papst zitierten die Bischöfe den Kaiser mit einigen grundsätzlichen Äußerungen, die seine Einstellung

gegenüber der Kirche klarlegten: »Das Reich ist allein nach den heiligen Gesetzen des Kaisers und den löblichen Traditionen der Vorfahren zu regieren. Die dadurch der Kirche gezogenen Schranken wollen und können wir nicht beseitigen. Was mit jenen Gesetzen und der Überlieferung in Widerspruch steht, erkennen wir nicht an. Dem Papst, unserem Vater, erweisen wir gerne die schuldige Ehrfurcht, aber die freie Krone des Reiches verdanken wir lediglich der Gnade Gottes. Die erste Stimme bei der Wahl gebührt dem Erzbischof von Mainz, die anderen Stimmen den Fürsten nach ihrer Ordnung. Die Königskrönung gebührt dem Erzbischof von Köln, die Kaiserkrönung dem Papst. Alle weiteren Ansprüche der Kirche sind überflüssig und übel. Die beiden Kardinallegaten haben wir nicht aus Mißachtung gegenüber dem Papst aus unserem Land verwiesen, sondern wir wollten nur nicht gestatten, daß sie mit ihren ausgefertigten und unausgefertigten Schreiben zu Schmach und Ärgernis unseres Reiches weiterzögen. Die Grenzen nach Italien haben wir bisher weder Pilgern verschlossen, noch solchen, die sich mit Erlaubnis ihrer Bischöfe und Vorgesetzten nach Rom wenden wollen. Wir gedenken solches auch nicht zu tun, aber wir sind fest entschlossen, allen Mißbräuchen entgegenzutreten, durch welche die Kirchen unseres Reiches schwer geschädigt werden sowie alle klösterliche Zucht bereits aufgelöst worden ist. In Rom hat Gott die Kirche mit Hilfe des Reiches erhöht, dagegen will die Kirche jetzt das Reich erniedrigen, ohne Zustimmung Gottes, wie wir glauben. Mit einem Gemälde fing es an, Schriftsätze kamen dazu und jetzt soll das Ganze zur Tat werden. Das ertragen und dulden wir nicht. Eher legen wir die Krone nieder, bevor wir sie zusammen mit unserer Person so in den Staub zerren lassen. Was gemalt ist, soll gelöscht, was geschrieben, soll getilgt werden, damit nicht ewige Denkmale der Feindschaft zwischen König und Priestern bestehen bleiben.«
Mit dem Hinweis auf das Gemälde und auf die Schriftsätze wird auf ein Fresko im Lateran angespielt, das die Kaiserkrönung Lothars III. zeigte. Es brachte die Meinung der Kirche

über den höheren Rang des Papstes gegenüber dem Kaiser zum Ausdruck. Mit der Bildlegende »Rex venit ante fores iurans prius urbis honores / post homo fit papae, sumit quodante coronam« wurde zusätzlich erklärt, daß der Kaiser mit der Krönung durch den Papst dessen Mann, also dessen Lehnsmann, geworden sei. Diese Verdrehung der Tatsachen hat von Anfang an scharfen Widerspruch provoziert, und sie war für Barbarossa wie auch für seinen Kanzler Rainald schlechthin untragbar, wie die Bezeichnung »ewige Denkmale der Feindschaft« zeigt. Papst Hadrian hatte dem Kaiser die Beseitigung dieses Gemäldes bereits Anfang Juni 1155 in Sutri versprochen. Nach dem wiedergegebenen Zitat zu schließen, war aber das Versprechen offensichtlich noch nicht eingelöst worden.

In den monatelangen Auseinandersetzungen beschworen die deutschen Bischöfe den Papst, seine in Besançon übergebene Beschwerde zu interpretieren und dem Wort »beneficia« seinen anstößigen Charakter zu nehmen. Hadrian mußte erkennen, daß zwischen dem Kaiser und dem deutschen Episkopat eine für ihn gefährliche Übereinstimmung bestand. Deshalb blieb ihm kaum eine andere Wahl, nicht zuletzt auf Intervention Heinrichs des Löwen, als dem Kaiser endlich mitzuteilen, daß das Wort »beneficia« im Sinne von Wohltaten gebraucht worden sei, nicht in dem von Lehen, und daß die gegensätzliche Auslegung während des Reichstages zu Besançon ein Mißverständnis gewesen sei. Der Papst war bemüht, den Streit noch vor dem Zug des Kaisers nach Italien aus der Welt zu schaffen.

Nach Beendigung des Reichstages in Besançon hatte sich der Kaiser zur französischen Grenze begeben, denn für Anfang November 1157 war eine Begegnung mit König Ludwig VII. von Frankreich vorgesehen. Ludwig befürchtete immer mehr, daß sich die guten Beziehungen zwischen dem Kaiser und dem englischen König zu seinem Nachteil entwickeln könnten. Als der Kaiser schließlich noch Burgund stärker für die Interessen des Reiches gewinnen konnte, sah sich Ludwig in seinem Land ganz und gar bedroht. Er sammelte rasch

vor der geplanten Begegnung noch eine Streitmacht, um auf jeden Fall gewappnet zu sein. Diese kriegerische Vorbereitung blieb aber dem Kaiser nicht verborgen und machte nun wiederum ihn mißtrauisch, so daß er dem Treffen mit Ludwig schließlich auswich und nur ein Entschuldigungsschreiben überreichen ließ.
Im Norden hatte sich inzwischen gezeigt, daß der von Friedrich 1152 anerkannte Dänenkönig Sven seine Stellung nicht halten konnte. Gegen die ständigen Raubzüge der Wenden verhielt er sich ziemlich hilflos, und innere Unruhen machten ihm ebenfalls zu schaffen. Sven rief deshalb 1156 Heinrich den Löwen zu Hilfe, der Schleswig besetzte, Kontributionen erhob und russische Kauffahrerschiffe im Hafen von Schleswig konfiszierte. Nachdem Sven in den Kämpfen den Tod gefunden hatte, warb sein Vetter Waldemar um die Gunst von Heinrich dem Löwen und bat um die Belehnung mit Dänemark durch den Kaiser. Friedrich erklärte sich dazu bereit, die Zeremonie konnte aber erst 1162, nach der Rückkehr des Kaisers vom zweiten Italienzug stattfinden.
Im Dezember erwartete Friedrich in Magdeburg vereinbarungsgemäß den Polenherzog Boleslaw. Der brach aber sein Wort ebenso wie 1146 gegenüber Konrad III. und erschien nicht. Der Kaiser konnte wegen der Vorbereitungen für den Italienzug die Angelegenheit im Augenblick nicht weiter verfolgen, aber vergessen sollte sie nicht sein!
Die Ereignisse in und nach Besançon haben dem Kaiser aufs neue gezeigt, wie sehr der Papst und die ganze Kurie bestrebt waren, die Distanz zwischen der kirchlichen und der weltlichen Gewalt zu vergrößern – zum Nachteil des Reiches. Vielleicht war es eine Reaktion auf diese Tendenzen, als der Kaiser in einem Aufruf zur Teilnahme am zweiten Italienzug schrieb, daß ihm die Fürsorge für das »Sacrum imperium«, das »Heilige Reich«, anvertraut sei. Das »Heilige Reich« sollte wohl ein gleichgewichtiges und gleichberechtigtes Gegenstück zur »Heiligen Kirche« sein und die Tradition der ersten christlichen Kaiser Konstantin, Theodosius und Justinian fortsetzen. Es war Friedrichs unerschütterlicher Glaube, daß Gott

das harmonische Zusammenwirken der weltlichen und kirchlichen Gewalt zur Regierung der Welt gewollt hatte. Um diese Zeit begann der Kaiser auch von seinen »göttlichen Vorfahren« zu sprechen, und in Äußerungen seiner Umgebung taucht demgemäß die Formulierung »Göttlicher Fürst« für den Kaiser auf.
Am Neujahrstag 1158 vereinbarte Friedrich mit Heinrich dem Löwen einen Gütertausch: Heinrich überließ seinem Vetter die Burg Badenweiler mit dem zugehörigen Gebiet, einen Besitz, den er als Mitgift seiner Frau Clementia bekommen hatte. Im Gegenzug erhielt Heinrich Reichsgüter im südlichen Harz, wofür denn Friedrich seinerseits verschiedene staufische Privatgüter – Allodien – an der Pleiße und der Mulde dem Reich übereignet hat. Dadurch ist beiderseits der Pleiße um Altenburg, Chemnitz und Zwickau ein größeres Reichsgebiet entstanden, das sogenannte Pleißenland, das Friedrich künftig von Reichsministerialen verwalten ließ. Für ihn war dieser Gütertausch mit seinem Vetter und dem Reich vorteilhaft, weil er damit an Stelle verstreuter Besitzungen stärker zusammenhängende Gebiete bilden und sein Hausgut in Schwaben somit etwas abrunden konnte.
Sowohl in Altenburg als auch in dem thüringischen Mühlhausen gründete der Kaiser um diese Zeit neue Münzstätten. Wahrscheinlich standen dabei zunächst fiskalische Motive im Vordergrund, aber zweifellos trugen die Prägungen dieser Münzen auch zur Förderung und Erleichterung des Handels bei.
Immer stärker konzentrierte sich der Kaiser nun auf die Vorbereitungen des Italienzuges. Auf einem Hoftag in Regensburg im Januar 1158 ließ er sich von dem Böhmenherzog Wladislaw nochmals dessen tatkräftige Mitwirkung beim Kampf gegen Mailand bestätigen und krönte ihn dafür zum König. Zwistigkeiten zwischen seinen beiden Onkeln, dem Herzog von Österreich und dem Bischof von Freising wegen der Rechtsprechung in den in Österreich gelegenen bischöflichen Gütern konnte Friedrich während des Zusammenseins in Regensburg ausräumen.

In den folgenden Monaten steigerte der Kaiser seine Reise-Aktivitäten erheblich, um vor seinem Aufbruch nach Italien in den deutschen Ländern noch möglichst viele Probleme zu lösen. Von Regensburg ritt er in die fränkischen, schwäbischen und rheinischen Gebiete – Ende Januar ist er in Nürnberg, Anfang Februar in Ulm, Ende Februar in Hagenau, Mitte März in Frankfurt, zu Ostern, Mitte April, in Maastricht und schließlich Ende April bereits wieder in Sinzig, weit südlich von Köln. Es sind große Strecken, die der Kaiser in diesen Wochen und Monaten teilweise bei strenger Winterkälte zu Pferd zurückgelegt hat, wobei er seine Mahlzeiten nicht selten im Sattel einnahm, um auch diese Stunden für das Vorwärtskommen zu nutzen. Das persönliche Erscheinen des Herrschers war immer wieder notwendig, damit Streitigkeiten erledigt, Gericht gehalten und neue Anordnungen mit höchster Autorität durchgesetzt wurden. Nur wenn der König selbst sprach, wußten seine Untertanen, daß sie sich auf das Wort verlassen konnten, das beauftragte Ministerialen, Grafen und andere Helfer nur allzu häufig absichtlich oder unabsichtlich verfälscht hatten. Da nur wenige lesen konnten und ohnedies kaum schriftliche Erlasse existierten – es gab ja noch kein Papier und es mußte deshalb auf Pergament geschrieben werden! –, wurden königliche Anweisungen in der Regel mündlich weitergegeben. Die Ausstrahlungskraft wie auch das Geschick Friedrichs I. Barbarossa als Friedensmittler erwiesen sich immer wieder als außerordentlich, und mit seinen Talenten konnte er viele Kompromisse erzielen, wo zunächst Blutvergießen unvermeidlich schien. Wie gut der König seine Aufgaben in seinem Lande gelöst hat, zeigt der überlieferte Ausspruch eines unbekannten Zeitgenossen, der meinte: »Er waltete in dem ganzen Lande diesseits der Alpen ohne Waffengewalt mit solchem Ansehen, daß er mehr wie ein Vater sein Haus als wie ein König sein Reich zu regieren schien.«

In Sinzig gab der Kaiser Ende April dem Erzbischof Hillin von Trier die jahrhundertealten Silberbergwerke von Ems zu Lehen und überließ ihm die Anrechte auf alles Silber, das in dem Gebiet des Erzbistums Trier künftig gefunden würde. Von Sinzig ritt der Kaiser nach Lautern, dem heutigen Kaiserslautern. Hier hatte Friedrich eine prachtvolle Kaiserpfalz erbauen lassen, und darin hielt er sich nun einige Zeit auf, um vor seinem Zug nach Italien noch verschiedene Angelegenheiten zu regeln. Er empfing eine Reihe von Kirchenfürsten, die ihn alle zu dem Zug gegen die aufständischen lombardischen Städte ermunterten und ihn darin bestärkten, daß das Recht auf seiner Seite sei.

Vor dem Aufbruch nach Italien brachte Otto von Freising noch eine Klage gegen Heinrich den Löwen vor den Kaiser. Der Welfe hatte 1157 bald nach Übernahme des Herzogtums Bayern eine Brücke über die Isar bei Föhring zerstören lassen, über die vor allem die Salztransporte aus den südlichen Salinen gezogen waren. Das Bistum Freising hatte daraus reiche Einnahmen erhalten, deren Verlust Bischof Otto jetzt nachdrücklich beklagte. Der Kaiser war jedoch aus machtpolitischen Gründen nach wie vor auf ein gutes Verhältnis zu Heinrich dem Löwen bedacht, der inzwischen eine neue Brücke an der Stelle des heutigen München über die Isar hatte schlagen lassen. Wegen der zerstörten Brücke in Föhring blieb Heinrich straffrei. Eine kaiserliche Urkunde vom 14. Juni 1158 bestätigte die Markt-, Münz- und Zollrechte Heinrichs an der neuen Stelle und bestimmte, daß das Bistum Freising ein Drittel der Zoll- und Münzerträge zu erhalten habe. Diese Urkunde gilt als das Gründungsdokument von München.

Der zweite Italienzug und der Beginn des alexandrinischen Schismas 1158–1162

Schon Anfang 1158 waren der Kanzler Rainald von Dassel und der Pfalzgraf Otto von Wittelsbach mit einer kleinen Schar von Rittern nach Italien gezogen, um dort den neuen Heerzug vorzubereiten. Sie sollten möglichst viele oberitalienische Städte für die Sache des Kaisers gewinnen, damit sie sich am Kampf gegen das verhaßte Mailand beteiligten. Die beiden Paladine des Kaisers lösten ihre Aufgabe mit leidenschaftlichem Eifer. In Mantua, Verona, Cremona, Modena, Bologna und anderen Städten haben sie den Zorn und die Feindschaft gegen Mailand geschickt genutzt, um Stadtherren und Bürger zum Krieg gegen die lombardische Metropole zu ermuntern. Es fiel ihnen nicht schwer, die Männer in dieser Stimmung mit einem Schwur auf den Kampf zu verpflichten: »Ich schwöre, daß ich meinem Herrn, dem römischen Kaiser Friedrich, Treue gegen jedermann bewahren werde, wie ich es nach dem Recht meinem Herrn und Kaiser schuldig bin. Ich werde ihm helfen, die Krone des Reiches und alle seine Macht zu bewahren, insbesondere diese Stadt und alle Rechte, die er hier und in der ganzen Grafschaft sowie im Bistum besitzt. Ich werde weder hier noch anderswo dem Kaiser seine Regalien zu entreißen versuchen, vielmehr ihm helfen, geraubte Regalien wiederzugewinnen und zu bewahren. Weder mit Rat noch mit Tat werde ich dazu beitragen, daß der Kaiser sein Leben oder ein Glied seines Leibes oder seine Macht verliert oder in Gefangenschaft gerät. Jeden Auftrag, den er mir persönlich oder durch einen Gesandten zum Schutz des Rechtes erteilt, werde ich getreulich ausführen und mich nicht weigern, solchen Auftrag zu hören, anzunehmen und auszuführen. Dies alles werde ich gewissenhaft und ohne Arglist einhalten.«

Nur in Ravenna und Ancona mußten die beiden Statthalter Barbarossas Schwierigkeiten überwinden, wobei es ihnen sogar gelang, die in Ancona anwesenden Griechen wieder einmal zu vertreiben. Sogar das ehedem mit Mailand verbündete Piacenza konnten Rainald und Otto auf die Seite des Kaisers ziehen und in einem Vertrag vereinbaren, daß die Stadt für die Belagerung Mailands 100 Ritter und 100 Bogenschützen zur Verfügung stelle. Weitere 400 Bogenschützen sollten nur für die Dauer eines Monats beansprucht werden. Die Stadt verpflichtete sich außerdem, an den Kaiser 600 Mark Silber und den Hofbeamten 60 Mark zu bezahlen, wofür Rainald und Otto den Erlaß weiterer Strafen wegen der früheren Beleidigungen des Kaisers versprachen.
In Modena waren Rainald und Otto mit der päpstlichen Delegation zusammengetroffen, die dem Kaiser darlegen sollte, daß der Papst die Kaiserkrone nicht als Benefizium im Sinne eines päpstlichen Lehens betrachte. Die beiden Abgesandten Friedrichs wußten also, daß die Kurie ihre eigene Stellung nicht sehr stark einschätzte und deshalb zum Nachgeben und Einlenken bereit war, zumal sich in Rom wieder die Opposition gegen den Papst bemerkbar machte. Nach ihren Erfolgen bei den italienischen Städten warnten Rainald und Otto den Kaiser nachdrücklich davor, auf den Wunsch des Papstes nach einem neuen Bündnisvertrag einzugehen: »Gott hat Euch zur Zeit in solchen Stand versetzt, daß Ihr, wenn Ihr wollt, Rom zerstören und vom Papst wie den Kardinälen alles nach Eurem Wunsche haben könnt«, schrieb Rainald in überschwenglicher Zukunftserwartung aus Italien an seinen Herrn.
Der Kaiser sammelte sein Heer wieder wie für den ersten Italienzug auf dem Lechfeld bei Augsburg und nicht, wie ursprünglich geplant, bei Ulm. Die Bischöfe Otto von Freising und Hartwig von Bremen-Hamburg wurden von der Teilnahme dispensiert. Auch Heinrich der Löwe blieb in seinen Herzogtümern, um einerseits seine Stellung in Bayern zu festigen und andererseits einen Vorstoß nach Mecklenburg zu unternehmen. Die Kriegs- und Raubzüge der Wenden stör-

ten immer wieder den Ausbau der Handelsbeziehungen zwischen den Ostseeländern, und dem wollte Heinrich ein Ende bereiten.
Ende Juni 1158 brach das Heer auf. Der Kaiser zog mit dem böhmischen König Wladislaw, seinem Stiefbruder Konrad, dem neuen Pfalzgrafen bei Rhein, Herzog Friedrich von Schwaben, den Erzbischöfen von Köln und Trier, den Bischöfen von Bamberg, Eichstätt, Verden und Würzburg, dem Markgrafen Dietrich von der Lausitz, dem Pfalzgrafen von Sachsen sowie zwei Söhnen des Markgrafen Albrecht von Brandenburg durch das Lechtal über den Brenner. Die Burgunder und Oberlothringer nahmen den Weg über den großen St. Bernhard-Paß, und Teile der Franken, der Niederlothringer und Schwaben kamen durch das Rheintal und über den Septimer nach Italien. Die Österreicher und die Kärntner kamen zusammen mit den Ungarn in einem vierten Heerzug durch die Mark Friaul und durch das Gebiet von Verona in die Poebene, wo sie mit dem übrigen Heer zusammentrafen. Nach der Überlieferung sollen an dem Zug rund 10000 Ritter teilgenommen haben, die zusammen mit den Kriegsknechten und dem übrigen Troß angeblich ein Heer von etwa 50000 Mann bildeten. Alle derartigen Angaben sind freilich mit Vorsicht aufzunehmen, da sie immer auf Schätzungen beruhen, die oft weit auseinandergehen. Angesichts der enormen Versorgungsschwierigkeiten eines derart umfangreichen Heeres und der Situation in den Dörfern der Heimat kurz vor der Ernte erscheinen diese Angaben fragwürdig. Fest steht aber, daß die Streitmacht des Kaisers auf diesem Zug erheblich größer war als auf seinem Krönungszug im Jahre 1155.
Ebenso wie drei Jahre vorher erließ Barbarossa auch jetzt wieder ein Kriegsgesetz, um die Disziplin und Ordnung in seinem Heer zu bewahren. Die Teilnahme vieler Italiener und die daraus folgenden Verständigungsschwierigkeiten machten dies besonders notwendig. Gegen Schlägereien wurden harte Strafen angedroht, und der Aufenthalt von Frauen im Lager wurde verboten. Wer dagegen verstieß,

sollte seine Rüstung verlieren und aus dem Heer ausgestoßen werden; den Frauen wurde mit dem Abschneiden ihrer Nasen gedroht.
Auf dem Marsch gegen Mailand zerstörten die Böhmen und Bergamasken zunächst das wichtige Brescia. Die Stadt, die einer der eifrigsten Bundesgenossen Mailands war, mußte nun Mannschaften gegen Mailand stellen, eine große Geldsumme bezahlen und 60 Geiseln beibringen. Den Böhmen wurde nachgesagt, daß sie Menschenfleisch essen und Blut trinken würden. Aber vermutlich wurden sie an Brutalität von den Italienern nicht selten übertroffen, die ihre Rachsucht an den Bürgern benachbarter Städte nach jahrelanger Unterdrückung austobten.
Der Fall und die Zerstörung Brescias trieb die Mailänder zu einem Friedensversuch. Die Gespräche verliefen aber fruchtlos, weil die Forderungen des Kaisers den Mailändern noch zu hoch erschienen. Inzwischen hatten sie alle Brücken über die reißende Adda zerstört, bis auf eine, die sie scharf bewachten. Einigen böhmischen Rittern gelang es aber, zusammen mit ihrem König den Fluß an einer Furt zu durchqueren. Ein Kampf bei Gorgonzola forderte auf beiden Seiten hohe Verluste. Schließlich konnten die Kaiserlichen die noch vorhandene Brücke bei Cassano erobern. Aber zwei rasch gebaute zusätzliche Brücken hielten den Belastungen nicht stand und rissen viele Männer in den Fluß. In seinem Unmut über die großen Verluste ließ Barbarossa den Ort Vaprio zerstören, während die Burg Trezzo nach ihrer Einnahme besetzt wurde.
Anfang August kam eine neue Gesandtschaft der Mailänder in das kaiserliche Lager. Sie versprach die Erfüllung aller Bedingungen, die für den Frieden gestellt würden. Fast alle Fürsten sprachen sich für die Annahme dieses Angebotes aus, denn sie wollten mit ihren Männern wieder in die Heimat zurückkehren. Nur für Erzbischof Anselm von Ravenna war diese Kapitulation nichts weiter als Lug und Trug, und er prophezeite, daß die Mailänder ihr Versprechen doch nicht halten würden, wenn sie nur erst einmal die Bedrohung

durch das Heer vom Halse hätten. Der Kaiser wie auch die meisten Fürsten ließen sich davon überzeugen, denn die Mailänder hatten sich auch nach dem ersten Italienzug Barbarossas nicht an die getroffenen Vereinbarungen gehalten. So wurde die Gesandtschaft wieder nach Hause geschickt und der weitere Vormarsch beschlossen.

Ein Erkundungszug der Kaiserlichen kam am nächsten Tag in harte Bedrängnis. Nachdem die Belagerer im Osten und Süden ziemlich nah an die Stadt herangerückt waren, unternahmen die Mailänder immer wieder Ausfälle, aber der Kaiser ließ sein Zelt trotzdem beinahe in Wurfweite vor dem Wall der Stadt aufschlagen. Beide Seiten setzten jedoch bald Wurfmaschinen ein, mit denen sie sich gegenseitig attackierten. Angriffe Ottos von Wittelsbach und des österreichischen Herzogs stießen auf mutige Verteidiger.

Wie locker und frivol es dort bei einer derartigen Belagerung zugehen konnte, zeigt das Beispiel eines Mailänder Edelmannes. Er ritt mit seinem Kampfroß vor eines der Stadttore in die Nähe des kaiserlichen Lagers, vollführte dort einige Reiterkunststückchen und forderte die deutschen Ritter auf, mit ihm zu kämpfen, wenn sie Lust hätten. Als sich keiner dazu bereit finden wollte, beschimpfte er sie als Feiglinge. Das ärgerte Graf Albert von Tirol, der sich auf ein Pferd setzte und ohne Harnisch, nur mit Schild und Lanze, gegen den prahlerischen Mailänder losritt. Der lag in Kürze auf dem Boden. Aber der Graf schenkte ihm das Leben, da er ja nur den Fürwitz des Italieners hatte dämpfen wollen.

Der Belagerungsring um Mailand wurde fester und vollständiger. Feigen- und Olivenpflanzungen, Weinberge und sonstige Obstgärten rund um die Stadt wurden zerstört, jahrzehntelanger Fleiß wurde vertan und vernichtet. Vor allem die Bewohner aus den benachbarten feindlichen Städten freuten sich, daß sie den Mailändern so manchen Hochmut heimzahlen konnten. Kaum ein Ort der Region blieb unversehrt, und die Gegner trachteten sich gegenseitig nach dem Leben, wo sie einander habhaft werden konnten.

Sowohl in der mit Menschen und Vieh überfüllten Stadt als

auch unter den Belagerern brachen Seuchen und Krankheiten aus. Die Nordländer litten unter der Augusthitze besonders, und Leichengeruch machte sich überall breit. Mitte August starb Erzbischof Anselm von Ravenna vor den Toren Mailands. Einige Tage vorher hatte er seine Kampfgenossen noch davon überzeugen können, daß ein Friedensschluß mit der belagerten Stadt sinnlos wäre. Der Kaiser ließ gewaltige Mauerbrecher bauen, um Mailand endlich zu bezwingen. Aber die Mauern und Wälle hätten wohl noch lange standgehalten, wenn das Verlangen nach einem Verhandlungsfrieden nicht stärker gewesen wäre. Unter den Belagerern setzten sich vor allem der Patriarch Peregrin von Aquileja, Erzbischof Eberhard von Bamberg und Bischof Daniel von Prag für die Beendigung der Kämpfe ein. Nach verschiedenen Kontakten war es Anfang September soweit, daß folgende Bedingungen für einen Frieden aufgestellt wurden:

1. Mailand muß Como und Lodi die Freiheit und Unabhängigkeit gewähren und darf den Wiederaufbau der beiden Städte nicht stören.
2. Alle Mailänder vom 14. bis 70. Lebensjahr müssen einen Treueid auf den Kaiser leisten.
3. In Mailand muß eine kaiserliche Pfalz errichtet und erhalten werden.
4. Mailand muß 9000 Mark Silber in drei Raten bezahlen.
5. Mailand muß 300 Geiseln stellen, die jedoch in Italien bleiben, höchstens 50 können nördlich der Alpen verbracht werden.
6. Die jetzigen Konsuln bleiben bis 1. Februar 1159 im Amt. Künftige Konsuln werden von den Bürgern gewählt und bedürfen der Anerkennung durch den Kaiser.
7. Kaiserliche Gesandte residieren bei Aufenthalten in der Stadt in der zu bauenden Pfalz und entscheiden im Namen des Kaisers.
8. Vor Aufhebung der Belagerung müssen alle italienischen Gefangenen aus Como, Pavia, Cremona usw., die sich in Mailand befinden, an den böhmischen König übergeben werden, der sie nach dem Friedensschluß dem Kaiser

ausliefert. Wenn kein Friede zwischen den lombardischen Städten zustande kommt, erhält Mailand die Gefangenen zurück.

9. Die Regalien für Münze, Markt, Straßen- und Hafenzoll, Grafschaften u. a. werden von Mailand an den Kaiser gegeben.
10. Nach Anerkennung dieser Bedingungen wird der Kaiser Mailand wieder in seine Gnade aufnehmen und von der Acht lösen.
11. Zwei bis drei Tage nach Stellung der Geiseln und Gefangenen wird das Heer abziehen.
12. Die Bürgerschaft von Mailand sichert die vollständige Einhaltung der Bedingungen ohne Arglist und Hinterhalt zu.
13. Zur Aufbringung der zu zahlenden Geldsumme kann Mailand nur diejenigen Städte heranziehen, die mit ihm im Bundesverhältnis gestanden haben.

Am 7. September 1158 wurde der Vertrag von beiden Seiten unterschrieben, und bereits am folgenden Tag übergaben die Mailänder die Geiseln und über 1000 Gefangene, die teilweise mehr als zehn Jahre in den Kerkern der Stadt gelitten hatten. Die Kerker der damaligen Zeit waren vielfach dunkle, nasse Verliese, in denen das Grundwasser stand und worin Kröten, Schlangen sowie allerlei Ungeziefer den Gefangenen jeden Tag neue Qualen bereiteten.

Vor dem Prunkzelt, das der englische König Heinrich II. dem Kaiser geschenkt hatte, wurde der Thron für Friedrich aufgestellt. Hier empfing er inmitten seines Hofstaates den Erzbischof Otbert von Mailand, gab ihm den Friedenskuß und sicherte ihm die Milde des Siegers für die alte kaiserliche Stadt zu. Darauf folgten die zwölf Konsuln Mailands, barfuß und ihre Schwerter jeweils an einem Strick um den Hals tragend. Sie hatten viel Geld geboten, um sich diese Schmach zu ersparen, aber der Kaiser hatte ihr Angebot nicht angenommen. Einer von ihnen, Obertus de Orto, sprach zum Kaiser: »Wir haben gefehlt und Unrecht getan und bitten um Verzeihung. Unsere Häupter, die wir Eurer Macht und Euren

Schwertern ausliefern, sind die aller Mailänder, und mit diesen unseren Schwertern werden alle Waffen Mailands in Eurer Hand sein.« Der Kaiser erteilte den Konsuln den Friedenskuß, löste die Stadt aus der Acht und machte Mailand damit wieder zu einer kaiserlichen Stadt.

Nachdem Barbarossa auch den Frieden zwischen den verfeindeten Städten wiederhergestellt hatte, konnten die Gefangenen endgültig freigelassen werden. Abgeordnete des Kaisers nahmen den Treueid der Bürgerschaft von Mailand entgegen. In einer großen kirchlichen Feier kam nochmals die Freude über das Ende des Kampfes zum Ausdruck. Die italienischen Hilfstruppen wurden entlassen.

Das deutsche Heer zog von Mailand aus nordwärts. Da der Wunsch nach Heimkehr bei Rittern und allem Kriegsvolk groß war, entließ der Kaiser den größten Teil seiner Soldaten. Die Herzöge Berthold von Zähringen und Heinrich Jasomirgott brachen auf, ebenso die Ungarn. König Wladislaw von Böhmen bat ebenfalls um seine Entlassung, die der Kaiser diesem mutigen Mann ungern gewährte. Er mußte ihn aber doch ziehen lassen und gab ihm noch 1000 Mark Silber als Anteil von dem mailändischen Bußgeld.

Nachdem das erste Ziel dieses Italienzuges mit der Niederwerfung Mailands erreicht war, strebte der Kaiser auch die Befriedung der übrigen Teile Italiens an. Die Wiederherstellung und Festigung der Königsmacht war ein weiteres Ziel. Dazu berief Barbarossa für den 11. November 1158 einen Reichstag auf die roncalische Ebene ein, wo er schon im Dezember 1154 einen Reichstag gehalten hatte.

Die Kirche hatte seit dem 11. Jahrhundert dazu beigetragen, daß sich die norditalienischen Städte mehr und mehr von der deutschen Oberherrschaft lösten. Man erhoffte sich in kirchlichen Kreisen in der Folge eine um so wirksamere Beherrschung der Städte durch die Organe der Kirche, insbesondere durch die Bischöfe. Die Entwicklung war dann jedoch über diese ursprünglichen Erwartungen hinausgegangen, denn viele Städte hatten sich auch von der kirchlichen Herrschaft befreit und gewählte Konsuln für ihre Verwaltung berufen. Die Kirchenfürsten, die ursprünglich die Emanzipation von der weltlichen Gewalt des Kaisers gewünscht hatten, vermißten nun den Schutz der Profangewalt vor den bürgerlich-republikanischen Ansprüchen und Ausschreitungen. So konnte der Kaiser mit dem Einverständnis der Kirchenfürsten rechnen, wenn er nun daranging, auch in Italien der Königsmacht wieder die frühere Geltung zu verschaffen.

Bis zum Zusammentreten des Reichstages zogen Barbarossa und seine Helfer durch die oberitalienischen Städte, um sich die Treue schwören zu lassen und Geiseln zur Sicherstellung der Gelöbnisse einzufordern. Der Kaiser kümmerte sich insbesondere um die Mathildischen Güter, die er 1152 dem Herzog Welf zu Lehen gegeben hatte. Der hatte sich aber seither nur einmal dort sehen lassen, und die Verwaltung war deshalb recht vernachlässigt. Friedrich erschien es aber dringend notwendig, vor allem den Ansprüchen der Kirche auf die Mathildischen Güter entgegenzutreten.

In der Heimat ist Ende September 1158 Otto von Freising im Alter von etwa 45 Jahren gestorben. Er hat mit seinen *Gesta Friderici* entscheidend zum Nachruhm seines Neffen beigetragen. Immer wieder stellte Otto die Friedensliebe des Staufers in den Vordergrund, wenn er etwa schrieb, daß »nach den Stürmen der Vergangenheit eine unerhörte Heiterkeit des Friedens angebrochen ist« und unter Friedrichs Regiment auch das Ansehen des römischen Reiches wiederhergestellt worden sei. Ottos Werk über Friedrich I. Barbarossa wurde von seinem Notar Rahewin bis zum Jahr 1160 fortgeführt.

Ende Oktober 1158 gewährte der Kaiser dem Orden der Johanniter ein bedeutendes Privileg: Er unterstellte ihre sämtlichen Hospitäler im Reich seinem besonderen Schutz und befreite alle Angehörigen des Ordens von Steuern, Zöllen und Diensten.

Nachdem Friedrich sein Gefolge noch von allerlei unwillkommenen und fragwürdigen Elementen sowie einem beträchtlichen Anhang von Dirnen gesäubert hatte, zog er zur roncalischen Ebene an den Po, wo sich die Teilnehmer an dem Reichstag an beiden Ufern des Flusses niederließen, so daß man eine Brücke schlagen mußte, um die Verbindung herzustellen. Außer zahlreichen deutschen erschienen auch viele italienische kirchliche und weltliche Fürsten, die alle ein möglichst stattliches Gefolge bei sich hatten, mit dem sie ihre Macht demonstrierten. Auch von den italienischen Städten waren viele Vertreter gekommen. Von besonderer Wichtigkeit war es dem Kaiser, daß die vier von ihm eingeladenen berühmten Rechtsgelehrten Bulgarus, Martinus, Jacobus und Hugo aus Bologna kamen.

Zunächst beriet sich Barbarossa drei Tage lang ausschließlich mit den Kirchenfürsten. Damit wurde bereits deutlich, wo der Kaiser für seine Pläne die ausschlaggebende Unterstützung erwartete. In der ersten allgemeinen Sitzung des Reichstages konnte er dann mit dem entsprechenden Rückhalt erklären, daß er keinerlei Mißbrauch der Reichsgewalt, von welcher Seite auch immer, dulden werde. Er distanzierte sich aber auch sogleich von jeglicher eigenen Gewaltherrschaft und wies darauf hin, daß er eine gerechte Regierung wünsche, die nicht willkürlich, sondern auf der Grundlage der Gesetze herrsche: »Obwohl wir den königlichen Namen tragen, so ziehen wir doch ein gesetzestreues Regiment vor, das auf Bewahrung des Rechtes und der Freiheit jedes einzelnen gerichtet ist, anstatt alles ungestraft tun zu können, infolge Ungebundenheit übermütig zu werden und statt pflichtgemäß zu regieren stolz und herrschsüchtig zu werden, wie das angeblich Königsart ist.« Ob diese von Rahewin überlieferte Rede so gehalten wurde, wird heute bezweifelt, denn die Worte sind wohl doch etwas idealisiert.

Der Mailänder Erzbischof erwiderte in einer längeren Rede, daß allein dem Kaiser das Recht der Gesetzgebung zustehe. Es war bemerkenswert, wie ruhig die Versammelten, die doch vor kurzem noch nachdrücklich für ihre Unabhängigkeit gekämpft hatten, diese Erklärung hinnahmen.

Eine Kommission aus den vier Bologneser Juristen und 28 Vertretern der Städte bekam den Auftrag, eine Übersicht al-

9 *Hochzeit Kaiser Barbarossas mit Beatrix von Burgund 1156 (Deckengemälde von G. B. Tiepolo im Kaisersaal der Würzburger Residenz, 1750–53).*

10 *Silberne Schale mit der Darstellung der Taufe Barbarossas, ca. 1122 (Berlin Kunstgewerbemuseum).*

11 *Friedrich Barbarossa zwischen seinen Söhnen Heinrich, dem späteren Kaiser und Herzog Friedrich von Schwaben. Miniatur aus der Welfenchronik um 1185–1190 (Fulda, Landesbibliothek).* ▶

In medio p(ro)lis residet pater imperialis.

12 *Bad Wimpfen/Neckar. Der Bau der staufischen Kaiserpfalz wurde 1170 begonnen.*

ler in Italien praktizierten Regalien zusammenzustellen, die als Hoheitsrechte des Reiches gelten konnten. Während der Arbeit der Kommission saß der Kaiser zu Gericht. Eine Unzahl von Klägern schleppte nach italienischer Sitte hölzerne Kreuze daher, um ihre Unschuld zu versinnbildlichen und ihr Recht zu suchen. Mit Unterstützung sachkundiger Helfer konnten alle Klagen erledigt werden.

Die von der Kommission zusammengestellten Regalien umfaßten die Verfügungsrechte über die Herzogtümer, Markgrafschaften und Grafschaften, die Einsetzung der Konsuln, die Errichtung von Pfalzen, die Anteile an gerichtlich festgelegten Straf- und Bußgeldern sowie an eingezogenen Gütern, die Hoheit über alle Verkehrswege zu Lande und zu Wasser einschließlich der Einkünfte aus Zöllen, Wege- und Hafengeldern sowie Märkten und Münzen, aber auch aus Salinen, dem Bergbau und der Fischerei, schließlich auch Steuern bei Kriegsfahrten des Königs. Nachdem Mailand dem Kaiser bereits alle Ansprüche auf diese Regalien zurückgegeben hatte, mußten nun auch alle anderen Städte darauf verzichten.

Da nun alle Regalien in seiner Hand waren, erklärte sich der Kaiser bereit, denjenigen, die die königliche Belehnung mit Regalien urkundlich und damit als Rechtens nachweisen könnten, diese auch weiterhin zu belassen. Er machte also durch diesen Akt klar, daß alle Regalien nur von ihm verliehen werden können. Weitaus die meisten Regalien waren in den zurückliegenden Jahren und Jahrzehnten stillschweigend usurpiert worden, weil der Kaiser und das Reich sie nicht wahrgenommen hatten. Nun stellte Barbarossa die Rechte des Reiches wieder her, wie sie bis Mitte des 11. Jahrhunderts bestanden hatten, als der Investiturstreit begonnen hatte. Nach einer heutigen italienischen Meinung (G. Fasoli) war diese Maßnahme eine Zumutung, »denn die Behauptung, eine Rechtslage wiederherzustellen, die historisch überwunden war, beleidigte Gefühle, Überzeugungen und Interessen, die auf seit Generationen verwurzelten Gewohnheiten beruhten«.

Für die italienischen Städte bedeutete dies eine vollständige Neuorientierung und einen enormen Verlust. Rahewin hat in den *Gesta Friderici* die Einnahmen des Kaisers aus den wiedergewonnenen Regalien auf rund 30000 Pfund Silber geschätzt, eine riesige Summe für jene Zeit. Die Wahrnehmung dieser Regalien sollte künftig unmittelbar durch das Reich mit Hilfe von eigenen Beauftragten erfolgen.
Weitere von Friedrich I. Barbarossa auf der roncalischen Ebene erlassene Gesetze betrafen die Ausübung der Gerichtsbarkeit durch den Kaiser, den Bau von kaiserlichen Pfalzen an jedem beliebigen Ort und schließlich eine allgemeine Reichssteuer, die aber niemals wirklich erhoben wurde. Ein Lehnsgesetz bestätigte und ergänzte die Bestimmungen des 1154 verkündeten einschlägigen Gesetzes. Es regelte die Teilung von Lehen, wobei ein Lehnsmann für ein und dasselbe Lehen nicht mehreren Lehnsherren verpflichtet werden durfte. Ein Lehen durfte aber nur im Einvernehmen mit allen Beteiligten, also auch der Vasallen, geteilt oder einem anderen Lehnsherrn übertragen werden. Die Teilung von Herzogtümern, Markgrafschaften und Grafschaften wurde untersagt. In jedem Lehnseid mußte die Treue gegenüber dem Kaiser ausdrücklich vorbehalten bleiben. Weitere Punkte regelten die Beilegung von Streitigkeiten und die Genugtuung bei Beleidigungen.
Endlich erließ der Kaiser auch ein Gesetz zur Sicherung des Landfriedens in Italien. Sämtliche Männer – von den Fürsten bis zu den niederen Ständen – im Alter von 18 bis 70 Jahren sollten alle fünf Jahre einen Eid für die Einhaltung des Friedens ablegen. Rechtsansprüche durften nur vor den Gerichten und nicht in Selbstjustiz geregelt werden. Eine Staffel von Strafzahlungen an den kaiserlichen Fiskus bei Friedensbruch von den Städten bis zu den kleinen Valvassoren (niederer italienischer Lehnsadel) und sonstigen Personen wurde festgesetzt, dazu noch Entschädigungen für die Betroffenen. Wer den Friedensschwur nicht leistete, mußte mit Konfiskation und Zerstörung seiner Güter rechnen. Geiseln mußten für die Einhaltung dieses Gesetzes bürgen.

In diesen Wochen auf der roncalischen Ebene erteilte Barbarossa den Professoren und Studenten von Bologna auch ein Privileg, das erste, das einer Universität gegeben wurde. Es ist allerdings ungeklärt, ob der Kaiser nicht schon 1155 bei seinem Aufenthalt in Bologna ähnliche Befugnisse gewährt hat.

In den das Reich umschließenden Ländern beobachtete man die Aktivitäten und Erfolge des römisch-deutschen Kaisers mit Aufmerksamkeit und Mißtrauen. Teilweise suchten die fremden Könige sich anzubiedern, wie der Engländer Heinrich II., teilweise suchten sie den Schutz des Kaisers zu erlangen, wie die dänischen Könige und neuerdings auch der ungarische, teilweise gaben sie ihre Aversion aber auch offen zu erkennen, wie der Franzose Ludwig VII. und der Normannenkönig Wilhelm I. Für den oströmischen Kaiser Manuel I. war Friedrich Barbarossa als Mitbewerber um das abendländische Kaisertum ein ernst zu nehmender Rivale. Diese gemeinsame Gegnerschaft des Normannen und des Byzantiners gegen Friedrich ermöglichte es Papst Hadrian IV. im Jahre 1158, einen Frieden zwischen den beiden bis dahin feindlichen Potentaten zu vermitteln, nachdem die Normannen der byzantinischen Flotte kurz vorher noch eine bittere Schlappe zugefügt hatten. Der Friede wurde für 30 Jahre abgeschlossen.

Im Norden hatte sich das von Graf Adolf II. von Schauenburg 1143 gegründete Lübeck so gut entwickelt, daß Heinrich der Löwe ein Marktverbot gegen die Stadt erließ, um seinen eigenen benachbarten, aber weniger florierenden Handelsplatz zu fördern. Im Herbst 1157 wurde Lübeck durch einen Brand zerstört, und nun bedrängte der Welfe den Grafen von Schauenburg, ihm den günstigen Platz gegen eine Abfindung zu überlassen. Was sich der Löwe in den Kopf gesetzt hatte, das setzte er durch: 1158/59 gründete er das neue Lübeck. Er stattete es mit Soester Stadtrecht aus und verlegte bald auch den Bischofssitz von Oldenburg nach Lübeck. Durch Handelsverträge mit Partnern auf Gotland und in Schweden, Finnland sowie Rußland (Nowgorod) gewann

Lübeck bald eine führende Stellung im Ostseehandel, wozu den Kaufleuten die seetüchtigen, bauchigen Koggen dienten, die erstaunlich große Lasten aufnehmen konnten.
Nachdem im Dezember der Erzbischof Friedrich von Köln infolge eines Sturzes vom Pferd in Italien gestorben war, schlug Friedrich den Kölner Domherren seinen Kanzler Rainald als Nachfolger vor. Rainald wurde gewählt und kam somit im Januar 1159 auf einen der einflußreichsten deutschen Erzbischofssitze.
Sogleich nach Beendigung des roncalischen Reichstages machte sich der Kaiser daran, die dort beschlossenen Gesetze in Italien zu verwirklichen, vor allem die *Constitutio de regalibus*. In vielen Städten wurden Podestàs – Stadtvögte – eingesetzt, die diktatorische Macht hatten und somit die Anordnungen des Kaisers weitaus rigoroser und schärfer durchsetzen konnten als die von den Bürgern gewählten Konsuln. Die Bürger sahen in diesen Podestàs sehr bald die Symbolfiguren für die verlorene Freiheit und Unabhängigkeit ihrer Städte. Überall wurden die Regalien und die daraus resultierenden Einkünfte ermittelt, die künftig dem kaiserlichen Fiskus zufallen sollten. Als auch in Genua kaiserliche Abgesandte erschienen, weigerte sich die mächtige Seestadt, ihre Anweisungen zu befolgen. Als auch Verhandlungen vor dem Kaiser selbst nichts fruchteten, setzte Friedrich sein Heer in Marsch. Aber die Genuesen, Männer und Frauen, befestigten ihre Stadt in Windeseile. Als Barbarossa davon erfuhr, ließ er sich nochmals auf Verhandlungen ein. Schließlich überließ er den Genuesen die Regalien gegen eine Zahlung von 1 200 Mark Silber.
Das kaisertreue Cremona fühlte sich seit eh und je durch das benachbarte Crema, das mit Mailand verbündet war, bedroht. Nun bot Cremona dem Kaiser 15 000 Mark Silber, wenn er die Befestigungen von Crema zerstören lassen würde. Barbarossa ließ an die Bürger von Crema einen Befehl übermitteln, daß sie ihre Befestigungen schleifen müßten. Als die kaiserlichen Gesandten ihre Botschaft verkündet hatten, entgingen sie nur knapp dem Volkszorn der Cremasken.

Auch in Piacenza mußten alle Türme niedergerissen werden, die höher als 20 Ellen waren. Die Bürger fügten sich, um dem Zorn des Kaisers zu entgehen. Sie mußten auch die Gräben zur Verteidigung ihrer Stadt zuschütten.
Die Mailänder, denen erst einige Monate vorher die freie Wahl von Konsuln zugesichert worden war, sollten nun ebenfalls die Einsetzung eines Podestà hinnehmen. Als Rainald von Dassel und Otto von Wittelsbach dazu in die Stadt kamen, löste die kaiserliche Forderung Proteste und Gewalttaten aus, so daß die beiden Gesandten die Stadt fluchtartig wieder verlassen mußten. Die Mailänder wollten sich an den abgeschlossenen Friedensvertrag halten, der Kaiser jedoch wies auf die Gesetze von Roncaglia hin. Eine mailändische Delegation erschien bald darauf bei Barbarossa, um die Angelegenheit zu bereinigen. Auf Vorwürfe der Kaiserlichen sollen die Mailänder aber geantwortet haben: »Wir haben wohl geschworen, aber wir haben nicht versprochen, den Eid zu halten.«
Der Kaiser mußte erkennen, daß er allein mit dem Erlaß der roncalischen Gesetze seine Ziele in Italien nicht erreichen konnte. Seine Rechtsauffassung war ganz anderer Art als die der Italiener, deren Verhältnisse durch diese Gesetze völlig neu gestaltet würden. Ein allgemeiner Widerstand war deshalb von Anfang an zu erwarten gewesen. Friedrich beschloß daher, seine Streitkräfte durch ein neues Aufgebot aus den deutschen Landen wieder zu verstärken. Er forderte im Februar 1159 Heinrich den Löwen und andere geistliche wie weltliche Fürsten auf, im Frühjahr mit ihrem Gefolge nach Italien zu kommen. Auch seine Frau Beatrix bat er zu sich. Die noch in Italien weilende Kriegsschar des Kaisers lagerte in der Nähe von Bologna, während Barbarossa selbst in Oberitalien seine Freunde zu weiteren Taten ermunterte und neue zu gewinnen suchte.
Den Mailändern gelang es, die von den Kaiserlichen besetzte Burg Trezzo zurückzuerobern. Die deutsche Besatzung schleppten sie in ihre Kerker, während sie die anwesenden Italiener kurzerhand niedermachten. Friedrich zog darauf-

hin im Mai 1159 mit seiner Streitmacht in das Gebiet von Mailand und verwüstete dort, was sich ihm bot, da seine Kräfte für eine regelrechte Belagerung noch nicht ausreichten. Deshalb konnten die Mailänder mehrmals gegen das kaisertreue Lodi ziehen und dort Tod und Schrecken verbreiten.
Die Wochen und Monate vergingen mit wechselvollen Kämpfen in der westlichen Lombardei. In der ersten Hälfte des Jahres 1159 fand auch ein verbissener Kampf auf diplomatischem Gebiet statt. Hadrian und Barbarossa verfolgten beide ihre jeweiligen Ziele mit brennendem Ehrgeiz und großer Leidenschaft. Ihre Rollen als Papst und als römisch-deutscher Kaiser machte sie nach Lage der Dinge und infolge ihres gegenteiligen Naturells zwangsläufig zu Feinden. Jeder beobachtete mißtrauisch die Schachzüge des anderen und war gleichzeitig bestrebt, die Stellung des Gegners möglichst zu schwächen. Dem Papst war der ganze Italienzug des Kaisers von Anfang an nicht geheuer. In der Gesetzgebung über die Regalien sah er nun eine erhebliche Beeinträchtigung seiner kirchlichen Bestrebungen, zumal kaiserliche Abgesandte bald auch in der Toskana und auf päpstlichen Besitzungen Abgaben einzutreiben versuchten. Dagegen mußte der Papst naturgemäß schärfstens protestieren und die Unantastbarkeit des Kirchenstaates betonen. Einen Wunsch des Kaisers für die Besetzung des vakanten Erzbischofssitzes in Ravenna wollte der Papst nicht erfüllen. Als Friedrich einen Streit zwischen Brescia und Bergamo entscheiden wollte, versuchte ihm dies der Papst kurzerhand zu verbieten. Sein Schreiben wurde von einem einfachen Boten sehr formwidrig zugestellt. Der Kaiser war über den Inhalt des Briefes ebenso erbost wie über die Art und Weise, in der er überbracht wurde, und so suchte er dem Papst mit gleicher Münze heimzuzahlen. Er griff auf frühere Sitten zurück und redete den Papst in seinem Antwortschreiben nicht mit »Ihr« an, sondern mit »Du«, außerdem ließ er seinen Namen dem des Papstes voranstellen.
Trotzdem schlug der Papst auf Anraten des Erzbischofs von Bamberg dem Kaiser im April 1159 die Erneuerung des Kon-

stanzer Vertrages vor, doch Barbarossa lehnte ab, da er den zwischen dem Papst und dem Normannenkönig abgeschlossene Vertrag von Benevent aus dem Jahre 1156 noch nicht vergessen hatte. Er meinte, ein Schiedsgericht solle die zwischen ihm und dem Papst strittigen Fragen abwägen. Davon wollte wiederum Hadrian nichts wissen, der nun sein Visier fallen ließ und den Kaiser mit einer Reihe überraschender Forderungen attackierte:

1. Der Kaiser sollte die Obrigkeit des Papstes über die Stadt Rom anerkennen und künftig ohne Einverständnis des Papstes keine Gesandten dorthin senden.
2. Der Kirchenstaat soll von Abgaben an den Kaiser befreit werden, ausgenommen bei der Krönungsfahrt.
3. Die italienischen Bischöfe sollen dem Kaiser nur noch den Treueid leisten, jedoch keine Mannschaft mehr zu stellen brauchen. Sie sollen außerdem nicht mehr verpflichtet sein, den kaiserlichen Gesandten Unterkunft zu geben.
4. Die Kirche soll folgende Gebiete zurückerhalten: das ganze Mathildische Hausgut, Tivoli, Ferrara, das Herzogtum Spoleto, Latium nördlich von Rom sowie die Inseln Sardinien und Korsika.

Mit diesen Forderungen wollte der Papst in einem großen Teil Italiens die roncalischen Beschlüsse wieder weitgehend annullieren. Aber der Kaiser dachte natürlich nicht daran, dieses unrealistische Ansinnen zu erfüllen. Das Verlangen, die päpstliche Herrschaft über Rom anzuerkennen, wies Barbarossa mit dem Hinweis zurück, daß er »römischer Kaiser« sei und als solcher die Oberhoheit über die Stadt Rom ausübe. Auf den Eid für die Mannschafts-Gestellung der italienischen Bischöfe wolle er verzichten, wenn diese ihre Regalien aufgeben würden. Die Gebietsforderungen des Papstes lehnte der Kaiser rundheraus ab.

So war keine Annäherung zwischen Kaiser und Papst möglich. Auch die Kardinäle waren in eine deutsch-freundliche und in eine normannen-freundliche Gruppe gespalten, die sich gegenseitig feindselig beargwöhnten.

Die ständigen Strapazen und die bei jedem Wetter unternommenen Ritte hatten dafür gesorgt, daß der etwa 36jährige Monarch unter Gichtschmerzen an Armen und Beinen litt. Während er sich in Lodi davon etwas zu erholen suchte, wurden zwei Anschläge auf ihn unternommen, die aber beide vereitelt werden konnten. Man hat wohl die Mailänder damit in Verbindung gebracht, jedoch waren Beweise dafür nicht zu erhalten.

Die Cremasken haben den kaiserlichen Befehl zur Zerstörung ihrer Befestigungen nicht ausgeführt. Sie vertrauten auf ihre Bundesgenossenschaft mit Mailand und Brescia. Barbarossa konnte sich solchen Ungehorsam nicht bieten lassen, wenn er nicht eine untragbare Einbuße an Autorität bei allen italienischen Städten hinnehmen wollte. Er erklärte über Crema deshalb die Reichsacht und befahl zur Vollstreckung im Juli 1159 die Belagerung der Stadt. Der Kaiser beorderte dazu einen Teil seiner Streitkräfte und attackierte selbst mit dem anderen Teil die Mailänder, wozu er sich mit italienischen Hilfskräften vereinigte. Anschließend begab er sich wieder zu den Belagerern vor Crema, um hier nach dem Rechten zu sehen.

Schon während der vorausgegangenen Verhandlungen zwischen Kaiser und Papst waren Abgesandte des römischen Senats erschienen, um Friedrich wegen der Zwischenfälle bei seiner Krönung 1155 um Verzeihung zu bitten und um eine gütliche Übereinkunft auszuhandeln. Barbarossa war diesen Vorschlägen nicht abgeneigt, nachdem auch ein weiterer Versuch, mit dem Papst zu einer Vereinbarung zu kommen, ergebnislos geblieben war. Hadrian hatte sich längst auf die Seite der Reichsfeinde geschlagen und mit Abgesandten von Mailand, Brescia und Piacenza vereinbart, daß keiner von ihnen ohne Einwilligung der anderen Partner mit dem Kaiser einen Frieden abschließen solle. Durch diese Aktivitäten des Papstes fühlten sich zweifellos auch die Cremasken zum Widerstand ermuntert.

Der Papst versprach im August 1159, daß er über den Kaiser innerhalb von vierzig Tagen den Bann aussprechen werde, wenn dieser »seine Ungerechtigkeiten« fortsetze. Aber mitten in diese brisante, für den Kaiser nicht ungefährliche Entwicklung platzte am 1. September 1159 die Nachricht vom Tod des Papstes. Er soll nach einem Gerücht am Stich einer »giftigen Fliege« gestorben sein. Trotz seinem nach außen gezeigten Elan war Hadrian auf dem apostolischen Stuhl nicht glücklich gewesen. Dem ihm befreundeten Johannes von Salisbury hatte er einmal gestanden, daß er am besten den Boden Englands niemals verlassen hätte, denn der Stuhl Petri sei mit Stacheln übersät und die päpstliche Krone aus Dornen geflochten und von erdrückender Schwere, sie glänze wohl, aber nur weil sie eine Feuerkrone sei.

Angeblich hatte Mailand rund 4000 Mann zur Unterstützung der belagerten Cremasken entsandt, aber Barbarossa soll andererseits in der gleichen Zeit 3000 Mailänder gefangengenommen haben, und wenige Monate später sollen sogar 20000 Mailänder einen Kriegszug an den Comersee unternommen haben. Hier wird wieder deutlich, daß alle derartigen Zahlenangaben nur mit Vorsicht und Zurückhaltung aufgenommen werden können, denn es ist doch unwahrscheinlich, daß diese Stadt zur damaligen Zeit über so viele wehrfähige Männer verfügt hat.

Die Belagerer vor Crema bauten bald einen über 70 Fuß hohen Holzturm mit sechs Plattformen übereinander, der an die Mauer der Stadt herangeschoben werden sollte. Da sich die kleine Stadt hartnäckig verteidigte und die Belagerung doch nicht so schnell zum Ziel zu führen schien, wie man es ursprünglich erwartet hatte, waren nun auch Heinrich der Löwe, Pfalzgraf Otto von Wittelsbach, Herzog Friedrich von Schwaben und andere Herren mit ihren Streitkräften hierhergezogen. Der Kaiser erhoffte sich angesichts der Vielzahl der Belagerer ein Nachgeben der Cremasken und forderte sie nochmals zur Übergabe auf. Aber er erhielt nur eine trotzige und höhnische Antwort. Die Weiber von Crema zogen tanzend durch die Stadt und sangen Spottlieder auf Barbarossa, der ebenso schmählich werde abziehen müssen wie einst Kaiser Lothar.

Die Belagerung dauerte bereits an die drei Monate, und die Verbitterung nahm auf beiden Seiten ständig zu. Die Eingeschlossenen machten immer wieder Ausfälle, um den Ring um ihre Stadt zu sprengen. Einmal gelang es ihnen, eine Wurfmaschine der Belagerer in Brand zu stecken. Aber Barbarossa rächte diese Schlappe sogleich an vier gefangenen Cremasken, von denen einem der Kopf, einem zweiten beide Beine, dem dritten beide Arme abgehackt wurden, während man den vierten langsam zu Tode marterte. Weitere sieben Cremasken wurden auf Befehl des Kaisers aufgehängt, wofür die Städter ihrerseits vier Gefangene deutlich sichtbar für die Belagerer auf dem Wall aufknüpften.
Im Oktober 1159, also im vierten Monat der Belagerung, kam eine Reihe von Kirchenfürsten in Friedrichs Lager vor Crema, um Frieden für Mailand und seine Trabanten zu erbitten. Aber der Kaiser machte ihnen klar, daß sich die Mailänder in seinen Augen durch ihre Vereinbarung mit dem Papst selbst für den Krieg entschieden hätten. Um die gleiche Zeit stellte sich auch Herzog Welf mit seinem Gefolge von Rittern und Kriegsknechten vor Crema ein, so daß die Übermacht der Belagerer immer erdrückender wurde. Der Kaiser ließ den Cremasken nun verkünden, daß er künftig mit allen Mitteln gegen sie vorgehen werde. Er war ergrimmt, daß ihn diese kleine Stadt nun schon so lange Zeit hinhalten konnte, länger, als es im Vorjahr dem großen Mailand möglich gewesen war. Um zu zeigen, daß es ihm mit der Ankündigung des gnadenlosen Kampfes Ernst war, ließ er vierzig Geiseln und sechs vornehme mailändische Gefangene vor den Augen der Belagerten hinrichten.
Inzwischen war der große Holzturm zur Überwindung der Stadtmauer fertig. Ehe er aber eingesetzt werden konnte, mußte der breite Graben an einer Stelle zugeschüttet werden. Man baute große Schutzdächer, um die Arbeitenden vor den Steinen und Pfeilen der Cremasken zu schützen. Mit einer Unmenge von Erde, Kies und Holz – man wollte 2000 Wagenfuhren gezählt haben – wurde der Graben so weit gefüllt, daß 500 Mann den etwa 30 Fuß breiten Belagerungs-

turm vorwärtschieben konnten. Die Cremasken erkannten natürlich die auf sie zukommende Gefahr und versuchten mit Feuer, Steinen und Pfeilen das Näherrücken des Turmes an ihre Mauer zu verhindern. Da ließ der Kaiser an der Vorderfront und an den Seiten des Turmes Körbe anbringen, in die Geiseln und Gefangene gestellt wurden. So sollten die Belagerten davon abgehalten werden, gegen den Turm etwas zu unternehmen, denn mit jedem Steinwurf und mit jedem Pfeilschuß brachten sie ihre eigenen Leute in Gefahr. Nachts mußten die Männer in den Körben brennende Kerzen oder Fackeln halten, damit sie von den Schützen auf den Stadtmauern erkannt werden konnten. Aber die Cremasken schätzten das Risiko der Vernichtung ihrer Stadt höher ein als den Verlust einzelner ihrer Angehörigen. Sie schossen deshalb so lange auf den Turm, bis er unbrauchbar war. Nun übten die Cremasken für ihre auf dem Turm getöteten Angehörigen Vergeltung und ließen eine Reihe gefangener Deutscher, Cremonesen und Lodesanen auf dem Wall der Stadt hinrichten.

Die gegenseitige Rachgier steigerte sich immer mehr, und als unter den Augen der Städter zwei gefangene Cremasken zum Tod verurteilt wurden, drohten die Belagerten mit Vergeltung, falls das Urteil vollstreckt würde. Da sich der Kaiser nicht beirren ließ, hingen bald unten vor der Stadt wie auch oben auf der Mauer je zwei Männer an den Galgen. Darüber ergrimmte wiederum Barbarossa, ließ alle noch in der Nähe befindlichen Geiseln und Gefangenen zusammenholen und eine lange Reihe von Galgen aufstellen. Nur dem Einspruch der Bischöfe war es zu verdanken, daß dieses grauenvolle Vorhaben nicht ausgeführt wurde. Aber neun Männer mußten doch an die aufgestellten Galgen. Rahewin berichtet, daß den Toten sogar die Köpfe abgeschlagen wurden und die Belagerer damit Ball spielten. Die Cremasken brachten zur Rache einige gefangene Deutsche auf die Mauer und zerstükkelten sie Glied für Glied.

Inzwischen waren die Mailänder nicht müßig und unternahmen verschiedene Kriegszüge, um den Kaiserlichen möglichst großen Schaden zuzufügen. So zogen sie einmal – allerdings ohne Erfolg – zur Eroberung einer Burg am Comersee aus und verstanden es, die Stadt Piacenza wieder zum Übertritt auf ihre Seite zu bewegen. Die Piacentiner wollten, wie der Kaiser erfuhr, auch nach Crema Hilfe senden.

Die Anstrengungen, diese Stadt endlich zu Fall zu bringen, wurden daher weiter verstärkt. Der große Belagerungsturm wurde repariert und besser gegen die Geschosse der Eingeschlossenen geschützt. Mit einem riesigen, eisenbeschlagenen Sturmbock gelang es, eine Bresche in die Mauer zu schlagen. Aber die Cremasken konnten mit einem dahinter aufgeworfenen Wall die Gefahr sogleich abfangen und trieben außerdem unter der Bresche eine Mine vor, um die Angriffsvorbereitungen der Belagerer zu stören. Beide Seiten waren sich an Mut und Tapferkeit durchaus gewachsen.

Die Belagerer, denen Material in weit größerem Maß zur Verfügung stand als den Eingeschlossenen, errichteten nun eine ganze Reihe von Schutzdächern, unter denen sie den Stadtgraben an verschiedenen Stellen zuschütten konnten. Die Cremasken versuchten, diese Schutzdächer mit brennenden Fässern und anderen Materialien zu zerstören. Es gelang dem Kaiser schließlich, durch Bestechung einen tüchtigen Baumeister der Cremasken zum Überlaufen zu veranlassen, der dann sogleich ein Gerüst zum Ersteigen der Mauer konstruieren mußte, von dem aus eine Brücke auf das Befestigungswerk vorgeschoben werden konnte. Auch der Belagerungsturm wurde mit einer Fallbrücke ausgestattet.

Am 21. Januar 1160 – die Belagerung dauerte also bereits länger als sieben Monate! – sollte die Stadt mit Hilfe des großen Turmes und der neuen Konsole gestürmt werden. Es wurde ein genauer Plan für diese Attacke aufgestellt. Die Pfalzgrafen Otto von Wittelsbach und Konrad bei Rhein gingen mit ihrem Kriegsvolk auf den Turm, während andere Einheiten die Konsole besetzten. Die Cremasken beobachteten die Vorbereitungen argwöhnisch und trafen ihre Gegenvorbereitungen. Alles spielte sich auf kürzeste Entfernungen, in

Wurfweite und Pfeilschußnähe vor den Augen des Gegners ab. Bei dem Angriff kamen Otto und Konrad mit einigen Männern wohl auf die Stadtmauer, aber die Verteidiger kämpften nicht weniger tapfer und mit allen Mitteln. Sie rissen einige der Angreifer mit langen Haken von der Mauer herunter, und es gelang ihnen mit Steinen aus sieben Wurfmaschinen den Belagerungsturm so zu beschädigen, daß die Fallbrücke unbrauchbar wurde. Mit Steinen, Schwertern, Lanzen und Stangen konnten sie die Angreifer schließlich von der Mauer vertreiben – der Sturm war abgeschlagen, die Verteidiger hatten sich heldenhaft gehalten.

Die Kaiserlichen ließen aber ihre Feinde nun nicht mehr zur Ruhe kommen. Bei Tag und Nacht deckten sie die Stadt mit einem Hagel von Geschossen ein, und auch der Kaiser selbst betätigte sich als Schütze. Die Widerstandskraft der Cremasken kam nach sieben Monaten härtester Belagerung endlich ins Wanken. Unter Vermittlung des Patriarchen Peregrin von Aquileja und Heinichs des Löwen ließen sie den Kaiser wissen, daß sie nicht gegen ihn die Waffen ergriffen hätten, sondern nur gegen die Cremonesen, mit denen sie seit rund fünfzig Jahren im Streit lagen. Dem Kaiser wollten sie sich ergeben, aber nicht ihren Erbfeinden.

Friedrich stellte nach Beratung mit seinen Bundesgenossen die Bedingung, daß die Cremasken nur so viel aus ihrer Stadt mitnehmen dürften, wie jeder einzelne tragen konnte. Die Stadt selbst sollte vernichtet werden. Die Cremasken sahen keine andere Möglichkeit, als sich diesen Bedingungen zu fügen, und ergaben sich am 26. Januar 1160.

So groß der Zorn des Kaisers über die Stadt und ihre Bewohner ursprünglich war, jetzt trug er selbst mit einigen Rittern einen kranken Cremasken heraus. Als die Stadt geräumt war, wurde sie zur Plünderung freigegeben und schließlich vor allem von den rachehungrigen Cremonesen zerstört. Die siebenmonatige Belagerung des kleinen Crema und die gnadenlose, grausame Führung des Kampfes gereichten dem Kaiser und seinem Heer nicht zum Ruhm – aber schließlich war nur durch die Niederwerfung der aufsässigen Stadt die

Herrschaft des Kaisers zu erhalten, und die roncalischen Beschlüsse konnten nur auf solche Weise durchgesetzt werden.
Der Tod von Papst Hadrian IV. hatte den Kaiser fürs erste von der Banndrohung befreit. Aber der Kanzler Roland, der auch schon in Besançon gegen den Kaiser aufgetreten war, hatte es seit langem verstanden, der antikaiserlichen Gruppe im Kardinalskollegium sowohl ein zahlenmäßiges als auch ein politisches Übergewicht zu geben. Es wurde zwar berichtet, daß der sterbende Hadrian die ihn umgebenden Kardinäle noch eidlich verpflichtet habe, nur einen Nachfolger zu wählen, der bereit sei, den Bann gegen den Kaiser auszusprechen und ihn bis zum letzten Atemzug zu bekämpfen, aber es ist nicht erwiesen, ob dies den Tatsachen entspricht. Eine derartige Verpflichtung war letztlich nicht nötig, denn es genügte die zahlenmäßige Überlegenheit, um die Wahl eines kaiserfreundlichen Papstes zu verhindern.
Am 7. September 1159 entschieden sich nach mehreren Wahlgängen von den etwa 30 Kardinälen rund zwei Drittel für den Kanzler Roland, während nur etwa fünf ihre Stimme für den Gegenkandidaten Oktavian aus dem den Staufern verwandten Geschlecht der Monticelli abgaben. Die Berichte über die Wahl sind sehr widersprüchlich, weshalb keine exakten Zahlenangaben möglich sind. Die kaiserfreundliche Minderheit machte nach dem letzten Wahlgang den Vorschlag, man möge sich in einem weiteren Wahlgang auf einen Kompromißkandidaten einigen. Dieser Antrag wurde jedoch von der Mehrheit der Kardinäle abgelehnt. Die Inthronisation solle umgehend stattfinden, forderten die Anhänger Rolands. Aber der Klerus und das Volk von Rom hatten die formell nötige Zustimmung noch nicht gegeben, und als der Papstmantel gebracht wurde, riß ihn Oktavian an sich. Der auf Grund dieses lautstarken Wirrwarrs eingedrungene römische Klerus sowie eine Volksschar forderten Oktavian auf, die Wahl anzunehmen, denn er sei der einzige, der der Kirche den Frieden erhalten könne. Dabei wirkten sich wohl Aktivitäten Ottos von Wittelsbach aus, der beim

Senat und Volk von Rom mit Geldspenden für die kaiserliche Sache geworben hatte. Kurz darauf wurde Oktavian unter dem Namen Viktor IV. als neuer Papst proklamiert und inthronisiert. Roland und seine Anhänger zogen sich verbittert und enttäuscht aus der Peterskirche zurück.

Aber Rolands Resignation hielt nicht lange an. Nachdem sowohl er als auch sein Gegner Viktor IV. Rom schon in den nächsten Tagen verlassen hatten – keiner fühlte sich vor den wankelmütigen Römern sicher! –, ließ sich Roland am 18. September 1159 in Cisterna südlich von Rom mit dem Papstmantel bekleiden, nahm den Namen Alexander III. an und wurde am darauffolgenden Sonntag geweiht und gekrönt. Sofort drohte er seinem Gegner mit dem Bann, falls dieser nicht innerhalb von sieben Tagen als Papst zurückträte. Er untersagte allen Bischöfen im römischen Gebiet, Viktor IV. anzuerkennen und an seiner Weihe teilzunehmen. Da Viktor der Rücktrittsaufforderung nicht folgte, verhängte Alexander am 27. September 1159 den Bann über ihn und seine Wähler.

Als der Kaiser während der Belagerung von Crema von dem neuen Schisma in der Kirche erfuhr, erkannte er sogleich, welch unheilvolle, unabsehbare Folgen für das Reich daraus entstehen konnten. Er hatte seine Regierungstätigkeit zu einem erheblichen Teil auf die Unterstützung durch die Kirchenfürsten aufgebaut, und so mußte es ihm äußerst bedenklich erscheinen, wenn durch diese zwiespältige Papstwahl nun Verwirrung und Uneinigkeit in den Episkopat eindrang. Deshalb schrieb er schon am 16. September 1159 von Crema aus an Erzbischof Eberhard von Salzburg, daß er nur denjenigen als Papst anerkennen wolle, der den Frieden und die Eintracht zwischen Kirche und Reich gewährleiste.

Im Gegensatz zu Barbarossa hatten die Könige in Frankreich und England sowie die dortigen Kirchenfürsten und viele andere Bischöfe gar kein Interesse an einem reichsfreundlichen Papst – im Gegenteil, sie bevorzugten einen *Pontifex maximus*, der zum Reich, das während der letzten Jahre ohnedies viel zu mächtig geworden war, eine deutliche Distanz

halten würde. Unter diesen Voraussetzungen hatte Alexander weitaus größere Chancen und eindeutig mehr Anhänger als Viktor, zumal Alexander seine Unabhängigkeit vom Kaiser geschickt auszuspielen wußte.
Auf Vorschlag der Bischöfe, die den Kaiser im Oktober 1159 vor Crema besuchten, berief dieser eine Synode nach Pavia ein, auf der das Schisma beseitigt werden sollte. Alexander weigerte sich indessen, daran teilzunehmen, denn seiner Meinung nach gebührte ihm das Gericht über alle, während er selbst sich niemandes Richtspruch zu unterwerfen habe. Obwohl es der Kaiser vermied, nach außen zwischen den beiden Päpsten Partei zu ergreifen, war sich Alexander darüber im klaren, daß ihm die kaiserliche Sympathie nicht gehören konnte. Dazu hatte er sich als Kanzler unter Hadrian als Gegner des Reiches und Befürworter einer Liaison der Kirche mit dem Normannenkönig viel zu sehr hervorgetan. Naturgemäß mußte der Kaiser nun befürchten, daß der gleiche Mann als Papst diese Politik noch ungehemmter und schärfer betreiben würde und damit die Verbindung zwischen Reich und Kirche vollends zum Zusammenbruch brächte. Es war sogar nicht auszuschließen, daß Alexander im Bund mit dem sizilischen Normannenkönig und dem byzantinischen Kaiser eine sehr gefährliche Koalition gegen das Reich zustande brächte, der sich unter Umständen auch noch der König von Frankreich und andere Mächte anschließen würden. Für den Kaiser waren also reichlich Gründe vorhanden, um einem Papst Alexander zu mißtrauen.
An der Kirchenversammlung in Pavia im Februar 1160 nahmen etwa 50 Erzbischöfe und Bischöfe aus den deutschen Landen und aus Norditalien teil. Außerdem waren Vertreter der Könige von England, Frankreich, Böhmen, Ungarn, Dänemark, des polnischen Herzogs und ein Beobachter der alexandrinischen Partei anwesend. Aber man konnte die Versammlung nicht als ein allgemeines Konzil bezeichnen, weil fast der ganze französische, englische und burgundische Episkopat fehlte und auch so wichtige deutsche Kirchenfürsten wie die Erzbischöfe von Salzburg und Trier sich

als krank entschuldigt hatten. Wahrscheinlich wollten sie es aber in Wirklichkeit mit der alexandrinischen Partei nicht verderben, mit der sie sympathisierten.
Anfängliche Tendenzen, die Synode wegen mangelnder Beteiligung zu vertagen, wurden verdrängt von der Meinung, daß die Situation viel zu heikel sei, um die Klärung länger zu verschieben. In den Verhandlungen wurde berichtet, daß Alexander dreimal geladen und ihm freies Geleit zugesichert worden sei. Es wurde auch bezeugt, daß es bei der Wahl in der Peterskirche keinerlei Einspruch gegen die Proklamation und Inthronisation Viktors gegeben habe, daß aber andererseits eine Verschwörung bestanden habe, um Viktors Wahl zu verhindern. Gegen die Hinweise der alexandrinischen Seite auf die Mehrheitsverhältnisse bei der Wahl wurde geltend gemacht, daß für Viktor vornehmlich der Hochadel und damit der »bessere Teil« *(sanior pars)* gestimmt habe. Außerdem erinnerten die Anhänger Viktors daran, daß man bei früheren zwiespältigen Papstwahlen immer denjenigen anerkannt habe, der zuerst »auf Verlangen des Volkes, auf Wunsch und mit Zustimmung des Klerus« inthronisiert worden sei. Besonders wurde dazu die Wahl aus dem Jahre 1130 herangezogen, bei der Papst Innozenz II. einige Stunden vor Anaklet II. inthronisiert und deshalb von der Kirche als rechtmäßiger Papst anerkannt worden ist. Zwischen der Inthronisation Viktors IV. und derjenigen Alexanders III. lagen aber elf Tage!
Nach sechstägigen Beratungen wurde Viktor IV. von der Mehrheit der anwesenden Kirchenfürsten als rechtmäßiger Papst anerkannt. Einige Bischöfe behielten ihre Stimmabgabe einem allgemeinen, auch von alexandrinisch eingestellten Prälaten besuchten Konzil vor. Viktor wurde indessen zur Bestätigung seiner rechtmäßigen Wahl im Dom zu Pavia nochmals feierlich gekrönt, nachdem ihm der Kaiser vorher den Marschalldienst erwiesen hatte. In einer abschließenden Versammlung der Synode wurde bei brennenden Kerzen mit allem Zeremoniell der Bann über Alexander sowie über einige seiner Kardinäle und Bischöfe ausgesprochen. Der ur-

sprüngliche Wunsch, auf dieser Kirchenversammlung das Schisma zu beseitigen, war damit endgültig gescheitert, denn Alexander dachte ebensowenig daran, das Feld zu räumen, wie Viktor, so daß die gegenseitigen Bannsprüche nur eine Verschärfung der Situation bringen konnten. Man beeilte sich denn auch, die Ergebnisse der Synode in Sendschreiben der ganzen christlichen Welt mitzuteilen, wobei man unter den Zustimmenden rigoros auch Bischöfe nannte, die überhaupt nicht nach Pavia gekommen waren, wie z. B. der Erzbischof von Salzburg.

Da der Kaiser erst im Frühjahr 1161 weitere Schritte gegen Mailand beabsichtigte, entließ er jetzt die meisten seiner Gefolgsleute mit ihren Streitkräften in die Heimat. Nur mit einigen wenigen blieb er in Italien, unter ihnen waren der ihm mehr und mehr wertvoll und vertraut gewordene Pfalzgraf Otto von Wittelsbach, der junge Herzog Friedrich von Schwaben und Pfalzgraf Konrad bei Rhein.

Für Alexander waren die Beschlüsse der Kirchenversammlung von Pavia im Grunde wenig erfreulich, auch wenn ihnen in den Augen vieler Zeitgenossen kein allzu großer Wert zukam. Viktor konnte jedenfalls einen weithin erkennbaren Urteilsspruch zu seinen Gunsten vorweisen, dem Alexander nichts Gleichwertiges entgegenzusetzen hatte. Aber am Gründonnerstag, dem 24. März 1160, revanchierte sich Alexander mit dem Bannfluch gegen den Kaiser sowie gegen Otto von Wittelsbach und andere kaiserliche Ratgeber. Die Exkommunikation seines Gegenspielers Viktor erneuerte Alexander bei dieser Gelegenheit, und mit der Behauptung, Friedrich regiere das Reich nicht wie ein Kaiser, sondern wie ein Tyrann, begründete Alexander seinen Bannfluch gegen den Staufer, und weiter: Friedrich habe sich des Betruges und der Gewalttätigkeit schuldig gemacht, er habe selbstherrlich ein Konzil einberufen und damit die Spaltung der Kirche gefordert. Vor allem »weil er den Schismatiker Oktavian anerkannt hat und ihm gefolgt ist, trotz Kenntnis des Sachverhaltes«, entband Alexander die Untertanen von der Treue zum Kaiser, »denn niemand ist verpflichtet, einem Exkommunizierten den Treueid zu halten«. Das wäre einer Entmachtung, ja sogar der Absetzung des Kaisers gleichgekommen. Aber Alexander mußte bald erkennen, daß die päpstlichen Bannflüche nicht mehr die gleiche Kraft und Wirkung hatten wie zur Zeit, als Gregor VII. im Jahre 1076 Kaiser Heinrich IV. bannte und damit Aufstände im Reich gegen den Kaiser auslöste. Im Gegensatz zu damals konnte die kaiserliche Seite nun freilich darauf hinweisen, daß der Bann nicht vom Papst, sondern von einem schismatischen Usurpator ausgesprochen worden und deshalb ungültig sei.

In den nächsten Wochen und Monaten entfaltete Alexander eine eifrige Tätigkeit, um die christliche Welt über die Exkommunikation des Kaisers zu informieren und seinen Standpunkt darzulegen. Er versandte Sendschreiben und schickte Gesandte in alle Himmelsrichtungen. Er bezeichnete Friedrich als tyrannischen Unterdrücker der römischen Kirche, der die in Pavia versammelten Kirchenfürsten zur Anerkennung des Gegenpapstes und Eindringlings Viktor gezwungen und ihnen die schrecklichsten Folgen angedroht habe, falls sie seinen Willen nicht erfüllten. In Spanien hatten die alexandrinischen Legaten Erfolg, nachdem es ihnen gelungen war, anfängliche Antipathien bei König Ferdinand II. zu überwinden. Ungarn trat unter dem Einfluß des Salzburger Erzbischofs Eberhard gleichfalls auf die Seite Alexanders, und auch im Heiligen Land war man mehr dem vom Kaiser unabhängigen Papst zugeneigt. Die Könige von Frankreich und England versuchten zunächst zu lavieren. Ihre Sympathie gehörte aus politischen Gründen dem antikaiserlichen Papst, aber beiden Potentaten erschien es unzweckmäßig, dies offen zu zeigen, weil sie es mit dem Kaiser nicht verderben wollten. In Dänemark tendierte König Waldemar zwar zu Viktor, der Episkopat aber, dem der ehedem gefangengesetzte und daher extrem antikaiserliche Erzbischof Eskil angehörte, neigte überwiegend zu Alexander. Viktor wurde also nur in den vom Kaiser beherrschten Gebieten anerkannt, wobei die Salzburger Kirchenprovinz mit ihrem Erzbischof Eberhard eine unerfreuliche Ausnahme bildete.

In Italien selbst gingen die kriegerischen Auseinandersetzungen schon im März 1160 weiter. Zunächst griffen die Mailänder Lodi an, jedoch ohne Erfolg. Kurze Zeit später zerstörte Barbarossa mit den Streitkräften von Lodi einige mailändische Burgen im Gebiet der Adda. Anfang Juni stand dem Kaiser eine größere Streitmacht aus den ihm ergebenen lombardischen Städten zur Verfügung. Die Mailänder und Piacentiner schickten dagegen ein Aufgebot mit etwa 100 Streitwagen aus. Aber statt sich auf eine offene Feldschlacht einzulassen, zog es der Kaiser vor, im mailändischen Gebiet neue Verwüstungen anzurichten und einen großen Teil der Ernte sowie der wiederinstandgesetzten Weingärten und Obstpflanzungen zu vernichten. Die Mailänder schrien nach Rache. Aber ein Versuch, sie an den Lodesanen auszulassen, glückte ihnen nicht. Erst als sie Anfang August im Gebiet südlich des Comersees mehrere Burgen erstürmten, ließ sich Barbarossa zu einem Kampf provozieren. Bei Carcano konnte er zunächst einen der berühmten Fahnenwagen der Mailänder erobern, doch kurz darauf glückte dem Feind ein Schlag gegen die Kaiserlichen: Eine Abteilung der Mailänder hatte im Rücken des kaiserlichen Lagers heimlich einen Hügel besetzen können, und als die Kaiserlichen dann gleichzeitig von vorn und von hinten angegriffen wurden, stoben sie in wilder Flucht auseinander. Barbarossa mußte viele Zelte, Kriegsmaterial und vor allem Gefangene zurücklassen. Die Mailänder glaubten zuerst an eine List, als sie den überstürzten Abzug der Kaiserlichen wahrnahmen, und begannen die Verfolgung erst am nächsten Tag. Sie gewannen nicht nur eine große Anzahl ihrer eigenen, beim Kaiser in Gefangenschaft geratenen Leute zurück, sondern machten auch selbst an diesem Tag unter den Rittern aus Pavia, Como, Lodi und anderen Städten sehr viele Gefangene. Eine weitere Abteilung der Cremonesen und Lodesanen, die vor Carcano mit dem Kaiser zusammentreffen sollte, wurde durch einen unglücklichen Zufall gleichfalls von den Mailändern gestellt und zum Teil vernichtet. Aber in Sorge davor, daß der Kaiser mit seiner Streitmacht gegen ihre Stadt ziehen könnte, kehrten die Mailänder rasch wieder nach Hause, um dort die Verteidigung zu verstärken. Barbarossa zog jedoch gegen Piacenza, um dort eine Brücke über den Po zu zerstören. Das Kriegsglück war indessen nicht auf seiner Seite. In Mailand gingen jedoch in diesen Wochen durch eine Feuersbrunst etwa ein Drittel der Stadt und vor allem viele gespeicherte Lebensmittel verloren.

Ende August 1160 ließ sich der Kaiser in Pavia von zahlreichen weltlichen und kirchlichen italienischen Adeligen einen Eid leisten, daß sie ihm bis April 1161 Ritter, Bogenschützen und Steinschleuderer zu seinem und der Stadt Pavia Schutz zur Verfügung stellten. In den gleichen Tagen erließ Barbarossa einen Aufruf an die deutschen Fürsten, im Frühjahr 1161 mit neuen Streitkräften nach Italien zu kommen, damit er hier den Kampf um die Erneuerung der Reichsmacht fortführen könne. Wer seinem Aufruf nicht Folge leiste, so schrieb er, den könne er künftig nicht mehr als Getreuen des Kaisers und des Reiches ansehen. Die neue Streitmacht solle sich vierzehn Tage nach Ostern 1161 bei Pavia sammeln. In dem gleichen Sendschreiben informierte der Kaiser die Fürsten aus seiner Sicht über die Ereignisse von Carcano, um wilden und böswilligen Gerüchten, die seine Niederlage ins Riesige vergrößerten, entgegenzutreten.

In England und Frankreich war die Frage um die Anerkennung des Papstes weiter diskutiert worden, und die Anhängerschaft Alexanders formierte sich immer deutlicher. Im Juli 1160 wurden Synoden gleichzeitig nach Beauvais nördlich von Paris und nach Neuf-Marché in der Normandie einberufen. In Beauvais versammelte sich der französische Klerus, in dem zu England gehörenden Neuf-Marché der englische. An diesen Synoden nahmen Kardinallegaten der beiden Päpste teil, und es sollen auch kaiserliche Abgeordnete anwesend gewesen sein. Dennoch waren dies ebensowenig neutrale und allgemeine Kirchenversammlungen, wie es diejenige in Pavia gewesen war. Diese Synoden hatten nur den Vorteil, daß Gesandte beider Päpste anwesend waren und ihre Standpunkte darlegten. Viktor hätte vermutlich besser getan, wenn er im Gegenzug zu Alexanders Weigerung, Legaten nach Pavia zu senden, seinerseits auf die gleiche Weise diesen beiden Synoden seine Anerkennung demonstrativ versagt hätte. Aber diese Möglichkeit wurde aus unerklärlichen Gründen versäumt. An den Beschlüssen der Synoden hätte es allerdings nichts geändert, denn sie waren mindestens ebenso vorprogrammiert wie diejenigen in Pavia und nur noch ein Vollzug von längst getroffenen Vereinbarungen. Der kaiserliche »deutsche« Papst Viktor hatte keine Chancen, und Alexander wurde sowohl von den anwesenden französischen und englischen Königen als auch vom Klerus der beiden Länder als der einzige rechtmäßige Papst anerkannt.

Bis vor kurzem war man vielfach der Meinung, die Anerkennung Alexanders von englischer und französischer Seite sei im Oktober 1160 während eines Konzils in Toulouse erfolgt. Dieses Konzil, so sagen neueste Forschungen, hat es aber in Wirklichkeit nicht gegeben, man sei hier lange Zeit einem Irrtum in den Quellen aufgesessen (P. Classen).

Das Schisma wurde jedenfalls weiter vertieft, die Spaltung griff kräftig über die Kirche hinaus, und König Heinrich II. von England, der sich vor einigen Jahren noch sehr unterwürfig gegenüber dem Kaiser gezeigt hatte, entschied sich jetzt für den antikaiserlichen Papst. Die Stimmung in seinem Lande zeigt vielleicht eine Äußerung von Johann von Salisbury, des späteren Bischofs von Chartres, der meinte: »Wer hat denn die Deutschen zu Richtern der Nationen bestellt? Wer hat diesen plumpen und wilden Menschen das Recht gegeben, nach Willkür einen Herrn über die Häupter der Menschenkinder zu setzen? Sehr oft hat ihr Hochmut dies schon versucht, aber immer ist er unter Gottes Beistand gedemütigt worden.« Es konnte nun also jedermann denjenigen Beschlüssen von Pavia oder Beauvais anhängen, die seiner Meinung entsprachen, und jeder der beiden Päpste konnte Entscheidungen zu seinen Gunsten vorweisen. Die Verwirrung war vollständig. So nur ist es verständlich, daß sich Stimmen wie die des gelehrten Propstes Gerhoh von

Reichersberg am Inn erhoben, die sich ein wirklich neutrales Konzil zur Klärung wünschten. Nach Meinung Gerhohs konnte sich jeder der beiden Päpste nur mit Unterstützung weltlicher Herren in seiner Stellung halten, der eine mit Hilfe des Kaisers, der andere mit der des sizilischen Königs. Gerhoh trat jedoch nachdrücklich gegen die Verweltlichung des Klerus ein und war ein ausgeprägter Anhänger der cluniacensischen Reformbewegung. Er verhehlte freilich nicht, daß er der alexandrinischen Seite den Vorzug gab, und bedauerte nur, daß sich Alexander der Versammlung in Pavia nicht gestellt habe, weil dann, so meinte er, Viktor nicht anerkannt und das Schisma im Keim erstickt worden wäre.
In Mainz war Ende Juni 1160 Erzbischof Arnold ermordet worden. Die vielen Feinde, die er sich bei der Behebung von Mißständen nach seiner Einsetzung im Jahre 1153 geschaffen hatte, waren ihm zum Verhängnis geworden. Als er dann für den Zug des Kaisers gegen Mailand im Jahre 1158 von all denen, die nicht daran teilnahmen, nach altem Brauch eine Kriegssteuer verlangte, nahm der Haß gegen ihn ungeheuerliche Ausmaße an. Nach jahrelangen, wechselvollen Kämpfen, Schein-Unterwerfungen seiner Gegner, Beschwerden beim Kaiser, Strafaktionen usw. fiel der Erzbischof schließlich jenem Mordanschlag zum Opfer, an dem auch ein Abt beteiligt gewesen sein soll. Nachdem der erste Siegesrausch bei den Mainzern verflogen war, wurden sie sich bald bewußt, daß der Kaiser dieses Verbrechen sühnen werde. Sie suchten deshalb nach einem Nachfolger, der sie auf Grund seines Herkommens vor dem Schlimmsten beschützen könnte. Rudolf von Zähringen schien ihnen dafür geeignet, denn er war ein Bruder Herzog Bertholds von Zähringen, ein Schwager Heinrichs des Löwen und auch mit dem Kaiser entfernt verwandt. Der ehrgeizige Rudolf nahm die Wahl zwar an, aber eine Fürstenversammlung unter Rainald von Dassel legte dagegen Widerspruch ein und exkommunizierte die Mainzer überdies. Rudolf wollte die Chance, auf den bedeutendsten Erzbischofsstuhl in den deutschen Landen zu kommen, nicht so leicht fallenlassen und zog zum Kaiser

nach Italien, um dessen Anerkennung zu gewinnen. Friedrich verweigerte ihm indessen die Investitur ebenso wie Christian von Buch, den die Fürsten an seine Stelle gesetzt hatten. Der Kaiser legte Wert darauf, daß sein Recht auf die Besetzung der kirchlichen Fürstentümer gewahrt blieb und veranlaßte später die Wahl Konrads von Wittelsbach auf den Mainzer Stuhl. Bei den Zähringern löste die Angelegenheit große Verbitterung aus.

In Oberitalien unternahm der Kaiser in diesem Winter 1160/61 keine Kampfhandlungen, und er wurde von den Mailändern in Pavia auch nicht angegriffen. Erst im März 1161 zog wieder eine mailändische Streitmacht aus, um mit einem Handstreich die Burg Castiglione in der Grafschaft Seprio zu erobern. Sie hatten schon Wurfmaschinen vor die Festung gebracht und den Zugang zum einzigen Brunnen für die Eingeschlossenen abgeriegelt, als sie durch die Gegenvorbereitungen Barbarossas unsicher wurden und sich eiligst wieder in ihre Stadt zurückzogen.

Im Mai 1161 erhielt der Kaiser die erwartete Verstärkung aus der Heimat. Herzog Friedrich von Schwaben, Erzbischof Rainald von Köln, der Sohn des Böhmenkönigs, Landgraf Ludwig von Thüringen, der Pfalzgraf Konrad bei Rhein und noch mancher andere stellten sich mit gut ausgerüsteten Rittern und Kriegsknechten in Pavia ein. Nur Heinrich der Löwe wollte seinem Vetter auch für die 2. Belagerung Mailands weder mit Bayern noch mit Sachsen beistehen. Er hatte sich zwar schon vorzeitig Ende Januar am kaiserlichen Hof eingestellt, aber Truppen hatte er nicht mitgebracht, und er machte Friedrich auch klar, daß damit nicht zu rechnen sei. Der Welfe verstand es aber doch, sich die Gunst Friedrichs zu erhalten, der ihn nach dem Herzog Friedrich von Schwaben, dem Sohn Konrads III., sogar zu seinem 2. Nachfolger bestimmte, falls ihm im Kampf gegen Mailand etwas zustoßen sollte. Ein Welfe von einem Staufer zum Nachfolger ernannt – was hätte Friedrichs Onkel Konrad III. dazu gesagt?

Für eine wirksame und vollständige Einschließung der großen Stadt Mailand reichten die Truppen nicht aus, und deshalb versuchte der Kaiser zunächst, die Bewohner zu demoralisieren. Er zog vor die Stadt, und seine Scharen zertrampelten, verschütteten, verbrannten und zermalmten zehn Tage lang alles, was im Umkreis von drei bis vier Meilen zu finden war. Die Mailänder versuchten zwar in mehreren Ausfällen, dieses Vernichtungswerk zu stören und die Kaiserlichen zu vertreiben, aber es gelang ihnen nicht. Sie mußten erkennen, daß sie einer bitteren Hungersnot entgegengingen, wenn sie sich nicht von außen Lebensmittel beschaffen könnten.

Nach diesem Werk der Zerstörung begab sich der Kaiser zu einer Synode nach Lodi, die Papst Viktor einberufen hatte. An dieser Versammlung nahm nun wieder in erster Linie der deutsche, oberitalienische und burgundische Klerus teil. Neben Abgesandten aus Frankreich, England, Polen, Dänemark, Norwegen und Ungarn erschienen auch fünf römische Senatoren. Die Synode bestätigte vor allem die Beschlüsse der Kirchenversammlung von Pavia. Der Erzbischof von Mailand sowie die Bischöfe von Brescia und Piacenza wurden exkommuniziert, ebenso alle, die an der Ermordung des Mainzer Erzbischofs im Juni 1160 beteiligt waren. Sosehr das Eintreten Erzbischof Eberhards von Salzburg für Alexander bei dessen Anhängern geschätzt worden sein mag, hier in Lodi wurde es mit Mißvergnügen und Verbitterung vermerkt.

Während Viktor in Lodi seine Synode sammelte und ihr präsidierte, riskierte es Alexander, erstmals seit der Wahl 1159 wieder nach Rom zurückzukehren. Beinahe zwei Jahre hatte er in Anagni südlich der Ewigen Stadt zugebracht. Trotz seiner zahlreichen Anhängerschaft und trotz der Unterstützung durch König Wilhelm I. von Sizilien mußte er beim französischen Klerus um Geld nachsuchen, damit er für sich und seine Kardinäle den Lebensunterhalt finanzieren konnte. Am 6. Juni 1161 konnte er dann zwar in Rom einziehen, aber seine Anwesenheit löste unter der Bevölkerung der Stadt solche Unruhen aus, daß er schon am 27. Juni auf Empfehlung seiner Berater Rom wieder verlassen mußte. In den fol-

genden Monaten führte er ein recht unstetes Leben, denn er fühlte sich im Kirchenstaat immer weniger sicher.
Sogleich nach Beendigung der Synode in Lodi nahm der Kaiser seine kriegerische Tätigkeit gegen Mailand wieder auf. Noch im Juni eroberte er eine Burg in der Nähe von Piacenza, deren Besatzung – es waren mehr als hundert Mann – grausam verstümmelt wurde. Barbarossa hatte es sich offenbar vorgenommen, seine Feinde auf jede erdenkliche Weise zu entmutigen, um den Feldzug endlich zu beenden und die Wiederherstellung der Reichsmacht in Italien zu erreichen. In Mailand selbst war inzwischen eine enorme Teuerung ausgebrochen, was der Kaiser mit seinen Zerstörungen ja beabsichtigt hatte. Ein Ausschuß von Bürgern war eingesetzt worden, um die Preise für Lebensmittel und andere Waren festzusetzen und zu überwachen sowie die Zinsverpflichtungen der rasch zunehmenden Schuldner zu regeln. Als der Kaiser im August wieder gegen die Stadt vorrückte, sollen ihm die Konsuln einen Vertrag zur jährlichen Zahlung von Tribut sowie einer einmaligen Buße von 10000 Mark und Stellung von 300 Geiseln angeboten haben. Aber Barbarossa erinnerte sich sehr gut daran, daß er mit den Versprechungen der Mailänder schon einmal schlechte Erfahrungen gemacht hatte, und so war er nicht bereit, sich auf ein derartiges Angebot einzulassen.
Andererseits unternahm der Kaiser jedoch alles, um die Bürger der Stadt zu zermürben und sie zur Unterwerfung zu zwingen. Mit seinen Streitkräften rückte er näher an Mailand heran, um noch nachhaltiger alles zu zerstören, was in der Stadt gebraucht werden könnte. Leuten, die beim Holzsammeln erwischt wurden, ließ er eine Hand abhacken und schickte sie als warnendes Beispiel wieder in die Stadt zurück. Er sperrte außerdem alle Zufahrtswege und ließ die Brücken über die Flüsse strengstens bewachen. Darüber hinaus wurde mit dem Abhacken einer Hand bedroht, wer den Mailändern Lebensmittel bringe oder übergebe und dabei erwischt werde. Wegen dieses Deliktes wurden an einem einzigen Tag 25 Einwohner von Piacenza exekutiert.

Vor dem nahenden Winter entließ der Kaiser einen Teil seiner Streitkräfte, denn es machte Schwierigkeiten, sie in der Wüstenei, die er selbst um Mailand angerichtet hatte, zu versorgen. Inzwischen hatte sich ohnedies gezeigt, daß er nicht genügend Truppen besaß, um einen undurchdringlichen Ring um die Stadt zu schließen. Barbarossa mußte mit seiner Zersetzungs- und Zermürbungstaktik fortfahren.
Obgleich die Mutlosigkeit in Mailand bereits sehr stark um sich gegriffen hatte, unternahmen noch im Dezember etwa 500 Ritter einen Angriff auf das mehr als 30 Kilometer entfernte Lodi, um auf solche Weise die eigene Stadt zu entlasten. Aber weder der einen noch der anderen Seite gelang es bei dieser Gelegenheit, der Gegenpartei einen nennenswerten Erfolg abzuringen. Barbarossa holte währenddessen zu einem neuen Schlag aus: Er ließ fünf Gefangenen beide Augen ausstechen, einem sechsten eines und die Nase abschneiden. Dieser sechste mußte seine völlig blinden Leidensgenossen zurück in das belagerte Mailand führen, um mit ihnen Schrecken und Panik zu verbreiten. Zu allen sonstigen Übeln kam hinzu, daß in der Stadt bald kein Mensch mehr dem anderen traute – wußte man denn, ob der andere nicht vielleicht mehr zu essen hatte als die Allgemeinheit, ob er nicht mit den Kaiserlichen konspirierte, um sich einen Vorteil zu verschaffen oder ob er nicht gar in defätistischen Anwandlungen die Unterwerfung der ganzen Stadt herbeiwünschte?
Im Dezember bezog Friedrich in Lodi einen neu erbauten Palast. Die Kaiserin und eine Reihe von Getreuen waren bei ihm, darunter sein Vetter Friedrich, sein Stiefbruder Konrad, die Bischöfe von Bamberg, Basel, Lüttich und Würzburg sowie der Sohn Welfs VI., der für seinen Vater die Verwaltung der Lehnsgüter in Italien übernommen hatte. Die welfischen Eigenmächtigkeiten bereiteten dem Kaiser – wie ehedem auch Konrad III. – immer wieder Ärger. Zunächst hatte Welf VI. jahrelang seine Lehnsgüter in Italien vernachlässigt, jetzt erklärte er sich als Sympathisant Alexanders und stand unzweifelhaft mit König Ludwig VII. in Verbindung, um den

weiteren Machtzuwachs des Kaisers zu hintertreiben. Auch Herzog Berthold von Zähringen konspirierte mit dem französischen König, denn er konnte den Verlust des Rektorats über Burgund nicht verschmerzen und war aufs neue erbittert, weil der Kaiser seinem Bruder den Erzbischofsstuhl in Mainz verweigert hatte. Zu den Unzufriedenen, die sich um den französischen König scharten, gehörte auch Erzbischof Eberhard von Salzburg, der sich längst als Anhänger Alexanders bekannt hatte und wiederholt dem Kaiser den Dienst verweigerte, weshalb dieser ihm mit Absetzung drohen mußte. Eberhard wollte sich sogar von der Verpflichtung zur Teilnahme am Heerzug des Kaisers freikaufen, aber Friedrich verweigerte die Annahme des Geldes, investierte dann aber merkwürdigerweise einen Gesinnungsgenossen Eberhards, Udalrich von Treffen, als Patriarch von Aquileja. Für die Verbindung der deutschen Lande mit Ungarn, Italien und Byzanz war dieses Patriarchat in der seit 200 v. Chr. bestehenden Stadt von erheblicher Bedeutung, zumal neuerdings der ungarische König in seiner Treue zum Kaiser wieder wankend wurde und Venedig zum Einflußbereich Alexanders gehörte.

Die Situation zu Ende des zehnten Regierungsjahres von Friedrich I. Barbarossa war also nicht unkompliziert. Wie sie in der Umgebung des Kaisers gesehen wurde, zeigt ein Bericht des kaiserlichen Kaplans und Notars Burchard aus Köln: »Aus Furcht vor dem Kaiser zittern fast alle Könige der Erde. Obwohl sie sich sonst heftig befehden, schließen sie jetzt untereinander Friedensverträge und verbinden sich gegen den Kaiser, nicht offen mit den Waffen, sondern mit heimlichen Schlichen. Schon sind die Boten von fünf Königen in diesem Jahr an einem Ort zusammengekommen, um ein geheimes Bündnis zu schließen. Der Grieche hat mit den Ungarn auf fünf Jahre Waffenstillstand geschlossen, er hat überdies den Sultanen der Türkei in Bagdad, Persien und Kairo geschrieben, daß der Kaiser das Morgenland angreifen werde, sobald er Mailand überwunden habe. Einen Angriff fürchten auch die Könige von Spanien, Barcelona, Frankreich und Dänemark. Solche Befürchtungen sind von Roland und seinen Kardinälen verbreitet worden, um den Haß gegen den Kaiser zu schüren. Deshalb wollen auch alle jene kleinen Könige Alexander als Papst anerkennen, nicht wegen seiner gerechten Sache, sondern aus Furcht und Haß gegen den Kaiser. Roland selbst liegt gleichsam schon in den letzten Zügen und sucht überall nur nach lächerlichen Stützen seiner Ohnmacht: er schrieb dem Kaiser von Konstantinopel und versprach ihm die eitelsten Dinge, dem Ungarn gab er das Privilegium, seinen Erzbischöfen selbst das Pallium zu erteilen, und gestand ihm zu, daß nur mit seiner Einwilligung die Kleriker im Lande mit Rom unterhandeln dürfen. Aber unser Trost im Herrn ist: alle Kräfte Mailands sind bereits erschöpft und die Stadt geht schleunigst dem Fall entgegen. Mit dem Sieg über Mailand haben wir dann alles gewonnen. Sogleich wird ein Konzil nach Rom berufen werden. Stellen sich die Widersacher nicht, so wird Papst Viktor dort wieder eingesetzt und wir erreichen unseren Zweck; erscheinen sie, so werden sich der Klerus und das Volk von Rom doch Viktor nicht nehmen lassen, selbst wenn jene um der Freiheit der Synode willen den Kaiser fernhalten, sondern sie werden nachweisen, daß die zur Verschwörung gehörenden Kardinäle und Roland verworfen und gebannt werden müssen. So wird ohne Mühe alles zur Ehre des Reiches geordnet werden, doch darf man vorläufig noch nicht davon sprechen. Der König von England wird mit dem Kaiser einen engen Bund schließen, so daß sie in allen Dingen vereint handeln werden. Seine Boten sind bereits am Hofe und der Kaiser wird demnächst einige Große an ihn schikken. Der Patriarch von Aquileja hat sich bereits zu Papst Viktor bekehrt und wird sich noch anders bekehren. Den Erzbischof von Salzburg wird der Kaiser, sobald er will, absetzen und vertreiben können. So wird Gott in allem mit uns sein, und dies wolle er uns in Gnaden gewähren.«

In der Tat ging Mailand Anfang 1162 dem Fall entgegen. Wahrscheinlich schon im Januar, sicher aber im Februar wurden Verhandlungen aufgenommen. Die Mailänder bo-

ten an, den ganzen Stadtgraben auszufüllen und alle Mauern und Türme niederzureißen, 300 Geiseln auf drei Jahre zu stellen, 3000 Bürger auszusiedeln, einen kaiserlichen Podestà aufzunehmen, auf alle Regalien zu verzichten, einen Tribut zu bezahlen, auf Kosten der Stadt eine kaiserliche Pfalz zu errichten, das kaiserliche Heer auf unbestimmte Zeit aufzunehmen und Bündnisverträge künftig nur noch mit Zustimmung des Kaisers abzuschließen. Nach eingehenden Beratungen zwischen dem Kaiser und den Fürsten wurde dieses Angebot angenommen, Mailand sollte jedoch vor Vertragsabschluß Sicherheiten leisten und sich vor allem von seinen Bündnispartnern Piacenza und Brescia trennen.
Die Verhandlungen über diese Sicherheitsleistungen und über neu aufgetauchte Wünsche mailändischer Granden, die um ihre Besitztümer besorgt waren, zogen sich aber so sehr in die Länge, daß schließlich ein Aufstand des unzufriedenen und hungernden Volkes drohte. Deshalb zogen am 1. März 1162 die acht Konsuln der Stadt zusammen mit acht Rittern, die ihre Schwerter um den Hals gebunden hatten, nach Lodi vor den Kaiser, um ihm die bedingungslose Kapitulation Mailands anzubieten. Diese Unterwerfung, die von den Abgesandten beschworen wurde, nahm der Kaiser an.
Drei Tage später erschienen die Konsuln erneut vor dem Kaiser und brachten 300 Ritter mit, die größtenteils als Geiseln einbehalten wurden. Friedrich verlangte von den Konsuln die Vorführung ihrer Amtsvorgänger aus den letzten drei Jahren und eines Teiles der Bürger. Das geschah am 6. März, und gleichzeitig wurden dem Sieger der mailändische Carroccio und 94 Fahnen der abhängigen Ortschaften zugeführt. Zwei Tubenbläser ließen letztmals ihre Instrumente ertönen und übergaben diese Wahrzeichen der Stadtobrigkeit sodann dem Kaiser. Die 94 Fahnen wurden vor dem Thron niedergelegt. Der Mast des Carroccio wurde vor Barbarossa gesenkt, so daß er selbst die Fahne des heiligen Ambrosius, des Stadtheiligen Mailands, herunterreißen konnte. Graf Guido von Biandrate, ein langjähriger Kampfgenosse des Kaisers, bat um Gnade für die Mailänder. Aber der Monarch blieb

schweigsam, und nur sein Kanzler Rainald wies darauf hin, daß die Unterwerfung ohne jeden Vorbehalt erfolgt war. Auch die Bürger mußten darauf nun ebenfalls einen Eid leisten. Am 7. März löste der Kaiser die Stadt von der Acht, um nicht diejenigen Deutschen und Lodesanen, die zwangsläufig mit den Mailändern verkehren mußten, straffällig werden zu lassen. Barbarossa bestimmte, welche Geiseln zur Verfügung gestellt werden mußten, und er sprach das einfache Volk frei, weil es doch weniger Schuld auf sich geladen habe, obgleich alle Mailänder von Rechts wegen ihr Leben verwirkt hätten, wie er sagte.

Am 13. März zog der Kaiser mit seinem Gefolge und den mailändischen Geiseln nach Pavia, und zwischen dem 19. und 26. März mußten die Mailänder mit all ihrer tragbaren Habe die Stadt verlassen. »Wer hätte sich der Tränen enthalten können, als er das Wehklagen hörte und den Kummer sah der Männer und Frauen und besonders der Kranken, Schwangeren und Kinder, welche die Stadt verlassen mußten und ihren Häusern den Rücken kehrten?« fragte ein Augenzeuge. Erzbischof Otbert hatte mit anderen Geistlichen die Stadt schon vorher verlassen und sich zu Papst Alexander begeben, der sich zu dieser Zeit in Genua aufhielt.

Friedrichs Heerscharen zogen in das leere Mailand ein. Was sollte nun mit der vor kurzem noch so stolzen und blühenden Stadt geschehen? »Den Leidensbecher, welchen die Mailänder anderen Städten kredenzt haben, sollen sie nun selbst leeren. Sie haben die kaiserlichen Städte Lodi und Como zerstört, so soll nun auch ihre Stadt vernichtet werden«, meinten die lombardischen Bundesgenossen des Kaisers und schärfsten Feinde Mailands. Angeblich sollen sie dem Kaiser sogar ansehnliche Geldsummen geboten haben, wenn er sie ein für allemal von der Tyrannis dieser Stadt befreie. So wurde denn der Bürgerfleiß von Jahrzehnten innerhalb weniger Tage vernichtet. Fast die ganze Lombardei war nach den Angaben eines mailändischen Chronisten damit beschäftigt, die Befestigungswerke der Stadt unschädlich zu machen. Wie weit das Mißvergnügen über die Machtauswüchse Mailands verbreitet war, zeigt eine Äußerung des Salzburger Erzbischofs Eberhard, der Ende März 1162, während einer Synode, inmitten des zerstörten Mailand gesagt haben soll: »Gott hat der Stadt vergolten, was sie anderen getan hat.«

Wie schwach Alexander III. damals seine eigene Position beurteilte und wie sehr ihm an einer Aussöhnung mit dem Kaiser gelegen war, macht ein Schreiben deutlich, das er anläßlich der Teilnahme Erzischof Eberhards an der Synode in Mailand an diesen richtete: Eberhard möge nichts unversucht lassen, hieß es darin, um den Kaiser – den er, Alexander, ein Jahr vorher gebannt hatte! – wieder für die Kirche zu gewinnen; selbstverständlich der Kirche in Alexanders Sinne, denn Friedrich war der Kirche niemals abtrünnig geworden. »Kein größeres Glück«, so schrieb Alexander weiter, »könnte mir hienieden begegnen, nichts wäre mir erwünschter, als einen so großen und erhabenen Fürsten aufrichtig in Gott zu lieben und auf alle Weise zu ehren. Wir sind fest entschlossen, alle erlittenen Beleidigungen und Bedrückungen so zu vergessen, als ob er uns niemals angetastet hätte, wenn er sich bekehrt und der Kirche zuwendet.« Wie trostlos und jämmerlich mußte Alexanders Lage sein, daß er einen solchen Brief schrieb! Der Kaiser hörte sich die Vorschläge Eberhards in Mailand zwar an, aber die Synode bestätigte schließlich doch erneut, daß Viktor der einzige rechtmäßige Papst sei.

Als Friedrich am 8. April 1162 in Pavia das Osterfest und seinen Sieg über Mailand feierte, trug er erstmals nach drei Jahren wieder seine Krone. Zu der kirchlichen Feier wie auch zum Festmahl im bischöflichen Palast fand sich eine große Zahl von geistlichen und weltlichen Fürsten aus dem ganzen Reich zusammen. Der Kaiser ließ verlauten, daß er nun zu »neuen Unternehmungen und zu einer vollständigen Herstellung des Reiches sein Heer und seinen siegreichen Adler wenden werde«.

Die Niederlage Mailands raubte auch den anderen antikaiserlichen lombardischen Städten den Mut, ihren Widerstand

weiter aufrechtzuerhalten. Selbst Brescia und Piacenza unterwarfen sich, versprachen Tribut und die Zerstörung ihrer Befestigungen, ferner die Aufnahme eines Podestà und künftige Hilfe für den Kaiser bei weiteren Feldzügen. Alle anderen ehemals antikaiserlichen Städte erhielten ebenfalls Podestàs, um nach dem Willen des Kaisers die Ruhe und die Durchführung der roncalischen Gesetze zu sichern. In Mailand wurde Bischof Heinrich von Lüttich als Podestà eingesetzt, der sogleich für die Aussiedlung der Mailänder nach vier verschiedenen Orten zu sorgen hatte. Für diese Strafmaßnahme hatten die Betroffenen selbst das Modell geliefert, als sie 1111 die Lodesanen zwangsweise in sechs Dörfer umsiedelten. Den reichsfreundlichen Städten wie etwa Cremona, Lodi und Pavia, gestand Barbarossa die freie Wahl ihrer Konsuln zu. Freilich war der Regent auch in diesen Städten darauf bedacht, daß seine Oberhoheit nicht in Zweifel gezogen werden konnte, und so achtete er, als er an einige Fürsten für deren Hilfe Privilegien verlieh, ebenfalls auf genaue Einhaltung der roncalischen Gesetze.
Friedrich nahm nun sogleich die Vorbereitungen für den längst geplanten Krieg gegen den normannischen König Wilhelm I. von Sizilien auf. Da er sich aber darüber im klaren war, daß er dazu eine kampfstarke Flotte benötigte, schloß er im April 1162 mit der mächtigen Seestadt Pisa einen Vertrag, der ihm die Hilfe der pisanischen Flotte zusicherte. Pisa versprach außerdem die Verteidigung des Reichsbesitzes an der Seeküste vor der Rhônemündung bis zum italienischen Stiefelsporn. Das war eine ungeheuer lange Küstenlinie, die nicht zuletzt in der Adria von Byzanz bedroht wurde. Die Hilfe Pisas war dem Kaiser sehr viel wert, und so sicherte er der Stadt die freie Wahl ihrer Konsuln zu, verlieh ihr viele Regalien und alle Reichsgüter an der Küste zwischen Civitavecchia und Porto Venere, wo ohne Pisas Einwilligung auch niemand Handel treiben oder einen neuen Hafen anlegen durfte. Der Kaiser verpflichtete sich auch, Porto Venere vor La Spezia den Genuesen wegzunehmen und Pisa damit zu belehnen sowie die Stadt gegen jedermann zu beschützen,

insbesondere vor welfischer Opposition gegen die neuen Belehnungen. Da die Pisaner seit langem mit den Genuesen verfeindet waren und Barbarossa auf diese wegen ihrer reichsfeindlichen Ambitionen ohnedies nicht gut zu sprechen war, sicherten sich die beiden Vertragspartner nun auch gegenseitige Hilfe bei einem Streit mit Genua zu. Schließlich wurden auf Sizilien und in Unteritalien schon Güter verteilt, die noch keiner der beiden Vertragspartner in Händen hatte: In den zu erobernden Gebieten sollten die Pisaner Abgabenfreiheit genießen, es sollten ihnen die Städte Gaeta, Mazara und Trapani gehören und zusätzlich die Hälfte von Palermo, Messina, Salerno und Neapel, außerdem in jeder weiteren sizilischen Stadt eine für den Handel günstige Straße. Sogar ein Drittel des Schatzes von König Wilhelm stellte Barbarossa den Pisanern in Aussicht. Die Beteiligten waren ihrer Sache offenbar so sicher, daß sie dem Vertrag eine unbefristete Gültigkeit verliehen und sich gegenseitig versprachen, mit Sizilien oder Genua keinerlei Abkommen ohne Wissen des anderen zu schließen.
Noch nie hatte eine Stadt ähnlich weitgehende Versprechungen von einem römisch-deutschen Kaiser erhalten. Natürlich erfuhren die Genuesen sehr rasch von diesem Vertrag ihrer pisanischen Konkurrenten, und umgehend machten sie sich daran, ihre Fahne nach dem richtigen Wind zu drehen. Nunmehr erklärten auch sie sich bereit, dem Kaiser zu huldigen und ihm gegen Sizilien beizustehen. Den so überraschend reichsfreundlich gewordenen Genuesen gelang es unter Hinweis auf ihre beträchtlichen Hilfsmöglichkeiten, ebenso große Zusicherungen vom Kaiser zu erhalten wie die Pisaner. Auch hier versprach Barbarossa für die Hilfe gegen Sizilien und für die Verteidigung des Reichsbesitzes von der Rhônemündung bis zum Golf von Manfredonia in der Adria die freie Wahl der Konsuln, bestätigte die im Besitz der Genuesen befindlichen Regalien, Häfen und Burgen und belehnte die Stadt mit der Küste von Monaco bis Porto Venere. Wie den Pisanern, garantierte der Kaiser auch den Genuesen weitgehende Zoll- und Handelsfreiheiten in seinem Reich,

und darüber hinaus gab er ihnen Privilegien gegenüber den Franzosen, Provençalen und Venetianern. Auf Sizilien sollten die Genuesen 250 Ritterlehen erhalten, außerdem die Stadt Syrakus und in jeder anderen Stadt eine zentrale Straße mit Kirche, Bad, Backhaus und Warenlager. Von dem Schatz König Wilhelms sollten die Genuesen ein Viertel erhalten, die Edelsteine ausgenommen. Entsprechend seiner Ankündigung bei den Siegesfeierlichkeiten in Pavia griff der Kaiser mit seinen Machtansprüchen immer weiter hinaus und ließ sich nun von den Genuesen versprechen, daß sie nach Ablauf eines Vertrags mit dem Sarazenenkönig Lupus diesen von den Balearen vertreiben sollen. Er wollte mit allen Mitteln »den Glanz und die Macht des römischen Reiches nicht nur über das Festland, sondern auch auf dem Meer ausbreiten und erhöhen«.

Die Pisaner hörten zweifellos mit Verbitterung von diesem Vertrag zwischen Barbarossa und den Genuesen, denn dadurch waren die Abmachungen mit ihnen bereits nach zwei Monaten gebrochen worden und das wichtige Porto Venere für sie verloren. Aber die Pisaner hielten trotzdem an ihrem Vertrag mit dem Kaiser fest und ließen sich nicht auf Gegenangebote ein, die ihnen Manuel von Byzanz machte.

Alexander hatte sich schon Ende März infolge des Falles von Mailand in Genua nicht mehr sicher gefühlt und die Stadt deshalb verlassen; mit seinem Gefolge hatte er sich nach Montpellier in Südfrankreich eingeschifft. Hier löste seine Ankunft freilich keine reine Freude aus, denn obgleich der französische König Alexander längst als den einzig rechtmäßigen Papst anerkannte, gab es gerade um diese Zeit Strömungen am französischen Hof, die sich für Viktor aussprachen. Diese Tendenzen waren durch Mißhelligkeiten Ludwigs VII. mit seinem Vasallen Heinrich II. von England ausgelöst worden, und der Kaiser förderte diese Zwistigkeiten nach Kräften. Er hatte den französischen König bereits davor gewarnt, Alexander bei sich aufzunehmen, und Ludwig wußte daher, daß ihm dessen Aufenthalt auf französischem Boden unerfreuliche Verwicklungen bringen würde. So beauftragte er seinen Schwager Graf Heinrich von Troyes damit, die Wogen beim Kaiser zu glätten und alle Schwierigkeiten auszuräumen. Daraus entwickelten sich überraschende Übereinstimmungen, und es wurde vereinbart, daß sich die beiden Potentaten Ende August 1162 an der Saône-Brücke bei St. Jean-de-Losne südöstlich von Dijon persönlich besprechen sollten. Am 31. Mai schrieb der Kaiser an den französischen König, es sei sein Wunsch, daß zwischen ihnen als Blutsverwandten und zwischen ihren sich durch gemeinsame Abstammung nahestehenden Völkern der alte Groll beseitigt und aufrichtige, dauernde Freundschaft hergestellt würde. Alles, was dem Erreichen dieses Zieles dienen könne, habe er mit dem Grafen Heinrich von Troyes umfassend besprochen, und er werde sich an die getroffenen Abmachungen getreulich halten. In einem förmlichen Vertrag über das vorgesehene Gespräch zwischen Kaiser und König wurde festgelegt, daß auch die beiden Päpste an der Zusammenkunft teilnehmen sollten. Wieder wurde ein Anlauf genommen, um das Schisma zu beseitigen, und zwar sollten angesehene Männer beider Reiche darüber entscheiden. Falls aber einer der beiden Päpste seine Teilnahme an der Zusammenkunft verweigere, solle der anwesende andere von vornherein als der rechtmäßige Papst gelten. Graf Heinrich von Troyes verpflichtete sich eidlich, Vasall des Kaisers zu werden, falls der französische König seine Zusagen in dem Vertrag nicht einhalten würde.

Die Aussicht auf diesen Vertrag war wohl der Grund, weshalb der Kaiser auf seinem Zug nach Rom und in den Süden der italienischen Halbinsel Mitte Juli 1162 umkehrte. Die Hoffnung, das leidige Schisma beenden zu können, war ihm wichtiger als die Niederwerfung des Normannenkönigs. Er hatte Pavia Mitte Juni mit beträchtlichen deutschen und italienischen Streitkräften verlassen, um entsprechend den Verträgen mit Pisa und Genua nach Süditalien zu ziehen. Dabei hat er Ende Juni die Huldigung der Stadt Ravenna entgegengenommen und ihr dafür ein Privilegium erteilt und zugestanden, daß sie auch weiterhin durch Konsuln verwal-

tet werde. Gleichzeitig hat er jedoch bestimmt, daß sämtliche Männer vom sechzehnten bis zum siebzigsten Lebensjahr alle fünf Jahre den Treueid abzulegen hätten und daß ihm nahezu alle Regalien zu übergeben seien. Den alexandrinischen Bolognesen machte Barbarossa zur Auflage, daß sie einen kaiserlichen Podestà aufnehmen, ihre Mauer niederreißen, den Stadtgraben auffüllen und Tribut zahlen. Um die gleiche Zeit war der Kanzler Rainald von Dassel auf der Westseite des Apennin in derselben Weise tätig, so daß die Romagna und Tuszien bald ebenso dem Kaiser untertan waren wie die Lombardei. Die Machtstellung Welfs VI. in Tuszien wurde stark eingeschränkt. Der Kaiser zog mit seinem Heer noch nach Imola und Faenza, aber bereits Ende Juli hielt er sich wieder in der Poebene auf. Der Vertrag mit dem französischen König hat ihn offenbar nicht nur zum Abbruch seines Sizilienfeldzuges veranlaßt, sondern auch zur Entlassung seiner lombardischen Gefolgschaft.
Für Anfang August hat Barbarossa einen Reichstag nach Turin einberufen. Er war nun vier Jahre in Italien und hat während dieser Zeit viele Änderungen und Neuerungen eingeführt, die zum großen Teil erst noch durchgesetzt werden mußten. Da er nun auf dem Wege war, das Land zu verlassen, berief er noch viele der Podestàs zu sich, um ihnen Anweisungen für die Zeit seiner Abwesenheit zu geben. Er beabsichtigte aber, den Feldzug gegen Sizilien so bald wie möglich wiederaufzunehmen, und veranlaßte, daß die dafür notwendigen Vorbereitungen getroffen würden. Plänkeleien, die kurz zuvor zwischen Pisa und Genua ausgebrochen waren, sollten vom Kaiser geschlichtet werden, aber die Informationen erschienen ihm dafür nicht ausreichend, zumal er die Hilfe beider Seemächte bald in Anspruch nehmen wollte. Er gebot deshalb beiden Städten, bis zu seiner Rückkehr Waffenruhe zu halten, die seinen Abgesandten von jeweils 200 Bürgern beschworen werden mußte.

Das gescheiterte Treffen an der Saône und ein Jahr in deutschen Landen 1162–1163

Nachdem Friedrich I. am 21. August 1162 noch von Turin aus dem Johanniter-Orden einen Schutzbrief für die Provence erteilt hatte, ritt er mit einem kleinen Gefolge nach Burgund. Er mußte dazu die Alpen überqueren und kam, wie es scheint, rechtzeitig in Dôle am Doubs an, in der Nähe des vereinbarten Treffpunktes.

Seit dem Abschluß des Vertrages über die Begegnung hatten der Kaiser wie der Papst eifrigst in ihrem Sinne agitiert: Friedrich für eine möglichst zahlreiche Beteiligung der Fürsten, Alexander gegen das ganze Unternehmen. Alexander prophezeite nicht nur der Kirche und ihrem Oberhaupt, sondern auch dem französischen König und seinem Land Verderben, wenn diese Begegnung stattfände. Alexander versuchte sowohl in einem persönlichen Gespräch mit dem König als auch brieflich und über den französischen Kanzler, den Bischof Hugo von Soissons, das Ganze platzen zu lassen. Er war über das Vorhaben aufs äußerste aufgebracht und auf keinen Fall bereit, daran teilzunehmen. Seine Begründung war, daß er sich als Oberhaupt der Kirche vor keinem menschlichen Gericht zu verantworten und zu rechtfertigen habe.

Ganz anders, aber ebenso ungeschickt, argumentierte der Kaiser. Er ließ an geistliche und weltliche Fürsten im Reich schreiben, König Ludwig würde während des Kongresses an der Saône Viktor als den einzigen und rechtmäßigen Papst anerkennen. Die Fürsten wurden aufgefordert, zu dem Kongreß, dem sich ein allgemeines Konzil anschließen solle, zu erscheinen und alle angesehenen Männer mitzubringen. Eine Reihe von Fürsten bat der Kaiser außerdem, ihre Vasallen mit guter Ausrüstung an die Saône zu entsenden, da Vorsicht geboten sei. Er hat dabei zweifellos an die kriegerischen

Vorbereitungen König Ludwigs vor dem geplanten Treffen im Jahre 1157 gedacht. Aber sein Schreiben an die Fürsten blieb der Gegenseite nicht unbekannt und löste dort Staunen und Bestürzung aus. Nicht nur, daß den Ergebnissen der Zusammenkunft in gröbster Weise vorgegriffen wurde, die Gegenseite mußte sich durch die Briefe aus der kaiserlichen Kanzlei geradezu brüskiert und bedroht fühlen.
Es ist nur allzu verständlich, daß diese Vorbereitungen des Kaisers beim französischen König zu Gegenreaktionen führen mußten. Ludwig überlegte mit seinen Beratern, wie er sich aus der ganzen Affäre zurückziehen könnte, ohne selbst Schaden zu leiden.
Der Aufforderung des Kaisers, nach Burgund zu kommen, waren neben Papst Viktor IV. der dänische König Waldemar I. sowie die Herzöge Heinrich der Löwe, Friedrich von Schwaben und Hermann von Kärnten, der Landgraf Ludwig von Thüringen, Pfalzgraf Otto von Wittelsbach, die Markgrafen Albrecht von Brandenburg, Otto von Meißen, Wilhelm von Montferrat und Opizo Malaspina sowie andere Herren gefolgt. Rund 50 Bischöfe waren anwesend, darunter die Erzbischöfe von Aquileja, Besançon, Bremen, Embrun, Köln, Lyon, Magdeburg, Mainz, Ravenna, Trier und Vienne. Der Kaiser hatte in Dôle am Doubs noch kurz vorher einen repräsentativen Palast bauen lassen, um die Fürsten in einem geeigneten Rahmen empfangen zu können.
König Ludwig residierte in Dijon und hatte sich ebenfalls mit einem zahlreichen Gefolge umgeben, allein schon aus Sorge, die Deutschen könnten gewaltsam gegen ihn vorgehen, wenn er die kaiserlichen Wünsche nicht erfüllen würde. Das Schreiben des Kaisers an die Fürsten und die Scharen, die nun auf dem deutschen Ufer der Saône zu sehen waren, gaben ausreichend Anlaß zu solchen Befürchtungen. Wünsche nach Sicherheit waren doch seit alters dafür ausschlaggebend, daß Verhandlungen auf der Grenze zwischen zwei Ländern oder Reichen durchgeführt wurden.
Am vereinbarten 29. August 1162 ritt Ludwig mit seinem Gefolge zur Saône-Brücke von St. Jean-de-Losne. Er schickte

einige Kirchenfürsten als Abgesandte zu der deutschen Delegation und ließ erklären, daß er von den zwischen dem Kaiser und dem Grafen Heinrich von Troyes vereinbarten Vertragsbedingungen erst am Tage vorher erfahren habe. Er sei deshalb jetzt zu wenig vorbereitet und bitte um eine Verschiebung der Gespräche. Um darzutun, daß er an dem Mißlingen der Begegnung keine Schuld trage, wusch sich Ludwig im Wasser der Saône die Hände.

Schon der zeitgenössische Chronist Helmold von Bosau war – wie auch andere – der Meinung, daß der Kaiser St. Jean-de-Losne auf seinem Ritt von Turin über die Alpen nicht rechtzeitig erreicht hat. Die Bitte Ludwigs um eine Verschiebung der Gespräche war ihm deshalb nach dieser Version nur allzu recht, denn er konnte sein Termin-Versäumnis dadurch vertuschen. In erneuten Verhandlungen zwischen dem Kaiser und Graf Heinrich von Troyes wurde ein Aufschub von drei Wochen, bis zum 19. September 1162, unter der Voraussetzung vereinbart, daß sich der König dann dem Urteil angesehener Männer hinsichtlich der Papstwahl von 1159 unterwerfe oder sich widrigenfalls dem Kaiser als Gefangener zur Verfügung stelle. Außerdem wurde nochmals festgelegt, daß zu dem neuen Termin auch die beiden Päpste erscheinen sollten. Für die Einhaltung dieser Bedingungen sollte Ludwig mit drei Geiseln bürgen. Der König sagte unter dem Druck der Situation zu und gab drei seiner Fürsten als Geiseln.

Obwohl der Kaiser sich auf diese Weise gegenüber dem französischen König eine günstige Ausgangsposition geschaffen hatte, war auch für ihn die Angelegenheit nicht erfreulich. Was sollten die vielen versammelten Fürsten mit ihrem zahlreichen Gefolge drei Wochen lang tun? Die Lebensmittel und das Pferdefutter waren bereits knapp, eine Teuerung war die Folge – ein mittelgroßer Laib Brot kostete eine Mark Silber. Der Kaiser entschloß sich, am 7. September in Dôle eine Synode zu eröffnen, die zugleich auch ein Reichstag sein sollte. Es war übrigens genau der dritte Jahrestag der Papstwahl und damit des Ausbruchs des Schismas.

In dieser Versammlung erklärte zunächst Papst Viktor, daß er rechtmäßigen Anspruch auf den apostolischen Stuhl habe, was schon allein daraus deutlich werde, daß sein Gegner jedem neutralen Urteilsspruch ausweiche. Um die Bischöfe für sich zu gewinnen, machte ihnen Viktor Zugeständnisse für die Appellations-Prozedur. Der Kaiser selbst soll geäußert haben, daß er nicht mehr beanspruche, als in dem von ihm beherrschten Rom den Bischof einzusetzen. Das und nichts anderes habe er getan, als er Viktor bestätigte, daß er römischer Bischof und Papst der katholischen Kirche sei. Kanzler Rainald wies zusätzlich darauf hin, daß auch die Könige das Recht der Investitur der Bischöfe in ihren Ländern für sich in Anspruch nähmen und daß man es also dem Kaiser nicht absprechen könne. Der Kaiser mische sich auch nicht in die Investiturrechte der Könige ein, und diese könnten nun ihrerseits nicht in Rom, das ihnen nicht gehöre, Hoheitsrechte ausüben.

Daraus wird erneut deutlich, daß Barbarossa im Papst vornehmlich den Bischof von Rom gesehen hat und erst an zweiter Stelle das Oberhaupt der Kirche. Er nahm sehr nachdrücklich die Rechte als römischer Kaiser für sich in Anspruch, wie er es auch schon 1159 gegenüber Papst Hadrian IV. getan hatte. Wie nicht anders zu erwarten war, hat auch diese Synode Viktor als den einzig rechtmäßigen Papst bestätigt, und dieser hat erneut das Anathem über seinen Widersacher ausgesprochen. Die beiden Päpste ließen sich keine Gelegenheit entgehen, ihren Gegner immer wieder zu verfluchen – sicher nicht nur aus ideologischen Gründen, sondern auch, um mit einer eindrucksvollen Zeremonie den Erlebnishunger und die Schaulust des Volkes zu befriedigen. Der dänische König Waldemar I. war an die Saône gekommen, um dem Kaiser zu huldigen und sich von ihm mit seinem Reich belehnen zu lassen. Die Huldigung erfolgte nun im Rahmen einer feierlichen Kommendation, bei der Waldemar kniend seine Hände in die des Kaisers legte. Andererseits distanzierten sich die Zähringer nach der dürftigen Abfindung für das Rektorat über Burgund und der Verweigerung der Investitur Rudolfs im Erzbistum Mainz immer mehr vom Kaiser, der nun, nach einem Fürstenspruch, Berthold von Zähringen auch die Regalien des Bistums Genf entzog und sie dem dortigen Bischof zurückgab.

Auf der anderen Seite der Saône hatte die Zusage Ludwigs VII. zu den Forderungen des Kaisers Schrecken, Befürchtungen und Ratlosigkeit ausgelöst. Papst Alexander weigerte sich auch weiterhin, bei einem auf solche Weise zustande gekommenen Konzil zu erscheinen, aber es gelang ihm, den englischen König Heinrich II. zu einem Hilfe-Versprechen an den französischen König zu veranlassen. Für diesen Vasallendienst des Engländers gegenüber dem Franzosen leistete Alexander sogar Bürgschaft, was er leicht konnte, denn es war in Heinrichs eigenstem Interesse, ein Bündnis Ludwigs mit dem Kaiser zu verhindern. Auf diese Weise hatte aber umgekehrt auch Ludwig Rückenfreiheit, denn er brauchte nun fürs erste nicht mehr zu befürchten, daß der Engländer und der Deutsche gegen ihn gemeinsame Sache machten. Als der Termin für eine neue Zusammenkunft mit dem Kaiser näher heranrückte, war der französische König fest entschlossen – nicht zuletzt auf Grund der Einflüsse der alexandrinisch gesonnenen Zisterzienser in seinem Reich – Viktor auf keinen Fall anzuerkennen.

Barbarossa wollte wahrscheinlich vermeiden, daß er vergeblich an der Saône-Brücke auf den französischen König warten mußte, und schickte deshalb zunächst nur eine Abordnung unter dem Kanzler Rainald dorthin. Als Ludwig zur Brücke kam, ärgerte ihn das Nichterscheinen des Kaisers. Er erklärte es als Vertragsbruch und konnte darauf hinweisen, daß die Bestätigung Viktors als Papst während der vorangegangenen Synode – über die er natürlich informiert war – dem abgeschlossenen Vertrag ebenfalls widersprochen habe. Danach sollte über das Schisma ein neutraler Schiedsspruch entscheiden, dem sich sowohl er als auch der Kaiser zu unterwerfen hätten. Um die Diskrepanz zwischen dem Vertrag und dem tatsächlichen Verhalten des Kaisers möglichst deutlich zu machen, ließ Ludwig die betreffenden Passagen aus dem Vertrag vorlesen. Darauf erwiderte Rainald entsprechend den Ausführungen während der Synode, daß die Investitur des römischen Bischofs dem römisch-deutschen Kaiser zustehe und nicht den *reguli* aus anderen Ländern.

Als der französische König hörte, daß man ihn *regulus* – Kleinkönig – nannte, war für ihn das Maß voll. Nach einem kurzen Wortwechsel mit dem Grafen Heinrich von Troyes wendete er sein Pferd und ritt mit seinem Gefolge davon. Rainald hat noch versucht, Ludwig zurückzuhalten, und versprochen, daß der Kaiser bereit sei, alle Bestimmungen des Vertrages einzuhalten, doch der Franzose war sicher froh, auf solch leichte Weise aus seinem Dilemma herauszukommen, und ließ sich auf nichts weiter ein. Wenige Tage später traf er an der Loire mit dem englischen König und Papst Alexander zusammen. Der Papst vermittelte zwischen den beiden Königen endgültig Frieden, und in ihrer gemeinsamen Furcht vor dem Kaiser schlossen die drei Männer trotz unterschiedlicher Interessen ein Bündnis.

Die deutschen Fürsten hatten nach der Synode und dem Reichstag das Land Burgund rasch wieder verlassen und waren in ihre Heimat zurückgekehrt. Graf Heinrich von Troyes aber begab sich zum Kaiser, um ihm den vereinbarten Lehnseid zu leisten, nachdem der französische König den ersten Teil des Vertrages nicht erfüllt hatte. Barbarossa nahm sowohl ihn als auch die drei von Ludwig zur Verfügung gestellten Geiseln unter Lehnseid, entließ jedoch alle bald aus ihren Verpflichtungen, ausgenommen den Grafen von Flandern, der zu seinen Vasallen gehörte.

Der ungewöhnliche Versuch, das allenthalben störende und bedrückende Schisma durch direkte Verhandlungen zu überwinden, war gescheitert. Wenngleich nicht bekannt ist, daß sich Barbarossa über einen Vertragsbruch Ludwigs beklagt hat, weil die Alternativ-Vereinbarung durch Heinrich von Troyes und die Geiseln ja eingehalten wurde, so ist es doch unstreitig, daß das nicht der eigentliche Sinn des Vertrages und der ganzen Bemühungen war. Der Kaiser zog verbittert und enttäuscht von Burgund ab. Die Annahme, daß er den französischen König an der Saône mit Listen und Ränken überrumpeln wollte, wird zumindest fragwürdig, wenn die ihm zugeschriebene resignierende Äußerung wahr ist, er habe in St. Jean-de-Losne die Launen der Fortuna kennengelernt.

Noch während der Kaiser in Dôle weilte und Alexander sich um die neuerliche Anerkennung durch den französischen König bemühte, schrieb Alexander am 18. September 1162 wieder an seinen Parteigänger Bischof Eberhard von Salzburg, dieser möge in seinem Eifer nicht nachlassen, den Kaiser bei passender Gelegenheit für ihn zu gewinnen. Er, Alexander, sei gerne bereit, den Kaiser »als den mächtigsten Fürsten« zu ehren.

Alexander war sich sehr wohl bewußt, daß seine Anerkennung durch den englischen und französischen König sowie andere Fürsten nur wenig bedeutete, solange ihm die Anerkennung durch den Kaiser versagt blieb. Nur mit der Zustimmung des Kaisers zu seinem Pontifikat – oder durch seine Abdankung – war das Schisma zu überwinden. Friedrich war nach den enttäuschenden Ereignissen an der Saône jedoch weniger als je zuvor geneigt, von seinem bisherigen Standpunkt abzuweichen. Er wandte sich wieder dem abgebrochenen Feldzug gegen Sizilien zu, schickte Rainald von Dassel nach Italien, damit er dort die dafür notwendigen Vorbereitungen treffe, und zog selbst im Oktober ins Elsaß. Dort mußte er zunächst mit Waffengewalt für Frieden sorgen, der von einem Grafen unter Beihilfe des rachsüchtigen Berthold von Zähringen gebrochen worden war.

Nach seiner vierjährigen Abwesenheit gab es für Friedrich in Deutschland zahlreiche Aufgaben. Anfang Oktober 1162 hielt er einen Landtag zu Toul in Oberlothringen, am 1. November eine Synode zu Trier, um den 10. November einen Landtag in Ulm und Ende November einen in Konstanz. In diesen Wochen ernannte der Kaiser auch Christian von Buch zum weiteren Kanzler, der sich in den folgenden Jahren als einer seiner tatkräftigsten und zuverlässigsten Helfer erwei-

sen sollte. Man sagte ihm Verhandlungsgeschick in vielen Sprachen nach, nicht nur in Lateinisch, Französisch und Italienisch, sondern auch in Griechisch u. a., so daß er für Friedrich, der im wesentlichen nur deutsch sprach, schon aus diesem Grunde sehr wichtig wurde.
In Konstanz wurde am 23. November 1162 die Ehe Heinrichs des Löwen mit Clementia, der Schwester Bertholds von Zähringen, geschieden. Man glaubt verschiedentlich, daß Friedrich seinen Vetter zu diesem Schritt animiert habe. Jedenfalls wurden, wie bei Friedrichs Scheidung, allzu nahe verwandtschaftliche Beziehungen genannt, um den Dispens des Papstes zu erhalten. Es versteht sich aber von selbst, daß dies nach 14jähriger Ehe nur ein vorgeschobener Grund war. Vermutlich war die fehlende männliche Nachkommenschaft der wirkliche Anlaß – der einzige Sohn war schon früh gestorben. Es wäre allerdings von Friedrich nicht gerade weitsichtig gewesen, wenn er dazu beigetragen hätte, daß sein mit ihm im Grunde rivalisierender welfischer Vetter zu einem männlichen Erben käme.
Um seine kirchliche Gesinnung zu beweisen, schenkte Heinrich der Löwe dem Kloster Petershausen bei Konstanz fünf Pfund Silber. Es ist bemerkenswert, daß er diese Zuwendung nicht Papst Viktor machte, dem er den Dispens für seine Ehescheidung verdankte und der ebenso wie sein Gegenspieler Alexander dauernd in Geldnot war. Viktor mußte deshalb die deutschen Bistümer zu Kollekten für seinen Lebensunterhalt auffordern, wobei er jedoch wenig Gegenliebe fand. Anfang 1163 verließ Viktor die nördlichen Gebiete wieder und begab sich nach Italien, wo er Cremona zu seinem Sitz wählte.
Rainald von Dassel hat, nachdem er vom Kaiser mit umfassenden Vollmachten nach Italien entsandt worden war, seine Aktivitäten zunächst in dem Gebiet von Verona und in der Lombardei entfaltet. Er hielt Gerichts- und Landtage, entschied bei zwiespältigen Bischofs- und Abtswahlen, setzte alexandrinisch gesonnene Bischöfe ab und füllte ihre Stellen durch Anhänger Viktors aus. Rainald ging dabei zweifellos

sehr rigoros vor, ebenso wenn er die Leistungs-Verpflichtungen der Städte festlegte und insbesondere deren Zahlungen für den bevorstehenden Feldzug gegen Sizilien bestimmte. Ende November 1162 ließ der Kanzler in Piacenza verkünden, daß künftig gesetzliche Zahlungen nur noch mit kaiserlichen Münzen angenommen würden, womit die Währungen der einzelnen Städte naturgemäß stark entwertet wurden.

In der Lombardei war man sicher sehr froh, als Rainald Anfang 1163 von dem wesentlich milderen Bischof Hermann von Verden abgelöst wurde, der nun dort vor allem die richterlichen Aufgaben im Namen des Kaisers erledigte. Rainald verlegte seine Tätigkeit nach Tuszien.

Der Kaiser hielt sich zu Beginn des Jahres 1163 zur Regelung verschiedener Angelegenheiten in Franken auf, vor allem in Würzburg. Im März finden wir ihn in Nürnberg und zu Ostern – Ende März – in Worms.

Am 7. April 1163 eröffnete der Kaiser einen Reichstag in Mainz. Den dortigen Bürgern war es längst klar, daß es mit dem 1161 ausgesprochenen kirchlichen Bann gegen die Mörder des Erzbischofs nicht getan war. Die Hauptakteure und Verantwortlichen waren deshalb vor Beginn des Reichstages aus der Stadt entwichen. Ihre Häuser wurden nun niedergerissen, ihre Vermögen konfisziert, und sie selbst wurden auf ewig aus der Stadt verbannt. Der Abt des Klosters, in dem der Erzbischof ermordet worden war, wurde ebenfalls verbannt, und die Mönche verließen das Kloster. Der Stadt wurden alle Privilegien entzogen, die Stadtmauer mußte niedergerissen und der Stadtgraben aufgefüllt werden, so daß Mainz zu einer offenen Stadt wurde.

Der Salzburger Erzbischof ist ebenfalls wieder nach Mainz gekommen, obgleich er kein großer Freund des Kaisers war und ihn auch längere Zeit gemieden hat. Aber nach den beiden Briefen Alexanders an ihn ist wohl mit gutem Grund anzunehmen, daß der Erzbischof die Reise an den Rhein wieder im Interesse seines Papstes unternommen hat, um den Kaiser zu einem Einlenken zu bewegen. Alexander hatte ihn erst zwei Monate vorher zum päpstlichen Legaten für die Bekämpfung des Schismas in den deutschen Landen bestellt. Der Kaiser hat Erzbischof Eberhard zwar mit großer Aufmerksamkeit empfangen, aber nicht viel Bereitschaft gezeigt, von seinen Vorstellungen abzuweichen.

Zu dieser Zeit verlieh der Kaiser Hildegard von Bingen am 16. April 1163 einen Schutzbrief. Sie war Äbtissin des von ihr zwischen 1147 und 1150 gegründeten Benediktinerinnenklosters Rupertsberg bei Bingen, das mit seiner großzügigen baulichen und hygienischen Gestaltung seiner Zeit weit vorauseilte. Bekannt wurde Hildegard in erster Linie durch ihre mystischen Visionen, in denen sie die Schöpfung der Welt und die Kräfte des Weltalls symbolhaft aufgezeigt hat.

In der Woche nach Pfingsten eröffnete Alexander ein Konzil in Tours, dem damals in seiner Blüte stehenden Wallfahrtsort an der Loire. Angeblich sollen an dieser Kirchenversammlung 17 Kardinäle, 125 Erzbischöfe und Bischöfe sowie 414 Äbte und Pröbste teilgenommen haben. Der Papst wandte sich gegen verschiedene kirchliche Fehlentwicklungen wie etwa die Simonie und die Gewinnsucht der Geistlichen. Auch gegen die ketzerische Sekte der Katharer versuchte das Konzil Barrieren zu errichten. Vor allem beschäftigte man sich aber natürlich mit dem Schisma, wobei der frevelhafte Gegenpapst und Schismatiker Viktor wieder auf das schärfste verurteilt und seine Verbannung erneuert wurde. Dagegen wurde über den Kaiser mit großer Zurückhaltung und Milde gesprochen, da sich der Papst offenbar der Hoffnung hingab, ihn in absehbarer Zeit doch noch für sich gewinnen zu können. Trotzdem wurde aber über den Kanzler Rainald in Tours der Bann verhängt, was angesichts des radikalen Vorgehens Rainalds gegen die alexandrinischen Prälaten in Italien nicht erstaunlich ist. Obgleich Rainald nun bereits seit rund vier Jahren Erzbischof von Köln war, hatte er sich immer noch nicht weihen lassen. War es Vorsicht und Furcht, bei einer Beendigung des Schismas auf der falschen Seite zu stehen? Oder waren es materielle Gründe, weil er bis zu seiner Konsekration die Einkünfte als Probst mehrerer Stifte kassieren konnte? Jedenfalls hatte der allzeit gewitzte Kanzler offenbar keine Neigung, von Papst Viktor die Weihen zu empfangen.

Rainald kümmerte sich bis in den Spätsommer vor allem darum, in Mittelitalien die Gelder für den geplanten Feldzug gegen Sizilien zusammenzubringen. Auch die von Welf VI. allzu mangelhaft wahrgenommenen Reichsrechte brachte Rainald wieder zur Geltung. Dabei legte er großen Eifer, aber auch viel Härte an den Tag. Nach dem Urteil eines Zeitgenossen wurden die Städte Italiens nie zuvor in ähnlichem Ausmaß zu Zahlungen herangezogen und dem Reich untertänig gemacht.

Heinrich der Löwe hatte sich durch seine jahrelange rücksichtslose, egoistische Expansionspolitik mehr und mehr Feinde geschaffen. Mit seiner außerordentlichen Machtfülle und seinen nicht absehbaren weiteren Forderungen stellte er eine Bedrohung für viele andere Fürsten dar. Im Herbst 1162 hatte der Welfe erneut Ansprüche auf eine Erbschaft erhoben, womit aber offensichtlich die Grenze der Duldsamkeit bei einer Reihe anderer Fürsten erreicht wurde. Markgraf Albrecht von Brandenburg, ein alter Gegner Heinrichs und der Welfen, Landgraf Ludwig von Thüringen, Pfalzgraf Adalbert von Sommerschenburg, um dessen Erbschaft es ging, und Bischof Udo II. von Naumburg taten sich gegen Herzog Heinrich zusammen. Es gelang ihnen, ihre Koalition durch den Böhmenkönig, den österreichischen Herzog Heinrich und den Markgrafen Ottokar von Steiermark zu verstärken. Auch Welf VI., der sich mit seinem Neffen Heinrich dem Löwen nie gut verstanden hatte, schloß sich dessen Feinden an, die damit eine Macht erreichten, die selbst für den Herzog von Sachsen und Bayern bedrohlich werden konnte. Die Gefahr eines Krieges, eines »Bürgerkrieges« innerhalb des Reiches, wuchs von Monat zu Monat. Der Kaiser mußte etwas dagegen unternehmen, wenn er eine Selbstzerfleischung seiner Vasallen verhindern und seine Pläne gegen den Normannenkönig auf Sizilien verwirklichen wollte. Es ist Friedrich wohl während eines Hoftages in Nürnberg im August 1163

gelungen, den Ring um Heinrich den Löwen aufzusprengen. Nachdem er die Widersacher Heinrichs aus dem Süden von ihrem Plan abgebracht hatte, war die Gefahr gebannt, denn die Partner in den nördlichen und nordöstlichen Gebieten fühlten sich nicht mehr stark genug, um mit Heinrich dem Löwen eine Auseinandersetzung zu wagen.
Papst Alexander wollte unbedingt zu einer Übereinkunft mit dem Kaiser zur Beseitigung des Schismas kommen. In Nürnberg trafen zu diesem Zweck Gesandte von ihm ein. Nachdem sich der Kaiser jedoch davon überzeugt hatte, daß sie keine neuen Vorschläge zu machen hatten, schlug er seinerseits ein Schiedsgericht zur Beendigung des Schismas vor. Darauf reagierte aber Alexander ablehnend. Es zeigte sich überhaupt noch lange Zeit, daß jede der beiden Seiten nur ihre eigenen Vorschläge für gut und brauchbar hielt und diejenigen der Gegenseite verwarf.
Die fortwährende Ergebnislosigkeit der Bemühungen Alexanders um eine Verständigung mit Barbarossa war auch dem byzantinischen Kaiser Manuel nicht unbekannt geblieben. Er beschäftigte sich nach wie vor mit seinen Plänen zur Wiedervereinigung der römischen und der oströmischen Kirche in einem einzigen Imperium unter einem Kaiser. Die Verhandlungen darüber zwischen Papst Alexander und Kaiser Manuel wurden jahrelang mit wechselndem Eifer betrieben, je nachdem, welche Hoffnungen sich Alexander auf ein Einlenken Barbarossas machte. Im Herbst 1163 erreichte der Gesandtschaftsverkehr in dieser Angelegenheit wieder einen Höhepunkt. Manuel suchte auch den französischen König für ein Bündnis gegen Barbarossa zu interessieren, denn seit er nach dem Tod seiner deutschen Gemahlin Ende 1161 eine Prinzessin französischer Herkunft geheiratet hatte, gewannen frankreich-freundliche Tendenzen in seiner Politik die Oberhand. Manuel war auch bereit, Alexander als Papst anzuerkennen. Aber hier verhinderte ebenso wie an der Saône die Unentschlossenheit Ludwigs VII. eine Realisierung der Pläne.
Noch vor dem dritten Italienzug konnte Barbarossa die

bisher unerledigte polnische Frage entscheiden. Nachdem der Polenherzog Boleslaw Weihnachten 1157 nicht nach Magdeburg gekommen und sein Bruder Wladislaw inzwischen verstorben war, konnte der Kaiser Boleslaw nun doch zur Herausgabe verschiedener Gebiete zwingen. Er belehnte Wladislaws Söhne mit den Herzogtümern Breslau und Ratibor. Die Gebiete blieben zunächst noch von Polen abhängig, aber die Grundlage für ihre Loslösung und spätere Eindeutschung war damit gegeben.

Im Norden wurde um diese Zeit – im Juli 1163 – der neue Dom zu Lübeck eingeweiht. Der schlichte Holzbau hatte natürlich nichts mit den gotischen Domen zu tun, mit deren Bau um die gleiche Zeit in Poitiers und Paris begonnen wurde. In Frankreich hielt die Gotik allmählich Einzug, denn auch in Sens, Senlis und Laon wurden bereits gotische Dome gebaut – allerdings dauerte es mit der Fertigstellung noch bis zum Ende des Jahrhunderts. Aber in den deutschen Landen ist das 12. Jahrhundert noch gänzlich der Romanik vorbehalten, wie die Dome in Braunschweig, Ratzeburg und Lübeck zeigen.

Der dritte Italienzug und das Bündnis mit England 1163–1166

Im Herbst 1163 machte sich Kaiser Friedrich I. Barbarossa zum drittenmal auf den Weg nach Italien. Zum drittenmal nahm er auch einen Anlauf, das normannische Reich auf Sizilien und in Süditalien niederzuwerfen. Aber er wußte auf Grund seiner bisherigen Erfahrungen, daß die deutschen Fürsten wenig Neigung hatten, sich an einem Feldzug nach Süditalien zu beteiligen. Deshalb bemühte er sich für diesen Zug um kein großes Gefolge, sondern verließ sich darauf, daß ihm die italienischen Reichsstädte genügend Mannschaften zur Verfügung stellen würden. Dazu hatte er doch unter anderem die Podestàs eingesetzt, und dazu hatte er Rainald von Dassel vor einem Jahr nach Italien geschickt. Jetzt ritt Barbarossa nur mit wenigen Begleitern, unter denen sich seine Frau, der Patriarch Udalrich von Aquileja, Erzbischof Konrad von Mainz, Pfalzgraf Otto von Wittelsbach und der Kanzler Christian von Buch befanden. In Lodi, dem ersten Ziel seiner Reise, trafen auch Papst Viktor mit seinen Kardinälen sowie Rainald von Dassel und Bischof Hermann von Verden mit dem Kaiser zusammen.

Barbarossa hielt zunächst in Lodi einen Reichstag, zu dem alle Herzöge, Markgrafen, Grafen, Capitane und Valvassoren Reichsitaliens geladen waren. Der Kaiser rühmte öffentlich das Wirken Rainalds für das Reich während der zurückliegenden Monate und bestätigte dessen Anordnungen. Alle Anwesenden mußten den Eid leisten, daß sie sich an dem Heerzug nach Apulien und Sizilien beteiligen werden. Mit den Abgesandten aus Pisa und Genua wurde vereinbart, daß ihre Flotten am 1. Mai 1164 auslaufen sollten.

Die Pavesen waren erneut mit Haß auf das wieder aufgebaute Tortona erfüllt, das sie endgültig zerstört geglaubt hatten. Als Barbarossa im November nach Pavia kam, boten ihm die Konsuln eine beträchtliche Geldsumme, wenn er seine Zustimmung zur neuerlichen Zerstörung des verhaßten Tortona geben würde. Der Herrscher gab tatsächlich seine Erlaubnis zu dem Vernichtungswerk, und die Pavesen begaben sich mitten im Frieden sofort ans Werk und machten Tortona zum Jammer und Entsetzen seiner Einwohner dem Erdboden gleich.

Während eines Umrittes des Kaisers durch die Lombardei klagten ihm die Mailänder ihr Elend. In den vier ihnen angewiesenen Dörfern lebten sie zusammengedrängt, ohne viel Hausrat und in ärmlichen Verhältnissen. Einige skrupellose Beauftragte des Kaisers nahmen jede Gelegenheit wahr, sich auf Kosten der Verfemten zu bereichern. Wenn der eine von ihnen mit einem Teil der Erträgnisse als Abgabe zufrieden war, dann verlangte der nächste den Rest. Die Erbschaft kinderlos verstorbener Mailänder wurde vielfach kurzerhand konfisziert. Für eine Reihe von kaiserlichen Bauten mußten die Bauern Spanndienste leisten, die aber so zeitraubend waren, daß die Bauern ihre eigene Feldarbeit nicht mehr versehen konnten. Der Kaiser ließ zwar die immer noch in seiner Hand befindlichen hundert Geiseln frei, aber Rainald fand rasch eine neue Möglichkeit, von den Mailändern Geld einzutreiben.

Barbarossa beschäftigte sich in der Romagna weiter mit der Vorbereitung des Feldzuges gegen Sizilien, dessen Durchführung aber wieder etwas ungewiß geworden war. Auf einem Reichstag in Parma Mitte März 1164 wollte oder konnte er jedenfalls darüber noch keine verbindliche Auskunft geben, welche Streitkräfte ihm schließlich zur Verfügung stehen würden.

Seit dem Fall Mailands vor zwei Jahren und seit der Kaiser 1162 den Genuesen Handelsprivilegien zum Nachteil der Venetianer eingeräumt hatte, fühlten sich diese in jeder Weise bedroht und geschädigt. Die früheren Freundschaftsverträge zwischen dem Reich und den Venetianern waren ohnehin zerbrochen, als sich die Venetianer etwa 1160 auf die alexandrinische Seite geschlagen hatten. Kürzlich hatten sie auch die aus ihren Bistümern vertriebenen alexandrinischen Bischöfe Oberitaliens in ihre Mauern aufgenommen. Es war sogar zu kriegerischen Scharmützeln zwischen einigen kaiserlichen Städten und der Republik Venedig gekommen. Jetzt aber erschienen Abgesandte Venedigs auf dem Reichstag in Parma und unterbreiteten dem Kaiser ein Friedensangebot. Barbarossa zeigte sich daran interessiert, aber schließlich konnte man sich doch auf keinen gemeinsamen Standpunkt einigen.

Welf VI. beklagte sich in Parma über das Vorgehen der kaiserlichen Beauftragten unter dem Kanzler Rainald in seinen italienischen Lehnsgebieten, aber der Kaiser machte dem Welfen klar, daß die Reichsrechte in diesen Gebieten nachdrücklicher demonstriert werden mußten. Die Drohungen Welfs beeindruckten Barbarossa nicht.

In Parma hatte der Kaiser auch Gelegenheit, seine Ansprüche auf Sardinien herauszustellen. Die Insel wurde seit dem 11. Jahrhundert von Rom, Genua und Pisa begehrt. Ein den Genuesen nahestehender sardischer Fürst versprach nun dem Kaiser 4000 Mark Tribut, wenn er ihn zum König von Sardinien erheben würde. Barbarossa ging darauf trotz Widerspruchs der Pisaner ein, denn er konnte damit doch die Abhängigkeit Sardiniens von seiner Herrschaft demonstrieren, nachdem Welf auch hier seine Erwartungen nicht erfüllt hatte. Nach einigen Monaten zeigte sich aber, daß der Kaiser mit diesem »König von Sardinien« einem Abenteurer aufgesessen war, der seine Versprechungen niemals einlösen konnte.

Einige Wochen nach dem Reichstag in Parma verkündete Kanzler Rainald in San Genesio die Verschiebung des Kriegszuges gegen Sizilien. Der Kaiser war inzwischen von einem Wechselfieber befallen worden, das ihn bis Mitte Juni in Pavia festhielt.

Während dieser Zeit trat ein Ereignis ein, das eine völlige Umkehr aller Verhältnisse hätte bringen können: Papst Viktor IV. starb am 20. April 1164 in Lucca. Seine Gegner behaupteten, daß er fünfzehn Tage vor seinem Tod in Wahnsinn verfallen sei, ein Anhänger berichtete von einer neuntägigen Agonie. Die Kardinäle um Alexander III. sollen in Jubel ausgebrochen sein, als sie vom Tode des Rivalen hörten, aber Alexander, so heißt es, habe den Tod seines Gegners beweint. In Lucca wurde dem exkommunizierten Papst ein Grab verweigert, und er konnte nur in einem Kloster vor der Stadt begraben werden.

Seine Abhängigkeit vom Kaiser hatte die Stellung Viktors alles andere als leicht und einfach gemacht. Er konnte sich der Zustimmung des Kaisers niemals ganz sicher sein, denn dieser empfand das Schisma als erhebliches Hindernis für seine Regierung und suchte deshalb immer nach einem Ausweg aus dieser mißlichen Situation. Angesichts der wiederholten Angebote Alexanders an den Kaiser war es nicht ausgeschlossen, daß Viktor eines Tages einem Übereinkommen geopfert würde. Eben im April war wieder eine Gesandtschaft Alexanders nach Susa in Oberitalien gekommen, um dem Kaiser eine neue Botschaft zu überbringen. Aber in der Verwirrung um Viktors Tod und wohl auch infolge einer Erkrankung Barbarossas scheint man die päpstlichen Legaten nicht empfangen zu haben. Ist es nicht doch eigenartig, wie Papst Alexander immer aufs neue versuchte, mit dem von ihm gebannten, verfluchten, exkommunizierten Kaiser in Kontakt zu kommen? Und ist es nicht bemerkenswert, daß selbst so alexandrinisch eingestellte Kirchenfürsten wie der Erzbischof Eberhard von Salzburg trotz des über Friedrich verhängten Bannes und trotz der päpstlichen Entbindung von ihren Treueiden dem Kaiser den Gehorsam keineswegs verweigerten?

Viktors überraschender Tod eröffnete also durchaus die Möglichkeit, das Schisma zu beenden, und es soll sogar eine Anweisung des Kaisers an Rainald gegeben haben, daß für Viktor kein Nachfolger gewählt werden solle. Aber der Kanzler war ebenso wie verschiedene Bischöfe sogleich nach Lucca geeilt, und schon zwei Tage nach Viktors Tod wurde Kardinal Guido von Crema als neuer Papst gewählt. Er gab sich den Namen Paschalis III. Damit wurden die Hoffnungen auf eine Überwindung des Schismas schnell zunichte, denn Friedrich, der sonst Anordnungen seiner Untergebenen durchaus widerrief, wenn sie seine Absichten durchkreuzten, billigte diese Wahl und anerkannte Paschalis als den rechtmäßigen Papst. Es zeigte sich allerdings bald, daß der neue Oberhirte noch weniger Anhänger fand als Viktor, weil eben doch sehr viele Kirchenfürsten von der Fortsetzung des Schismas enttäuscht waren.

Die von den Venetianern im März 1164 gewünschten Friedensverhandlungen mit dem Kaiser waren gescheitert. Nun bemühte sich die Inselrepublik, einen Städtebund gegen den Kaiser zustande zu bringen. Mit finanzieller und ideeller Unterstützung Manuels I. konnte Venedig seine Nachbarstädte Verona, Padua und Vicenza für den Plan gewinnen. Manuel soll diese Verschwörung gegen seinen römisch-deutschen Rivalen eine beträchtliche Summe gekostet haben. Die in diesem sogenannten Veroneser Bund zusammengeschlossenen Städte versicherten sich gegenseitig, daß sie Barbarossa nicht mehr leisten würden als ehedem Karl dem Großen und seinen Nachfolgern.

Es zeigte sich jetzt, daß der deutsche Kaiser mit seinen Forderungen gegenüber den oberitalienischen Städten zu weit gegangen war, und selbst ihm ehedem so treu ergebene Städte wie Pavia und Cremona drohten ihm unverblümt mit dem Abfall, wenn er nicht von seinem tyrannischen Vorgehen ablasse. Das war für Barbarossa ein Alarmsignal. Trotz seiner Erkrankung entfaltete er sofort eine emsige Aktivität, um weitere Städte von einem Anschluß an den Veroneser Bund abzuhalten. Treviso, Ferrara und Mantua machte er große Zugeständnisse, um sie in seiner Gefolgschaft zu halten. Kennzeichnend ist, daß Barbarossa der Stadt Mantua das Versprechen gab, es sollten ihr alle Rechte wieder zustehen, die sie vor seiner Ankunft in Italien hatte. Er erließ Abgaben, erteilte Privilegien, erklärte sich mit der Wahl von Konsuln einverstanden und machte in jeder Richtung Ausnahmen von den roncalischen Gesetzen, auf die er ursprünglich so großen Wert gelegt hatte.

Um gegen den aufständischen Veroneser Bund vorgehen zu können, hatte Barbarossa eifrigst Hilfe aus den Ländern nördlich der Alpen angefordert. Aber als er noch im Juni 1164 gegen Verona loszog, mußte er sich fast ausschließlich auf ein lombardisches Gefolge verlassen. Die Veroneser verfügten jedoch über ein größeres Heer, und so konnte der Kaiser nichts ausrichten. Er mußte sich wieder zurückziehen.
Auch ein Unternehmen des Patriarchen von Aquileja gegen das von Venedig beherrschte Grado verlief um die gleiche Zeit erfolglos. Die Schiffe des Dogen konnten den Patriarchen und siebenhundert Männer gefangennehmen.
Venedig war zu einem Mittelpunkt des Widerstandes gegen Barbarossa geworden. Seine Jahrhunderte alten Beziehungen nach Konstantinopel erleichterten es ihm, die Fäden zu Manuel I. zu knüpfen, dem ebenso wie Wilhelm I. von Sizilien an der Vernichtung Friedrichs I. gelegen war. Daß auch Ludwig VII. und Papst Alexander III. mit in dieser Front standen, ist selbstverständlich. Aber die Einmütigkeit all dieser Kräfte – und noch mancher weiteren – bestand nur in der Feindschaft gegen den mächtigen, aktiven römisch-deutschen Kaiser. Im übrigen strebten die Interessen allzusehr auseinander, eine dauerhafte Gemeinschaft konnte sich so nicht bilden.
Schon Anfang Juni hatte der Kaiser seinen Kanzler Rainald, den Erzbischof von Köln, in die Heimat entlassen. Pfalzgraf Konrad bei Rhein, der Stiefbruder des Kaisers, zeigte Absichten, in das kölnische Gebiet einzufallen. Barbarossa verabschiedete Rainald deshalb in Pavia und schenkte ihm für seine Bischofskirche die Reliquien der Heiligen Drei Könige, die er in Mailand vor der Vernichtung durch die Lombarden gerettet hatte. Rainald zog über Burgund, um Überfällen in den süddeutschen Ländern zu entgehen und um für den Kaiser in Burgund Hilfe mobil zu machen. Rainald benutzte die Gelegenheit, die in Vienne versammelten burgundischen Kirchenfürsten zur Anerkennung des neuen Papstes Paschalis aufzufordern. Aber einige der Anwesenden sollen geäußert haben, sie würden den Neugewählten eher exkommu-

nizieren als sich ihm unterwerfen. Angesichts solch heftiger Gegenkräfte mußte Erzbischof Rainald einen Rückzieher machen. Aber er ließ dann in der Grafschaft Lyon noch Befestigungen anlegen, denn sowohl in Burgund wie auch in Frankreich lebte man seit der gescheiterten Begegnung an der Saône-Brücke in St. Jean-de-Losne im Jahre 1162 in der Angst vor einem Angriff der Gegenseite.

Papst Alexander schrieb eiligst an den Erzbischof von Reims, daß der gebannte Kanzler Rainald wohl durch sein Gebiet kommen werde und daß er ihn doch tunlichst gefangennehmen möge. Alexander vergaß nicht hinzuzufügen, daß ihm kein größerer Gefallen erwiesen werden könne. Doch Rainald kam heil nach Köln und brachte auch die Reliquien der Heiligen Drei Könige sicher dorthin.

Mitten in diesen für den Kaiser so wenig erfreulichen Wochen und Monaten brachte seine Gemahlin Beatrix am 16. Juli 1164 in Pavia den ersten Sohn zur Welt, den späteren Herzog Friedrich von Schwaben. Nach achtjähriger Ehe wurde dieser erste männliche Erbe mit großer Freude begrüßt.

Die Lage in Oberitalien verschlechterte sich für den Kaiser zusehends. Der Podestà von Bologna wurde erschlagen, derjenige von Piacenza vertrieben. Der Stadt Pavia gewährte Barbarossa alle Rechte und Lehen wieder, die sie vor den roncalischen Beschlüssen hatte. Como und Asti erhielten gleichfalls bemerkenswerte Privilegien und ebenso alle Vasallen, die die kaiserliche Politik bisher treu unterstützt hatten. Der sich ausbreitenden Opposition versuchte der Kaiser wohl da und dort mit Härte zu begegnen, soweit seine Kräfte reichten, aber im wesentlichen sah er sich genötigt, die Treue der einzelnen Städte durch Milde und Zugeständnisse zu erhalten. Seine Absicht, den Feldzug gegen Sizilien vornehmlich mit lombardischen Streitkräften durchzuführen, hatte sich trotz der energischen Vorarbeit Rainalds von Dassel nicht durchführen lassen. Sicher war es sogar das allzu forsche und rücksichtslose Vorgehen Rainalds, das den Stimmungsumschwung gegen den Kaiser in Oberitalien mit ver-

ursacht hatte. Wo man zunächst glücklich war, der Tyrannei Mailands ledig zu sein, stöhnte man bald unter den neuen Abgabeverpflichtungen und sprach von der Tyrannei der kaiserlichen Podestàs.
Nicht selten haben in der Tat eigensüchtige und brutale Männer die Sache des Kaisers und des Reiches auf eine denkbar schlechte Weise vertreten. Sie spielten sich mehr als Besatzungsmacht auf denn als beauftragte Verwalter in einem gleichberechtigten Reichsteil. So konnte die Reaktion nicht ausbleiben. Der Kaiser hatte die Maßnahmen Rainalds und seiner Männer wohl gebilligt, aber er mußte nun doch erkennen, daß er der neuen Lage ohne eine starke deutsche Streitmacht nicht Herr werden konnte. So entschloß er sich, in seine Länder nördlich der Alpen zurückzukehren, nachdem er versucht hatte, in Italien durch politische Vorkehrungen für sich günstigere Einflüsse anzubahnen. Die Ende 1161 von Burchard ausgesprochene Hoffnung »Mit dem Sieg über Mailand haben wir dann alles gewonnen«, hat sich jedenfalls nicht erfüllt.
In den deutschen Landen waren nicht nur die Reibereien zwischen Erzbischof Rainald von Köln und Pfalzgraf Konrad bei Rhein im Gange, sondern auch in Schwaben hatte sich aus zunächst kleinen Plänkeleien eine große Auseinandersetzung zwischen Welf VI. und dem Pfalzgrafen Hugo von Tübingen entwickelt. Unter der Führung des jungen Welf rückte im September 1164 ein großes Heer gegen die Tübinger Burg vor, in der man angesichts der erdrückenden Übermacht bald an Verhandlungen dachte. Aber der Übermut einiger welfischer Ritter schuf eine günstige Lage für die Eingeschlossenen, und mit einigem Glück konnte das welfische Heer nicht nur in die Flucht geschlagen werden, sondern es fielen auch rund 900 Gefangene und reiche Beute in die Hände der Tübinger. Dieser Sieg hat ein so enormes Aufsehen erregt, daß Wolfram von Eschenbach noch einige Jahrzehnte später darüber schrieb.
Als der Kaiser am 1. November 1164 von Italien nach Ulm kam, berief er sogleich für Mitte des Monats einen Reichstag

nach Bamberg ein. Dort konnte er den Pfalzgrafen von Tübingen veranlassen, die Gefangenen herauszugeben, und die rachehungrigen Welfen versprachen einen einjährigen Waffenstillstand. Auch die Zwistigkeiten zwischen dem Kölner Erzbischof und dem Pfalzgrafen bei Rhein konnten wenigstens nach außen hin beigelegt werden.

Schwierigkeiten gab es um die Nachfolge des im Juni 1164 verstorbenen Erzbischofs Eberhard von Salzburg. Der Kaiser hat deshalb den Salzburger Klerus und die Ministerialen dieses Bistums nach Bamberg geladen. Man hatte dort den bisherigen Passauer Bischof Konrad – einen Bruder des österreichischen Herzogs – auf den verwaisten Erzbischofstuhl gewählt, aber von ihm verlangt, daß er sich gleich seinem Vorgänger für Papst Alexander erklären müsse. Nachdem der Kaiser auch die alexandrinisch gesonnenen Patriarchen Udalrich von Aquileja und Erzbischof Konrad von Mainz investiert hatte, erwarteten die Salzburger auch für ihren neuen Erzbischof in dieser Hinsicht keine Schwierigkeiten. Aber Friedrich war allmählich zu der Überzeugung gelangt, daß er mit den Alexandrinern zu keiner Einigung kommen könne und wollte deshalb mit Härte versuchen, den Anhang Alexanders im Reich zu beseitigen. Er glaubte, daß er durch den Tod von Erzbischof Eberhard, dem namhaftesten deutschen Alexandriner, eine günstige Ausgangsposition dafür habe. Deshalb war er nicht damit einverstanden, daß die alexandrinische Hochburg im Südosten des Reiches fortbestehen solle. Aber auch auf dem Bamberger Reichstag sträubte sich der neue Erzbischof Konrad im Einvernehmen mit den Salzburgern, Paschalis III. als Papst anzuerkennen, und der Kaiser weigerte sich daraufhin, Konrad die Investitur zu erteilen. Man ging im Unfrieden auseinander.

Nach dem Bamberger Reichstag ritt der Kaiser an den Rhein und hielt sich dann einige Zeit im Elsaß auf, wo er Hagenau zur Stadt erhob. In den ersten Jahren seiner Regierungszeit hatte Friedrich hier bereits eine Burg seines Vaters weiter ausbauen lassen. Zum Jahresende hielt er noch einen Hoftag in Straßburg.

Anfang Februar 1165 traf der Kaiser in Goslar mit den Erzbischöfen von Mainz und Köln sowie mit weiteren Kirchenfürsten zusammen. Goslar gehörte ja auch zur Mainzer Kirchenprovinz, aber der Mainzer Erzbischof hatte unlängst auf einer Wallfahrt nach Frankreich Papst Alexander die Treue geschworen. Trotzdem anerkannte er seine Dienstbarkeit gegenüber dem gebannten Kaiser. Einem Legaten von Papst Paschalis soll er freilich gedroht haben, er werde ihm die Augen ausreißen lassen, wenn er sich noch einmal auf Mainzer Boden erwischen lasse. Die pro- und anti-alexandrinischen Fronten hatten sich während der letzten Monate sehr verhärtet. Nicht nur der Trierer Erzbischof stand längst im Geruch, ein Alexandriner zu sein, sondern neuerdings auch der magdeburgische Wichmann und mancher andere.
In England tobte ein offener Kirchenstreit, und der alexandrinische Erzbischof Thomas Becket von Canterbury hatte das Land im November 1164 verlassen müssen. Der Primas hatte die Konstitutionen von Clarendon aus dem Jahre 1164 zwar anerkannt, aber er verweigerte doch ihre Durchführung. Diese Konstitutionen grenzten die Kompetenzen zwischen der Kirche und dem Staat ab, wobei Heinrich II. seine Machtansprüche gegen die Kirche mit großer Schärfe herausstellte. Thomas Becket hatte sich nach seiner Flucht ebenso wie Papst Alexander unter den Schutz des französischen Königs begeben. Damit wurde für Ludwig VII. erneut die Gefahr akut, daß sich Heinrich II. mit Kaiser Friedrich I. gegen ihn verbündete.
Tatsächlich führte der Kaiser einen politischen Plan im Schilde, der die Verhältnisse im Abendland wesentlich zu seinen Gunsten verändern sollte. Der französische König spielte in diesen Überlegungen aber nicht die Rolle eines Gegners, sondern er sollte ebenso wie der englische Monarch als Bundesgenosse mitwirken. Zur Vorbereitung des Unternehmens traf sich Friedrich in diesen Monaten wieder sehr häufig mit den kirchlichen und weltlichen Fürsten seines Reiches.
Der Kanzler Rainald erhielt den Auftrag, sich mit einer Delegation zunächst an den Hof des englischen Königs zu bege-

ben und diesem einige vorteilhafte heiratspolitische Vorschläge zu unterbreiten. Auf dieser Basis sollte dann Übereinstimmung für eine kirchenpolitische Zusammenarbeit gewonnen werden, in die anschließend auch der französische König einbezogen werden sollte. Ziel des ganzen Planes war wieder einmal die Beseitigung des Schismas, natürlich mit Ausschaltung Alexanders. Wenn das Ganze gelänge, wollte der Kaiser als Friedensfürst und Oberhaupt der Christenheit an der Spitze eines neuen Kreuzzuges die von den Seldschuken und anderen Mohammedanern bedrängten Christen im Heiligen Land befreien.
Die kaiserliche Delegation wurde vom englischen König in Rouen mit großem Gepränge empfangen. Der alexandrinisch eingestellte englische Klerus wollte mit dem exkommunizierten deutschen Kanzler allerdings nichts zu tun haben, doch Heinrich II. war sehr erfreut über das Angebot, seine älteste Tochter, die neunjährige Mathilde, dem reichsten deutschen Fürsten, Heinrich dem Löwen, zu verloben. Noch mehr mochte es dem Engländer schmeicheln, daß der Kaiser ihm seinen Sohn Friedrich für die jüngere Tochter antragen ließ, deren Großmutter ja auch bereits als Gemahlin Lothars III. römisch-deutsche Kaiserin war. Bei solchen Ehren war es für Heinrich II. keine Frage, daß er den Vorschlägen zustimmte. Und es war nur natürlich, daß sich die Eltern bei einem Verlöbnis ihrer Kinder nicht teilnahmslos gegenüberstanden. Für Rainald waren also die besten Voraussetzungen gegeben, daß er auch seine nächste Aufgabe gut lösen konnte. Bei der gegenwärtigen Animosität Heinrichs gegen alle Alexandriner fiel es nicht schwer, ihn für einen Pakt gegen deren Oberhaupt zu gewinnen. Man vereinbarte, daß zwei Gesandte des Königs mit der deutschen Delegation zu dem bevorstehenden Reichstag nach Würzburg reiten sollten, um die Übereinkunft dort öffentlich zu beschwören. König Heinrich versprach außerdem, im Herbst 1165 mit dem Kaiser zusammenzutreffen und dann die englischen Bischöfe den Obedienzeid für Papst Paschalis leisten zu lassen. Das war mehr, als sich der Kaiser erhofft hatte.

Aber den weiteren Auftrag, auch König Ludwig von Frankreich für dieses Bündnis zu gewinnen, erfüllte Rainald nicht. Er ließ den Franzosen wissen, daß er wegen Schwierigkeiten bei Heinrich II. und Zeitmangels im Hinblick auf den Reichstag zu Würzburg den angekündigten Besuch nicht abstatten könne. Sicher wich aber Rainald diesem Besuch nur allzu gerne aus, denn er machte sich immer wieder über das französische »Königlein« lustig und konnte sich denken, daß seine Lästereien am französischen Hof bekannt waren. Den Gebannten hätte man dort mindestens ebenso ungern gesehen wie beim englischen Klerus.

Zu Pfingsten, gegen Ende Mai 1165, trat der Reichstag in Würzburg zusammen. Zahlreiche weltliche Fürsten waren erschienen, unter ihnen Herzog Heinrich der Löwe, Herzog Friedrich von Schwaben, Pfalzgraf Konrad bei Rhein, Landgraf Ludwig von Thüringen und Markgraf Albrecht von Brandenburg. Von kirchlicher Seite waren etwa vierzig Bischöfe anwesend, aber es fehlten die Erzbischöfe von Salzburg und Trier. Auch der Patriarch von Aquileja wurde vermißt. Thema des Reichstages war das Schisma und die Möglichkeiten seiner Beendigung. Den zögernd angelaufenen Beratungen gab Rainald die entscheidende Wendung, als er über seine Verhandlungen mit Heinrich II. berichtete und forderte, die Ehre des Reiches durch einen Schwur des Kaisers und der Fürsten zu retten, daß keiner von ihnen jemals einen anderen als Papst Paschalis oder seinen Nachfolger anerkennen werde. Wenn auch unter den deutschen Bischöfen noch viele Anhänger von Alexander seien, so habe er doch von König Heinrich die Zusicherung erhalten, daß sich die rund fünfzig englischen Bischöfe Papst Paschalis unterstellen werden. Damit gewinne Paschalis einen wesentlichen Teil der Christenheit für sich.

Die Abgesandten aus England beschworen vor dem Reichstag den zwischen ihrem König und dem Kanzler Rainald ausgehandelten Vertrag. Dann entschloß sich der Kaiser zu schwören, »daß wir den Schismatiker Roland oder einen von seiner Partei Gewählten niemals als Papst anerkennen und

niemandem zur Anerkennung desselben die Erlaubnis geben werden, daß wir auch keinen seiner Anhänger je wieder zu Gnaden annehmen werden, es sei denn, daß er von seinem Irrtum läßt und zur Einheit der Kirche zurückkehrt. Wir werden dagegen immer den Herrn Papst Paschalis unterstützen und fördern und ihm als dem katholischen Vater und allgemeinen Hirten Gehorsam, Ehre und Achtung beweisen und bei unserem Leben von ihm und seiner Partei nie lassen . . . Eine Entbindung von diesem Eide werden wir niemals anstreben und auch, wenn sie uns angeboten wird, nicht annehmen.«
Welche Bedeutung der Kaiser dieser Sache beigemessen hat, zeigt allein die Tatsache, daß er den Schwur selbst geleistet hat, während er sonst immer in seinem Auftrag schwören ließ. Die weltlichen Fürsten legten den Eid ohne Einschränkungen ab, von den kirchlichen wurden jedoch mancherlei Vorbehalte angemeldet: ihr Schwur solle nur gelten, wenn er von allen Bischöfen geleistet würde, er solle auch nur so lange Gültigkeit haben, als sie ihre Regalien in Anspruch nähmen usw. Erzbischof Konrad von Mainz ist sogar heimlich und ohne Abschied bei Nacht verschwunden, bevor es zum Schwur kam. Er soll sich unverzüglich nach Frankreich und zu Papst Alexander begeben haben. Und auch der Trierer Erzbischof bekannte sich bald offiziell zu Alexander.
Alle deutschen Kleriker und Laien sollten den Eid innerhalb von sechs Wochen nach dem Würzburger Reichstag leisten. Den Klerikern, die sich weigerten, wurde der Entzug ihrer Ämter und Benefizien angedroht, den widerwilligen Laien die Enteignung ihrer Allodien und Lehen. Niemand sollte ohne Strafe den Eid verweigern dürfen. Im Bistum Cambrai sollte ein Abt die Erfüllung dieser Anordnung überwachen, und Friedrich schrieb dazu: »Keinen Rebellen soll das Auge und die Zunge des Abtes schonen; wer nicht schwören will, soll aus dem Bistum vertrieben werden.« In der alexandrinisch eingestellten Kirchenprovinz Salzburg verlieh der Kaiser den Würzburger Beschlüssen durch seine eigene Anwesenheit Nachdruck, und in den Gebieten des geflohenen

Mainzer Erzbischofs vertrat Landgraf Ludwig von Thüringen die Sache des Kaisers.

Von den Zisterzienser-Mönchen, die besonders eifrige Parteigänger Alexanders waren, sollen, wie Helmold von Bosau in seiner Slavenchronik berichtet, ganze Scharen das Reich verlassen haben, um dem Schwurzwang zu entgehen. Trotzdem fanden diese Ordensbrüder Möglichkeiten, ihre Tätigkeit in den Reichsgebieten fortzusetzen, und besonders in der landwirtschaftlichen Erschließung der östlichen Territorien haben sie ebenso wie die Prämonstratenser vorzügliche Leistungen vollbracht.

Der Kaiser hat mit den Würzburger Beschlüssen den fortschreitenden Trend in der Reichskirche zugunsten der Alexandriner nicht nur aufzuhalten, sondern umzukehren versucht. Der Tag, an dem er selbst in Würzburg den Eid leistete, wurde jedoch als »der unglücklichste seines Lebens« bezeichnet (Giesebrecht). In der Tat verschloß sich Friedrich mit diesem Eid die Türen für einen Ausgleich mit der Kirche auf lange Zeit, und er vergrößerte damit die Zwietracht in seinem Reich. Aber in Würzburg ging der Kaiser vor allem auf Grund des mit Heinrich II. abgeschlossenen Vertrages davon aus, daß er nun das Schisma mit Macht und Elan beenden könne.

Dazu schickte Friedrich eine Gesandtschaft an Alexander, die diesen über die Würzburger Beschlüsse informierte und ihn zum Rücktritt aufforderte, doch Alexander war dem Kaiser an Mentalität und Zähigkeit durchaus gewachsen und dachte natürlich nicht im entferntesten daran, vor der kaiserlichen Aggression zu kapitulieren. Ende Juni schrieb er daher an den französischen König, dieser möge fest darauf vertrauen, daß alles, was der Kaiser jetzt zum Schaden der Kirche plane, ihm selbst zum Verderben ausschlagen werde. Aber Alexander fühlte sich nach dem Vertrag zwischen dem Reich und England in Nordfrankreich doch nicht mehr sicher und begab sich deshalb wieder nach Montpellier, um bei günstiger Gelegenheit nach Italien zurückzukehren.

Der Kaiser ritt von Salzburg nach Wien, wo er weiteren Für-

sten, an der Spitze dem österreichischen Herzog Heinrich Jasomirgott, den Eid nach den Würzburger Beschlüssen abnahm. Hier, wo ihm sogar ein ruthenischer Fürst huldigte, ließ Barbarossa den jungen ungarischen König Stephan III. an die Bezahlung des versprochenen Tributs von 5000 Mark erinnern. Mit dem anwesenden böhmischen König wurden wohl Pläne für einen neuen Zug nach Italien besprochen, auf dem der Kaiser die Böhmen nach den guten Erfahrungen, die er mit ihnen während des zweiten Italienzuges gemacht hatte, nicht missen wollte.
In Italien war unterdessen Christian von Buch für den Kaiser und für Paschalis in der Campagna tätig. Paschalis konnte seinen Sitz in Viterbo nördlich von Rom nehmen. Aber in der Lombardei verhielten sich die Kaiserlichen nach dem mißlungenen Angriff auf den Veroneser Bund und nach den rebellischen Äußerungen selbst der kaisertreuesten Städte nicht klüger als vorher. So ist es nicht erstaunlich, daß die Aversion gegen das Reich immer mehr um sich griff. Ein kaiserfreundlicher Lodesane soll versichert haben, daß den Lombarden mehr als das Siebenfache dessen abgepreßt wurde, was ursprünglich vertraglich vereinbart worden war. So wie man von den Städten Geldzahlungen verlangte, wurden bei den Bauern Schweine, Schafe, Hühner, Eier, Getreide, Heu, Holz usw. in großem Umfang requiriert und Spanndienste verlangt. Wurde eine Forderung nicht pünktlich erfüllt, so wurde sie auf das Doppelte erhöht. Die kaiserlichen Statthalter traten mit immer neuen Forderungen auf. Die ehedem so freien und unabhängigen Städte der Lombardei empfanden die Maßnahmen der Kaiserlichen als eine Sklaverei, wie sie noch keine zu ertragen hatten.
In der Umgebung von Papst Alexander erwartete man sehnlichst einen allgemeinen Aufstand in Italien, der die eigenen Chancen verbessern würde. Aber wie sollte Alexander nach Italien gelangen, da zwischen Pisa und Genua wieder Kämpfe ausgebrochen waren und deren Flotten das Meer unsicher machten? Ein Versuch, mit einem Schiff der Johanniter überzusetzen, scheiterte.

Alexander nutzte seinen unfreiwilligen Aufenthalt in Montpellier, um an alle gläubigen Christen einen Aufruf für die Teilnahme an einem neuen Kreuzzug zu richten. Konnte der Papst wirklich hoffen, daß sich die Lage in absehbarer Zeit soweit klären würde, daß ein Kreuzzug der vereinigten Christenheit möglich wäre – oder war dieser Aufruf nur ein Manöver, das von seiner eigenen mißlichen Lage ablenken sollte?
Auf einem Reichstag zu Worms wurde im September 1165 auf Befürwortung des Kaisers der Kanzler Christian von Buch zum neuen Erzbischof von Mainz gewählt. Der alexandrinische Konrad war von seinem Exodus nicht mehr zurückgekehrt und deshalb abgesetzt worden. Zu diesem Reichstag war auch der Erzbischof von Salzburg geladen worden, jedoch nicht erschienen. Er wollte nach wie vor den Eid auf die Würzburger Beschlüsse nicht leisten. Damit brachte er den Kaiser jedoch in große Verlegenheit, da er gegen seinen eigenen Onkel nicht gerne mit den angekündigten Strafen vorgehen wollte. Friedrich brachte deshalb einen Beschluß zustande, wonach Erzbischof Konrad wegen Treubruchs zu einem förmlichen Rechtsverfahren dreimal jeweils mit einer Frist von sechs Wochen vor ein Hofgericht geladen werden sollte. Friedrich hoffte zweifellos, daß sich in dieser Zeit eine tragbare Lösung finden lassen werde.
Im Herbst 1165 – das genaue Datum ist nicht bekannt – wurde in Nymwegen der zweite Sohn des Kaisers und seiner Gemahlin Beatrix geboren. Hier hatte Friedrich die ehemalige Pfalz von Karl d. Gr. erneuern lassen. Dieser zweite Sohn war der nachmalige Kaiser Heinrich VI., der seinem Vater 1190 auf dem Thron gefolgt ist.
Rainald von Dassel konnte sich endlich der Konsekration für sein Erzbischofsamt nicht mehr entziehen, da man ihn immer mehr verdächtigte, für den Fall eines Sieges der Alexandriner eine Rückzugsmöglichkeit offenhalten zu wollen – so absurd dies auch war, denn der Gebannte konnte in einem solchen Fall kaum Schonung erwarten. Die Weihe fand Anfang Oktober 1165 in Köln durch den Bischof von Osnabrück

statt; der Kaiser, die Kaiserin sowie zahlreiche kirchliche und weltliche Fürsten aus Sachsen, Westfalen und Lothringen nahmen an der Zeremonie teil.

Von Köln begab sich Friedrich bald an den Niederrhein, und Ende November finden wir ihn in Utrecht. In dieser Gegend litt die Bevölkerung häufig unter den Überschwemmungen des Rheins. Der Kaiser ordnete den Durchstich eines Dammes an, so daß das Hochwasser künftig in die Zuidersee abfließen konnte. Befriedigt stellte der Monarch fest, daß er damit »für die Wohlfahrt des ganzen Landes gesorgt und besonders der Not der Armen gesteuert« habe. Friedrich ordnete die Erneuerung eines anderen alten Dammes an und beendete einen blutigen Streit zwischen Bischof Gottfried von Utrecht und Graf Florentius von Holland, indem er ein zwischen den beiden umkämpftes Gebiet teilte. Schon von Köln aus hatte er eine Erbschaftssache im Hennegau geregelt.

Ende Oktober konnte Alexander endlich Frankreich verlassen. Er begab sich zunächst nach Messina, wo er von König Wilhelm I. mit reichen Geschenken empfangen wurde. Einige Wochen später gelangte der umstrittene Papst mit sizilischer Hilfe sogar nach Rom, wo er unter anderem mit Konrad von Wittelsbach, dem ehemaligen Erzbischof von Mainz, seinen Einzug hielt. Mit Ausnahme des dreiwöchigen Aufenthaltes im Juni 1161 hatte Alexander die Stadt seit seiner Wahl im September 1159 nie mehr aufsuchen können. Die Römer freuten sich diesmal, daß sie endlich wieder einen Papst in ihren Mauern hatten, freilich reichte die Herrschaft kaum über diese Mauern hinaus, denn Christian von Buch hatte die Campagna im Herbst noch dem Kaiser botmäßig gemacht. Paschalis residierte in Viterbo, nachdem es nicht gelungen war, ihn in Rom zu etablieren.

Friedrichs ganzes Streben galt der Wiederherstellung des Ansehens von Reich und Kaisertum, wie es unter Karl dem Großen gewesen war. Um dieses Streben weithin sichtbar zu machen, plante der Kaiser seit langem an der Ruhestätte Karls in Aachen eine große Feier, in der der von ihm verehrte Karolinger heiliggesprochen werden sollte. Die einige Jahre vorher erfolgte Heiligsprechung des englischen Königs Edward des Bekenners mag ihn zu diesem Vorhaben angeregt haben, zumal der gegenwärtige englische König Heinrich II. mit jener Zeremonie seine eigene monarchische Stellung hatte stärken können. Die Kanonisierung Karls des Großen fand im Rahmen eines Reichstages am 29. Dezember 1165 in Anwesenheit zahlreicher weltlicher und kirchlicher Fürsten statt. Die Gebeine Karls wurden in einen neuen Sarkophag gelegt, über dem später ein von Friedrich gestifteter vergoldeter Kronleuchter angebracht wurde. In einem wenige Tage später von Friedrich erlassenen Manifest ist unter anderem zu lesen: »Bei der Verbreitung des christlichen Glaubens und bei der Heidenbekehrung war Karl der Große ein tapferer Streiter und ein wahrer Apostel, wofür Sachsen, Friesen, Westfalen und die Spanier ebenso Zeugen sind wie die Vandalen, die er mit Wort und Schwert zum römischen Glauben bekehrt hat. Obgleich kein Schwert seine Brust durchbohrt hat, machen ihn die überstandenen zahlreichen Kämpfe und Leiden sowie seine tägliche Bereitschaft, für den wahren Glauben zu sterben, zu einem Märtyrer. Daher proklamieren und verehren wir ihn nun als auserwählten und heiligen Bekenner. . . . Im Glauben an die ruhmreichen Taten und an die Vortrefflichkeit des heiligen Kaisers, ermutigt durch den Wunsch unseres teuren Freundes Heinrich, König von England, haben wir mit Zustimmung und Erlaubnis des Herrn Papstes Paschalis, nach Ratschlag aller weltlichen und geistlichen Fürsten, zum Preis, zur Ehre und Heiligsprechung des Kaisers Karl zu Weihnachten in Aachen einen feierlichen Hof gehalten. Dort war sein heiliger Körper aus Furcht vor Feinden versteckt, aber wir haben ihn dank einer göttlichen Offenbarung entdeckt. Zum Lob und Ruhm Christi, zur Stärkung des Reiches, zum Heile unserer lieben Gemahlin, der Kaiserin Beatrix, und dem unserer Söhne Friedrich und Heinrich, haben wir ihn am 29. Dezember 1165 in einer großen Fürstenversammlung und im Beisein zahlreicher Kleriker und viel Volkes mit Hymnen und geistlichen Lobgesängen in Frömmigkeit und Ehrfurcht erhoben und gepriesen.«

Friedrich wollte mit dieser Zeremonie zweifellos auch deutlich machen, daß die deutschen Könige und Kaiser die wahren Nachfolger des großen Karolingers und Begründers der weltlichen und geistlichen Einheit des Abendlandes waren. Damit wollte er Ansprüche der französischen Kapetinger auf diese Nachfolgeschaft beiseite räumen und seine Bestrebungen untermauern, wieder wie Karl der Große die weltliche und kirchliche Oberhoheit auszuüben.
Während dieses Reichstages in Aachen, der sich noch bis in die ersten Tage des Jahres 1166 hinzog, wurde auch eine Fülle von Fragen von lokaler Bedeutung geklärt, wie das bei nahezu allen Reichstagen üblich war. Diese Angelegenheiten waren zwar weniger spektakulär, aber sie waren für die Befriedung des Landes, für die Entwicklung von Handel und Verkehr sowie für das Wohlbefinden der Bevölkerung doch von wesentlicher Bedeutung. Friedrich nahm Aachen unter seinen besonderen Schutz, gewährte den Bürgern Zollfreiheit, regelte das Münzrecht und ordnete an, daß jährlich zwei Märkte stattfinden sollten. Auch strittige Fragen in Flandern, in Duisburg und in Maastricht wurden während dieses Reichstages geregelt.
Die einjährige Waffenruhe zwischen den Welfen und dem Pfalzgrafen von Tübingen war kaum verstrichen, als die Welfen im Verein mit Berthold von Zähringen erneut in das Tübinger Gebiet einfielen. Sie zerstörten einige Burgen und verwüsteten die Länderein des Pfalzgrafen, der seinen früheren Bundesgenossen Herzog Friedrich von Schwaben zu Hilfe rief. Der wiederum holte sich beim böhmischen König, seinem alten Waffengefährten, Verstärkung. Anfang 1166 wurden die welfischen und zähringischen Besitzungen bis zum Genfer See gebrandschatzt und geplündert und in eine Wüstenei verwandelt. Über diese gelungene Vergeltung herrschte bei den Tübingern große Befriedigung, doch mußte der Pfalzgraf nach einem Schuldspruch des Kaisers dafür achtzehn Monate in einer welfischen Festung büßen. Die anderen an dem Streit Beteiligten hatten sich wohl zur Teilnahme am nächsten Italienzug zu verpflichten.

Erzbischof Konrad von Salzburg war den beiden ersten Gerichtsladungen nicht gefolgt, und erst auf die dritte war er dann in Nürnberg erschienen, aber die Sache ist dabei nicht vorwärts gekommen – der Erzbischof war halsstarrig und der Kaiser unentschlossen. Ein Gerichtstag in Laufen an der Salzach sollte am 29. März 1166 die Entscheidung bringen. Konrad war der Ansicht, daß ihm nach seiner kanonischen Wahl die Regalien nicht verweigert werden dürften, aber die Anerkennung von Paschalis lehnte er ab. Der Kaiser konnte aber die in Würzburg erlassenen Bestimmungen nicht umgehen und mußte den Erzbischof, der zu dem Gerichtstag nicht erschienen war, sowie die mit ihm sympathisierenden Kleriker in die Reichsacht erklären. Alle Reichslehen des Erzstiftes wurden eingezogen und sämtliche anderen Besitztümer konfisziert. Mit den eingezogenen Lehen wurde eine Reihe von Fürsten neu belehnt.
Dieses Urteil hat Kämpfe verursacht, die sich bis über die Jahresmitte 1167 hinzogen. Besonders einige benachbarte Grafen ließen sich die Gelegenheit nicht entgehen, ihren Unmut an dem Erzbischof auszulassen. Konrad setzte sich aber mit seinen Anhängern nachdrücklich zur Wehr. Salzburg wurde ein Asyl für alle Kleriker, die wegen der Würzburger Beschlüsse verfolgt wurden. Mitte September soll Erzbischof Konrad etwa fünhundert von ihnen geweiht haben – eine Zahl, die einen Begriff vom Umfang der alexandrinischen Opposition in den deutschen Landen gibt.
Zweifellos war es in erster Linie die von Alexander symbolisierte Unabhängigkeit der Kirche vom Kaiser und damit überhaupt von weltlichen Mächten, die ihm solchen Zulauf brachte. Er war für diese kirchliche Unabhängigkeit im Laufe der Jahre geradezu zu einer Symbolfigur geworden und wußte diese Position geschickt auszunutzen, obgleich er doch stets auf die Unterstützung irgendwelcher Potentaten angewiesen war, sei es Heinrich von England, Ludwig von Frankreich, Wilhelm von Sizilien oder Manuel von Byzanz. Aber sicher kam Alexander auch der frühe Tod Viktors zustatten, denn nun war er im Vergleich zu Paschalis derjenige,

den man länger kannte, über den man besser Bescheid wußte, der den ruhenden Fels in der reißenden Strömung der Zeit symbolisierte. Das war und ist zu jeder Zeit ein wesentliches Kriterium für den allen Änderungen abgeneigten menschlichen Sinn. Für die nicht-deutschen Kleriker kam als entscheidender Vorteil zugunsten von Alexander noch die Antipathie gegen die große Machtfülle des römisch-deutschen Kaisers hinzu, die durch einen ihm zugeneigten Papst noch vermehrt würde.

Die zunehmenden nationalen Ambitionen jener Zeit, etwa in England, Frankreich, Polen, Dänemark, Ungarn und der Lombardei waren überhaupt eine bemerkenswerte Parallelerscheinung zu den gregorianischen Unabhängigkeitsbestrebungen der Päpste von jeglicher weltlicher Obrigkeit. So ist es auch zu verstehen, daß der englische Klerus nicht bereit war, die Schwenkung König Heinrichs von Papst Alexander zu Papst Paschalis mitzumachen. Selbst wenn Heinrich wirklich willens war, Alexander den Stuhl vor die Tür zu setzen – was keineswegs sicher und unbestritten ist! – so war es doch von Anfang an unwahrscheinlich, daß ihm dies angesichts der Einstellung des englischen Klerus gelungen wäre. Kaiser Friedrich mußte jedenfalls bald erkennen, daß das Bündnis mit Heinrich nicht das hielt, was es versprochen hatte, als man darauf die Würzburger Beschlüsse gründete. Heinrich war sich darüber im klaren, daß er die englische Kirche spalten würde, wenn er ihr ein Bekenntnis zu Paschalis aufzwingen wollte. Deshalb versuchte er, sich Alexander und Ludwig wieder zu nähern. Er leugnete, je die Absicht gehabt zu haben, Paschalis anzuerkennen, und behauptete auch, von der Exkommunikation des Kaisers nichts gewußt und nur deshalb dem Ehevertrag für dessen Sohn und seine Tochter zugestimmt zu haben. Außerdem erklärte er sich bereit, alles wieder zu revidieren. Aber der französische König zeigte Heinrich die kalte Schulter, hielt ihn sogar des Meineids für fähig, und auch Kaiser Friedrich soll über den arglistigen, perfiden Engländer geklagt haben. Papst Alexander gab seine Zustimmung, daß Thomas Becket die Konstitutionen von Clarendon verdammte und gegen alle die, die sich künftig danach richteten, den Bann aussprach. Während die Helfer König Heinrichs gebannt wurden, wurde ihm selbst der Bann nur angedroht.

Im Mai 1166 starb Alexanders wichtigster finanzieller Helfer, König Wilhelm I. von Sizilien. Noch auf dem Sterbebett, auf das ihn ein Wechselfieber geworfen hatte, machte er dem Papst eine Schenkung von 60000 Denaren, wohl um sein Seelenheil zu retten. Wilhelm war es zwar nicht gelungen, die großartigen Leistungen seines Vaters Roger II. fortzusetzen, aber er hatte es doch immer wieder verstanden, im entscheidenden Augenblick die Initiative zu ergreifen und bedrohliche Situationen abzuwenden. »Wilhelm den Bösen« haben ihn wohl nur die Großen seines Reiches bezeichnet, die er sich durch eine Reihe von Maßnahmen zu Feinden gemacht hatte. Die Regierung ging auf seinen minderjährigen Sohn Wilhelm II. über, für den zunächst ein Thronrat eingesetzt wurde.

Manuel von Byzanz sah sogleich Möglichkeiten, seine Bestrebungen für eine Annäherung und Vereinigung der beiden Reiche voranzutreiben. Er machte nicht nur ein Angebot für die Erneuerung des Friedensvertrages von 1158, sondern schlug auch die Vermählung zwischen Wilhelm II. und seiner einzigen Tochter und Erbin Maria vor. Diese Verbindung erschien ihm im Augenblick wichtiger als diejenige zu dem Bruder des ungarischen Königs, dem er seine Tochter längst versprochen hatte. Gleichzeitig schickte Manuel auch eine Gesandtschaft mit reichen Geschenken zu Papst Alexander, dem er erneut eine Union der römischen und griechischen Kirche unter der Leitung des römischen Papstes vorschlug. Manuel versprach die Vernichtung des schismatischen Kaisers Friedrich Barbarossa und die Befreiung des Papstes von all seinen drückenden Sorgen mit Hilfe einer starken Streitmacht und reichen finanziellen Mitteln. Dafür erwartete sich Manuel natürlich die Krone des abendländischen Kaiserreiches, die nur ihm und nicht dem deutschen König zustehe, wie er den Papst wissen ließ.

Das waren für Alexander natürlich sehr verlockende Angebote, zumal eine Verständigung mit Barbarossa angesichts der Würzburger Beschlüsse im Augenblick völlig aussichtslos war. Alexander benötigte eine starke Hilfe, denn er wußte, daß Barbarossa zu einem neuen Zug rüstete, der vor allem seiner – Alexanders – Vernichtung gelten sollte. Was konnte demnach näherliegen, als die von Manuel gebotene Unterstützung anzunehmen?
So sandte er also eine Kardinaldelegation nach Konstantinopel, damit weiter über das Angebot des byzantinischen Kaisers verhandelt werde. Manuel machte sich persönlich auf einer Synode in Konstantinopel für die Wiedervereinigung der beiden Kirchen stark, indem er dogmatische Konzessionen der griechischen an die römische Kirche in die Wege leitete. Aber mit derartigen Eingriffen vergrößerte er naturgemäß die Aversionen in der Ostkirche gegen jegliche Annäherung. Insgesamt brachten die mannigfachen und intensiven Bemühungen Manuels zur Bildung einer Allianz gegen Barbarossa und zu seiner Machtübernahme im Abendland zahlreiche Verhandlungen, die sich über Wochen und Monate hinzogen, schließlich aber doch zu nichts führten. Da sich die Streitkräfte Manuels zur gleichen Zeit wieder in Ancona festsetzten, hatten der Papst und die abendländischen Fürsten die Herrschaft der asiatischen Komnenen-Dynastie unmittelbar warnend vor Augen.
Kaiser Friedrich hatte sich von dem Gerichtstag in Laufen an der Salzach nach Regensburg und Frankfurt am Main begeben, wo er jeweils Hoftage hielt. Während des Frankfurter Tages Ende Mai räumte er dem Kölner Erzstift erhebliche Vergünstigungen ein, um damit die Verdienste Rainalds um das Reich zu vergelten. Der Kaiser rühmte vor den versammelten Fürsten die zuverlässige Treue und unerschütterliche Festigkeit des Erzbischofs und bezeichnete ihn als leuchtendes Vorbild. Sicher wurde Rainald dadurch bei Heinrich dem Löwen und den anderen anwesenden Fürsten nicht gerade beliebter.
Im Juli 1166 zog Friedrich mit seiner Gemahlin Beatrix in de-

ren Heimat Burgund, um auch hier der Durchführung der Würzburger Beschlüsse Nachdruck zu verleihen und die Vorbereitungen für den Zug nach Italien zu fördern. Zum kaiserlichen Paar gesellten sich die Erzbischöfe von Besançon und Vienne sowie der von den Alexandrinern vertriebene Erzbischof von Lyon. Auch die Bischöfe von Genf und Toul, der Herzog von Oberlothringen sowie einige Vettern der Kaiserin begleiteten den Hof in Burgund. Der Kaiser hielt Hoftage in Besançon und Dôle.

Um die gleiche Zeit begab sich Welf VI. nach Italien. Die Tätigkeit Rainalds von Dassel in Tuszien und den Mathildischen Gütern hatte ihm die Notwendigkeit gezeigt, sich nun doch stärker um diese seine Lehen zu kümmern, damit seine Rechte nicht in Vergessenheit gerieten, sondern für seinen Sohn erhalten blieben. Sardinien mußte er wohl verloren geben, denn nachdem die Genuesen mit einer Zahlung an den Kaiser für den mißratenen »König« eingesprungen waren, hatte Barbarossa schon kurze Zeit später die Pisaner gegen eine beträchtliche Summe mit der Insel belehnt. Bei der Einhaltung der Abmachungen mit den beiden Seestädten zeigte sich der Kaiser in diesen Jahren nicht gerade fair.

Nachrichten über anhaltende Reibereien unter den Fürsten in Sachsen trieben den Kaiser sehr schnell wieder aus Burgund fort, und gegen Ende August traf er bereits in der Pfalz Boyneburg an der Werra ein. Wohl war es ihm vor drei Jahren gelungen, eine Verschwörung gegen Herzog Heinrich den Löwen zu beschwichtigen und aufzulösen, aber der Welfe tat von sich aus wenig oder nichts, um sich unter seinen Nachbarn und Lehnsleuten wenigstens ein Mindestmaß an Sympathie zu erwerben. Seine Erfolge gegen die Wenden und seine Verlobung mit der englischen Königstochter haben den Stolz und den Hochmut Heinrichs des Löwen zweifellos sehr bestärkt, und der gerade um diese Zeit auf Heinrichs Veranlassung vor der Braunschweiger Burg Dankwarderode aufgestellte eherne Löwe mit seiner drohenden Gebärde wurde als Sinnbild der Aggressivität seines Herrn angesehen. An die Werra waren nun Erzbischof Wichmann von Magdeburg, die Bischöfe von Hildesheim und Naumburg, die Markgrafen von Brandenburg und Meißen sowie eine Reihe anderer edler Herren gekommen. Aber es kennzeichnet die Situation, daß gerade an dieser Versammlung, vor der die sächsischen Angelegenheiten behandelt werden sollten, Heinrich der Löwe nicht teilnahm. Das gab für die Anwesenden um so mehr Anlaß, ihren Mißmut und Groll über den Welfen ungehemmt zu äußern. Der Kaiser unternahm alles, um den Zorn und Haß, der da gegen seinen Vetter hervorbrach, zu beschwichtigen und abzubauen. Gerade jetzt, vor seinem neuen Italienzug, war es von entscheidender Wichtigkeit, daß in den deutschen Landen Ruhe und Frieden gesichert wurden. Der Kaiser brauchte für sein Unternehmen in Italien auch die Unterstützung der sächsischen Fürsten, aber er konnte sie nicht erwarten, wenn dort Hader und Zwist drohten.

Auch Friedrichs Stiefbruder, der Pfalzgraf Konrad bei Rhein, zeigte sich seit seiner Auseinandersetzung mit dem Kölner Erzbischof vor zwei Jahren unzufrieden und widerspenstig. Um die rheinischen Gegenden vor etwaigen Umtrieben Konrads sicher zu wissen, versuchte der Kaiser in Speyer noch eine gütliche Beilegung der Meinungsverschiedenheiten – aber vergeblich. So sah er sich schließlich gezwungen, den Herzog von Limburg vom Zug nach Italien zu dispensieren, damit er den Pfalzgrafen bewache und Unheil verhüte.

Heinrich II. von England war im höchsten Grad darüber erzürnt, daß Erzbischof Thomas Becket bei Papst Alexander solches Ansehen genoß und daß er mit dessen Zustimmung sogar namhafte englische Würdenträger gebannt hatte. Der König ließ deshalb Alexander durch eine Gesandtschaft auffordern, sich von dem Erzbischof zu trennen und alle seine Verfügungen zu annullieren, widrigenfalls, so drohte Heinrich, könne er Alexander nicht länger als Papst anerkennen. Alexander wollte den Abfall der englischen Kirche selbstverständlich vermeiden und suchte nach einer Kompromißlösung. Es schien, daß der Ausgleich zwischen Heinrich und Alexander nicht mehr lange auf sich warten ließe.

Kaiser Friedrich sah diesen Entwicklungen natürlich nicht tatenlos zu. Er sandte im Herbst 1166 eine repräsentative Delegation zu Kaiser Manuel nach Konstantinopel, um die Beziehungen zum byzantinischen Hof zu verbessern und um die von dort drohenden Gefahren zu mindern. Für diese Gesandtschaft wurden Herzog Heinrich von Österreich mit seiner Gemahlin Theodora, einer Nichte Manuels, sowie Pfalzgraf Otto von Wittelsbach ausersehen. Sie wurden gut aufgenommen und reich beschenkt, so daß wohl anzunehmen ist, daß ihre Reise zur Verbesserung der Beziehungen beigetragen hat, wenngleich keine spektakulären Ergebnisse erzielt worden sind.

Der vierte Italienzug und der lombardische Bund 1166–1168

Mitte Oktober 1166 versammelte sich die kaiserliche Streitmacht wieder bei Augsburg, um nun den vierten Italienzug anzutreten. Erzbischof Rainald von Köln eilte dem Zug wieder voraus. Bei Augsburg fanden sich die Bischöfe von Basel, Halberstadt, Lüttich, Naumburg, Prag, Regensburg, Speyer, Straßburg und Verden mit ihrem Gefolge ein, ebenso die Herzöge Friedrich von Schwaben und Berthold von Zähringen sowie zahlreiche Grafen mit ihren Mannschaften. Herzog Matthäus von Oberlothringen sollte zu Hause bleiben, um die Reichsgrenzen gegen Frankreich zu schützen, vor dem man sich nach wie vor nicht sicher fühlte.
Unerfreulich war es für den Kaiser, daß auch Heinrich der Löwe nicht an dem Heerzug teilnahm. Der Welfe machte die Spannungen in seinem Herzogtum Sachsen dafür verantwortlich. Sein Name war in Italien gefürchtet und schon allein seine Anwesenheit hätte sich günstig für die Kaiserlichen ausgewirkt. Nachdem Barbarossa den Herzog von der Teilnahme an dem Zug befreit hatte, mußte er auch auf eine Reihe von dessen Vasallen verzichten, wofür er dann allerdings entsprechende Abgaben forderte. Unter diesen Umständen war es wichtig, daß eine große Anzahl der in Italien ebenfalls sehr gefürchteten Böhmen an dem Zug teilnahm. Ein Novum waren die Söldner aus Brabant, die sogenannten Brabanzonen, die Barbarossa in sein Heer aufnahm. Es waren Leute, die sich zunehmend den Ruf übler, brutaler Kriegsknechte erwarben.
Den Zug über die Alpen nahm das Heer auf verschiedenen Wegen. Der Kaiser selbst zog mit seiner Gemahlin und seinem Sohn Heinrich über den Brenner, umging dann allerdings die Veroneser Klause und schlug ein Lager in der Nähe von Brescia auf. Die unerquickliche Stimmung unter den

Lombarden bekam der Kaiser sogleich zu spüren, da ihn die bisher stets freundlich gesonnenen Bergamasken recht zurückhaltend empfingen. Von Brescia forderte Barbarossa vorsorglich erneut Geiseln, um sich der Botmäßigkeit dieser in der Vergangenheit meist feindseligen Stadt zu versichern. Nachdem sich die Brescianer damit aber sehr viel Zeit ließen, fing Barbarossas Heer bald an, die Gebiete von Brescia und Bergamo bis zu den Alpen zu verwüsten. Daraufhin wurden die verlangten 60 Geiseln schnell gestellt, und mit Geldspenden versuchten die Brescianer, die Beendigung der Zerstörungen zu erreichen.

Die verschiedenen Heerzüge sammelten sich in der Gegend von Lodi. Hier hielt der Kaiser in der zweiten Hälfte des Novembers 1166 einen Reichstag. Auf Vorschlag des Mainzer Erzbischofs Christian legten zunächst alle anwesenden kirchlichen und weltlichen Fürsten – auch die aus Italien dazugekommenen – den Eid auf die Würzburger Beschlüsse ab. Damit war also der Anfang gemacht, daß nach den deutschen Landen und Burgund auch in Italien auf die Unversöhnlichkeit gegenüber Papst Alexander geschworen werden mußte. Die versammelten Fürsten beschlossen weiter, daß zunächst der Kriegszug gegen Rom, also gegen Alexander, durchgeführt und daß die Bekämpfung des Veroneser Bundes zurückgestellt werde.

Für den Zug in den Süden forderte der Kaiser Mannschaften sowohl von den Städten als auch von den Fürsten. Die Lombarden führten jedoch während des Reichstages lebhafte Klage wegen der drückenden Lasten, die ihnen von den Beauftragten des Kaisers abverlangt wurden. Viele Italiener schleppten nach Landessitte hölzerne Kreuze mit sich, um ihrer Not auch sichtbaren Ausdruck zu geben. Man war allgemein der Meinung, daß das Übermaß der Forderungen an Geld und Naturalien ohne Wissen des Kaisers festgesetzt worden sei, ja sogar gegen seinen Willen. Da jedoch Barbarossa wegen des Feldzuges die Forderungen nicht reduzieren konnte und wollte, gewannen die Italiener den Eindruck, daß er ihre Bedrückungen von Anfang an gebilligt habe. Die

Erfolglosigkeit ihrer Klagen ließ die Lombarden verzweifeln. Sie befürchteten eine weitere Steigerung ihrer Abgabepflichten, und der Groll gegen den Kaiser nahm allenthalben zu, da sich die Hoffnungen, die vielerorts an sein persönliches Erscheinen geknüpft worden waren, nicht erfüllten.
Ausführlich wurde vor dem Kaiser auch über die Streitigkeiten zwischen Pisa und Genua verhandelt. Da die Flotten beider Städte für den Krieg gegen Sizilien benötigt wurden, war es für den Kaiser wichtig, sich die Unterstützung der beiden Städte zu erhalten. Schließlich vertagte er den Urteilsspruch und ordnete an, daß der Kölner Erzbischof Rainald nach Genua gehen solle und der Mainzer Erzbischof Christian nach Pisa, um einen Waffenstillstand auszuhandeln, der den Beistand der beiden Städte gegen Sizilien sicherstellte.
Kaum hatte der Kaiser die Heimat verlassen, als in Sachsen der befürchtete Krieg ausbrach. Heinrich der Löwe hatte sich wohl vorbereitet, alle seine Burgen gerüstet und einem neuen Wendenaufstand diplomatisch vorgebeugt, um nach dieser Seite Rückenfreiheit zu haben. Seine Feinde, der Erzbischof Wichmann von Magdeburg, der Markgraf von Brandenburg sowie der Landgraf von Thüringen, vereinigten sich aber vor Heinrichs Festung Haldensleben zur Belagerung. Graf Christian von Oldenburg zerstörte Heinrichs Burg Weyhe in der Grafschaft Hoya, und als er bald darauf in Bremen einzog, wurde er von der Bevölkerung freudig begrüßt, denn sie war offenbar froh, von der Knute des Löwen befreit zu sein. Die Freude dauerte indes nicht lange, denn der Herzog eroberte die Stadt bald zurück und ließ sie von seinen Kriegsscharen plündern, so daß die Einwohner das Weite suchten. Gegen ein Bußgeld von 1000 Mark konnten sie später zurückkehren.
Der Kaiser verbrachte den Jahreswechsel 1166/1167 in seinem Heerlager südlich von Brescia. Hier hatte er nun endlich Gelegenheit, den schon im September 1165 gewählten Erzbischof Christian von Mainz zu investieren, so daß er bald auch die Weihen empfangen konnte. Mit seiner Investitur wurde Christian vom Amt des Kanzlers entbunden, das nun dem

bisherigen Domdekan von Köln, Philipp von Heinsberg, übertragen wurde.
Um den Weg über die Alpen besser zu sichern, mußte der Kaiser neue Vorkehrungen in der Grafschaft Garda treffen. Otto von Wittelsbach hatte dieses stets rebellische Gebiet infolge seiner ständigen Abwesenheit nicht zur Ruhe bringen können und es deshalb an den Kaiser zurückgegeben. Dieser belehnte nun den Bischof von Trient damit und machte ihm sogleich eine Reihe von Auflagen, damit die Burg von Garda sicher in reichstreuen Händen bleiben solle. Barbarossa wollte nicht auf die Veroneser Klause angewiesen sein, wenn er über die Alpen zog. Deshalb war ihm der Weg entlang dem Gardasee wichtig.
Noch im Januar 1167 ging Barbarossa mit seinem Heer über den Po, nachdem in der Lombardei ein ungewöhnlich strenger Winter herrschte und ellentief Schnee lag. Die Kaiserlichen zogen in das Gebiet von Bologna, wo sie freundlicher aufgenommen wurden, als nach den früheren Erfahrungen zu erwarten gewesen war. Die Bolognesen stellten bereitwillig die geforderten hundert Geiseln und zahlten 6000 Pfund Abgaben in ihrer Münze. Vielleicht war dies dem Einfluß der Gelehrten zu danken, die dem Kaiser sehr zugetan waren und mit denen Barbarossa auch jetzt wieder ausführliche Besprechungen führte. Die Geiseln wurden nach Parma gebracht.
Auf seinem Weitermarsch teilte Barbarossa im März das Heer. Ähnlich wie Lothar III. und Heinrich der Stolze dreißig Jahre zuvor nur entlang den Küsten Italiens nach Süden marschiert waren, so wollte auch Barbarossa jetzt mit seinem Gefolge an der adriatischen Küste südwärts ziehen, während die Erzbischöfe Rainald von Köln und Christian von Mainz mit ihren Mannen durch Tuszien entlang dem Tyrrhenischen Meer gegen Rom stoßen sollten. Mit ihren Friedensbemühungen in Pisa und Genua waren die beiden Erzbischöfe offenbar gescheitert, denn zwischen den verfeindeten Städten sind die Kämpfe während der ersten Monate des Jahres 1167 erneut ausgebrochen. Es fiel den Pisanern offenbar leichter,

13 *Friedrich Barbarossa und Bischof Albrecht von Freising. Flachrelief vom Portal des Doms von Freising, 2. Hälfte 12. Jh.*

15 *Val di Susa. Friedrich Barbarossa entwich im März 1168 in Knechtskleidern aus der piemontesischen Stadt Susa – im Bild die Burg –, um einer drohenden Gefangennahme zu entgehen.*

14 *Friedrich I. Barbarossa: Vergoldete Bronzebüste, ca. 1160 entstanden. Geschenk des Kaisers an seinen Taufpaten Propst Otto von Cappenberg (Schloßkirche zu Cappenberg/Westf.)* ◀

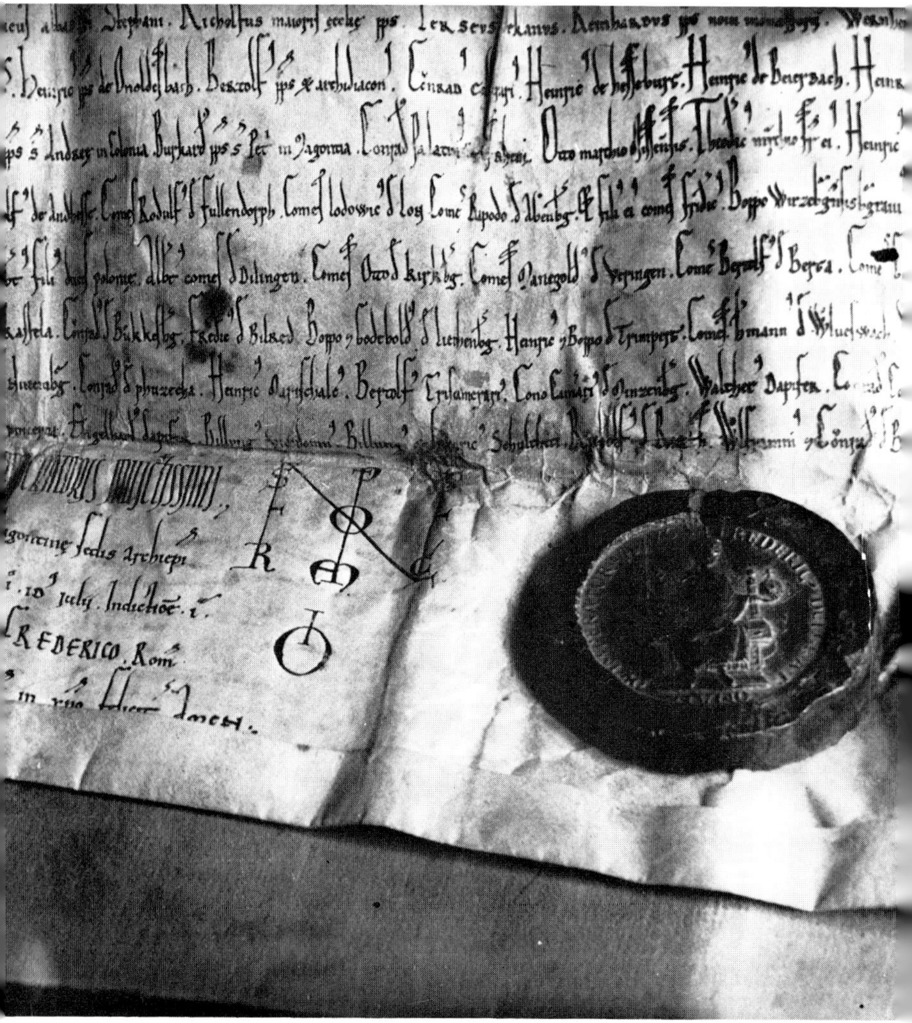

16 *Friedrich Barbarossa verleiht dem Bischof von Würzburg die oberste Gerichtsbarkeit über Franken am 10. Juli 1168. Kaiserselent Nr. 516 (Bayerisches Hauptstaatsarchiv, München).*

entsprechend den Würzburger Beschlüssen ihren alexandrinischen Erzbischof abzusetzen und einen neuen zu wählen, als genuesische Gefangene freizulassen und damit einen ersten Schritt zum Frieden mit Genua zu tun.
Während sich der Kaiser einige Wochen in der Romagna aufhielt und die beiden Erzbischöfe mit ihrem Heer durch Tuszien zogen, wobei sie beträchtliche Geldsummen eintrieben, braute sich in der Lombardei ein Unwetter zusammen. Die Erkenntnis während des Reichstages in Lodi im Herbst des vergangenen Jahres, daß die erhobenen Forderungen und Repressalien vom Kaiser durchaus gebilligt wurden, gab den letzten Anstoß für einen Umbruch. Als die kaiserliche Hauptmacht im Februar 1167 die Lombardei auf dem Weg nach Süden verlassen hatte, fanden sich Abgesandte der vier Städte Cremona, Brescia, Bergamo und Mantua zusammen, um über ein gemeinsames Vorgehen zu beraten. Es fällt auf, daß unter diesen vier Städten zwei – Cremona und Bergamo – ursprünglich zu den kaisertreuen zählten und Mantua erst drei Jahre zuvor vom Kaiser beträchtliche Privilegien erhalten hatte. Den Cremonesen hatte Barbarossa auf dem Reichstag in Würzburg 1165 einen Jahreszins von 200 Mark Silber erlassen, aber gerade sie waren nun die stärkste Triebfeder für die Auflehnung gegen den Kaiser. Die Differenzen, die zwischen den Städten bestanden, konnten offenbar rasch ausgeräumt werden, als es darum ging, gegen die kaiserlichen Bedrückungen gemeinsame Sache zu machen. Anfang März 1167 schlossen sich die genannten vier Städte zu einem Bund zusammen, der als der lombardische Städtebund bekanntgeworden ist. Die Vertragschließenden versicherten, daß sie sich künftig keinen Schaden mehr zufügen und Schäden aus den letzten zehn Jahren wiedergutmachen wollten. Gegen durchziehendes Kriegsvolk wurde ein gemeinsames Vorgehen beschlossen, und jeder Angriff auf eine der Bundesstädte sollte gemeinsam abgewehrt werden. Die Treue zum Kaiser wollte man aufrechterhalten, jedoch wurden dabei nur die Rechte anerkannt, die seine Vorgänger während der letzten hundert Jahre bereits besaßen. Vor Kai-

ser und Papst wollten die Bundesgenossen ihre Sache künftig nur gemeinsam vertreten, um auf solche Weise ihre Anliegen mit mehr Nachdruck betreiben zu können. Für die Rückgabe der brescianischen Geiseln vom Kaiser wurden dementsprechend gemeinsame Bemühungen vereinbart. Der Vertrag wurde für fünfzig Jahre geschlossen und war von allen Bewohnern der Bundesstädte zwischen dem 15. und 60. Lebensjahr zu beschwören.

Der Vertrag könnte den Eindruck erwecken, als ob es sich hier um ein reines Verteidigungsbündnis gehandelt hätte. Aber durch die Vereinbarung, die von Barbarossa neu beanspruchten kaiserlichen Rechte nicht anzuerkennen, sondern seine Befugnisse auf diejenigen seiner Vorgänger zu reduzieren, besaß das Bündnis einen Angriffscharakter. Die Städte wollten jene Freiheiten wiedergewinnen, die sie vor dem roncalischen Reichstag im Jahre 1158 besessen hatten. Diese Absicht dominierte zweifellos gegenüber der Bereitschaft, dem Kaiser die Treue zu halten. Das Bündnis sollte zunächst geheimgehalten werden, nur wenn der Kaiser wider Erwarten vorzeitig in die Lombardei zurückkehren würde, war die öffentliche Bekanntgabe vorgesehen.

Dieser lombardische Bund sollte nicht auf die vier Gründerstädte beschränkt bleiben, und so trafen sich ihre Abgesandten schon Ende März 1167 mit einer mailändischen Delegation. Die Mailänder mußten nach wie vor an den ihnen nach der Niederlage von 1162 angewiesenen vier Orten getrennt leben. Da die vier Gründerstädte des lombardischen Bundes trotzdem eine Vormachtstellung des neu hinzugekommenen Partners fürchteten, wurde dieser erst in den Bund aufgenommen, nachdem er alle erdenklichen Sicherheiten geleistet hatte.

Aber trotz aller Bemühungen konnte das Bündnis nicht lange geheimgehalten werden. Der kaiserliche Statthalter für die Lombardei, Graf Heinrich von Diez, fürchtete jedenfalls eine Rebellion unter den Mailändern und forderte deshalb Ende März 1167, also etwa zur Zeit der ersten Verhandlungen mit dem lombardischen Bund, hundert mailändische Geiseln.

Außerdem verlangte er von selbst ausgewählten wohlhabenden Mailänder Bürgern 500 Pfund in kaiserlicher Münze. Die Geiseln wurden nach Pavia gebracht. Aber schon kurze Zeit später reichte das dem Statthalter nicht mehr, und er zog weitere 200 Geiseln ein, die er gleichfalls nach Pavia bringen ließ. Einige Tage darauf sollten nochmals hundert Ritter ausgeliefert werden. Die Forderungen überschlugen sich wahrscheinlich ebenso wie die Gerüchte um die Verschwörung der lombardischen Städte. Der Statthalter drohte, die Wohnungen der Mailänder vollständig zu zerstören, wenn jene hundert Ritter nicht innerhalb von 24 Stunden zu seiner Verfügung stünden. Aber die Mailänder verstanden es, ebenso wie bei der geforderten Zahlung, die Erfüllung etwas zu verzögern, nicht zuletzt in der Hoffnung, daß die Ereignisse sie in Kürze überflüssig machen würden.

Tatsächlich gelang es lombardischen Streitkräften Ende April 1167, die Mailänder wieder in ihre zerstörte Stadt zu bringen. Die Kaiserlichen waren nicht stark genug, um etwas gegen diesen überraschenden Handstreich zu unternehmen. Die Heimgekehrten fingen sofort an, sich in ihrer Stadt wieder einzurichten, und begannen vor allem unverzüglich mit dem Bau neuer Verteidigungsanlagen.

Dabei fühlten sie sich durch die kaisertreue Stadt Lodi in ihrer Nachbarschaft aufs äußerste gefährdet. Vor allem konnten ihnen die Lodesanen die Lebensmittelzufuhr abschneiden, und die Mailänder meinten, der Kaiser könne mit Hilfe der Lodesanen die ganze Lombardei unschwer wieder erobern. Die verbündeten Städte versuchten deshalb zunächst in Verhandlungen, Lodi auf ihre Seite zu ziehen. Als dies in drei Versuchen an der Treue der Lodesanen zum Kaiser gescheitert war, entschlossen sich die verbündeten Streitkräfte Mitte Mai 1167 zur Belagerung. Offenbar war der Statthalter des Kaisers zu schwach, um etwas dagegen zu unternehmen. Verlustreiche Kämpfe und die Drohung, daß alle Männer und Frauen in der Stadt getötet würden, zwangen die Lodesanen schließlich nach zehn Tagen zur Aufgabe. Die verbündeten Städte zeigten nun alles erdenkliche Entgegen-

kommen, um den Lodesanen den Beitritt zu ihrem Bund schmackhaft zu machen. Das begann damit, daß den lodesanischen Kaufleuten in den Bundesstädten der Zoll erlassen wurde, außerdem verpflichtete sich der Bund, um Lodi eine 2 Ellen breite und 12 Ellen hohe Mauer zu errichten und in den umliegenden Regionen Befestigungen nur mit Einwilligung der Lodesanen fortbestehen zu lassen. Auf Anforderung der lodesanischen Konsuln sollten darüber hinaus im Notfall aus jeder verbündeten Stadt sofort mindestens tausend Bewaffnete zu unbeschränkter Hilfeleistung entsandt werden. Unter diesen Voraussetzungen trat Lodi dem lombardischen Bund bei, und der Vertrag, der noch weitere Vorteile für die Lodesanen enthielt, wurde auf 100 Jahre geschlossen.
Noch im Mai 1167 trat auch Piacenza dem Bund bei, der damit bereits eine erhebliche Macht darstellte, die für den Kaiser im Rücken seines Heerzuges gegen Rom und Sizilien eine ernste Bedrohung bildete, zumal in Verbindung mit dem Veroneser Bund. Zweifellos hat Barbarossa die Rückkehr der Mailänder in ihre Stadt sowie der Abfall ihm bisher treu ergebener Städte aufs äußerste verbittert und gereizt, aber er setzte trotzdem seinen Vormarsch in den Süden fort. Im Mai gelang es ihm, die Stadt Ancona nach etwa dreiwöchiger Belagerung zu überwinden und sie Manuels Besitz zu entreißen. Der Komnene hat den Verlust dieses Brückenkopfes in Italien sicher nur mit grollenden Rachedrohungen hingenommen, da er doch erst ein Jahr zuvor mit erheblichen Geldbeträgen Ancona gewonnen hatte.
Auf der anderen Seite des Apennin konnte Erzbischof Rainald im Mai 1167 gleichfalls nach mehrwöchiger Belagerung und mit Hilfe pisanischer Schiffe das alexandrinische Civitavecchia an der tyrrhenischen Küste erobern. Noch im gleichen Monat rückte Rainald sodann mit seinen Streitkräften bis in die unmittelbare Nähe Roms vor, wo Papst Alexander sich mit ernsten Mahnungen wie auch mit Geldspenden die Gunst der Römer zu erhalten suchte.
In der Umgebung der Ewigen Stadt hatte das Herannahen der Kaiserlichen bereits ein Abbröckeln von Alexanders Ge-

folgschaft eingeleitet, und die Städte verweigerten die fälligen Abgaben. Bewaffnete römische Scharen sollten die Zahlungen erzwingen und richteten im Gebiet von Tusculum – nahe dem heutigen Frascati, südlich von Rom – Zerstörungen in den Weinbergen und Obstgärten an. Der Graf von Tusculum rief den in der Nähe befindlichen Erzbischof Rainald mit seinen Rittern zu Hilfe, und Rainald war wie stets kampfbereit und schnell entschlossen. Da sein Gefolge aber den Römern zahlenmäßig weit unterlegen war, zog er sich nach einem ersten, verlustreich ausgegangenen Zusammenstoß hinter die Stadtmauern von Tusculum zurück. Auch Erzbischof Christian von Mainz war mit seinen Streitkräften in der Gegend, und so spotteten die Römer über die zwei Priester des Kaisers, die ihnen wohl die Messe singen sollten und die sie nun mit Vergnügen andere Weisen lehren wollten.
Erzbischof Christian, Graf Robert von Bassavilla und weitere Fürsten zogen mit ihren Rittern und Kriegsknechten zum Entsatz vor Tusculum. Als die Belagerer sie herannahen sahen, griffen sie sofort an und konnten die vom Marsch ermüdeten Kaiserlichen zurückdrängen. Erzbischof Rainald, der die Vorgänge von einem tusculanischen Turm herunter beobachtet hatte, gab daraufhin den Befehl zum Ausfall seiner Streitkräfte aus der Stadt. Er setzte den Römern nach, die auf diese Weise zwischen zwei Fronten der Kaiserlichen gerieten und von Panik ergriffen wurden. Die Streitmacht Christians kam zum Stehen, und die Römer konnten daher vor den Truppen Rainalds nicht mehr weichen. Da das römische Heer zwanzigmal stärker gewesen sein soll als die Kaiserlichen, war die Gefahr , in den römischen Heermassen unterzugehen, sehr groß. In dieser Situation ergriffen die beiden Erzbischöfe selbst die Fahnen und schlugen mit ihren Schwertern, das Kriegslied »Christ ist geboren« singend, eine breite Bresche in die Reihen der Feinde. Ihre Männer folgten ihnen mit neuer Siegeszuversicht nach, und die Römer begannen unter diesem Ansturm zu wanken. Ritter wie Fußvolk der Römer suchten ihr Heil nur noch in wilder Flucht. Aber die Kaiserlichen verfolgten sie, und 3000 Gefan-

gene fielen in ihre Hände, nicht weniger als 2000 Römer sollen diesen Tag, den 29. Mai 1167, nicht überlebt haben.
So groß die Niederlage für die Römer war und sosehr sie über ihre vielen verlorenen Männer klagten, so groß war natürlich der Jubel bei den Kaiserlichen. Sie hatten nicht nur einen glänzenden Sieg errungen, sondern auch eine reiche Beute an Waffen, Pferden und Kleidern gewonnen. Für den Kaiser war dies eine Linderung auf seinen Groll über die abtrünnigen und eidbrüchigen lombardischen Städte.
Rainald und Christian zogen mit ihren Streitkräften näher vor die Tore und Mauern Roms, verwüsteten die Felder und Obstgärten und zerstörten die Burgen, bis der Kaiser mit den Seinen Mitte Juli ebenfalls vor Rom eintraf. Mit ihm kam auch Papst Paschalis und dessen ganzer Hofstaat. Die Streitmacht wurde noch durch den jungen Welf vergrößert, der sich mit einem stattlichen Gefolge auf den Weg nach Italien gemacht hatte. Sein Vater war mit einigen anderen Herren, die wohl gleichfalls mit Papst Alexander sympathisierten und sich deshalb von dem Italienzug des Kaisers fernhielten, zu einer Wallfahrt nach Jerusalem aufgebrochen.
Das Ziel Barbarossas war es längst, Alexander lebend oder tot in seine Hand zu bringen, um dem Schisma und all den daraus entstandenen Schwierigkeiten ein Ende zu bereiten. Alexander war also in größter Gefahr, wenn er nicht unverzüglich aus Rom abreiste. Aber noch hoffte er, sich mit Hilfe der von den sizilischen Normannen gesandten reichlichen Geldmittel die Gunst der Römer erhalten und deren Mut zum Widerstand stimulieren zu können.
Am 24. Juli 1167 eroberte Barbarossa den größten Teil der Leostadt, des befestigten Teiles von Rom, doch die Peterskirche und die Engelsburg wurden von den Römern so hartnäkkig verteidigt, daß sie die Kaiserlichen nicht nehmen konnten – auch nicht nach mehreren Angriffen während der folgenden Tage. Selbst mit Wurfmaschinen kamen die Angreifer ihrem Ziel nicht näher. Da entschlossen sie sich, die Verteidiger mit Feuer zur Aufgabe zu zwingen. Zunächst wurde die Kirche S. Maria in Turri neben der Peterskirche angezün-

det. In ihr hatte Friedrich vor seiner Kaiserkrönung am 18. Juni 1155 das Gelöbnis abgelegt, daß er nach bestem Wissen und Vermögen Schutzherr und Verteidiger der römischen Kirche sein wolle. Es wurde später zwar behauptet, daß der Kaiser selbst befohlen habe, das Feuer zu legen, aber bewiesen konnte es nicht werden. Als die Verteidiger der Peterskirche sahen, wie schonungslos und unerbittlich die Angreifer vorgingen, gaben sie ihre Sache verloren, denn sie wollten nicht, daß das von ihnen verehrte Heiligtum, die Peterskirche, gleichfalls ein Raub der Flammen würde. Im nachhinein wurde auch von Kämpfen in Sankt Peter und von Metzeleien vor den Altären berichtet, aber das scheint zu der üblichen Greuelpropaganda zu gehören, mit der alle Kriege durchwirkt werden. Es gibt jedenfalls keine zuverlässigen Quellen für solche Ausschreitungen in der Papstkirche.
Während der tagelangen Kämpfe um die Peterskirche soll nach einem Bericht von Kardinal Boso, dem Biographen Papst Alexanders, nochmals eine Möglichkeit zur Beendigung des Schismas beraten worden sein. Der vormalige Erzbischof Konrad von Mainz soll sich mit Billigung Alexanders zum Kaiser begeben haben, der den Kardinälen durch ihn den Vorschlag unterbreiten ließ, sowohl Alexander als auch Paschalis sollten zurücktreten, damit die Kardinäle einen neuen Papst wählen könnten. Barbarossa versprach, sich in die Papstwahl nicht einzumischen und der Kirche einen dauernden Frieden zu sichern. Gleichzeitig stellte er den Römern die Rückgabe aller Gefangenen sowie sämtlicher Beutestücke in Aussicht. Dieser Vorschlag wurde von Alexander und seinen Kardinälen abgelehnt. Wahrscheinlich hat der Kaiser diese Reaktion ohnehin gewünscht, damit er Alexander für die weitere Entwicklung verantwortlich machen könne. Für diese Annahme spricht, daß Friedrich seinen Vorschlag zur Papstneuwahl in sehr schlauer Weise mit dem Angebot zur Gefangenenbefreiung und Beuterückgabe verquickt hat. Aus diesem Grunde dürfte Alexander und seinen Kardinälen die Ablehnung der Neuwahl sicher nicht leichtgefallen sein. Tatsächlich wurde nach der Zurückweisung des kaiserlichen

Vorschlages sogleich die Meinung verbreitet, Alexander seien die Tiara und seine persönlichen Belange wichtiger als die Freiheit der Römer und der Friede der Stadt. Die Stimmung unter den Römern schlug daher schnell zuungunsten Alexanders um.

Schon am Tag nach der Inbesitznahme der Peterskirche durch die Kaiserlichen, einem Sonntag, wurde Papst Paschalis III. dort feierlich inthronisiert. Er setzte dem Kaiser als Zeichen des Patriziats über die römische Kirche einen goldenen Reif auf und erteilte 15 Erzbischöfen und Bischöfen die Weihen. Zwei Tage später, am 1. August 1167, wiederholte Papst Paschalis die Kaiserkrönung und krönte auch Beatrix mit einem Diadem. Beatrix war freilich schon seit der Hochzeit auf Wunsch Friedrichs als Kaiserin tituliert worden. Barbarossa benutzte diesen festlichen Tag, um erneut die Verdienste des Kölner Erzbischofs Rainald von Dassel um das Reich hervorzuheben. Mit einer Urkunde schenkte der Kaiser dem Erzbischof für die Kölner Kirche als »Lohn für viele ausgezeichnete Dienste und besonders für den Sieg, den er jüngst mit der kölnischen Ritterschaft über die Römer gewonnen und durch welchen er das Ansehen des Reiches sehr vermehrt hat«, den Reichshof zu Andernach mit Münze, Zoll und Gerichtsbarkeit sowie den Reichshof Eckenhagen mit seinen Silbergruben.

Während sich die Kaiserlichen über ihren Besitz eines Teiles von Rom freuten, sah sich Alexander infolge der gegen ihn umgeschlagenen Stimmung der Römer gezwungen, die Ewige Stadt zu verlassen. Der Tag seiner Flucht ist nicht bekannt. Als Pilger verkleidet soll er sich in einem Boot den Tiber hinunter in aller Heimlichkeit aus der Stadt gestohlen haben. Er setzte seine heimliche Reise bald auf dem Landweg fort und ist dadurch pisanischen Schiffen entgangen. In Benevent, der südlichen Exklave des Kirchenstaates, ist er wieder offiziell in Erscheinung getreten. Die gelungene Flucht Alexanders hat den Kaiser um den eigentlichen Triumph seines Zuges gegen Rom gebracht, denn sein Ziel, durch eine Gefangennahme Alexanders das Schisma zu beenden, hat er dadurch nicht erreicht – vielleicht infolge der sogleich nach der Besitzergreifung der Peterskirche angesetzten Feierlichkeiten?

Das Schicksal Papst Alexanders zeigte den Römern, daß der weitere Widerstand gegen den Kaiser vergeblich sei. Dasselbe signalisierten die auf dem Tiber eingelaufenen pisanischen Kriegsschiffe, die Barbarossa angefordert hatte. Der Senat von Rom nahm in dieser Zwangslage kurz entschlossen die Übergabe-Bedingungen des Kaisers an: 400 Geiseln waren zu stellen, Senat und Volk mußten dem Kaiser und Papst Paschalis Treue schwören sowie Oddi Frangipani – einen Führer der anti-kaiserlichen Partei – bekämpfen.

Nachdem der Senat den Treueid geleistet hatte, gingen Beauftragte des Kaisers daran, auch die Bürger in Versammlungen die Treue schwören zu lassen. Das wurde aber von Tag zu Tag schwieriger, weil ein wolkenbruchartiger Regen am 2. August und die flimmernde Sommerhitze in und um Rom eine Malaria-Fieberwelle ausgelöst hatten, die sich mit rasender Schnelligkeit sowohl unter den Römern als auch unter den Kaiserlichen ausbreitete. Die Sturzbäche hatten offenbar die Bakterien-Ansammlungen sämtlicher Kloaken und Tümpel über die Stadt ergossen. Immer mehr Menschen erkrankten, und rasch gab es auch die ersten Toten zu beklagen. Panischer Schrecken verbreitete sich, denn kaum einer konnte sich noch halbwegs frisch aufrecht halten. Alle verfielen der todbringenden Erschöpfung. Auch Barbarossa erkrankte und sah mit Entsetzen, wie die Männer in seiner Umgebung und in seinem Heer dahinsanken. Von einer ausreichenden ärztlichen Versorgung konnte nicht die Rede sein, und auch die Lebensmittel wurden infolge der mangelnden Zufuhr sehr schnell knapp. Plötzlich kam der Glaube auf, das Abschneiden der Haare und das Verbrennen der Kleider sowie ein kräftiger Aderlaß würden gegen das Fieber helfen. Alle Erkrankten wurden deshalb geschoren, und viele entledigten sich der Kleider und liefen nackt herum – aber der erwartete und erhoffte Erfolg blieb aus. Ein beherzter Entschluß mußte in dieser Situation gefaßt werden, und er konnte nur darauf hinauslaufen, dieses Fiebergebiet so rasch wie möglich in nördlicher Richtung zu verlassen, um vom Heer zu retten, was noch zu retten war. Der geplante Kriegszug gegen die Normannen in Apulien und auf Sizilien konnte unter diesen Umständen auch bei diesem vierten Anlauf nicht durchgeführt werden.

Der Kaiser wollte seine Herrschaft über Rom noch sichern. Er ließ sich von den Senatoren und damit auch vom Volk beeiden, daß künftig nur ein von ihm genehmigter Senat eingesetzt werde, der dazu beitragen solle, ihm die Krone des römischen Reiches zu erhalten und die oberste Gerichtsbarkeit innerhalb und außerhalb der Stadt zu bewahren. Dafür bestätigte der Kaiser der Stadt Rom die Selbstverwaltung durch den Senat. In einem Vertrag versprach der Kaiser dem Senat »ein mit einem goldenen Siegel versehenes Privilegium, in dem die Anerkennung des Senats und die Bestätigung enthalten sein wird, alle rechtmäßigen Besitzungen des römischen Volkes unangetastet zu bewahren, weil dieses zum Reich gehört«.

So hatte Barbarossa noch kurz vor seinem durch die Malariaseuche erzwungenen überstürzten Abzug die päpstliche Oberherrschaft über Rom zugunsten der Kaiserlichen liquidieren können. Ein Zeitgenosse meinte, der Kaiser könne nun über die Stadt, die Welt und die gesamte Kirche triumphieren, und ein französischer Historiker unserer Tage (M. Pacaut) sieht damit das Römische Reich Deutscher Nation zur Wirklichkeit geworden. Aber die *Roma aeterna* hatte zu jener Zeit weit mehr ideelle Bedeutung als reale Macht und Größe.

Unbesiegt, sogar auf einem Gipfel seiner Herrschaft, mußte der Kaiser den Rückzug antreten. Bei seinem Abmarsch, der nach zeitgenössischen Quellen bereits am 6. August 1167 erfolgt ist, mußte Barbarossa viele Kranke zurücklassen. Er begab sich zunächst mit seiner Gemahlin und seinen Söhnen sowie mit Papst Paschalis nach Viterbo. Dort blieben der Papst mit seinem Hof, aber auch die römischen Geiseln, die ihre Heimat trotz allen Unglücks mit dem Heer verlassen mußten. Wenige Tage nach dem Abzug des Kaisers und des Heeres starben die in Rom zurückgebliebenen Bischöfe von Prag, Lüttich und Verden. Auch der Kölner Erzbischof Rainald von Dassel hatte nicht mit dem Kaiser ziehen können und starb am 14. August. Zweifellos war das für Barbarossa ein großer Verlust, wenngleich der agile Rainald wohl an mancher übereilten und ungezügelten Reaktion des Kaisers in der Vergangenheit Schuld hatte. In der Ewigen Stadt sind auch noch mehrere zurückgebliebene Adelige verstorben. Bei all diesen bedeutenden Toten wurde nach der damaligen Sitte das Fleisch von den Knochen gelöst. Während dieses und die Eingeweide an Ort und Stelle begraben wurden, überführte man die Knochen in die Heimat, um sie dort feierlich beizusetzen.

Das Desaster in Rom wurde von den Feinden des Kaisers nach den Vorstellungen der Zeit als eine Gottesstrafe angesehen: »Der Herr hat Friedrich, den Hammer der Gottlosen, zermalmt!« schrieb Erzbischof Thomas Becket an Papst Alexander, nachdem er vorher schon zu dem Fiasko der Kaiserlichen geäußert hatte: »Seit Bestehen der Welt hat sich Gottes Macht nie klarer, seine Gerechtigkeit nie größer gezeigt, als indem er die Anstifter dieser Frevel, die Urheber dieser Verfolgung niederwarf und durch den schmählichsten Tod dahinraffte. Möchte er doch auch ihren Gebieter, der noch lebt, allem Volk zum Gespött machen, so daß auf ihn mit Fingern gewiesen würde . . . Aber vertrauend auf seine Macht, kam er in seinem Hochmut zu Fall – er, dem es besser und rühmlicher gewesen wäre, im Kampf gegen seine Widersacher zu sterben, als zum Gespött und Hohn aller zu leben.«

Barbarossa hatte diesmal ebensowenig wie bei seiner Kaiserkrönung im Jahre 1155 das linke Tiberufer betreten. Während seines Rückzuges durch die Apenninen-Halbinsel verlor der Kaiser rund 2000 Männer. Die Gerüchte setzten diese Zahl allerdings noch weitaus höher an, und nördlich der Alpen sprach man davon, daß fast das ganze Heer des Kaisers untergegangen sei. Aber das Elend war auch so groß genug, und der Mythos, mit dem Friedrich vielfach umgeben worden war, brach in sich zusammen. Diejenigen, die im Kaiser vorher den von Gott geleiteten Führer gesehen hatten, glaubten nun den Fluch Gottes zu erkennen.

Ende August kam Barbarossa mit seinem Gefolge nach Pisa. Aus einer dort gefertigten Urkunde geht hervor, daß neben dem Erzbischof Christian von Mainz, dem Kanzler Philipp von Heinsberg sowie Herzog Berthold von Zähringen noch eine ganze Reihe namhafter Männer mit ihren Rittern beim Kaiser waren. Allerdings hatte man unterwegs noch den Bischof von Regensburg und Herzog Friedrich von Schwaben verloren. Der letztere war erst etwa 21 Jahre alt gewesen und hatte ein gutes Jahr vorher die Tochter Heinrichs des Löwen und Clementias von Zähringen geheiratet. Er hinterließ keine Nachkommen, so daß mit ihm die Linie Konrads III. ausstarb und deren beträchtliche Besitztümer an den Kaiser fielen. Auch weitere Fürsten und viele Ritter sowie Kriegsknechte wurden auf dem Weg nach Norden Opfer der heimtückischen Seuche. In Siena hatte der junge Welf zurückgelassen werden müssen, der mit seinen Männern erst im Juli vor Rom zum Kaiser gestoßen war. Er starb nach mehreren Wochen des Siechtums Mitte September 1167.

Von Pisa machte sich das Heer weiter auf den Weg über den Apennin, um die Lombardei zu erreichen. Auf der Paßhöhe des Col della Cisa bei Pontremoli versuchten bewaffnete Scharen den Kaiserlichen den Weg zu verlegen. Während der Mittagsrast wurden diese von einem Pfeil- und Steinhagel überschüttet. Auch die Kranken und Sterbenden wurden nicht verschont, und die Kaiserin hat ebenso zu den Waffen gegriffen wie der Kaiser, der gleich einem Löwen gekämpft hat. Nur mühsam gelang es, die Übermacht der Feinde abzuschütteln und den Troß mit den Lebensmitteln zu sichern. Aber die Kaiserlichen konnten den Paß nicht benutzen und mußten einen weitaus schwierigeren und längeren Weg durch das Gebiet des verbündeten Markgrafen Opizo Malaspina nehmen. Mitte September kam Barbarossa mit seinem Gefolge, darunter vielen Kranken und Siechen, in Pavia an, wo alle freundlich aufgenommen wurden.

Trotzdem war der Kaiser mit den Seinen auch hier keineswegs vor Überfällen sicher. Gegen eine geschlagene Macht stehen selbst die Schwachen auf, um nun ihren Mut zu beweisen. Einige Tage vor der Ankunft in Pavia war auch Parma dem lombardischen Bund beigetreten, wenn auch nur widerstrebend und nach Kämpfen. Aber die Cremonesen hatten es verstanden, die Stadt dem Kaiser abspenstig zu machen und sie zur Herausgabe der bolognesischen Geiseln zu veranlassen. Einige Wochen vorher war nach zweimonatiger Belagerung die Feste Trezzo an der Adda gefallen und dem Erdboden gleichgemacht worden. Barbarossa hatte gerade diese Burg besonders stark befestigen lassen, denn dort wurde ein großer Teil der kaiserlichen Gelder und sonstige Schätze aufbewahrt. Der Kaiser hatte den Hilferufen der Burgbesatzung in den zurückliegenden Wochen nicht nachkommen können, und nun waren die Männer in die mailändischen Kerker geworfen worden.
Noch stärker als fünf Jahre vorher an der Saône-Brücke hatte Friedrich die Launen der Fortuna zu spüren bekommen. Wieder war ein hoffnungsvoller, mit viel Elan und Kraftaufwand unternommener Anlauf zur Überwindung des Schismas und zur Vervollkommnung der Reichsmacht zunichte geworden. Aber so leicht ließ sich Friedrich vom Schicksal nicht beugen, und er wußte wohl, daß auf einen Mißerfolg nur allzuleicht weitere folgten, wenn er sich dem ersten nicht mutig entgegenstemmen würde. Nur wenige Tage nach der Ankunft in Pavia sprach der Kaiser über die abtrünnigen Städte öffentlich die Reichsacht aus und erklärte ihnen damit den Krieg. Angesichts seiner erschöpften und zerschundenen Streitkräfte mochte dies wie eine leere Drohung ohne realen Wert erscheinen.
Um den lombardischen Bund, der jetzt bereits acht Städte umfaßte, nach Möglichkeit zu spalten, nahm Friedrich die zwei früher reichstreuen Städte Lodi und Cremona von der Reichsacht aus. Er wandte sich auch gleichzeitig an zahlreiche Fürsten nördlich der Alpen, um von ihnen möglichst rasch Hilfe und Beistand zu erhalten. »Der Aufstand richtet

sich nicht allein gegen unsere Person«, schrieb der Kaiser, »nachdem die Empörer das Joch unserer Herrschaft abgeschüttelt haben, erdreisten sie sich nun, auch die Macht des deutschen Volkes, die mit vieler Mühe, großen Opfern und dem Blute vieler Fürsten und edler Männer aufgerichtet wurde, anzufechten und zu beseitigen, indem sie sprechen: ›Wir wollen nicht mehr, daß dieser Mann uns regiert, auch sollen die Deutschen nicht mehr über uns herrschen.‹ Ehe wir aber zu unseren Zeiten die Zerstörung des Reiches dulden und ehe wir es unseren Nachfolgern in Verwirrung und zerstückelt hinterlassen, wollen wir lieber einen ehrenvollen Tod unter den Feinden sterben.«

Nördlich der Alpen waren freilich auch nicht die friedlichsten Zeiten, die den Abzug von Hilfstruppen erlaubt hätten. In den Kämpfen um das Bistum Salzburg war eine Reihe von Klöstern mehr oder weniger zerstört worden, und in Salzburg selbst hatte ein verheerender Brand gewütet, den man zu Recht oder Unrecht auch den Feinden des Erzbischofs anlastete. Im Juli 1167 war zwar endlich ein Waffenstillstand geschlossen worden, aber der war noch recht wackelig.

Der Pfalzgraf Konrad bei Rhein hat seine Streitigkeiten mit dem Kölner Erzbistum wieder aufgegriffen, nachdem nicht nur der von seinem kaiserlichen Stiefbruder eingesetzte Bewacher, sondern auch Erzbischof Rainald gestorben war. Bis der vom Kaiser zum Nachfolger vorgeschlagene Philipp von Heinsberg gewählt war und seine Anweisungen aus Italien übermitteln konnte, verging einige Zeit.

Auch in Sachsen standen die Verhältnisse nicht zum besten. Zwar erhielten die Widersacher Heinrichs des Löwen vom Erzbistum Köln keine Unterstützung mehr, seit Philipp von Heinsberg dort Metropolit war, aber die Kämpfe gingen trotzdem weiter. Erst als der Mainzer Erzbischof Christian und Berthold von Zähringen auf Anweisung des Kaisers nach Sachsen kamen, wurde dort ein Waffenstillstand geschlossen. Aber in einer solch labilen Situation war noch lange nicht daran zu denken, dem Kaiser in Italien Hilfstruppen zu senden.

Barbarossa wollte jedoch in der Lombardei nicht untätig auf die Hilfe aus den deutschen Landen warten. Schon Ende September 1167 hatte er wieder Streitkräfte aus den ihm noch ergebenen Städten Pavia, Novara und Vercelli beisammen, denen sich auch die Markgrafen Wilhelm von Montferrat und Opizo Malaspina sowie Graf Guido von Biandrate mit ihrem Gefolge zugesellten. Barbarossa wollte »die ruchlose Treulosigkeit und nur mit dem Tode zu sühnende Bosheit« der abgefallenen Städte rächen und marschierte zunächst sengend und brennend in das mailändische Gebiet ein. Als er jedoch erfuhr, daß eine Streitmacht der verbündeten Feinde gegen ihn auf dem Wege war, wechselte er seinen Kriegsschauplatz und zog in das Gebiet von Piacenza. Barbarossa führte also im Herbst 1167 einen Kleinkrieg, weil seine Streitkräfte für eine große und entscheidende Schlacht nicht ausreichten.

Diese offenkundige Schwäche des Kaisers führte auf der Gegenseite zu verstärkter Aktivität, denn man befürchtete sicher, daß Barbarossa zu einem neuen Schlag ausholen würde. Im Dezember 1167 versammelten sich die Konsuln der Städte des lombardischen und des Veroneser Bundes sowie aus Bologna, Ferrara, Modena und Treviso. Man beriet über eine künftige engere Zusammenarbeit und über gemeinsamen Widerstand gegen den Kaiser. Es wurde ein Rektorat gebildet, in das jede der sechzehn Städte einen oder zwei Abgeordnete – sogenannte Rektoren – sandte. Die beiden Bündnisse sollten aber für sich weiterhin bestehen bleiben. Falls der Kaiser jedoch eine Stadt angreifen würde, sollten alle anderen ihr beispringen. Schäden und Verluste sollten von allen Bundesgenossen gemeinsam getragen werden. Auch der Austausch von Kriegsgefangenen wurde beschlossen. Waffenstillstand, Frieden und andere Verträge durften nur mit Zustimmung der Rektoren aller Städte abgeschlossen werden. Venedig brauchte nur mit seinen Schiffen Hilfe zu leisten und beanspruchte umgekehrt keine Hilfeleistungen zu Wasser. Sollte die Stadt aber Geld vom byzantinischen Kaiser erhalten, so sollte sie dieses redlich teilen. Der

Vertrag wurde für die Dauer von zwanzig Jahren geschlossen und war von allen männlichen Einwohnern der verbündeten Städte zu beschwören.

Im Laufe des Dezember 1167 gelang es den Städtebünden noch, den Markgrafen Opizo Malaspina auf ihre Seite zu ziehen. Er war ja einer der kampflustigsten Helfer des Kaisers gewesen, und dieser hat den Verlust sehr schmerzlich empfunden. Freilich war Opizo Malaspina nur aus materiellen Interessen auf der Seite Barbarossas gestanden, und für die nächste Zukunft sah er für sich bei den Städten die besseren Chancen. Der neue Erzbischof Galdin von Mailand – Otbert war im März 1166 im Exil gestorben – brachte es auch fertig, den Bischof und die Konsuln von Novara dem Kaiser abspenstig zu machen.

Die Situation verschlechterte sich für den Kaiser in Oberitalien also zusehends, zumal sich auch mehr und mehr zeigte, daß die deutschen Fürsten keine Neigung hatten, neue Hilfstruppen zu entsenden. Während sich die Oberhoheit des Reiches in Rom und Mittelitalien bewähren und erhalten konnte, verfiel sie in Oberitalien immer mehr. Nur das Gebiet des Markgrafen von Montferrat östlich von Turin bot dem Kaiser gegen Ende des Jahres 1167 noch einigermaßen Sicherheit. Um beweglicher zu sein, entledigte er sich eines Teiles der Geiseln, die er nach wie vor mit sich führte. Er wechselte ständig seinen Aufenthaltsort, um etwaigen Anschlägen oder Angriffen seiner Gegner zu entgehen. Gesandte des Grafen Heinrich von Troyes und des englischen Königs mußten ihn daher mühsam suchen.

Dem neuen Kölner Erzbischof Philipp von Heinsberg ist es gelungen, Papst Paschalis III. wieder nach Rom zu bringen. Trotz dieses demonstrativen Erfolges für »seinen« Papst war der Kaiser nach einem glaubwürdigen Bericht vorübergehend bereit, über eine Vereinbarung mit Papst Alexander zu verhandeln, was natürlich nur allzuleicht zum Nachteil von Paschalis gegangen wäre. In der Folge des Fiaskos von Rom glaubten viele, den geschwächten Kaiser nicht mehr in der bisherigen Weise respektieren zu müssen und bekannten sich daher offen zu ihren vorher verheimlichten Sympathien für Alexander. In Böhmen breitete sich nach dem Tode Bischof Daniels von Prag die alexandrinische Anhängerschaft immer mehr aus, und auch König Waldemar I. von Dänemark distanzierte sich von dem »kaiserlichen Papst«, indem er den seit 1161 verbannten Freund Alexanders, Erzbischof Eskil von Lund, zurückrief.

Ganz besonders verstand es der Mailänder Bischof Galdin, den lombardischen Bund mit der Sache Alexanders zu identifizieren, so daß in der Lombardei überall die kaisertreuen Bischöfe vertrieben und alexandrinische eingesetzt wurden. Gerade diese Identifizierung mit der Sache Alexanders nahm dem lombardischen Bund in den Augen vieler das Odium der widergesetzlichen Auflehnung und legalisierte ihn. Der von jeher alexandrinisch gesonnene Patriarch Udalrich von Aquileja versuchte Erzbischof Konrad von Salzburg und dessen Bruder, den österreichischen Herzog Heinrich, für eine aktive Unterstützung des lombardischen Bundes zu gewinnen. In Lyon war Anfang November 1167, unter dem Jubel des Volkes, ebenfalls ein alexandrinischer Erzbischof eingezogen. Alexander selbst hielt sich seit seiner Flucht aus Rom in Benevent auf. Dort empfing er Gesandtschaften der Könige von England sowie Frankreich, und die Beziehungen zum Kaiser von Byzanz waren ebenfalls wieder sehr intensiv. Ein neuer Gesandter Kaiser Manuels brachte reiche Geschenke und erneuerte das Angebot, die Ostkirche dem Papst zu unterstellen, wenn dieser dafür Manuel als abendländischen Kaiser anerkenne. Dazu wurden Papst Alexander Geld und Waffen in jeder gewünschten Menge versprochen. Aber Alexander wollte auch jetzt nicht auf ein mit derart weitreichenden Forderungen verbundenes Angebot eingehen und verweigerte sogar die Annahme des ihm offerierten Geldes. Dennoch sandte er eigene Kardinallegaten nach Konstantinopel, um die Fäden nicht etwa abreißen zu lassen. Manuel stand auch mit Venedig in regem diplomatischem Verkehr und förderte die Aktivitäten gegen Barbarossa nach Kräften.

Der Kaiser hat Anfang 1168 den Entschluß gefaßt, Italien über Savoyen zu verlassen, nachdem er endgültig erkannt hatte, daß er unter den gegenwärtigen Umständen aus der Heimat keine neuen Streitkräfte erwarten konnte. Barbarossa ließ die vorher auf einige Burgen verteilten Geiseln wieder zusammenholen, denn er wollte sie mit über die Alpen nehmen, um sie nötigenfalls als Druckmittel einsetzen zu können. Unter den Geiseln befand sich auch Zilius de Prando, ein Vornehmer aus Brescia, in dem Barbarossa einen der Urheber des lombardischen Aufstandes und neuerlicher Angriffe auf die Grafen von Biandrate sah. In einer aus unbekannten Gründen ausgelösten Erregung ließ Barbarossa diesen Mann auf dem Weg von Turin nach Susa Anfang März 1168 auf einer Anhöhe aufhängen.
Als er wenig später mit seinem kleinen Gefolge – es sollen nur noch etwa dreißig Ritter gewesen sein – nach Susa kam, wurden die Tore für seinen Zug wohl geöffnet, aber sie wurden sofort wieder geschlossen, als er in der Stadt war. Der Kaiser war also gefangen, und man forderte von ihm die Freilassung seiner Geiseln, da der lombardische Bund die Zerstörung der Stadt angedroht habe, wenn der Transport der Geiseln nicht aufgehalten werde. Was die Geiseln vom Kaiser zu erwarten hätten, das habe die Exekution des Zilius de Prando gezeigt. Dem Kaiser selbst und den Seinen wurde freier Abzug zugesichert, aber kein Mann italienischer Zunge durfte die Stadttore passieren. Trotz des Gelöbnisses für seinen ungehinderten Abzug war Barbarossa nicht überzeugt, daß nicht doch ein Anschlag gegen sein Leben oder seine Freiheit geplant war, und so verkleidete er sich als Knecht und verstand es, mit einigen Begleitern bei Nacht die Stadt unter dem Vorwand zu verlassen, sie müßten im voraus Quartier für die nächste Nacht besorgen.
Der Kaiser kam auf solche Weise sicher über den Mont Cenis und erreichte durch das Tal der Isère die Stadt Grenoble, während in Susa ein kaiserlicher Ritter – wahrscheinlich der Kämmerer Hartmann von Siebeneich – die Anwesenheit des Monarchen vortäuschte. Als man jedoch die Flucht des Kai-

sers bemerkte, ließ man seine Gemahlin und das weitere Gefolge unter der Führung Herzog Bertholds von Zähringen unbehelligt abziehen, denn es kam offenbar tatsächlich nur auf die Zurückbehaltung der Geiseln an.
Während der Kaiser in Eile durch Burgund zog und bald in Basel eintraf, brachten Streitkräfte bei der Eroberung der Burg Biandrate westlich von Novara zehn vornehme Deutsche in ihre Hände. Sie wurden der Witwe des Zilius de Prando überbracht, damit sie sie nach Belieben töten lasse, zu Knechten mache oder gegen ein hohes Lösegeld wieder freilasse. Ob und wie die Brescianerin den Tod ihres Mannes gerächt hat, ist jedoch unbekannt.
Der Markgraf Opizo Malaspina baute gemeinsam mit Mannschaften aus Piacenza und Parma das 1163 zerstörte Tortona wieder auf, zum nicht geringen Unbehagen der Pavesen, die ebenso wie der Markgraf von Montferrat und die Grafen von Biandrate noch an ihrer Treue zum Kaiser festhielten. Aber im übrigen ging der Abfall vom Reich in der ganzen Lombardei sehr rasch vor sich. Eine treibende Kraft war der mailändische Erzbischof Galdin, der im März 1168 auch in Lodi einen alexandrinischen Parteigänger auf den Bischofsstuhl brachte. Um die gleiche Zeit schlossen sich Como und Asti dem lombardischen Bund an; Como, nachdem es sich gegen die Wiederkehr mailändischer Unterdrückungen sorgfältig abgesichert hatte. Im Frühjahr 1168 gründeten die Lombarden sogar eine neue Stadt, der sie in Verehrung für Papst Alexander den Namen Alessandria gaben. Der Kaiser mußte darin natürlich einen üblen Affront sehen, zumal die Gründung einer Stadt eindeutig sein Recht war. Man hatte für die neue Stadt einen günstigen Standort gewählt und sie sogleich mit Wall und Graben befestigt. Aber trotz solch sichtbaren Saluts wollte Papst Alexander nicht, dem Wunsch der Lombarden entsprechend, seinen Sitz in die Lombardei verlegen. Er zog es vor, in Benevent und somit in größerer Entfernung von Barbarossa zu bleiben.
Anfang Mai 1168 hielten die Städte des lombardischen und des Veroneser Bundes in Lodi einen Bundestag. Nachdem

das kaiserliche Regiment nunmehr praktisch ausgeschaltet war, konnte der Widerstand dagegen nicht mehr als Kitt für den Zusammenhalt der Städte untereinander dienen. Die nicht wenigen Reibungsflächen zwischen den Mitgliedern der Bünde mußten jetzt möglichst verringert und ausgeglichen werden. Deshalb wurde in Lodi vereinbart, daß kein Bundesgenosse im Gebiet eines anderen Befestigungen errichten dürfe, daß jeder Gläubiger nur seinen Schuldner zum Ausgleich heranziehen und nicht einen Dritten pfänden oder behelligen dürfe, daß auch keine Bundesstadt den Gebannten eines anderen Bundesgenossen in ihre Mauern aufnehmen dürfe. Neu eingeführte Abgabenverpflichtungen aus den letzten 30 Jahren wurden annulliert, und gegen den Bundesvertrag verstoßende eidliche Verpflichtungen wurden für alle Städte verboten sowie Appellationen an den Kaiser für nichtig erklärt.
So versuchten die Bundesstädte also, Gründe für Zwistigkeiten untereinander von vornherein auszuschalten. Sie hoben damit aber auch zahlreiche Bestimmungen der roncalischen Gesetze aus dem Jahre 1158 auf und streiften die Oberherrschaft des römisch-deutschen Kaisers ab. Die Mitglieder der Städtebünde zeigten sich als freie, republikanische und unter sich gleichberechtigte Städte. Die Bemühungen Friedrichs I., in Oberitalien die Herrschaft des Reiches zu festigen, schienen zu diesem Zeitpunkt gescheitert. Auch Pavia konnte sich auf die Dauer nicht in seiner Treue zum Kaiser halten.
In Mittelitalien war es dagegen Erzbischof Philipp von Köln möglich, die Stellung des Reiches im Frühjahr 1168 weiter auszubauen. Im April zog er mit dem römischen Stadtpräfekten und der römischen Stadtmiliz gegen Albano, das erobert und zerstört wurde. Philipp festigte die Position von Papst Paschalis in Rom und trat bald darauf im Mai 1168 den Heimweg an, nachdem er noch Statthalter für die Wahrung der Rechte des Reiches bestimmt hatte.

Sechs Jahre in deutschen Landen 1168–1174

Nach seiner Rückkehr aus Italien hielt sich der Kaiser im Frühjahr 1168 längere Zeit in den rheinischen Gegenden seines Reiches auf, wo er ja immer schon besonders gerne geweilt hatte – die Pfalzen in Worms und Hagenau gehörten zu seinen Lieblingsplätzen. Die Gicht in den Beinen bereitete ihm nach den Strapazen der letzten Zeit wieder viel Pein – er war ja zwischen 1158 und 1168 etwa sieben Jahre unterwegs in Italien gewesen.

Der Tod seines Vetters Herzog Friedrich von Schwaben, der an der Malaria gestorben war, hat dem Kaiser ein beträchtliches Erbe gebracht: König Konrad III. war mit Erfolg auf die Vermehrung seiner Hausgüter bedacht gewesen und hatte daher seinem Sohn, dem verstorbenen Schwaben-Herzog, umfangreiche Allodien in Schwaben und Franken vererbt, die nun an den Kaiser fielen. Darunter waren große Besitzungen um Rothenburg ob der Tauber, weshalb der Schwaben-Herzog auch Herzog von Rothenburg genannt worden war. Das Herzogtum Schwaben hatte sich ursprünglich in der Hand des jetzigen Kaisers befunden, doch als Entschädigung für die entgangene Königswürde nach dem Tod Konrads III. hat der Kaiser nach seiner Thronbesteigung 1152 dieses Reichslehen an Friedrich von Rothenburg gegeben. Jetzt fiel dieses Gebiet wieder an ihn zurück. Es reichte von dem im Mittelalter wichtigen Septimer-Paß, der Stadt Chur und der Rhône-Quelle bis nördlich Hagenau, Waiblingen und Lorch. Im Westen gehörte das Elsaß dazu, und im Osten war der Lech die Grenze des schwäbischen Herzogtums. Nur einen kleinen Teil dieser Ländereien, zu denen auch noch das Egerland sowie zahlreiche Kirchenlehen kamen, hat der Stiefbruder des Kaisers, Pfalzgraf Konrad bei Rhein, erhalten. Der Hauptteil fiel dem Kaiser zu, der auch die Anfang des 12. Jahrhunderts begonnene Burg Eger bald zur Kaiserpfalz ausbauen ließ. Diese und die Kaiserpfalz in Altenburg bildeten die Schwerpunkte eines Reichsgebietes, das Barbarossa hier – südlich von Leipzig mit Chemnitz und Zwickau – planmäßig aufbaute, nachdem er schon 1158 bei dem Gütertausch mit Heinrich dem Löwen verschiedene Allodien dem Reich übereignet hatte. Westlich davon, im nördlichen Thüringen, wurden die Reichsgüter in der sogenannten Goldenen Aue von den Pfalzen Tilleda und Kyffhausen aus verwaltet.

Dank dem Erbe seines Vetters konnte Friedrich sowohl im Osten als auch im Westen seine Machtposition erheblich stärken. Nach den damaligen Anschauungen wurde das Hausgut einer im Besitz der Königswürde befindlichen Familie und das Reichsgut als eine Einheit betrachtet. Friedrich I. als einer der nachdrücklichsten Verfechter der königlichen Würde und Machtstellung bezog unterschiedslos alle in seinen Händen befindlichen Güter ein, um sie den Zielen des Reiches dienstbar zu machen. Herzog Heinrich der Löwe war mit seinen Herzogtümern Sachsen und Bayern freilich noch mächtiger als Friedrich. Zudem hatte Heinrich neuerdings weiter an Glanz gewonnen: Er hat die Zeit des Waffenstillstandes mit seinen Gegnern Ende 1167 dazu genützt, um die ihm seit 1165 anverlobte Tochter Mathilde des englischen Königs nach Sachsen holen zu lassen. Die Trauung fand am 1. Februar 1168 in Minden statt. Mathilde war etwa zwölf Jahre alt und hatte eine reiche Ausstattung und einen beträchtlichen Gold- und Silberschatz mitgebracht. Der im Mittelalter häufig offiziell gefeierte Vollzug der Eheschließung durch erstmaliges Aufsuchen des Ehelagers, das Beilager, soll später in Braunschweig festlich begangen worden sein. Die zunächst nur aus politischen Motiven geschlossene Ehe zwischen dem Welfen und der Plantagenet wurde eine mehr als zwanzigjährige glückliche Verbindung.

Mit dem vermehrten Glanz durch die englische Königstochter stellte sich auch die Mißgunst gegenüber Heinrich dem Löwen verstärkt ein. Der durch den Kaiser und dessen Beauftragte Erzbischof Christian von Mainz und Herzog Berthold von Zähringen im Herbst 1167 erzielte Waffenstillstand

war nicht von langer Dauer. Schon im Frühjahr 1168 brachen die Kämpfe erneut aus. Aber nun passierte das ehedem Unvorstellbare, Undenkbare, daß die vom Kaiser für den 5. Mai 1168 zu einem Hoftag nach Würzburg berufenen sächsischen Fürsten nicht erschienen. Auch einer zweiten Ladung leisteten sie keine Folge, sondern setzten ihre Verwüstungen in den Ländern des Löwen nach Kräften fort. Das war ein überdeutliches Zeichen dafür, daß die Autorität des Kaisers arg geschwunden war.
Erst nach einem dritten Anlauf trat Ende Juni 1168 in Würzburg ein Reichstag zusammen, zu dem drei Erzbischöfe und zehn Bischöfe erschienen, außerdem einige aus ihren Bistümern vertriebene lombardische Kirchenfürsten. Neben Heinrich dem Löwen waren auch Udalrich von Böhmen sowie die Pfalzgrafen Konrad bei Rhein und Otto von Wittelsbach anwesend. Vor allem waren aber auch Heinrichs Gegner vollzählig gekommen, was vom Kaiser besonders begrüßt wurde, denn es ging ihm doch in erster Linie um die Beilegung der Streitigkeiten in Sachsen. Trotz seines offenkundigen Autoritätsverlustes scheute Friedrich nicht davor zurück, den Hader in Sachsen und die deshalb unterbliebenen Hilfeleistungen öffentlich für das Fiasko des vierten Italienzuges verantwortlich zu machen. Statt Bestrafungen für die Friedensbrüche zu beantragen, suchte er seine Ziele durch eine Aussöhnung zwischen dem Welfen und dessen Gegnern zu erreichen. Nach langen Verhandlungen – der Reichstag zog sich bis Mitte Juli hin – wurde eine Waffenruhe bis zum nächsten Reichstag vereinbart. Sie wurde im allgemeinen eingehalten, und nur Graf Widukind von Schwalenberg, der sich gegenüber Herzog Heinrich stets besonders aufsässig verhielt, machte eine Ausnahme.
Der Kaiser und sein Vetter konnten mit dem Ergebnis des Würzburger Reichstages zufrieden sein. Der Löwe hatte die gefährlich machtvolle Verschwörung gegen ihn ohne Schaden überstanden. Das hatte er zweifellos den intensiven Bemühungen des Kaisers zu verdanken, und dieser war sich seines Verdienstes um seinen Vetter auch wohl bewußt,

denn er nahm ihm dafür die Stadt Goslar wieder weg, die er ihm 1152 ohnedies wohl nur als Trostpflaster für die Verzögerung bei der Belehnung mit Bayern gegeben hatte. So wurde die wohlhabende Stadt, wie früher, reichsunmittelbar, was der Kaiser und die Einwohner sehr zu schätzen wußten. Der Monarch setzte mit dieser Erwerbung – zu Goslar gehörte die wichtigste Kaiserpfalz in Sachsen – seine Bemühungen um die Stärkung der Königsgewalt konsequent fort.

Wohl noch während seines Aufenthaltes in Würzburg bestätigte Friedrich am 10. Juli 1168 dem Würzburger Bischof Herold den Besitz des fränkischen Herzogtums, und er gab ihm dabei ein Gerichtsprivileg »in allen Grafschaften über Raub und Brand, Eigen und Lehen, Leute und Blutschuld«. Es war ähnlich wie dasjenige des Herzogs von Österreich, dem Barbarossa 1156 ebenfalls die volle und ausschließliche Gerichtsbarkeit in seinem Herrschaftsgebiet zugesprochen hatte.

Zu dieser Zeit belehnte der Kaiser auch seinen erstgeborenen Sohn Friedrich mit dem Herzogtum Schwaben, denn er strebte nun offenbar intensiv danach, die staufische Hausmacht zu stärken und auszubauen. Selbstverständlich übernahm er für den vierjährigen Sohn die Verwaltung dieses Herzogtums, so wie er es ja auch 1152 bei seinem damals minderjährigen Vetter getan hatte. Dem Staufer war jetzt wohl mehr und mehr bewußt geworden, daß er gegenüber den Landesfürsten die von ihm angestrebte Macht und Autorität nur ausüben konnte, wenn er über ansehnliche Besitztümer verfügte. Es wurde bereits deutlich, daß Friedrich dabei keinen Unterschied zwischen Hausgütern und Königs- bzw. Reichsgütern machte. So wie er einerseits die Reichsgüter zur Festigung seiner persönlichen Position heranzog, so stellte er die staufischen Hausgüter auch in den Dienst des Reiches.

Im Norden hatte der Dänenkönig Waldemar I. im Juni 1168 die slawischen Ranen auf der Insel Rügen unterwerfen können, wobei ihn auf Befehl Heinrichs des Löwen die Obodriten unterstützt hatten. Die Ranen wurden nach Zerstörung ihrer Tempelburg gewaltsam christianisiert, aber die Dänen wollten ihre reiche Beute entgegen den getroffenen Vereinbarungen nicht mit den Obodriten teilen. Deshalb kehrte sich deren Kriegslust rasch gegen die Kampfgefährten, und nach der Überlieferung sollen von den Obodriten an einem einzigen Tag auf dem Markt in Mecklenburg 700 dänische Gefangene als Sklaven zum Kauf angeboten worden sein.

Am 20. September 1168 ist in Rom Papst Paschalis III. unerwartet gestorben. Obwohl er 1164 nur durch einen Überraschungscoup der Gegner von Papst Alexander auf den apostolischen Stuhl gekommen war, hatte er sich doch mit Erfolg behaupten können. Auch die Wahl seines Nachfolgers erfolgte wieder ohne vorherige Kenntnis des Kaisers. Kalixt III., wie er sich nannte, war ursprünglich Abt und wurde unter Paschalis Kardinalbischof von Albano. Er war bereits der siebte Papst, der während der Regierungszeit Friedrichs I. den Stuhl Petri beanspruchte. Barbarossa anerkannte Kalixt III. zunächst nicht formell, aber er war durch die Würzburger Beschlüsse auf den Gegner Alexanders festgelegt, und der Einflußbereich des neuen Papstes deckte sich in Italien mit dem Herrschaftsgebiet des Kaisers, das im Augenblick vornehmlich Rom und Tuszien umfaßte. Der im November 1169 neu gewählte römische Senat erwies sich als kaisertreu, so daß der Verbleib des neuen Papstes Kalixt in der Ewigen Stadt für einige Zeit gesichert war. Aber Hildegard von Bingen drohte dem Kaiser ebenso wie nach der Wahl von Paschalis III. mit der Rache Gottes, weil das Schisma mit dieser Wahl wieder erneuert wurde.

Wenige Tage nach Paschalis ist auch Erzbischof Konrad von Salzburg gestorben. Er hatte die letzten Monate wieder friedlich in seinem Erzbistum zubringen können. Im Gegensatz zu anderen Bistümern, in denen während der letzten Zeit ebenfalls Bischofswahlen anstanden – Augsburg, Köln, Regensburg, Verden, Speyer, Cambrai, Lüttich – übergingen die Salzburger Domherren bei ihrer Wahl den Kaiser und kürten den erst etwa zwanzig Jahre alten Prämonstratenser

Adalbert, einen Sohn des böhmischen Königs Wladislaw, zum neuen Erzbischof. Er sollte die von Eberhard und Konrad begründete alexandrinische Linie der Kirchenprovinz fortsetzen, und man meinte in Salzburg, daß ihm dies als Sohn des Böhmenkönigs ohne allzu heftigen Widerstand des Kaisers möglich sein würde. Die Domherren hofften, der Kaiser würde seine für Wladislaw gehegte Wertschätzung auch dessen Sohn zukommen lassen und über alexandrinische Tendenzen hinwegsehen. Aber damit hatten sie sich gewaltig getäuscht! Schon von Anfang an weigerte sich der Kaiser, dem neuen Erzbischof die Regalien zu verleihen, zumal sich Adalbert nicht von dem Mainzer Erzbischof Christian, sondern von dem alexandrinischen Patriarchen von Aquileja hatte ordinieren lassen. Gerade zu jener Zeit legte aber der Kaiser offenbar größten Wert auf die Einhaltung seiner kirchlichen Anweisungen, und dazu gehörte die Bischofsweihe durch den Mainzer Erzbischof.

Immer wieder wurde zu jener Zeit von einem neuen Kreuzzug gesprochen. Zwischen den Königen von Frankreich und England war es darüber im Sommer 1167 sogar zu kriegerischen Plänkeleien gekommen, und auch Alexander hatte seine Hände dabei im Spiel, da der englische Erzbischof Thomas Becket nach wie vor ein Zankapfel zwischen den beiden Monarchen war – Schützling des französischen und Verfemter des englischen Königs. In diese nach wie vor nicht befriedeten Verwicklungen versuchte im Oktober 1168 auch der Kaiser einzugreifen, um sie nach Möglichkeit in seinem Sinne zu beeinflussen. Es liegt auf der Hand, daß dazu auch die Ausschaltung Alexanders gehörte. Barbarossa schickte eine höchst repräsentable Gesandtschaft mit Heinrich dem Löwen sowie den Erzbischöfen von Mainz und Köln nach Nordfrankreich, wo sie nicht nur einen Friedensschluß zwischen dem Engländer und dem Franzosen arrangierten, sondern auch über Möglichkeiten zur Beilegung der Kirchenspaltung mit den beiden Potentaten verhandeln sollte. Friedrich versuchte also noch einmal, wie schon 1165 mit der Gesandtschaft Rainalds von Dassel, im Streit zu vermitteln.

Aber die zwei Monarchen hatten doch recht unterschiedliche Interessen, so daß kein greifbares Ergebnis zustande kam und die Gesandtschaft unverrichteter Dinge wieder zurückkehrte. Auch die bei dieser Gelegenheit geführte Diskussion über ein Verlöbnis zwischen einem Kaisersohn und einer Tochter des französischen Königs ist negativ ausgegangen. Während Heinrichs des Löwen Abwesenheit waren in Sachsen neue Zwistigkeiten ausgebrochen, bei denen es um die Neubesetzung des durch Tod verwaisten Stuhles des Erzbischofs von Bremen-Hamburg ging. Markgraf Albrecht von Brandenburg war der Hauptakteur, weil sein Sohn zu den Kandidaten für den Erzbischofsstuhl gehörte. Auf einem Hoftag im November verpflichtete jedoch der Kaiser die sächsischen Fürsten wieder zur Einhaltung der Waffenruhe. Im Süden begannen sich die Verhältnisse etwas zugunsten des Kaisers zu verschieben. Zwei eheliche Verbindungen zwischen Söhnen des venezianischen Dogen und ungarischen Prinzessinnen liefen den freundschaftlichen Beziehungen zwischen Venedig und Byzanz wie auch den feindseligen Verhältnissen zwischen Ungarn und Byzanz zuwider. Dazu kam eine Fehde zwischen Venedig und der Stadt Ancona, die nach dem Abzug Barbarossas aus Italien das Bündnis mit Konstantinopel wieder erneuert hatte. All das führte zu einer Abkühlung zwischen Byzanz und Venedig und damit zu einem Versiegen der byzantinischen Hilfsquellen für den Kampf der oberitalienischen Städte gegen Barbarossa.

Nachdem sich der Kaiser einige Zeit in Worms und im Elsaß aufgehalten hatte, mußte er im Januar 1169 wieder in die sächsisch-thüringischen Gebiete eilen, weil dort immer wieder Unruhen aufflackerten. In Anwesenheit der Erzbischöfe von Mainz und Köln versuchte Friedrich auf einem Hoftag erneut, den Frieden in Sachsen zu festigen. Der Löwe scheint an der Versammlung zwar nicht teilgenommen zu haben, aber der Staufer nahm einige der besonders penetranten Unruhestifter mit sich fort, um den Querelen endlich ein Ende zu bereiten. Sicher hat er aber auch immer wieder seinen Ein-

fluß auf seinen welfischen Vetter auszuüben versucht, um ihn zu einem gemäßigteren und toleranteren Verhalten gegenüber seinen Vasallen zu bringen.
Mitte Februar 1169 hielt der Kaiser einen Hoftag in Nürnberg, auf dem der böhmische König Barbarossas Mißmut über die Wahl seines Sohnes Adalbert zum Erzbischof von Salzburg fürs erste wohl besänftigen konnte.
In dem Jahr seit seiner Rückkehr aus Italien hatte der Kaiser mit den Fürsten mehr Beratungen auf Reichs- und Hoftagen gehalten als früher. Er legte offenbar Wert darauf, die Beziehungen zu den deutschen Fürsten wieder zu intensivieren und die Verhältnisse mehr in den Griff zu bekommen. Wie notwendig dies war, hatte ihm das Ausbleiben der Hilfe gezeigt, als er Ende 1167 und Anfang 1168 in Piemont dringend darauf gewartet hatte. Noch deutlicher wurde dies bei der zweimaligen Verweigerung der Gefolgschaft zu dem im Sommer 1168 vorgesehenen Hof- bzw. Reichstag in Würzburg. Wie aus ideellen und machtpolitischen Gründen, so mußte der Kaiser auch aus wirtschaftlichen Gründen auf die Wiederherstellung und den Ausbau seiner Herrschaftsposition bedacht sein. Die Einkünfte aus der Lombardei, die nach den roncalischen Beschlüssen von 1158 mit jährlich 30000 Pfund Silber errechnet worden waren, fielen nun weitgehend aus. In den Beratungen mit den Fürsten bewährte sich Friedrichs oft gepriesenes Verhandlungsgeschick und seine Bereitschaft zum Ausgleich. Mit zunehmendem Alter kamen diese Eigenschaften sowie ein Augenmaß für die Realitäten wohl mehr zur Geltung als in seinen jungen Jahren.
Auch jetzt unternahm Friedrich wieder Schritte zur Überwindung des Schismas. Im März 1169 hat er die Äbte von Citeaux und Clairvaux zu sich gebeten, um sich von ihnen in kirchlichen Angelegenheiten beraten zu lassen. Es ist bemerkenswert, daß er sich damit zweier Zisterzienser bediente, von denen er doch wußte, daß sie ausgeprägte Anhänger Papst Alexanders waren. Man konnte also davon ausgehen, daß der Kaiser bereit war, von seiner bisherigen harten Linie in der Frage der Kirchenpolitik etwas abzuweichen. Tatsäch-

lich wurde Anfang April nach eingehenden Beratungen während eines Hoftages in Bamberg beschlossen, daß die beiden Äbte zusammen mit Bischof Eberhard von Bamberg zu Papst Alexander nach Benevent reisen sollten. Für den Wunsch des Kaisers, mit Alexander in Kontakt zu kommen, war wohl eine ganze Reihe von Überlegungen ausschlaggebend. Während der Malaria-Seuche in Rom war ihm klargeworden, wie wichtig die Regelung seiner Nachfolge war. Überdies hatte er den verständlichen Wunsch, dem staufischen Haus die Krone zu erhalten, um eine ähnliche Situation wie 1125 bei der Wahl Lothars III. und 1138 bei der Wahl Konrads III. von vornherein zu vermeiden. Friedrich wollte deshalb schon in nächster Zeit seinen Sohn Heinrich zum König wählen lassen. Daß er seinen zweiten Sohn als Nachfolger wünschte, hat man mit einem Gebrechen des Erstgeborenen zu erklären versucht, aber ebensogut konnte es Friedrichs Absicht gewesen sein, das Herzogtum Schwaben und die Königswürde nicht in einer Person zu vereinen, da die Fürsten auf solche Weise leichter für die Wahl zu gewinnen waren. Vermutlich wollte der Kaiser auch eine etwaige Opposition von Papst Alexander vermeiden, der zweifellos stärker war als Kalixt und über eine größere Anhängerschaft verfügte. Vielleicht hoffte Barbarossa auch, durch eine – vorübergehende oder dauernde – Beilegung des Streites mit Alexander die Wege für die Wahl seines Nachfolgers zu ebnen, denn auch unter den weltlichen deutschen Fürsten gab es welche, die diesen nicht enden wollenden Zwist verurteilten. Man erzählte sich, Barbarossa habe Alexander das Angebot gemacht, sein Sohn Heinrich werde sich ihm – Alexander – gegenüber zum Gehorsam verpflichten, wenn er dafür von ihm als Kaiser anerkannt werde. Barbarossa wollte keine Verpflichtung für die Anerkennung eines der beiden gegenwärtigen Päpste übernehmen. So unsicher diese Überlieferung ist, so steht doch außer Zweifel, daß Alexander in den Vorschlägen des Kaisers, die ihm durch die beiden Äbte überbracht wurden – Bischof Eberhard war von den Lombarden die Durchreise verweigert worden – eine brauchbare

Grundlage für weitere Verhandlungen sah. In einem Schreiben an das Generalkapitel der Zisterzienser sprach Alexander die Hoffnung aus, daß die Verhandlungen zum erwünschten Ziel führen möchten.
Die Vorbereitungen des Kaisers für die Wahl Heinrichs zu seinem Nachfolger verliefen jedenfalls befriedigend, denn der dreijährige Staufer wurde während eines Reichstages im Juni 1169 in Bamberg zum deutschen König gewählt. Barbarossa hat vermutlich während dieses Reichstages noch intensiv für die Wahl gewirkt, denn sie fand erst rund zweieinhalb Wochen nach dem Zusammentreten der Fürstenversammlung statt, vermutlich am 24. Juni 1169. Erzbischof Christian von Mainz hat den Wahlvorschlag eingebracht, und die Wahl erfolgte einstimmig. Anwesend waren neben den Erzbischöfen von Mainz, Köln und Magdeburg sowie den Bischöfen von Bamberg und Würzburg Herzog Heinrich der Löwe, die Markgrafen Albrecht von Brandenburg, Otto von Meißen und Dietrich von der Lausitz, Landgraf Ludwig von Thüringen, Pfalzgraf Otto von Wittelsbach sowie die Grafen Udalrich von Lenzburg, Emicho von Leiningen und Dedo von Groitzsch. Auch König Wladislaw war mit seinem Sohn, dem Erzbischof von Salzburg, erschienen. Der Kirchenfürst wurde vom Kaiser, der ihm nach wie vor die Investitur verweigerte, nicht empfangen.
Auch einige Kardinäle von Papst Kalixt III. waren nach Bamberg gekommen – sicher, um sich aus erster Hand über die Ziele und den Stand der längst bekannten kaiserlichen Mission der beiden Zisterzienser-Äbte informieren zu lassen. Für Kalixt war diese Initiative des Kaisers bei Alexander höchst unerfreulich.
Zweifellos wurde in Bamberg auch über die Neubesetzung des Erzbischofsstuhles in Bremen gesprochen, nachdem der Staufer auf Veranlassung Heinrichs des Löwen zwei Wahlen für ungültig erklärt hatte, darunter diejenige des Sohnes von Markgraf Albrecht von Brandenburg. Nunmehr war nach dem Willen Heinrichs dessen früherer Kaplan gewählt und eingesetzt worden. Aber dadurch waren neue Verwicklun-

gen zu befürchten, denen Barbarossa vorbeugen wollte. Das gute Einvernehmen mit seinem welfischen Vetter stand für den Kaiser, der natürlich auf keinen Fall in eine ähnlich fatale Situation wie Konrad III. kommen wollte, nach wie vor an erster Stelle. Umgekehrt erhielt der Löwe in den Auseinandersetzungen mit seinen Gegnern, die er allerdings durch sein herrisches, kompromißlos eigensüchtiges Auftreten arg herausforderte, einzig und allein von seinem kaiserlichen Verwandten Unterstützung.

Nach dem Ende des Bamberger Reichstages zog der Kaiser südwärts nach Passau, wo er den übel beleumundeten Bischof Albo absetzte. Anschließend ritt er mit seinem bewaffneten Gefolge weiter gegen Salzburg, wo er vor der Stadt ein Lager aufschlug, um Gericht zu halten. Er wollte nun endlich der alexandrinischen Anhängerschaft in der salzburgischen Kirchenprovinz ein Ende bereiten. Dabei soll er sogar gedroht haben, alle erzbischöflichen Güter zu verwüsten und die Klöster zu zerstören, ja obendrein die Kleriker zu verjagen oder gar zu töten, wenn man ihm Widerstand leiste. So erwartete man sein Wirken mit Furcht und Schrecken. Der junge Erzbischof kam jedoch allem Übel zuvor, da er vor dem Kaiser und den Fürsten erschien und die Stadt sowie das Land des Erzbistums im Interesse des Friedens übergab. Er wollte offenbar solche Abscheulichkeiten vermeiden, wie sie das Land erst einige Jahre zuvor unter Erzbischof Konrad hatte erleben müssen. Die wichtige Hochburg der Alexandriner in den deutschen Landen fiel auf diese Weise rasch und kampflos in die Hand des Kaisers. Nachdem im gleichen Jahr die alexandrinische Partei durch den Tod des Erzbischofs Hillin von Trier und des Abtes Gerhoh von Reichersberg weitere wichtige Stützen nördlich der Alpen verloren hatte, mußte sich Papst Alexander erneut Gedanken machen, wie er durch eine Verständigung mit dem Kaiser diese Gebiete für sich retten könnte.

Am 15. August 1169 wurde König Heinrich im Dom zu Aachen durch den Kölner Erzbischof gekrönt. Genaugenommen wurden mit dieser Wahl und Krönung die Würzburger Beschlüsse aus dem Jahre 1165 umgangen. Damals hatten die Fürsten gelobt, als Nachfolger für den Kaiser nur einen Mann zu wählen, der jene Beschlüsse gleichfalls beschworen hatte. Aber bei dem dreijährigen Knaben war diese Forderung natürlich nicht zu erfüllen. Vielleicht hat aber Friedrich die Vernachlässigung jenes Gelöbnisses vorsätzlich beabsichtigt, um den Teufelskreis der Würzburger Unversöhnlichkeitserklärung zu durchbrechen.

Papst Alexander hatte unterdessen im Juli 1169 erneut zu einem Kreuzzug aufgerufen. Es waren Gesandte aus Jerusalem zu ihm nach Benevent gekommen, die ihm die Lage der dortigen Christen als trostlos und äußerst gefährdet schilderten. Um seinen Kreuzzugsaufruf zu unterstreichen und die wichtigsten Männer des Abendlandes selbst mit den Problemen der morgenländischen Christen zu konfrontieren, schickte der Papst die Gesandten aus dem Heiligen Land zum französischen König. Der wurde durch ihren Bericht zwar zu Tränen gerührt, aber er meinte, daß er keine Hilfe leisten könne, da in seiner Abwesenheit jeden Augenblick ein Überfall des englischen Königs auf sein Land zu befürchten wäre. Ludwig schickte die Gesandten deshalb zu Heinrich II. weiter. Auch dieser soll beinahe zu Tränen gerührt gewesen sein, wollte aber gleichfalls keine Zusage für einen Zug nach Jerusalem geben. Der Plan, den beide Könige einige Monate zuvor für einen Kreuzzug gefaßt hatten, war schon längst wieder vergessen.

Die Abkühlung der Beziehungen zwischen Venedig und Byzanz war inzwischen so weit fortgeschritten, daß Kaiser Manuel die seit beinahe hundert Jahren bestehende Handels-Vorherrschaft der Venetianer in Konstantinopel immer mehr beschnitt und den Genuesen und Pisanern nicht nur Privilegien für sein Reich, sondern auch Handelsniederlassungen in der Hauptstadt gewährte.

Da der Kaiser gegenwärtig keinen neuen Zug nach Italien plante, kümmerte er sich intensiver um Angelegenheiten, die den Nordosten seines Reiches betrafen. Auf einem Hoftag in Frankfurt am Main verlieh er im Januar 1170 in einem

Privileg den wendischen Fürsten die gleichen Ehrenrechte, wie sie die deutschen Fürsten besaßen. Die lehnsrechtlichen Verpflichtungen der Wenden gegenüber Heinrich dem Löwen wurden dadurch natürlich nicht berührt. Nach Frankfurt war auch Bischof Berno von Schwerin gekommen, dem der Kaiser ein Privileg für sein Bistum verlieh, das jener bis 1165 von der Mecklenburg aus regiert hatte. Berno war ursprünglich Zisterziensermönch gewesen und hatte sich unter häufig sehr schwierigen Umständen nachhaltig für die Christianisierung der Wenden eingesetzt. In jenen Frankfurter Tagen wurde die Insel Rügen, die Papst Alexander dem Bistum Roeskilde zuordnen wollte, dem Bistum Schwerin zugesprochen, womit also ein neuer Streitpunkt entstand, der erst sieben Jahre später durch die Aufteilung der Insel zwischen den beiden Bistümern beseitigt werden konnte. Zu dem Hoftag in Frankfurt war eine Reihe von italienischen Fürsten erschienen, und Kardinal Umfred, der seit Ausbruch der Kirchenspaltung auf der Seite des Kaisers stand, erhielt dabei von Barbarossa einen Schutzbrief für die Besitzungen seiner Familie in Tuszien.
Noch im Januar ritt der Kaiser über Würzburg nach Bayern wieder in das Erzbistum Salzburg. Die dortigen Verhältnisse befriedigten ihn nicht, da ihm Erzbischof Adalbert zwar einige Monate zuvor die Stadt und das Land übergeben hatte, aber in seiner Eigenschaft als Erzbischof doch noch von verschiedenen Klöstern aus Anordnungen erteilte. Die Salzburger Prälaten wollten sich auch nicht zur Wahl eines neuen Erzbischofs bereit finden, solange Adalbert nicht förmlich zurückgetreten war, und der Kaiser scheute offenbar vor einer weiteren Machtprobe zurück. Nach Gesprächen mit einer Reihe von Kirchenfürsten ließ Friedrich in der Salzburger Kirchenprovinz Vorkehrungen treffen, um etwaige gewalttätige Ausschreitungen Adalberts verhindern zu können. In Friesach in Kärnten, wo seit 1125 die bekannten Friesacher Pfennige geprägt wurden, hielt der Kaiser einen Hoftag. Bischof Heinrich aus dem nahe gelegenen Gurk, wo seit einigen Jahren der berühmte romanische Dom im Bau war, trug

dem Kaiser seine Wünsche nach Loslösung seines Bistums aus der Abhängigkeit von Salzburg vor. Der Staufer erfüllte jedoch den Wunsch nach Reichsunmittelbarkeit des Bistums nicht, sondern gab dem Bischof nur einen Schutzbrief. Auch dem Kloster S. Zeno bei Reichenhall verlieh Friedrich während seines Aufenthaltes in der Salzburger Kirchenprovinz ein Privilegium.

Ende Februar wird sich auch Bischof Eberhard von Bamberg im Auftrag des Kaisers auf den Weg zu Papst Alexander nach Italien begeben haben. Die Verhandlungen der beiden Zisterzienser-Äbte ein Jahr vorher bildeten offenbar eine gute Basis für weitere Kontakte. Die Lombarden ließen den Bischof diesmal durch ihr Gebiet reisen, obgleich sie den Verhandlungen zwischen Friedrich und Alexander mit dem größten Mißtrauen gegenüberstanden, weil sie ein Übereinkommen zu ihrem Nachteil sehr befürchteten. Barbarossa wünschte, daß die Zusammenkunft nicht am Sitz von Papst Alexander in Benevent stattfinde, weil es dem Ansehen des römisch-deutschen Reiches nicht gemäß sei, im Machtbereich des sizilischen Königs zu verhandeln. Alexander akzeptierte dieses Verlangen und begab sich mit seinem Hof nach Veroli, südlich von Rom, wo er dann bis zum Herbst 1170 blieb.

Um dem Mißtrauen der oberitalienischen Städte zu begegnen, wollte Alexander nur in Anwesenheit von deren Vertretern mit Bischof Eberhard verhandeln. Er hat dazu Abgesandte aus allen verbündeten Städten nach Veroli gebeten und beabsichtigt, auch die Beziehungen zwischen dem Kaiser und den Städtebündnissen in die Gespräche einzubeziehen. Im Gegensatz zu diesen Wünschen Alexanders hatte Eberhard den Auftrag, nur mit dem Papst allein zu verhandeln. Man einigte sich schließlich auf Gespräche »unter vier Augen«, über die Alexander die Abgesandten der Städte jedoch informieren würde. Nach diesen komplizierten und prestigebeladenen Präliminarien hat Eberhard dem Papst folgende Vorschläge des Kaisers unterbreitet – wenn dem umstrittenen Bericht zu glauben ist: Der Kaiser wird Alexander künftig weder persönlich noch in seiner Ehre und Würde als Papst angreifen und wird alle von ihm vollzogenen Priesterweihen anerkennen. Dagegen soll auch Alexander die Feindseligkeiten gegenüber dem Kaiser einstellen und sich von den Lombarden trennen.

Eine ausdrückliche Anerkennung Alexanders durch den Kaiser war in diesen Vorschlägen nicht vorgesehen. Der Papst sah mit Recht einen Widerspruch darin, daß der Staufer wohl bereit war, die von ihm vorgenommenen Weihen gutzuheißen, nicht jedoch ihn als rechtmäßigen Papst anzuerkennen. Friedrich versuchte natürlich, auf diese Weise die Würzburger Unversöhnlichkeits-Gelöbnisse zu umgehen. Das Versprechen, ihn in seiner Ehre und Würde nicht anzugreifen, genügte Alexander freilich nicht. Wenn dem Kaiser wirklich an einer Beilegung des Streites mit Alexander gelegen war, ist in der Tat schwer einzusehen, wie er sich die Annahme solch bruchstückhafter Vorschläge – sofern sie uns richtig überliefert sind! – durch den Papst vorgestellt hat. Aber schon der erste Biograph Alexanders III., Kardinal Boso, auf dessen Bericht sich die Überlieferung fast ausschließlich stützen muß, zweifelte die Ehrlichkeit der Friedensabsichten des Kaisers an. Später wurde die Mission Eberhards von Bamberg allerdings als der erste ernsthafte Ausgleichsversuch zwischen Kaiser und Papst Alexander gewertet (H. Prutz).

Aber auch die von Barbarossa gewünschte Trennung Alexanders von seinen italienischen Beschützern, den Städten des lombardischen und des Veroneser Bundes, war zu jener Zeit kaum zu erwarten. Die Friedensvorschläge des Monarchen erwecken so, wie sie uns überliefert sind, nicht nur einen fragmentarischen, sondern auch einen unlogischen und damit unglaubwürdigen Eindruck. Alexander blieb keine andere Wahl, als diese Vorschläge abzulehnen. Nach Beratungen mit seinen Kardinälen und den Abgeordneten der verbündeten Städte hat er in deren Anwesenheit Eberhard geantwortet, daß der Kaiser mit seinen Vorschlägen keines der großen Probleme löse, weder das der Papstwahl von 1159 noch das der Situation in Italien. Der Kaiser gehe offenbar vom Konzil in Pavia im Jahre 1160 aus, aber auf dieser Basis könne er nicht verhandeln. Alexander erklärte sich bereit, den Kaiser vor allen Fürsten der Welt zu ehren und seine Rechte vollständig zu wahren, aber das laienhafte Urteil des Regenten über die Rechtmäßigkeit priesterlicher Ordinationen müsse er als Anmaßung ablehnen. Alexander verwarf also die Vorschläge des Kaisers in ihrer Gesamtheit und erklärte sich außerstande, auf dieser Grundlage weiterzuverhandeln.

Für den Kaiser war es tatsächlich nicht einfach, in Anbetracht der nach wie vor gültigen Würzburger Unversöhnlichkeits-Erklärung mit Papst Alexander zu einem Friedensschluß zu kommen. Aber das mußte Friedrich schon klar gewesen sein, bevor er mit den beiden Zisterzienser-Äbten Kontakt aufnahm. Waren die ganzen Verhandlungen also tatsächlich nur ein finessenreicher Schachzug, um die Gegenseite zu verwirren, um sie in fruchtlose Überlegungen zu stürzen und nach Möglichkeit zu entzweien? Eine solche Erklärung erscheint zumindest nicht ausgeschlossen, und unehrenhaft wären derartige diplomatische Winkelzüge keineswegs!

Noch im März 1170 sandte Papst Alexander an die verbündeten oberitalienischen Städte die Bulle *»Non est dubium« – Es besteht kein Zweifel –*, die nun ihrerseits einige überraschende Züge aufwies. Angesichts diverser Querelen, die zwischen den verbündeten und doch vielfach aufeinander eifersüchtigen und konkurrierenden Städten aufgetreten waren, kündigte Alexander an, daß verräterische Handlungen gegen den Bund mit kirchlichen Strafen geahndet werden müßten. Er betonte die gemeinsamen Interessen sowie Ziele der Städte und der Kirche. Außerdem gab er seiner Überzeugung Ausdruck, daß die verbündeten Städte nicht nur für ihre eigene Freiheit kämpften, sondern auch für diejenige der Kirche. Er verlieh den Städtebündnissen rundweg die Weihen, als er schrieb: »Es ist auf keinen Fall zweifelhaft oder ungewiß, daß Ihr Eure Verträge der Eintracht und Freundschaft unter dem Einfluß göttlicher Eingebung geschlossen habt, um den Frieden und die Unabhängigkeit der Kirche Gottes sowie Euch selbst vor dem Friedrich genannten Kaiser zu schützen. Ihr habt Euch miteinander verbunden, um mutig und kraftvoll das Joch der Knechtschaft abzuschütteln. Daher wissen wir, die wir Euren Frieden als den Unseren und den der Kirche erkennen, wie sehr Ihr mit dieser Kirche verbunden seid und in welchem Außmaß Ihr im Glück und Unglück (vor dem Euch Gott bewahren möge) ihre Bundesgenossen seid.«

Wie weit Alexander die Solidarisierung der Kirche mit den Städtebünden getrieben hat, zeigen seine folgenden Anweisungen an die Bischöfe und päpstlichen Legaten in den oberitalienischen Städten:

1. Wenn eine verbündete Stadt oder einzelne Bewohner einer solchen ohne Benachrichtigung der Rektoren ein anderes Bündnis eingehen, so ist von den Legaten, ohne Rücksicht auf Widersprüche und Gnadenanrufe der Kirchenbann über die Stadt zu verhängen. Die Konsuln und/oder diejenigen, die das Bündnis geschlossen oder bei seiner Entstehung Rat und Hilfe gegeben haben, sind zu exkommunizieren.
2. Wenn eine Stadt den Bund verläßt, kann sie nicht mehr Sitz eines Bischofs sein. Alle, die bei dem Abfall mitgewirkt haben, verlieren im apostolischen Auftrag ihre Ämter und Würden.
3. Die von allen Bundesstädten gemeinsam gewählten Rektoren sorgen für Eintracht und Frieden sowie für deren Aufrechterhaltung. Wir befehlen deshalb, über alle diejenigen, die sich den Anordnungen der Rektoren widersetzen, den Kirchenbann zu verhängen und die Stadt, in der solche Rebellen wohnen, mit dem Interdikt zu belegen.
4. Wenn zwischen zwei Städten des Bundes Streit ausbricht und die Konsuln derselben den Anordnungen der Rektoren nicht nachkommen, sollen in diesen Städten die Gottesdienste unterbleiben und ihre Konsuln sowie

die Hauptanstifter des Streites mit dem Kirchenbann bestraft werden, bis sie ausreichende Genugtuung geleistet haben.

5. Wenn die Tuszier dem Bündnis nicht beitreten, dann ist die Straße nach Tuszien zu sperren und jede Verbindung mit den Tusziern zu unterbinden. Tuszische Kaufleute sollen aus den lombardischen Städten vertrieben und lombardische sowie deutsche Kaufleute am Durchzug nach Tuszien gehindert werden.

Als Bischof Eberhard von Bamberg mit den Verhandlungs-Ergebnissen nach Hause kam, hielt der Kaiser Anfang Juni 1170 in Fulda einen Hoftag, um den Bericht Eberhards entgegenzunehmen. Nachdem Barbarossa gehört hatte, daß Alexander seine Vorschläge insgesamt zurückgewiesen hatte, erneuerte er rasch entschlossen seine Würzburger Unversöhnlichkeits-Erklärung aus dem Jahre 1165 und gelobte wieder, Alexander niemals als Papst anzuerkennen.
Noch im gleichen Monat berief der Kaiser einen Reichstag nach Erfurt ein, denn in Sachsen war im März bereits wieder Krieg ausgebrochen. Heinrich der Löwe war in die Gebiete des Erzbistums Magdeburg eingefallen und hatte große Verwüstungen angerichtet. Infolge der anhaltenden Mißstimmung gegenüber dem Herzog war eine Ausweitung der Kämpfe sehr zu befürchten, da vor allem kaum zu erwarten war, daß Markgraf Albrecht von Brandenburg, der alte Feind Heinrichs, die Mißachtung der Wahl seines Sohnes auf den Bremer Erzbischofsstuhl stillschweigend hinnehmen würde. Der Kaiser bemühte sich nun in Erfurt nachdrücklich, einen Ausgleich zwischen den streitenden Fürsten zu finden, und es gelang ihm tatsächlich, in Anwesenheit aller Beteiligten einen Frieden zustande zu bringen.
Um diese Zeit erschien es Friedrich günstig, mit Kaiser Manuel die lange unterbrochenen Verbindungen wieder aufzunehmen. Er entsandte dazu den Mainzer Erzbischof Christian nach Konstantinopel. Barbarossa hatte zweifellos Kunde von den neuen Handelsverträgen Manuels mit Ge-

nua und Pisa, aber er war sicher vorher schon über die Verschlechterung der Beziehungen des Byzantiners zu Venedig informiert. Es war Barbarossa wohl auch kaum unbekannt geblieben, daß alle Versuche Manuels, sich mit Papst Alexander zu arrangieren, gescheitert waren. Bei dieser Sachlage erschien es dem römisch-deutschen Kaiser aussichtsreich, dem Komnenen verschiedene Vorschläge zu unterbreiten, eventuell frühere Pläne für eine Zusammenarbeit wieder aufzugreifen. Manuel nahm die Verhandlungsvorschläge an und entsandte bald – Mitte des folgenden Jahres – seinerseits eine Delegation zu Friedrich.

Nach dem Erfurter Reichstag hat sich der Kaiser nach Gelnhausen östlich von Frankfurt begeben. Dort hatte er vom Mainzer Erzbistum Land zu Lehen, auf dem er nun eine Kaiserpfalz errichten ließ. Ebenfalls in diesen Jahren gab Friedrich in Wimpfen zwischen Heilbronn und Nürnberg eine Pfalz in Auftrag. Er, der so ungemein aktiv in seinem Reich umherzog, um die königliche und kaiserliche Herrschaft immer und überall zur Geltung zu bringen, empfand die Notwendigkeit, über ein dichtes Netz von Pfalzen verfügen zu können. Sie sollten nicht nur die kaiserliche Herrschaft weithin sichtbar zum Ausdruck bringen, sondern ihm bei seinen vielen Reisen auch als Stützpunkte dienen. Die Pfalz in Gelnhausen wurde die wohl künstlerisch wertvollste aller von Friedrich I. erbauten Pfalzen und ist heute auch die am besten erhaltene. Sehr aufschlußreich ist eine Regelung Friedrichs für den 1170 zur Reichsstadt erhobenen Ort Gelnhausen. Danach durften die Bürger der Stadt ihre Häuser nur an ihre legitimen Nachkommen vererben, und ein Verkauf war nur an Ortsangehörige gestattet. Der Grundzins war natürlich an das Reich zu bezahlen. Es wurde in der Stadt auch ein Markt angelegt, und den Gelnhäuser Kaufleuten gewährte Friedrich Zollfreiheit an allen kaiserlichen Orten.

Vom August bis November 1170 hielt sich der Kaiser in Burgund und im Rhônegebiet südlich von Lyon auf. Er war zeitweilig in Begleitung von Herzog Berthold von Zähringen und bestätigte unter anderem den Johannitern Besitzungen in Viviers an der Rhône nördlich von Avignon.

Unterdessen wurde in Italien die bislang kaisertreue Stadt Pavia vom lombardischen Bund zur Unterwerfung gezwungen. Auch der Graf von Biandrate sowie einige andere Grafen sahen bald keine andere Möglichkeit mehr, als sich dem Bund anzuschließen und den Anordnungen der Rektoren Folge zu leisten. Dagegen ist es trotz eifrigster Bemühungen nicht gelungen, Tuszien in den Bund einzubeziehen, wie Alexander es in seiner Bulle verlangt hatte. Deutlicher als zuvor entwickelte sich der lombardische Bund nun zu einem offensiven Instrument gegen die kaiserliche Partei. Die Konsuln der verbündeten Städte legten einen neuen Eid ab, in dem es hieß: »Ich schwöre bei den heiligen Evangelien Gottes, mit dem Kaiser Friedrich weder einen Burgfrieden noch einen Waffenstillstand, noch ein sonstiges Abkommen zu schließen, ebensowenig mit seinen Söhnen, mit seiner Gemahlin oder irgendeinem von ihm Beauftragten. Ich werde nach bestem Vermögen und mit ganzer Kraft verhindern, daß ein Heer aus den deutschen Landen oder einem anderen kaiserlichen Land in Italien eindringen kann. Wenn ein solches Heer Italien überfällt, werde ich einen leidenschaftlichen Kampf gegen den Kaiser und alle seine Bundesgenossen führen, bis dieses Heer Italien wieder verlassen hat. Ich werde auch gegen den Markgrafen von Montferrat, den Grafen von Biandrate und alle anderen Bundesgenossen des Kaisers kämpfen. Alle die, die den Kaiser unterstützen, werde ich aus allen Orten, über die ich Gewalt habe, verbannen und ihren Besitz zerstören. Ich werde auch keine für die Sache des Kaisers verpflichteten Reiter und Kriegsknechte in meine Stadt aufnehmen und weder jenem selbst noch seinen Bundesgenossen das Marktrecht gewähren. Einen Waffenstillstand oder Frieden mit dem Kaiser oder seinen Bundesgenossen werde ich nur nach einem gemeinsamen Beschluß aller Bundesstädte vereinbaren.«

Die Konsuln gelobten, in ihren Städten alle Männer zwischen dem 15. und 60. Lebensjahr in gleicher Weise eidlich zu verpflichten. Wer den Eid verweigerte, dessen bewegliche und unbewegliche Habe sollte zerstört werden.

Trotz solcher ständig erneuerten Schwüre machten sich Risse und Brüche im lombardischen und Veroneser Bündnis bemerkbar. Venedig sah mit der Vertreibung des Kaisers Anfang 1168 sein Ziel erreicht und zog sich mehr und mehr zurück. Zwischen Como und Mailand entstanden Meinungsverschiedenheiten über den Besitz und die Zugehörigkeit einiger Orte, und die Cremonesen hatten beständig Furcht vor der Wiedererstarkung und der Übermacht Mailands.

Papst Alexander verlegte seinen Sitz nach einem Gütertausch im Oktober 1170 von Veroli nach Tusculum. Er bereute diesen Wechsel schon bald, denn die Römer waren auf das unweit vor ihren Toren gelegene Tusculum zu jener Zeit nicht gut zu sprechen. Aber auch Alexander selbst stand offensichtlich nicht in ihrer Gunst, da sie sonst seinen Gegner Kalixt III. kaum in ihren Mauern beherbergt hätten. Die Römer verlangten, daß Alexander Tusculum wieder verlassen solle, und da er sich weigerte, attackierten sie seine Anhänger und Bediensteten bei jeder sich bietenden Gelegenheit, machten die Straßen rund um Tusculum unsicher und verhinderten die Bestellung der vor den Stadtmauern gelegenen Äcker.

Im englischen Kirchenstreit schien sich eine Klärung anzubahnen. Nach mehreren Begegnungen zwischen König Heinrich II. und dem 1164 exilierten Erzbischof Thomas Bekket, unter anderem auf dem Montmartre in Paris, war vereinbart worden, daß Thomas im Dezember 1170 nach England zurückkehren werde. Beide Männer trauten sich aber gegenseitig nach wie vor nicht viel Gutes zu, denn keiner war eigentlich bereit, von seinem Standpunkt, den er schon vor sechs Jahren eingenommen hatte, abzuweichen. Der König hatte trotz des Einspruchs von Papst Alexander noch im Juni seinen Sohn zu seinem Nachfolger krönen lassen. Thomas Becket veranlaßte kurz vor seiner Rückkehr nach England noch die Exkommunikation zweier gegnerischer Bischöfe und die Suspendierung eines weiteren. Das führte zu einem Zornausbruch des Königs, in dem er alle diejenigen als Feiglinge beschimpfte, die ihren Herrn von einem plebejischen

Priester ungestraft verhöhnen ließen. Diesen Vorwurf wollten einige Ritter nicht auf sich sitzenlassen, und so eilten sie zu dem inzwischen nach Canterbury zurückgekehrten Erzbischof, um ihn des Verrats am König zu bezichtigen. Aus den Rechtfertigungsversuchen des Erzbischofs entwickelte sich ein Wortwechsel, der zu einem Streit und schließlich zu einem Handgemenge führte, in dem Thomas Becket am 29. Dezember 1170 in seinem Bischofsdom ermordet wurde.

Die Nachricht von der Untat in Canterbury ging wie ein Lauffeuer durch das Abendland. König Heinrich hatte wohl, nachdem man ihm die Absichten seiner Ritter angedeutet hatte, das Unglück noch abzuwenden versucht, aber seine Boten kamen zu spät. So trafen nun auch ihn die Vorwürfe und der Abscheu ob des Mordes an Thomas Becket. Aber auch Papst Alexander fühlte sich an dem Tod des Erzbischofs mitschuldig, weil er sich nicht eindeutiger auf dessen Seite gestellt hatte. Thomas Beckets Kampf für die Unabhängigkeit der Kirche wurde durch seinen gewaltsamen Tod glorifiziert, man sammelte Reliquien von ihm, und schon Anfang 1173 sprach ihn Papst Alexander heilig.

Die Ereignisse in der Mordnacht im Dom zu Canterbury führten wieder einmal zu einer Kehrtwendung in der französischen Politik. Ludwig VII. war von der Schuld Heinrichs II. an der Ermordung seines Schützlings vollständig überzeugt und schlug Papst Alexander einen heiligen Krieg gegen den perfiden Engländer vor. Natürlich konnte Frankreich allein gegen das mächtige England, das über wesentliche Teile seines Territoriums verfügte, wenig ausrichten. Ludwig mußte deshalb der kaiserfreundlichen Partei in seiner Umgebung wieder mehr Spielraum geben. Erstaunlich schnell wurden mit Hilfe des Abtes des Zisterzienser-Klosters in Clairvaux Verbindungen zum kaiserlichen Hof aufgenommen, und schon am 14. Februar 1171 trafen sich der Staufer und König Ludwig westlich von Nancy zwischen Toul und Vaucouleurs in Maxey-sur-Vaise. Diesmal kam also das persönliche Gespräch der beiden Potentaten wirklich zustande und scheiterte nicht wieder, wie 1157 und 1162. Nach den schlechten

Erfahrungen, die beide Herrscher mit Heinrich II. gemacht hatten, war beiderseits der Wunsch nach einer Annäherung zwischen Frankreich und dem römisch-deutschen Reich vorhanden. Zweifellos war auch die Beendigung der Kirchenspaltung ein wichtiges Gesprächsthema bei diesem Treffen, über das nur lückenhafte Berichte vorliegen. Der Wunsch nach Beilegung des Schismas war zwar allseits vorhanden, aber es war schwierig, aus der Sackgasse herauszufinden. Einfacher war es, konkrete Maßnahmen zur Bekämpfung der Söldnerplage zu vereinbaren. Ganze Banden von Brabanzonen machten damals die Grenzgebiete beider Reiche unsicher. Man beschloß gemeinsam dagegen vorzugehen und bedrohte alle die Orte mit Acht und Bann, die die Söldner in ihre Mauern aufnahmen. Trotz der ungelösten Probleme war die Verständigung zwischen Friedrich und Ludwig so vortrefflich, daß sogar erneut wie schon 1168 über eine Verlobung zwischen einem Sohn des Staufers und einer Tochter des französischen Königs gesprochen wurde. Man scheint also bereit gewesen zu sein, die Annäherung zwischen den beiden ungleichen Reichen sehr kräftig zu betreiben. Manches ist dabei wohl der augenblicklichen Freude über die endlich zustande gekommene Begegnung entsprungen.
Die Gerüchte über die heiratspolitischen Pläne zwischen Ludwig und Friedrich wurden offenbar mit Windeseile verbreitet, denn schon 14 Tage nach der Begegnung der beiden Monarchen schrieb Papst Alexander aus Tusculum an den Erzbischof von Reims, dieser solle die eheliche Verbindung zwischen den beiden Herrscherhäusern auf jeden Fall zu verhindern suchen. Alexander war über das plötzliche Einvernehmen zwischen seinem bisherigen Sachwalter Ludwig und seinem Widersacher Friedrich natürlich alles andere als erfreut. Spürbar erregt und giftig reagierte er auf die Heiratspläne und meinte, daß eine Ehe zwischen der französischen Prinzessin und einem Sohn Kaiser Manuels wohl vorzuziehen wäre. Im übrigen fühlte sich aber der Papst durch seinen Gewährsmann nicht ausreichend über die Gespräche zwi-

schen Friedrich und Ludwig informiert und machte ihm deshalb nachhaltige Vorwürfe.
Wenn Ludwigs Vorschlag eines heiligen Krieges gegen Heinrich von England bei Alexander schon wegen dessen Aversionen gegen Friedrich auf Ablehnung stoßen mußte, so noch mehr aus anderen Gründen. König Heinrich war durch seine Verwicklung in den Mord an Thomas Becket in eine schwierige moralische Lage gekommen, denn alle Welt sah in ihm den Urheber dieser Untat. Papst Alexander spekulierte deshalb darauf, daß sich Heinrich in seinen Schuldgefühlen gegenüber den kirchlichen Forderungen und Wünschen nachgiebiger zeigen würde als vorher. Konkret erwartete sich der Papst von Heinrich Zugeständnisse hinsichtlich der nach wie vor umstrittenen Konstitutionen von Clarendon und damit eine Verbesserung der Situation der Kirche in England. Vielleicht würde es aber auch möglich sein, Heinrich jetzt zu einem Kriegszug gegen die Iren zu bringen. Dies war ein lang gehegter Wunsch der Kirche, weil man hoffte, im Gefolge einer Eroberung Irlands durch die englische Krone die Iren dem Papst gefügiger machen zu können. Solche kirchenpolitische Erwägungen mußten Papst Alexander davon abhalten, dem Vorschlag König Ludwigs zu einem Vorgehen gegen den Engländer zuzustimmen.
Als im März 1171 eine englische Gesandtschaft an den päpstlichen Hof nach Tusculum kam, bot sich Alexander eine Gelegenheit, für seine Pläne den Boden zu bereiten. Zunächst verschloß man sich aus taktischen Gründen den Engländern – sie wurden nicht empfangen. Als schließlich die Verhandlungen doch aufgenommen wurden und die Gesandten die Unschuld des Königs an der Ermordung Thomas Beckets beteuerten, mußten sie mit einem Eid geloben, daß sich der König dem Urteil des Papstes unterwerfe. Danach ließ sich Alexander herbei, nur über die Mörder des Erzbischofs den Bann auszusprechen, nicht jedoch über den König. Päpstliche Legaten sollten demnächst in England an Ort und Stelle Vorgeschichte und Hergang des Mordes untersuchen.
In Byzanz ging unterdessen die Auseinandersetzung Kaiser

Manuels mit den Venetianern weiter, wobei die Pisaner und Genuesen sicher den Zorn des Komnenen kräftig schürten. Am 11. Mai 1171 ließ Manuel alle Venetianer in seinem Reich festnehmen und ihre gesamte Habe beschlagnahmen. Dieser Plan war sicher gut vorbereitet, und böse Zungen behaupteten sogar, daß der byzantinische Regent noch kurz vor diesem Anschlag eine größere Anzahl von Venetianern in sein Reich gelockt habe. Selbst wenn die Angabe von 10000 Inhaftierten übertrieben ist, so wird doch deutlich, daß Venedig seine Stellung am Bosporus außerordentlich stark ausgebaut hatte. Mit kalter Berechnung hat Manuel Venedig, das lange Zeit die vorteilhaftesten Privilegien im byzantinischen Reich besaß und den Handel mit dem Abendland fast ausschließlich beherrschte, den Stuhl vor die Tür gesetzt. Mit diesem Vorgehen gegen die Venetianer begab sich Manuel noch stärker als bisher auf die Linie Barbarossas, dem er um diese Zeit sogar seine Tochter Maria zur Verehelichung mit einem der Söhne Friedrichs antragen ließ. Manuel trieb mit diesem Mädchen offenbar sehr rege Politik, denn er hatte es vorher schon einmal nach Ungarn verlobt, dann hatte er es nach Sizilien angeboten, und jetzt diente es ihm dazu, seine freundschaftlichen Wünsche gegenüber dem römisch-deutschen Kaiser zu dokumentieren. Endgültig verheiratet wurde Manuels Tochter erst 1180, aber da war der Kurswert der inzwischen rund Dreißigjährigen nicht mehr allzu hoch, denn sie mußte sich mit dem Sohn eines italienischen Markgrafen zufriedengeben.

Die Freundschaftsbekundungen und Gunstbezeigungen des französischen Königs und des byzantinischen Kaisers gegenüber Kaiser Friedrich I. zeigten, daß Barbarossa sein Ansehen, das durch das Fiasko vor Rom 1167 so schwer gelitten hatte, wiederhergestellt hatte. Die Verweigerung der Hilfe, die er 1168 von den deutschen Fürsten hinnehmen mußte, gehörte der Vergangenheit an.

Im Norden herrschte seit der Eroberung der Insel Rügen durch den Dänenkönig im Jahre 1168 Unfrieden, denn weder die Obodriten noch Herzog Heinrich der Löwe wollten sich mit der immer noch nicht erfolgten Beuteteilung abfinden. Es war ein ständiges Hin und Her an Plänkeleien: König Waldemar konnte einmal Stettin den Pommern wegnehmen, dann wurde er dort wieder vertrieben, und die Wenden fielen über ein dänisches Schiff oder über eine dänische Insel her. Erst jetzt, Mitte 1171, war Waldemar bereit, seine Beute, den Tribut und die Geiseln zu teilen, um endlich wieder Ruhe zu bekommen. Das frühere Bündnis zwischen ihm und Heinrich dem Löwen wurde erneuert, und die beiden einigten sich sogar auf die Verlobung der Tochter Gertrud des Löwen, der Witwe Herzog Friedrichs von Schwaben, mit dem Sohn Knud des Dänenkönigs. Da Knud erst acht Jahre alt war, fand die Vermählung später statt, aber Gertrud zog bald an den dänischen Königshof.

Für das östliche Sachsen war es eine Erleichterung, daß einer der hartnäckigsten und stärksten Feinde Heinrichs des Löwen, der Markgraf Albrecht von Brandenburg, genannt der Bär, im November 1170 im Alter von etwa 70 Jahren gestorben ist. Über die jahrzehntelangen Kämpfe der beiden Widersacher sagte man: »Der Löwe ist nicht überwunden worden, aber der Bär hat sich auch nicht bewältigen lassen.« Albrecht hat niemals eine Oberherrschaft Heinrichs des Löwen anerkannt. Es wurde ihm eine glückliche Hand beim Kolonisieren neuer Gebiete nachgerühmt, und er hat sich die Mitarbeit der Ansiedler durch verständnisvolle Hilfe ungleich besser zu sichern verstanden als Heinrich der Löwe. Albrecht ist der Begründer der Mark Brandenburg, wohin er Rheinländer, Holländer und Flamen zur Ansiedlung gerufen hat. Es ist nicht auszuschließen, daß der Stadtname Berlin (gleich Bärlein) auf Albrecht den Bär zurückgeht. Wenige Monate vor seinem Tod hatte Markgraf Albrecht im August 1170 noch der Einweihung des von ihm besonders geförderten Domes zu Havelberg beiwohnen können. Nun näherte sich der Dom zu Schwerin seiner Vollendung, der dann im September 1171 in Anwesenheit Herzog Heinrichs des Löwen eingeweiht wurde. In diesen Jahren wurden in den Ländern östlich der Elbe auch zahlreiche Klöster gegründet, vor allem von den Zisterziensern, meist mit Unterstützung des Schweriner Bischofs und unter dem Protektorat wendischer Fürsten, die mehr und mehr erkennen mußten, daß sie die Herrschaft Heinrichs des Löwen und seines Statthalters Gunzelin von Hagen, des Grafen von Schwerin, nicht mehr abschütteln konnten.

Der Kaiser hielt sich im Sommer 1171 in den rheinischen Gegenden auf. Mit den Kölnern stand er nicht mehr gut, seit sie 1167 der Allianz gegen Heinrich den Löwen beigetreten waren. Aber Friedrich vergaß dabei wohl, daß die Kölner diesen Schritt noch unter der Ägide von Erzbischof Rainald von Dassel getan hatten. Jetzt, vier Jahre später, wurde diese Angelegenheit bereinigt, nachdem die Kölner dem Kaiser eine größere Geldsumme zur Verfügung gestellt hatten. Nach Nymwegen hat Friedrich für den Juli 1171 einen Reichstag einberufen, um den Landfrieden am Niederrhein erneut zu festigen. Von August bis einschließlich Oktober residierte er mit nur kurzen Unterbrechungen (unter anderem einer Reise nach Lüttich) in Aachen. Während dieses mehrmonatigen Aufenthaltes in Aachen mußten sich die Einwohner verpflichten, ihre bisher nur mit Wall und Graben umgebene Stadt innerhalb von vier Jahren mit Mauer und Türmen zu befestigen. Das Bauwerk erhielt dann bald den Namen »Barbarossamauer«.

Für Mitte November 1171 hat Friedrich einen Reichstag nach Goslar einberufen. Dorthin war auch Erzbischof Adalbert von Salzburg und der Salzburger Klerus geladen worden. Der Kaiser war damit einem Vorschlag Erzbischof Wichmanns von Magdeburg und einiger Grafen gefolgt, denen der böhmische König Wladislaw seinen Wunsch nach Regulierung der Angelegenheiten des Salzburger Erzbistums zugunsten seines Sohnes vorgetragen hatte. Es war vorgesehen, daß darüber in Goslar ein Fürstenspruch entscheiden sollte, denn Friedrich hielt sich – wohl in Anbetracht der Verdienste, die sich Wladislaw um das Reich erworben hatte – mit einem persönlichen Urteil möglichst zurück. Vor dem Zusammentritt des Reichstages schwirrten die widersprüch-

lichsten Gerüchte durch die Lande. Einerseits war davon die Rede, daß Adalbert für den Fall seiner Investitur in Salzburg dem Kaiser eine beträchtliche Summe Geldes versprochen habe – und die Summe muß so erheblich gewesen sein, daß die Salzburger schon Angst um ihre Kirchengüter bekamen, falls Adalberts Wunsch in Erfüllung ginge. Andererseits wünschten sich die Salzburger Domherren aus Sorge um die Erhaltung des Kirchengutes und in Hinblick auf die gesamte unerfreuliche Situation eine Trennung von Adalbert. Sie versuchten, Papst Alexander für ihre Meinung zu gewinnen, und dieser soll sogar einen Legaten zum Reichstag entsandt haben, der allerdings von den Veronesern abgefangen wurde. Zum anderen hatte auch König Wladislaw dem Kaiser nicht nur eine große finanzielle Zuwendung versprochen, wenn sein Sohn wieder in Salzburg eingesetzt würde, sondern er hatte vor allem auch schriftlich die Zusicherung gegeben, daß sich sein Sohn als Erzbischof von Salzburg von Papst Alexander lossagen werde. Dieses Versprechen unterstützte Wladislaw noch durch das Gelöbnis, für die Einhaltung namhafte Bürgen zu stellen.
Es ist nicht bekannt, was die einzelnen Parteien vor dem Goslarer Reichstag von den Absichten und Schachzügen der anderen wußten. Möglicherweise wußte Adalbert von den Bestrebungen des Salzburger Domkapitels, ihn zu beseitigen, und vielleicht auch von der Entsendung eines päpstlichen Legaten. Jedenfalls ist er trotz des zugesicherten freien Geleites nicht in Goslar erschienen. Obwohl für diesen Fall die sofortige Einsetzung eines neuen Erzbischofes vorgesehen war, wurde die Entscheidung nochmals vertagt.
In Goslar hat der Kaiser gegenüber den Söhnen Markgraf Albrechts von Brandenburg Ansprüche auf die Gebiete erhoben, die er ihrem Vater 1152 aus einer umstrittenen Erbschaft zugesprochen hatte. Aber auch diese Angelegenheit wurde nicht entschieden, sondern vertagt. Der überraschende Anspruch ist wohl nur mit dem Bestreben des Kaisers zu erklären, seine Machtstellung durch vermehrten Besitz an Ländern und Gütern zu verbessern.

Barbarossa beschäftigte sich allmählich wieder mehr mit italienischen Problemen. Er hatte erfahren, daß die Zwistigkeiten zwischen Pisa und Genua, aber auch zwischen dem Markgrafen von Montferrat sowie anderen kaisertreuen Anhängern und ihren Gegnern in jüngster Zeit wieder heftiger geworden waren, nachdem eigentlich niemals völlige Ruhe geherrscht hatte. Der Staufer entsandte daher den Mainzer Erzbischof Christian mit besonderen Vollmachten nach Italien. Er sollte die kaiserlichen Anliegen und Rechte wieder mehr zur Geltung bringen, die treuen Anhänger sammeln, in ihrem Widerstand bestärken und nicht zuletzt die Parteinahme der Römer für Papst Kalixt nachhaltig unterstützen. Der Erzbischof gelangte mit einer kleinen Schar von Bewaffneten, darunter auch Söldnern, vermutlich über Burgund und Piemont nach Italien, wobei er zweifellos sehr rasch den Beistand Wilhelms von Montferrat erhielt.

Die Lombarden haben mit Zorn festgestellt, daß Erzbischof Christian trotz der strengen Überwachung aller Straßen und Wege nach Tuszien gelangt war. Sie nahmen mit Recht an, daß dies nur mit Hilfe der Genuesen und des Markgrafen von Montferrat möglich gewesen sei. Deshalb blockierten sie die Zugangswege nach Genua und erreichten dort eine Verknappung und Verteuerung der Lebensmittel. Dem Markgrafen von Montferrat brachten die vereinigten Streitkräfte einiger Städte unter der Führung Mailands im Juni bei seiner Burg Montebello eine vernichtende Niederlage bei. Er wurde zu einem demütigenden Vertragsabschluß gezwungen, der ihn unter anderem dazu zwang, zwei Burgen zur Zerstörung preiszugeben und alle Befehle der Konsuln von Cremona, Mailand, Piacenza und Lodi zu befolgen. Der Markgraf mußte außerdem Geiseln stellen, darunter einen seiner Söhne. Schließlich mußte er aber auch noch den Bundesvertrag der lombardischen Städte beschwören und wurde damit gezwungen, künftig an Aktionen gegen den Kaiser teilzunehmen.

Die Venetianer hatten seit ihrem gewaltsamen Hinauswurf aus Byzanz im Frühjahr 1171 fieberhaft an den Vorbereitungen für einen Rachezug gegen das Reich Kaiser Manuels gearbeitet. Nach der Überlieferung sollen sie innerhalb von vier Monaten rund 100 Galeeren und 20 Transportschiffe neu gebaut haben. Unter der Führung ihres Dogen zogen sie Ende September die Adria hinunter und verwüsteten die Küsten des Peloponnes und die vorgelagerten Inseln. Erst in der Ägäis auf Euböa begegneten die venetianischen Streitkräfte byzantinischem Widerstand. Die Venetianer zogen nach Chios, um dort zu überwintern und während dieser Zeit mit den Byzantinern zu verhandeln.

König Heinrich II. von England war nach der Ankündigung einer päpstlichen Gesandtschaft, die seine Schuld an der Ermordung Thomas Beckets untersuchen sollte, eifrig darum bemüht, sich die Gunst von Papst Alexander zu erwerben. Die von der Kurie schon seit Papst Hadrian IV. gewünschte Unterwerfung der Iren war ihm gerade recht, weil er so unter dem Deckmantel kirchlichen Gehorsams seinen eigenen Machtbereich erweitern konnte.

Die Iren waren zu jener Zeit völlig zerstritten, so daß Heinrich nicht allzuviel Widerstand zu befürchten brauchte. Tatsächlich gelang es ihm im Herbst 1171, den größten Teil der Insel beinahe kampflos in seine Gewalt zu bekommen. Fast alle irischen Fürsten und der gesamte Klerus der Insel huldigten ihm als dem Lord of Ireland. Da war kein großer Schritt mehr zur Beseitigung aller Eigenheiten der irischen Kirche, die Papst Alexander und seinen Kardinälen mißfielen. Auf einer Synode zu Cashel wurden Anfang November 1171 die entsprechenden Anweisungen erteilt. Heinrich II. konnte sich als Vorkämpfer der römischen Kirche bezeichnen und hatte obendrein für die englische Krone eine wichtige Eroberung gemacht. Hatte er nun von den Alexandrinern noch viel zu befürchten?

Heinrich der Löwe fühlte sich nach dem Tode des Markgrafen Albrecht von Brandenburg und nach dem Friedensschluß mit König Waldemar I. von Dänemark in seinem Herzogtum sicherer denn je. Mit Erzbischof Wichmann von Magdeburg hatte er sich auch aussöhnen können, obgleich auch dieser zu seinen unbeugsamsten Feinden gehört hatte. Da Heinrich glaubte, sich unter diesen günstigen Umständen für längere Zeit von seinen Herzogtümern entfernen zu können, entschloß er sich zu einer Wallfahrt nach Jerusalem und anderen heiligen Stätten. Sein Verhältnis zu Erzbischof Wichmann war so vertrauensvoll, daß er diesem sogar seine Stellvertretung in Sachsen übergab, bevor er Mitte Januar 1172 aufbrach.

Etwa 500 Ritter sollen den Löwen begleitet haben, dazu der Bischof von Lübeck, einige Äbte, der Obodritenfürst Pribislaw, Graf Gunzelin von Schwerin und viele andere Edle, zu denen in Regensburg noch weitere kamen. In Wien schloß sich im Auftrag des Kaisers der neue Wormser Bischof an, der in Konstantinopel wohl die Verhandlungen wegen einer ehelichen Verbindung zwischen den beiden Kaiserhöfen fortführen sollte. Heinrich der Löwe machte sich mit einem außerordentlichen Gepränge auf den Weg, um nach den ritterlichen Bräuchen jener Zeit durch diese Reise seine christliche Gesinnung zu demonstrieren. Dabei erhielt er immer mehr und nicht zuletzt durch die Verheiratung mit der englischen Königstochter Mathilde, die jetzt ein Kind erwartete, das Ansehen eines Königs.

Die Situation im Erzbistum Salzburg ließ den Kaiser nicht nur unbefriedigt, sondern sie wurde zusätzlich immer wieder aufs neue durch Eingriffe von Erzbischof Adalbert aufgerührt. Der Kaiser stellte deshalb die Salzburger Domherren auf einem Hoftag Mitte Februar 1172 in Salzburg vor die Alternative, nun endlich einen neuen Erzbischof zu wählen oder einen von ihm vorgeschlagenen Kandidaten anzuerkennen. Um den Klerikern die Entscheidung zu erleichtern, teilte ihnen der Kaiser das Versprechen des böhmischen Königs mit, daß Adalbert nach seiner Investitur Papst Alexander abschwören werde. Da dies den Versammelten unglaubwürdig erschien, ließ der Kaiser die darüber aufgestellten Schriftstücke verlesen. Die Domherren gerieten aber in noch größere Gewissensnöte, als außerdem auch noch ein Schreiben Papst Alexanders verlesen wurde, das sie erneut zum Gehorsam gegenüber Erzbischof Adalbert ermahnte. Was sollten sie tun? Um die Verwirrung vollständig zu machen, traf noch die Nachricht ein, daß Adalbert in der Nähe sei und um freies Geleit nach Salzburg bitte, damit er hier seine Sache vertreten könne. Der Kaiser ließ Adalbert das erbetene Geleit zusichern und stellte ihm frei, sogleich oder zu einem späteren Hoftag zu erscheinen. Der böhmische Königssohn entschied sich für die Verschiebung und versprach, sein späteres Erscheinen zu beeiden und sich entweder dem Gericht zu stellen oder sich der Gnade des Kaisers zu ergeben. Als er aber den Eid schließlich leisten sollte, erbat er neuerlichen Aufschub und war dann plötzlich verschwunden. Über dieses Verhalten waren die Versammelten natürlich verärgert, und der Kaiser verlangte umgehend eine Neuwahl. Nun plädierten die anwesenden Bischöfe von Regensburg, Brixen und Gurk für einen Aufschub, und nach langem Hin und Her einigte man sich auf den Johannistag Ende Juni für die endgültige Entscheidung.

Wenige Tage nach diesem Fehlschlag in Salzburg wurde in Passau in Anwesenheit und nach Wunsch des Kaisers ein neuer Bischof gewählt. Dietbold aus dem Hause der reichen Grafen von Andechs enttäuschte Barbarossa allerdings schon bald, denn er ließ sich sowohl von Papst Alexander als auch von Erzbischof Adalbert von Salzburg weihen. Friedrich mußte mehr und mehr erkennen, daß er gegen diese verbreiteten alexandrinischen Tendenzen der bayerischen Geistlichen wenig ausrichten konnte.

Einen Monat später, Ende März, erhob der Kaiser während eines Reichstages zu Worms heftige Vorwürfe gegen die Lombarden und »alle Anhänger Rolands« – wie Papst Alexander von seinen Gegnern immer noch und immer wieder genannt wurde –, weil sie Italien und die Krone des römisch-deutschen Reiches dem Kaiser von Byzanz ausliefern wollten. Die Periode der kaiserlichen Versuche, mit Alexander zu einer Verständigung zu kommen, war vorbei, und Barbarossa kündigte noch in Worms für das Jahr 1174 einen neuen Heerzug nach Italien an. Dabei ging es ihm zweifellos nicht nur um die Vernichtung der oberitalienischen Städtebünde, sondern auch um die Beendigung der Kirchenspaltung durch Ausmerzung der alexandrinischen Partei. Für den Staufer war das ohnehin eine einzige feindliche Einheitsfront, vor allem infolge der Agitation des Mailänder Erzbischofs Galdin. Die in Worms anwesenden Fürsten gelobtem dem Kaiser eidlich ihren Beistand. Der Erzkanzler Italiens, Erzbischof Philipp von Köln, informierte die römischen Senatoren und die pisanischen Konsuln über den beabsichtigten Heerzug und erhielt darauf von ihnen sehr diensteifrige Antworten.

Unterdessen bemühte sich Erzbischof Christian bereits seit Anfang 1172 eifrig um die Wiederherstellung von Ruhe und Ordnung in Tuszien. Zwischen Genua und Pisa war der Friede freilich nur schwer herzustellen, da die Bürger jeder der beiden Städte eine Parteinahme des Erzbischofs zu ihren Gunsten erwarteten. S. Miniato, zwischen Pisa und Florenz gelegen, war damals der Mittelpunkt der Reichsverwaltung. In der Nähe, bei Borgo S. Ginesio, fanden die Landtage Tusziens statt. Als Christian im Februar ein solches Treffen einberief, verlangte er von den Konsuln aus Genua, Lucca und Pisa, daß sie ihm den Ausgleich ihres Streites überließen und ihre Gefangenen an ihn ablieferten. Im Gegensatz zu den beiden anderen Städten weigerte sich Pisa, auch nach einer Bedenkzeit. Schließlich blieb Christian keine andere Möglichkeit, als über Pisa während eines Landtages in Siena im März 1172 die Reichsacht zu verhängen und der Stadt alle Privilegien einschließlich des Münzrechtes zu nehmen. Lucca hatte für den Fall eines Krieges gegen Pisa eine Landstreitmacht versprochen und die Genuesen wollten 50 Galeeren sowie 1000 Pfund zur Verfügung stellen, wenn es gegen ihren Erzfeind ginge. Aber die Pisaner boten schon kurz nach dem Landtag von Siena Verhandlungen an, um wieder aus der Acht gelöst zu werden und die Privilegien zurückzuerhalten. Darüber wurde bald eine Vereinbarung erzielt, die einen sich über mehrere Wochen hinziehenden Ausgleich vorsah, in den auch Florenz einbezogen wurde.

Um die gleiche Zeit war der venezianische Doge mit seinen Schiffen vom Kriegszug gegen das byzantinische Reich nach Venedig zurückgekehrt. Der Erfolg war freilich null und nichtig, denn Manuel hatte es verstanden, die noch Ende 1171 begonnen Verhandlungen endlos in die Länge zu ziehen. Schließlich wurden die Venetianer auf ihren Schiffen von verheerenden Krankheiten befallen, so daß sie die Gespräche ohne Ergebnisse abbrechen mußten. Die venezianischen Streitkräfte kamen also ohne Gewinn für den Handel der Stadt nach Hause. Aus der Entrüstung über den nutzlosen Kriegszug entwickelte sich ein Volksaufstand gegen den Dogen, der schließlich einem Mordanschlag zum Opfer fiel. Der Große Rat der Republik beschnitt die Macht und Handlungsbefugnisse der Dogen für die Zukunft und bestimmte einen Nachfolger, dem es gelang, die Stadtrepublik aus ihrer gefährlichen Lage zu führen.
Aber auch in Ungarn hatten sich im Frühjahr 1172 die Verhältnisse zuungunsten Venedigs und zugunsten Manuels gewandt, denn nach dem Tode von König Stephan III. im März 1172 war es dem Komnenen gelungen, den am byzantinischen Hof erzogenen Bela als neuen König auf den ungarischen Thron zu bringen. Damit wurde eine enge Verbindung zwischen dem großen Ostreich und Ungarn geschaffen. Manuel hat sich ein breites Einfallstor zum Abendland geöffnet, nachdem alle seine Versuche, dies auf dem Weg über Italien zu erreichen, ergebnislos verlaufen waren.
Gerade zu dieser Zeit führte der Wormser Bischof Konrad II. in Konstantinopel die Verhandlungen zwischen den beiden Kaiserhöfen fort, die Erzbischof Christian von Mainz rund zwei Jahre zuvor in die Wege geleitet hatte. Barbarossa mag es im wesentlichen darauf angekommen sein, sich zu versichern, daß Manuel auch weiterhin den italienischen Städtebünden und Alexander keine Unterstützung mehr leistete. Sicher hat sich auch Heinrich der Löwe, als er während seiner Pilgerfahrt nach Konstantinopel kam, in diese Gespräche eingeschaltet. Da man dem reichen und mächtigen Welfen nachsagte, er würde eine dem Kaiser ebenbürtige und unab-

hängige Stellung anstreben, kamen am staufischen Hof bald Gerüchte auf, Heinrich habe am byzantinischen Hofe gegen den Kaiser agitiert. Andere Meinungen wollten aber auch davon wissen, daß Kaiser Manuel den Welfen zu einer Rebellion gegen den Staufer aufzustacheln versucht habe. Die ganze Sache ist etwas im dunkeln, und es ist durchaus auch eine völlig andere Version (W. Ohnsorge) denkbar, nach der Heinrich der Löwe Manuel mit dem Versprechen eines Streifen Landes in Italien auf die Seite Barbarossas zu ziehen versucht hat. Das müßte für Manuel ein sehr verlockendes Angebot und die Erfüllung seines Wunschtraumes gewesen sein – aber es widersprach gänzlich den Ambitionen Barbarossas, zu dessen Maximen es gehörte, den Byzantinern auf keinen Fall den Schritt in das Abendland zu erlauben. Weil der Löwe mit einer solchen Offerte, wenn sie tatsächlich erfolgt ist, völlig eigenmächtig gegen die Prinzipien seines Vetters verstoßen hat, ist es erklärlich, wenn der Kaiser von einem Verrat Heinrichs sprach.
In England erfüllten sich dagegen die Spekulationen Papst Alexanders. Heinrich II. beschwor im Mai 1172 vor zwei Kardinallegaten in Avranches in der Normandie, daß er zwar die Ermordung Thomas Beckets weder befohlen noch gewollt habe, daß er aber doch bekenne, sie durch seinen Zornausbruch vor seinen Rittern verursacht zu haben. Er erklärte sich deshalb vorbehaltlos zu jeder Genugtuung bereit, die die beiden Legaten von ihm verlangten. Es war also soweit, daß die Kurie ihre Bedingungen diktieren konnte, und sie machte kräftig davon Gebrauch. Zunächst mußte Heinrich II. die Konstitutionen von Clarendon wieder aufheben und die Anhänger Thomas Beckets wieder in ihre sämtlichen Rechte einsetzen. Außerdem mußte der Plantagenet die Kosten für den Unterhalt von 200 Rittern im Heiligen Land für ein Jahr übernehmen sowie für den Sommer 1173 einen persönlichen Kreuzzug versprechen. Außerdem verlangte Alexander auch einen Kriegszug gegen die Sarazenen in Spanien. Die Zusagen des Königs wurden schriftlich fixiert, und der Monarch mußte sie Ende Mai 1172 vor einer großen Versammlung in

Caen beschwören. Auch der Sohn des Königs wurde gezwungen, auf einige Passagen des Vertrages den Eid zu leisten. Heinrich mochte es als einen Gewinn ansehen, daß ihm die seit langem angedrohte Exkommunikation erspart geblieben war, und Papst Alexander zeigte sich zweifellos ebenfalls erleichtert, da er den jahrelang tobenden englischen Kirchenstreit auf diese Weise mit solchen Vorteilen für die Kirche beenden konnte.

Die Komplikationen um das Erzbistum Salzburg zogen sich dagegen noch weiter hin. Adalbert sorgte erneut für Verwirrung, da er erklärte, die Ankündigung seines Vaters für seinen Übertritt in das anti-alexandrinische Lager sei vom Kaiser erpreßt und außerdem nur zum Schein abgegeben worden. Er behauptete auch, daß ihm im Februar 1172 das erbetene sichere Geleit nach Salzburg vom Kaiser versagt worden und er nur deshalb nicht dorthin gekommen sei. Papst Alexander erinnerte im Juni 1172 die Salzburger erneut an ihre Gehorsamspflicht gegenüber Adalbert und behielt sich die Entscheidung über das Erzbistum ausdrücklich vor. Den Kaiser hinderte ein geplanter Kriegszug nach Polen, die vorgesehene Entscheidung über die Neubesetzung des erzbischöflichen Stuhles in Salzburg herbeizuführen.

Mit den polnischen Herzögen hatte Friedrich von Anfang an kein gutes Auskommen. Als es ihm 1163 gelungen war, Boleslaw IV. zur Herausgabe der Herzogtümer Breslau und Ratibor an dessen Neffen zu zwingen, nahm er wohl an, daß diese Angelegenheit damit endgültig geregelt sei. Aber neuerdings war wieder Streit um das Herzogtum Breslau entstanden und der von Friedrich eingesetzte Fürst vertrieben worden. Der Kaiser sah sich genötigt, den 1163 hergestellten Zustand mit Waffengewalt wieder durchzusetzen. Im Frühjahr 1172 hatte er deshalb zu einem Kriegszug aufgerufen, an dem sich Bayern, Schwaben, Franken und Sachsen beteiligen sollten. Es muß ein beträchtliches Heer gewesen sein, das der Kaiser Ende Juli in der Gegend von Altenburg um sich sammeln konnte. Neben dem Erzbischof von Magdeburg waren auch die Bischöfe von Merseburg und Naumburg sowie eine Reihe von Grafen mit ihren Rittern und Kriegsknechten erschienen. Das große Aufgebot der Sachsen wurde wohl durch die Abwesenheit Heinrichs des Löwen begünstigt. Auch der Böhmenkönig fand sich mit einer Streitmacht bei Altenburg ein. Der polnische Herzog muß sehr rasch von den Absichten des Kaisers erfahren haben, und so eilte er, noch ehe es zu einem Kampf kam, Barbarossa entgegen und unterwarf sich. Der Breslauer wurde wieder in sein Fürstentum eingesetzt und der Polenherzog huldigte dem Kaiser. Wahrscheinlich mußte sich der Pole, der dem Kaiser 8000 Mark bezahlte, auch verpflichten, mit einer größeren Streitmacht an dem für 1174 vorgesehenen Zug nach Italien teilzunehmen.

Nachdem der Kriegszug gegen Polen so überraschend schnell zu Ende war, hielt sich der Kaiser noch einige Zeit in Sachsen auf. Sein Erfolg hatte ihm neues Ansehen verschafft, und die sächsischen Fürsten huldigten ihm in großer Zahl. Nur die Söhne des Markgrafen Albrecht von Brandenburg ließen sich am kaiserlichen Hof vorsorglich nicht sehen, da die Ansprüche Friedrichs auf einen Teil ihrer väterlichen Erbschaft noch nicht geklärt waren.

Erzbischof Christian hatte inzwischen in Italien alle Hände voll zu tun, um die Ränke und Eifersüchteleien zwischen Genua, Pisa, Lucca und Florenz zu einem Ende zu bringen. Als er davon hörte, daß die Pisaner und Florentiner die Burg S. Miniato, in der große Reichsschätze deponiert waren, durch Bestechung in ihre Hände bringen wollten, ließ er kurzerhand die Konsuln und Abgeordneten dieser beiden Städte während einer Beratung im August 1172 in Ketten legen und in den Kerker werfen. Dieser schonungslose Eingriff des kaiserlichen Statthalters löste neue Kämpfe aus.

Aber auch auf der Gegenseite gab es immer wieder Reibereien. Die Sonderinteressen einzelner Städte des lombardischen und des Veroneser Bundes waren oft nur schwer zum Ausgleich zu bringen, und je länger der kaiserliche Druck von außen fehlte, um so größer wurde die Gefahr, daß der Zusammenhalt der Städte zerbrechen würde. Aber die

Furcht vor separaten Abmachungen zwischen Alexander und Barbarossa bildete doch immer wieder einen, wenn auch nur notdürftig haltenden Kitt. Die Abgesandten der Städte und die Rektoren der Bünde konnten in ihren Versammlungen viel Trennendes rhetorisch überbrücken, wenn wirkliche oder vermeintliche Friedensverhandlungen des Papstes mit dem Kaiser, wie im März 1170 oder im November 1171, ihre Gemüter erregten. In Wirklichkeit war aber Alexander sehr darum bemüht, seine guten Beziehungen zu den oberitalienischen Städten zu erhalten und deren Einigkeit zu fördern. Einer seiner Kardinallegaten leitete im Oktober 1172 in Piacenza eine Versammlung der Rektoren, in der es um die gemeinsame Abwehr kaiserlicher Angriffe ging.

Mit den Römern hatte Alexander in Tusculum ebenfalls immer wieder Mißhelligkeiten. Nach wie vor mißfiel es ihnen, daß der Papst seinen Sitz in der befestigten Stadt in ihrer Nähe genommen hatte. Um den ständigen Attacken ein Ende zu setzen, erklärte sich Alexander damit einverstanden, die Mauern Tusculums bis zu einer vereinbarten Höhe abtragen zu lassen. Die Römer versprachen dann, künftig Frieden zu halten, und sie sollen Alexander sogar in Aussicht gestellt haben, ihn wieder in ihre Stadt aufzunehmen. Als jedoch Tusculums Mauern im November 1172 niedriger gemacht wurden, ließen sich die Römer nicht aufhalten, sie gleich vollständig einzureißen. Von einer Rückkehr Alexanders nach Rom wollte bald niemand von ihnen mehr wissen. Der Papst begab sich dann Anfang 1173 etwas südlicher, nach Segni, wo er sich einige Monate aufhielt.

Im Herbst 1172 entschloß sich der böhmische König Wladislaw zur Abdankung. Er war wohl noch zum Polenfeldzug erschienen, aber nach den Salzburger Zwistigkeiten war es nicht mehr das alte gute Verhältnis zum Kaiser, das ihre Waffenbrüderschaft ehedem ausgezeichnet hatte. Nach dreißigjähriger Regierungszeit, mit mancherlei Gebrechen und vor allem infolge häufigen Ärgers mit seinen Söhnen erschien es Wladislaw besser, sich zurückzuziehen und seine alten Tage im Kloster Strahow bei Prag zu verbringen. Er übergab die

Regierungsgeschäfte und das Land seinem ältesten Sohn Friedrich. Aber er hat es versäumt, die Zustimmung des Kaisers und der böhmischen Fürsten dafür zu erwirken, und das sollte ihm und seinem Sohn noch Verdruß bringen.

Den Kaiser selbst finden wir im Spätherbst 1172 in den fränkischen Gegenden. Einer seiner treuesten Berater seit seinem Regierungsantritt, Bischof Eberhard II. von Bamberg, war im Juli gestorben. Er hatte wohl in letzter Zeit mehr zu den Alexandrinern geneigt, aber trotzdem oder vielleicht gerade deshalb hatte ihn Friedrich noch vor zwei Jahren als Vermittler zu Papst Alexander nach Veroli gesandt. Anfang Dezember hielt sich Friedrich in Würzburg auf, dessen nachmaligen Bischof Gottfried von Helfendorf er zu seinem neuen Kanzler bestimmte. Gottfried war juristisch gebildet und erwies sich als ein ausgezeichneter Diplomat.

Weihnachten und das Jahresende 1172 verbrachte der Kaiser in Gesellschaft vieler Fürsten in Augsburg. Hier konnte er auch seinen Vetter, Herzog Heinrich den Löwen, nach dessen Rückkehr von seiner Pilgerfahrt begrüßen. Von den Verdächtigungen wegen Heinrichs Gesprächen in Konstantinopel war dabei aber sicher noch nicht die Rede.

Offenbar hat der Kaiser die Jahre seines Aufenthaltes in den deutschen Landen intensiv dazu genutzt, die Reichsgüter wie auch die staufischen Besitzungen besser zu organisieren und auszubauen. Darauf ist es wohl zurückzuführen, daß in diesen Jahren – spätestens ab 1172 – zum Beispiel im Pleißenland ein Landrichter ministerialer Herkunft seines Amtes waltete. Auch die bereits 1073 errichtete Reichsvogtei Goslar erhielt nun wieder größere Bedeutung, seit Goslar 1168 reichsunmittelbar geworden war.

Friedrichs Bestrebungen zur Vermehrung seiner Besitztümer wurde um diese Zeit durch das Aussterben zweier Fürstengeschlechter begünstigt, deren Ländereien an ihn fielen: die Lenzburger westlich von Zürich und die Pfullendorfer nördlich des Bodensees. Mit dem Pfullendorfer Erbe erhielt Friedrich auch die Vogtei über Chur und die Gebiete von St. Gallen, Kreuzlingen und Säckingen. Deshalb hielt sich der Kai-

ser Anfang 1173 in diesen Gegenden des Herzogtums Schwaben auf.
Erzbischof Christian, der gegen Ende 1172 wohl im Gebiet von Rom tätig gewesen war, eroberte nun Anfang 1173 die Städte Spoleto und Assisi sowie einige Burgen in jenen Gegenden aufs neue. Durch Privilegien an reichstreue Fürsten und Städte festigte er die Herrschaft des Kaisers und bereitete dessen neuen Heerzug vor. Dazu sollte nicht zuletzt die Rückeroberung der Stadt Ancona dienen, die seit längerer Zeit wieder im Bund mit den Byzantinern stand und eine Gesandtschaft derselben beherbergte. Christian wußte freilich aus dem Jahre 1167, wie schwierig es war, Ancona nur durch einen Angriff von der Landseite her beizukommen. Er konnte zwar eine stattliche Streitmacht aus Tuszien, dem Herzogtum Spoleto, den römischen Gegenden und der Mark Ancona aufbieten, aber er hielt es doch für erforderlich, Ancona auch von der Seeseite her zu attackieren. Es gelang Christian, die Venetianer für diesen Plan zu interessieren, denn obwohl die Stadt formell noch im Bund mit den oberitalienischen Städten stand, gewann bei den Venetianern der Wunsch die Oberhand, der alten Rivalin am Adriatischen Meer einiges heimzuzahlen und gleichzeitig Kaiser Manuel nach Kräften zu schaden. Nachdem Christian vergeblich die Unterwerfung der Stadt Ancona und die Auslieferung der byzantinischen Gesandtschaft verlangt hatte, begann er am 1. April 1173 mit der Belagerung, wobei vierzig venezianische Galeeren den Hafen abriegelten.
Es soll in dieser Zeit in der Umgebung des Mainzer Erzbischofs des öfteren über die Möglichkeit gesprochen worden sein, mit einer starken Streitmacht auf der Balkan-Halbinsel zu landen, um den byzantinischen Kaiser in seinen eigenen Ländern endgültig zu schlagen. Neben den in Gang befindlichen Verhandlungen zwischen den zwei Kaiserhöfen wurden immer wieder kriegerische Lösungen erörtert.
Barbarossa war während dieser Zeit von Basel, wo er sich noch Anfang März 1173 aufhielt, nach Worms geritten. In der ersten Mai-Hälfte finden wir ihn aber bereits in Goslar, wo er

mit nahezu allen sächsischen Fürsten Beratungen hielt. Es ist zu vermuten, daß er dabei seine Zwistigkeiten mit den Askaniern, den Söhnen des Markgrafen Albrecht von Brandenburg, beigelegt und auf seine ursprünglich erhobenen Ansprüche verzichtet hat. Aber gegen die Askanier erhob nun der junge Landgraf Ludwig von Thüringen Forderungen, der nach dem Tode seines Vaters im Oktober 1172 das Regiment übernommen hatte. Ludwig brachte sein Begehren während einer Fürstenversammlung Anfang Juni 1173 in Frankfurt am Main vor.

Er hat damit aber kaum die Sympathie des Kaisers gewonnen, der im Hinblick auf den für das kommende Jahr geplanten Italienzug besonders an Ruhe und Frieden in seinen deutschen Landen interessiert war, um möglichst zahlreiche Streitkräfte zu erhalten.

Der französische König Ludwig VII. hegte nach wie vor heftigen Groll gegen Heinrich II. von England, denn er war mit dessen Absolution durch Papst Alexander nach der Ermordung Thomas Beckets nicht einverstanden. Ludwig war ja der Schwiegervater des jungen englischen Königs Heinrich, der 1160 im Kindesalter mit einer Tochter Ludwigs vermählt worden war. Nun gelang es Ludwig, die Söhne Heinrichs II. gegen ihren Vater aufzuwiegeln und im März 1173 zu sich an den französischen Hof zu ziehen. Auf einer Reichsversammlung zu Paris wurde der junge Heinrich III. sogar zum König von England ausgerufen, und König Ludwig gelobte mit einem Eid, seinem Schwiegersohn mit den Waffen zur Herrschaft über England zu verhelfen. Angesichts der Kräfteverhältnisse war das freilich fürs erste ein recht illusionäres Versprechen. Da sich der alte König mit seinem absolutistischen Regiment in England jedoch viele Feinde geschaffen hatte, war der Wunsch nach mehr Freiheit weit verbreitet, und es entwickelte sich bald ein allgemeiner Aufstand, der nicht nur von Frankreich, sondern auch von Schottland unterstützt wurde. Der religiöse Fanatismus gegen den »Mörder Thomas Beckets« tat noch ein übriges, um die Erhebung für König Heinrich äußerst gefährlich werden zu lassen.

In Italien erwiesen sich die Einwohner von Ancona für Erzbischof Christian und die Venetianer als zähe Gegner. Trotz einer bald ausgebrochenen Hungersnot, in der sie ihre Hunde und Katzen aßen, waren die Anconiter keineswegs zur Unterwerfung bereit. Die Belagerung zog sich über viele Wochen und Monate hin. Einem griechischen Gesandten war es gelungen, aus der Stadt zu entkommen. Er konnte, trotz der offenen Kämpfe zwischen Parma und Piacenza, die Lombarden durch finanzielle Versprechungen zur Bereitstellung einer namhaften Streitmacht veranlassen. Aber die Kaiserlichen haben sich davon anscheinend nicht beeindrucken lassen. Jedenfalls konnte Erzbischof Christian die Anconiter sogar nach einer sechsmonatigen vergeblichen Belagerung noch dazu bringen, ihm beträchtliche Zahlungen zu leisten, als er sich im Oktober 1173 bereit erklärte, die Kämpfe zu beenden.

Über die böhmischen Angelegenheiten und die Nachfolge König Wladislaws wurde 1173 in Anwesenheit des Kaisers auf zwei Hoftagen verhandelt. Wladislaw und sein Sohn Friedrich versuchten, sich die Gunst des Kaisers durch große finanzielle Angebote zu erwerben. Aber Barbarossa war nicht bereit, die Mißachtung des königlichen Lehnsrechtes durch Geldzahlungen entgelten zu lassen. Auf dem zweiten Hoftag setzte er Sobeslaw als neuen Herzog von Böhmen ein, nachdem der in kaiserlichen Diensten vielfach bewährte Udalrich von Böhmen die Belehnung abgewiesen hatte. Sobeslaw war ein älterer Bruder Udalrichs und hatte als Gegner Wladislaws zwölf Jahre in dessen Kerkern zubringen müssen. Die beiden Brüder gelobten dem Kaiser Unterstützung auf dem bevorstehenden Kriegszug nach Italien. Der alte Böhmenkönig Wladislaw starb schon wenige Monate später im Januar 1174, und Barbarossa hat keinen Böhmen mehr zum König gekrönt.

Erzbischof Christian ritt unmittelbar nach der Beendigung der Belagerung von Ancona über die Alpen zurück zum Kaiser. Einen endgültigen Frieden zwischen Pisa und Genua hatte er trotz aller Bemühungen nicht herstellen können.

Aber vielleicht waren ihm die Klagen der Pisaner zu Ohren gekommen, die diese wegen seines gewaltsamen Regiments im Sommer 1173 beim Kaiser vorgebracht hatten. Barbarossa soll die Klagen wohl mit Aufmerksamkeit entgegengenommen und auch Abhilfe versprochen haben, aber es ist nicht bekannt, daß er Erzbischof Christian wegen des allzu harten Vorgehens gerügt hat. Vielmehr hat er die Berichte seines Statthalters sicher mit Interesse entgegengenommen, als sich beide Ende November 1173 nach zweijähriger Abwesenheit Christians in Worms wiedersahen. Die Mitteilungen des Erzbischofs werden die Planungen für den Zug nach Italien zweifellos beeinflußt haben, die in Worms zwischen dem Kaiser und zahlreichen weltlichen sowie kirchlichen Fürsten besprochen wurden.
Noch im Dezember 1173 ritt der Kaiser von Worms nach Thüringen, denn der junge Landgraf Ludwig hatte es nicht bei den rhetorischen Forderungen gegenüber den Askaniern bewenden lassen, sondern seinen Ansprüchen durch Sengen und Brennen Nachdruck zu verleihen gesucht. Die Askanier fielen dagegen in Thüringen ein, und Ludwig richtete daraufhin Verwüstungen in Weimar an. Diesen Auseinandersetzungen wollte der Kaiser ein Ende bereiten. Er hatte seine Aversion gegen die Askanier sichtbar fallengelassen, da er den Sohn Albrechts des Bären, dessen Wahl auf den Bremer Erzbischofsstuhl 1168 annulliert worden war, kurz zuvor im Bistum Brandenburg investiert hatte.
Seinen Aufenthalt in den sächsisch-thüringischen Gebieten benutzte der Kaiser, um während der beiden ersten Monate des Jahres 1174 Hoftage in Merseburg, Quedlinburg und in der Pfalz Tilleda am Kyffhäuser zu halten. In Gesprächen mit Herzog Heinrich dem Löwen, Erzbischof Wichmann von Magdeburg und anderen Fürsten bemühte sich Barbarossa nachdrücklich um eine möglichst große Streitmacht für den bevorstehenden Italienzug, dessen Vorbereitung ihn intensiv beschäftigte.
Gegen Ende März bot das Osterfest Gelegenheit, Glanz und Herrlichkeit des Königtums wieder in der Öffentlichkeit zu

demonstrieren. Der Kaiser feierte das Fest in Aachen, dem »Sitz und Haupt des Königreiches«, wie er die Stadt in einer gleichzeitigen Urkunde bezeichnete. In der Festprozession trugen der Kaiser, seine Gemahlin und der junge König Heinrich ihre Kronen. Sowohl die Erzbischöfe von Köln und Trier waren anwesend als auch der Kanzler von Papst Kalixt III., der Kardinalbischof von Tusculum, sowie eine Reihe von Herzögen und Grafen. Es war eine überaus festliche, glanzvolle Gesellschaft, aus der besonders Gesandte des ägyptischen Sultans Saladin in ihren fremdartigen Gewändern hervorstachen. Sie hatten dem Kaiser aus dem Morgenland köstliche Geschenke überbracht, um seine Gunst für ihren Herrn zu gewinnen. Der Sultan hätte anscheinend für seinen Sohn gerne eine Tochter Barbarossas gehabt, um festere Verbindungen zum abendländischen Kaiserhof zu knüpfen. Er soll dafür die Freilassung aller gefangenen Christen in Syrien versprochen haben, und die Fama wollte sogar wissen, daß der Sultan bereit war, mit seinem Sohn zum Christentum überzutreten. Aber hier handelte es sich zweifellos nur um fromme Wünsche im christlichen Lager.

Im April zog der Kaiser nach Niederlothringen, wo er vor allem in Nymwegen und Maastricht erneut eidliche Verpflichtungen zur Teilnahme an dem Italienzug entgegennahm. Dann begab er sich über Sinzig nach Cochem und schließlich nach Kaiserslautern. Hier traf er mit kirchlichen und weltlichen Fürsten aus Sachsen, Franken, Nieder- und Oberlothringen zusammen. Da die deutschen Fürsten nicht viel Bereitschaft zeigten, sich für den Zug nach Italien zu engagieren, wurde beschlossen, eine größere Anzahl von Brabanzonen dafür anzuwerben, um auf jeden Fall eine ausreichende Streitmacht aufzubringen. Trotz der Absprache zwischen dem Kaiser und dem französischen König im Jahre 1171 machten die Brabanzonen die lothringischen Gebiete nach wie vor unsicher, so daß es allgemein begrüßt wurde, daß das Gros von ihnen nach Italien ziehen sollte.

Nach diesen Beratungen in Kaiserslautern unternahm der Kaiser einen Gewaltritt an den Murtensee und dann nach

Regensburg. Am Murtensee traf er sich mit ortskundigen Leuten aus den Westalpen, mit denen er die Überquerung des Gebirges durch den Heerzug nach Italien besprach und vorbereitete. Der Kaiser kam auch mit italienischen Abgesandten zusammen, deren Herren ihm ihre Ergebenheit und Dienstwilligkeit für den bevorstehenden Kriegszug bekunden ließen. Barbarossas Zurüstungen für das bevorstehende Unternehmen waren umfassend und vielseitig. Erzbischof Christian hatte er bereits wieder nach Tuszien entsandt, damit durch ihn die Präsenz des Reiches deutlich werde. Christian konnte verschiedene Unruheherde zum Erlöschen bringen und die Pisaner zu einem Freundschaftsbündnis mit den kaiserfreundlichen Römern veranlassen. Genua schlug sich um diese Zeit allerdings auf die Gegenseite und schloß ein Bündnis mit dem König von Sizilien.
Um aber die oberitalienischen Städte von externen Hilfeleistungen abzuschneiden, unterhielt Barbarossa nicht nur weiter die heiratspolitischen Verhandlungen mit Manuel, sondern er machte auch dem sizilischen König Wilhelm II. das Angebot, ihm eine seiner Töchter zur Gemahlin zu geben. Wilhelm ging zwar auf diese Offerte ebensowenig ein wie auf den gleichfalls angebotenen Freundschaftsbund, aber aus diesen Aktivitäten Barbarossas wird deutlich, wie sorgfältig er den Italienzug vorbereitet hat.
Papst Alexander sah dem weithin angekündigten neuen Italienzug des Kaisers mit großer Sorge entgegen. Er war im März 1174 nach Anagni südöstlich von Rom gegangen und sandte im April einen Kardinallegaten zu Ludwig VII.. Angesichts der nun schon jahrelang anhaltenden relativ guten Beziehungen zwischen dem Kaiser und dem französischen König erschien der letztere Papst Alexander III. geeignet, sich um eine gütliche Übereinkunft zwischen Reich und Kirche zu bemühen. Das konnte allerdings bei den vielen strittigen Problemen nicht gerade einfach sein. Und die Wege von Kaiser und Papst gingen immer noch weiter auseinander!
Friedrich lag daran, vor seinem Zug über die Alpen noch die Angelegenheit des Salzburger Erzbistums in Ordnung zu

bringen. Hauptsächlich dazu hatte er nach Regensburg einen Reichstag einberufen, zu dem er vom Murtensee herbeieilen mußte. Mit Ausnahme des Freisingers waren alle bayerischen Bischöfe erschienen, ebenso die meisten Prälaten und die bedeutenderen Ministerialen des Salzburger Erzbistums, aber auch viele weltliche Fürsten, so die Herzöge Heinrich der Löwe, Heinrich II. Jasomirgott von Österreich, Hermann von Kärnten, Pfalzgraf Otto von Wittelsbach sowie eine Reihe weiterer edler Herren. Auch Erzbischof Adalbert war gekommen, obgleich keine Einladung an ihn ergangen war. Er hatte diesmal auch kein sicheres Geleit erbeten.

Der Kaiser verlangte gleich zu Beginn des Reichstages eine endgültige Entscheidung über die Besetzung des Erzbischofsstuhles, da er des jahrelangen Hinausschiebens dieser Angelegenheit überdrüssig war und hinter seinem Rücken, wenn er nach Italien ging, auch in dieser Hinsicht reinen Tisch haben wollte. Der neue Bischof Richer von Brixen wurde vom Kaiser aufgefordert, sein Urteil in der Sache des Erzbischofs zu äußern. Richer sprach sich für die Absetzung Adalberts aus. Seinem Urteil schlossen sich alle Anwesenden an, ausgenommen Herzog Heinrich von Österreich, der Onkel Adalberts. Der Betroffene versuchte wohl einen Einspruch gegen diesen Beschluß, aber er konnte seine Absetzung nicht mehr abwenden. Es wurde auch sogleich von den Salzburger Domherren ein neuer Erzbischof gewählt, und zwar der bisherige Probst Heinrich von Berchtesgaden. Die Inthronisation und die Investitur erfolgten sofort. Die Salzburger Lehnsmänner, an ihrer Spitze Herzog Heinrich der Löwe, huldigten ihrem neuen Lehnsherren und erhielten ihre Lehen von ihm bestätigt. Über Fortsetzung oder Beendigung der alexandrinischen Parteinahme im Erzbistum Salzburg wurde anscheinend bei den ganzen Vorgängen nicht gesprochen, und der Kaiser wollte wahrscheinlich auch nicht an diese heikle Frage rühren. Aber die Zustimmung von Papst Alexander zu dieser Operation war nicht zu erwarten.

Während dieses ereignisreichen Reichstages in Regensburg erschienen auch Abgesandte von Kaiser Manuel aus Kon-

stantinopel, um die Verhandlungen wegen einer Heirat zwischen seiner Tochter Maria und einem der Söhne Barbarossas fortzuführen.
Friedrich begab sich im Juli 1174 von Regensburg nach Donauwörth, wo er mit dem Bamberger Bischof zusammentraf. Die Bamberger Lehen des Grafen Gebhard von Sulzbach, der ohne männliche Nachkommen war, sollten nach dessen Tod auf die Kaisersöhne Friedrich und Otto übertragen werden. In Donauwörth wurde nun vereinbart, daß der Kaiser dem Bamberger Bistum für die Vogteien über diese Güter an der Donau, in der Oberpfalz und in Ostfranken insgesamt 1200 Mark Silber bezahlen werde.
Im August traf Barbarossa in den mittel- und oberrheinischen Gegenden letzte Vorbereitungen vor seinem für September geplanten Aufbruch nach Italien. In den ersten Septembertagen hatte er in Basel noch eine Zusammenkunft mit oberlothringischen Fürsten.
Zur gleichen Zeit erklärte Papst Alexander in einem Sendschreiben erwartungsgemäß die Absetzung Adalberts und die Neuwahl Heinrichs auf den Salzburger Erzbischofstuhl für ungültig. Er forderte das Domkapitel in Salzburg auf, Erzbischof Adalbert auch weiterhin den Gehorsam zu leisten. Die Suffraganbischöfe des Erzbistums sollten sich Adalbert wieder unterwerfen und Propst Heinrich nach Berchtesgaden zurückkehren. Alexanders Anweisungen wurden jedoch nicht befolgt. Adalbert zog zu Weihnachten 1174 sogar mit Bewaffneten vor die Stadt Salzburg, um den neuen Erzbischof zu vertreiben. Die von ihm vor fünf Jahren geübte Friedfertigkeit war vorbei – aber die beabsichtigte Überrumpelung mißlang, und Adalbert mußte sich nach Kärnten zurückziehen, wo er ein Asyl fand.
In England war Heinrich II. so sehr in Bedrängnis geraten, daß er den Beistand Papst Alexanders suchte und ihm sogar Rechte über die englische Krone einräumte. Es war wohl dem Einfluß des Papstes zu verdanken, daß sich die Parteien Anfang 1174 über einen kurzen Waffenstillstand verständigten. Aber bald ging der Kampf weiter, und Heinrich wußte sich

offenbar keine andere Möglichkeit mehr, von seiner Mitschuld an der Ermordung des inzwischen bereits heiliggesprochenen Thomas Becket loszukommen, als Mitte Juli 1174 barfuß und in einfachsten Kleidern zum Grab des Erzbischofs in Canterbury zu pilgern und sich dort von Bischöfen und Mönchen auspeitschen zu lassen. Diese düstere und absonderliche Szene der Selbsterniedrigung wurde von den Zeitgenossen mit größtem Erstaunen aufgenommen. Als jedoch Heinrich bald darauf in den Kämpfen gegen seine Feinde wieder die Oberhand gewinnen konnte, war es angesichts der mystischen Zeitströmungen nicht verwunderlich, daß man dies dem Wirken des Geistes Thomas Beckets zuschrieb, dessen Gunst sich der König durch seinen demutsvollen Akt gewonnen habe.

Im September 1174 schloß König Heinrich mit seinen Gegnern einen Frieden, der ihn in England und auf dem französischen Festland wieder in alle seine früheren Rechte einsetzte. Auch König Wilhelm I. von Schottland mußte dem englischen König nun in dem Vertrag von Falaise den Treueid leisten. König Ludwig VII. von Frankreich jedoch war verbittert, daß seine Agitation gegen Heinrich fehlgeschlagen war und dieser sogar erneut den Beistand von Papst Alexander bekommen hatte. So konnte sich Alexander die Freundschaft Ludwigs kaum erhalten.

Für Kaiser Friedrich I. ging der sechsjährige Aufenthalt in den deutschen Landen zu Ende – die längste Zeit, die er während seiner Regierungszeit hier zusammenhängend verbracht hat. Er hat die Jahre in mehrfacher Hinsicht zur Stärkung seiner persönlichen Machtposition und derjenigen der Staufer genützt. Im Westen und im Osten des Reiches ist er durch Todesfälle in den Besitz neuer und umfangreicher Ländereien gekommen. Im Süden verkaufte Welf VI. in diesen Jahren – vermutlich 1174 – seine Verfügungsrechte über die Markgrafschaft Tuszien, das Herzogtum Spoleto, die Fürstentümer Sardinien und Korsika sowie über die Mathildischen Güter an den Kaiser. Welf hatte infolge des Todes seines Sohnes während des Italienzuges 1167 keinen Erben mehr und war deshalb an diesen Reichslehen nicht mehr interessiert. Während seines sechsjährigen Aufenthaltes hat der Kaiser auch die Kontinuität der staufischen Königsherrschaft durch die Krönung seines Sohnes Heinrich in die Wege geleitet. Darüber hinaus hat er es verstanden, aus der Feudalverfassung Vorteile für die Königsmacht zu gewinnen, indem er darauf achtete, daß die oberste Lehnsherrschaft in allen Treudienstverhältnissen zu seinen Gunsten gewahrt blieb. Dabei soll nicht übersehen werden, daß die Feudalverfassung für den Herrscher auch unbequeme Beschränkungen enthielt und daß er keineswegs willkürlich zum eigenen Vorteil handeln konnte. Auch den Ausbau der königlichen Pfalzen hat Friedrich während seiner sechsjährigen Anwesenheit nördlich der Alpen nachdrücklich betrieben. Sie hatten in seinen Augen mehrfache Bedeutung und bildeten Zentren der Königsmacht, die seine Untergebenen sowohl an seine Herrschaft als auch an seinen Schutz erinnern sollten.

Um die Urbarmachung der großen Waldflächen vor allem in den Reichsländern hat sich Friedrich in den abgelaufenen Jahren gleichfalls sehr bemüht. Zur Förderung dieser Ausbreitung des menschlichen Lebensraumes gewährte Friedrich den Bauern besondere Vorteile, wenn sie sich an der Rodung der Wälder beteiligten. Diese Rodungsbauern wurden von verschiedenen Pflichten entlastet und erhielten den Status von freien Bauern. Friedrich betrieb damit eine Kolonisation nach innen mit dem Ziel, den Siedlungsraum in seinem Reich zu vergrößern. Durch Verleihung von Marktrechten förderte er die Städte ebenso wie den Handelsverkehr der Kaufleute und die Absatzmöglichkeiten der Handwerker und Bauern. Zweifellos hat das Reich und haben insbesondere die Gebiete nördlich der Alpen von der langen Pause zwischen den Italienzügen spürbaren Gewinn gehabt, nicht zuletzt von den wiederholten Friedensbemühungen des Kaisers in Sachsen. Die Versuche zur Beendigung der Kirchenspaltung waren dagegen nicht erfolgreich.

»Arm an großen Ereignissen, aber reich an stillen, nachhaltigen Erfolgen« wurden diese zurückliegenden sechs Jahre einmal genannt (K. Hampe), und sie wurden sogar als »der wichtigste Zeitabschnitt« in der Regierungszeit Friedrichs I. Barbarossa bezeichnet (M. Pacaut), weil sie dem Kaiser Zeit gelassen hätten, darüber nachzudenken, wie er seine Regierung und seine Herrschaft künftig gestalten werde.

Der fünfte Italienzug und das Ende des alexandrinischen Schismas 1174–1178

Der neue Heerzug nach Italien wurde mit der Notwendigkeit begründet, daß die rebellischen und meineidigen Lombarden aufs neue unterworfen werden müßten, da sie das römisch-deutsche Kaisertum bedrohten und es sogar beseitigen wollten. Es war jedoch sicher, daß der Kaiser mit diesem Kriegszug auch Papst Alexander erneut unter Druck setzen und nach Möglichkeit gefangennehmen wollte, um damit die Kirchenspaltung endlich zu beseitigen.

Aber man hatte sich in weiten Kreisen – Fürsten und Volk – seit 1159 allmählich an das Schisma gewöhnt, man hatte sich damit abgefunden, daß zwei Päpste regierten, so daß vor allem unter den weltlichen Fürsten und Rittern keine große Neigung bestand, wegen dieser kirchlichen Händel wieder über die Alpen zu reiten. Und unter den kirchlichen Fürsten gab es eine ganze Reihe alexandrinisch eingestellter, zum Beispiel fast alle bayerischen Kleriker, die natürlich nicht gegen Alexander ziehen wollten – und von den anderen erschien dies vielen auch nicht opportun. Überhaupt hatten die zurückliegenden sechs Jahre in der Heimat wohl vielen gezeigt, daß hier mancherlei zu tun und zu gewinnen war, so daß ein Zug nach Italien wenig Verlockendes bot, zumal er sicher mindestens ebenso risikobeladen sein würde wie der von 1167. So wurde Barbarossa dann auch mit einer ganzen Reihe von Anträgen und Gesuchen der Fürsten konfrontiert, die mit dieser oder jener Begründung einen Dispens von der Teilnahme an dem Italienzug haben wollten. Am unerfreulichsten war es für den Kaiser, daß auch Heinrich der Löwe ihm keine Unterstützung leisten wollte. Trotz der ständigen Bemühungen Friedrichs um das gute Verhältnis zu Heinrich und trotz der zahlreichen Zugeständnisse und Hilfeleistungen, die Heinrich von seinem Vetter immer wieder erhielt,

versagte er seinen Beistand nun ebenso wie schon beim dritten und vierten Italienzug. Wahrscheinlich dienten ihm die Unruhen zwischen Landgraf Ludwig von Thüringen und den Askaniern als Begründung dafür.
Die schon im Frühjahr beschlossene stärkere Heranziehung von Söldnern an Stelle der Vasallen kam den Kaiser teuer zu stehen. Er mußte sich deshalb von verschiedenen Seiten Geld borgen, Bürgschaften leisten und einiges verpfänden. Vom Bischof von Lüttich erhielt er auf solche Weise tausend Mark für die Ausrüstung des Heeres, der kölnische Erzbischof verschaffte sich für den gleichen Zweck ebenfalls tausend Mark von den Bürgern. Aber Barbarossa hoffte, in Italien so reiche Beute zu machen, daß er bald die nötigen Mittel haben würde, um alle Schulden abzahlen zu können.
Das Heer, das im September 1174 über die Alpen zog, soll etwa 8000 Mann gezählt haben. Trotz der Auffüllung mit Söldnern war die Kriegsmacht geringer als 1158 und 1166. Herzog Heinrich der Löwe hätte die Verhältnisse mit seinen vielen Rittern aus Bayern und Sachsen deutlich ändern können. Von den geistlichen Fürsten zogen die Erzbischöfe von Köln und Trier sowie die Bischöfe von Augsburg, Bamberg, Halberstadt, Naumburg, Regensburg und Verden mit dem Kaiser über die Alpen, an weltlichen Fürsten nennt die Überlieferung dagegen nur die Pfalzgrafen Konrad bei Rhein und Otto von Wittelsbach sowie einige Grafen. Die Böhmen unter Udalrich kamen erst im Oktober in Italien dazu, während der polnische Herzog, der sich vermutlich 1172 zur Teilnahme an dem Zug verpflichtet hatte, nicht erschien.
Ende September 1174 kam der Kaiser mit seinem Heer nach dem Marsch durch das Herzogtum Schwaben, durch Burgund und über den Mont Cenis nach Piemont. Barbarossa hatte diesen Weg wohl nicht zuletzt deshalb gewählt, weil er sich zunächst an der Stadt Susa für die schlechte Behandlung rächen wollte, die ihm 1168 bei seinem Abzug aus Italien widerfahren war. Offenbar hat er das Verhalten der dortigen Bevölkerung in seiner damaligen Notlage besonders bitter empfunden, obwohl ihm doch nur die Geiseln abgenommen

worden waren und seine Gemahlin auch nach der Entdekkung seiner Flucht unbehelligt hatte ziehen können. Nun ließ Barbarossa Susa am 30. September 1174 durch Feuer vernichten. Kaiserin Beatrix war dem Heer nachgezogen und kam eben zurecht, als die Stadt brannte. Sie soll sich über dieses Rachewerk sehr erfreut gezeigt haben.

Über Turin zog der Kaiser gegen Asti. Die Turiner waren dem lombardischen Bund niemals beigetreten und nahmen das kaiserliche Heer freundlich auf. Die Stadt Asti gehörte dem lombardischen Bund an, konnte aber der Belagerung durch die Kaiserlichen nur eine Woche standhalten. Nach der Unterwerfung mußte sie sich vom Bund lossagen und die geforderte Geldbuße in die Kriegskasse des Kaisers bezahlen. Von ihren ehemaligen Bundesgenossen wurden die Bewohner Astis als Feiglinge und Verräter beschimpft.

Um diese Zeit stießen auch die Böhmen zum kaiserlichen Heer. Sie waren durch Bayern und Schwaben gezogen. Die kampflustige, draufgängerische Truppe war mit den Bürgern von Ulm in Streit geraten und soll dabei bereits an die 250 Mann verloren haben.

Nach dem Fall von Asti und dem Vorrücken der Kaiserlichen in die Lombardei zeigten sich rasch die noch vorhandenen Sympathisanten Barbarossas. Der Markgraf Wilhelm von Montferrat entledigte sich seiner Verpflichtungen gegenüber dem lombardischen Bund ebenso wie die Grafen von Biandrate und andere Adelige, denen die republikanischen Tendenzen des Städtebundes naturgemäß zuwider waren. So erfüllten sich die Erwartungen des Staufers auf eine Verstärkung seiner Streitmacht sehr schnell. Auch die stets kaisertreue Stadt Pavia befreite sich von der aufgezwungenen Zugehörigkeit zum lombardischen Bund.

Nun wäre es sicher richtig gewesen, mit dieser beachtlichen Streitmacht Mailand oder Cremona als die führenden Städte des Bundes anzugreifen. Aber der Kaiser zog es vor, zunächst das strategisch wichtige Alessandria anzugreifen, das inmitten bedeutender Reichsdomänen lag. Die Stadt war ihm verhaßt, denn sie führte ja den Namen seines hartnäkkigsten Gegners, und er fühlte sich durch ihre Existenz zutiefst gedemütigt. Deshalb strebte er nun schnellstens ihre Vernichtung an. Die »Strohstadt«, wie sie von den Kaiserlichen wegen ihrer strohgedeckten Dächer von Anfang an ironisch genannt worden war, schien reiche Beute zu versprechen, da sie weder Mauern noch Türme besaß und nur mit Wall und Graben befestigt war. Aber als Barbarossa Ende Oktober 1174 mit der Belagerung begann und mit den vorhandenen Kriegsmaschinen einen ersten Angriff vortragen ließ, erwiesen sich die Alessandriner als tapfere und standhafte Verteidiger ihrer Stadt. Bei mutigen Ausfällen konnten sie sogar einige der Belagerungsmaschinen erobern oder vernichten. Die Hoffnung, die Stadt sogleich beim ersten Ansturm einnehmen zu können, hatte also getrogen, und der Zorn des Kaisers wegen der verlorenen Kriegsgeräte war groß. Er erklärte, erst nach einem Sieg über die Stadt weiterziehen zu wollen. Da keine Seite nachgeben wollte und die Angreifer wie die Verteidiger ihre Sache mutig und beharrlich verfochten, zog sich die Belagerung so lange hin, daß die Kaiserlichen bald Schwierigkeiten mit dem hereinbrechenden, ausnehmend strengen Winter bekamen. Vor allem an Lebensmitteln hat es ihnen gefehlt. Nach der Überlieferung sollen einzelne Krieger aus der kaiserlichen Streitmacht sogar ihre Waffen verkauft haben, um damit wenigstens Brot erstehen zu können. Nicht wenige, heißt es, seien bei Nacht desertiert, und viele Pferde sollen wegen Futtermangels umgekommen sein. Was im Glauben an eine schnelle Bewältigung Ende Oktober 1174 begonnen worden war, das zog sich nun über die Jahreswende hin.

Unterdessen war Erzbischof Christian mit seiner kleinen Truppe in der Romagna erfolgreich. Einige Städte, darunter Ravenna, schlossen sich ihm an und boten ihre Unterstützung. In Mantua nahm währenddessen der kaisertreue Bischof Garsidonius den Kampf um sein Bistum wieder auf. Der lombardische Bund sah sich also an verschiedenen Stellen angegriffen, und seine Rektoren beschlossen im Februar 1175 Hilfeleistungen für die bedrängten Partnerstädte.

Vor Alessandria hatte der Kaiser sein Lager bis dicht an den Stadtgraben vorgeschoben. Von riesigen Holztürmen wurden Steine gegen die Stadt geschleudert, aber Graben und Wall waren so breit, daß nur einzelne Steine die Häuser erreichen und dort Schaden anrichten konnten. Auch die Verteidiger bauten Wurfmaschinen und bombardierten die kaiserlichen Lager. Wieder versuchte es der Kaiser mit grausamer Zermürbungstaktik: Von drei Gefangenen ließ er zweien die Augen ausstechen, und der dritte mußte seine beiden Kameraden zu den Verteidigern zurückführen. Die Alessandriner waren freilich schon seit einiger Zeit in größter Not, denn die Nahrungsmittel waren auch in der Stadt knapp geworden. Ihre Hoffnung, doch noch durch ihre lombardischen Verbündeten befreit zu werden, schien berechtigt, denn tatsächlich näherte sich ein Entsatzheer – allerdings viel zu langsam, weil es sich damit aufhielt, im Gebiet von Pavia Verwüstungen anzurichten. Auch der Kaiser erhielt Nachricht über die im Anmarsch befindlichen Lombarden, und so entschloß er sich zu einem letzten Versuch, um in den Besitz Alessandrias zu kommen. Kurz vor Ostern 1175 ließ er mehrere unterirdische Gänge gegen die Stadt vortreiben, um durch diese hindurch eine Schar gut bewaffneter und mutiger Männer seines Heeres mitten unter die Belagerten einzuschleusen. Das Entsatzheer der Lombarden kam anscheinend so langsam voran, daß die äußerst mühsam herzustellenden Minen noch vor ihrem Eintreffen fertig wurden. Am Morgen des Karsamstag war es soweit – während das Heer vor der Stadt wartete, um mit den Eindringlingen gleichzeitig loszuschlagen, krochen diese durch die Stollen, die von den Belagerten bis dahin nicht bemerkt worden waren. Als aber die ersten Angreifer in der Stadt auftauchten, schlugen die Wachen der Alessandriner Alarm, so daß die Minen rasch verschlossen wurden. Die darin eingeschlossenen Soldaten kamen elend um, weil sie auch nicht mehr zurück konnten. Zu allem Unglück für den Kaiser gelang es den Alessandrinern, einen der großen Schleudertürme vor der Stadt mit vielen Schützen durch Feuer zu vernichten.

An diesem Karsamstag 1175 soll Friedrich Barbarossa rund 300 Männer verloren haben. Da wirkte es auf ihn sicher wie ein Labsal, daß Erzbischof Christian die wichtige Burg S. Cassiano der Bolognesen zu Fall gebracht hatte. Aber für ihn selbst und sein Heer war es nun höchste Zeit, sich von Alessandria abzusetzen, wenn er nicht in die Gefahr geraten wollte, zwischen dem Stadtgraben und den anrückenden Lombarden zerrieben zu werden. Mißmutig und verbittert zog der Kaiser nach sechsmonatiger vergeblicher, äußerst strapaziöser Belagerung ostwärts. Sein erstes großes Ziel auf diesem Zug hatte er nicht erreicht, und statt aus dem erhofften leichten Sieg den Elan für alle weiteren Vorhaben beziehen zu können, marschierten die Kaiserlichen nun in großer Niedergeschlagenheit in Richtung Pavia.

Bei Voghera, südlich des Po, kamen sich das kaiserliche Heer und dasjenige der Lombarden auf Pfeilschuß-Weite nahe. Die Lombarden erwarteten, um ihre Carroccios aus den verschiedenen Städten geschart, den Angriff Barbarossas. Aber der Kaiser konnte sich nicht entschließen, mit seinem ermüdeten und deprimierten Heer anzugreifen. Die Lombarden ihrerseits hatten wohl zu viel Furcht vor dem Kampfgeist des Kaisers und vor den Brabanzonen in seinem Heer, um selbst einen Angriff zu wagen. Da also keine Seite Angriffsabsichten erkennen ließ, kam man offenbar bald zu Verhandlungen, die möglicherweise von dem Markgrafen Opizo Malaspina eingefädelt wurden, der auf der Seite der Lombarden stand, während sich sein Sohn im kaiserlichen Heer befand. Am 16. April 1175 trafen sich auf dem Vorfeld der dem Markgrafen von Montferrat gehörenden Burg Montebello die bedeutendsten Männer der beiden Heere. Die Abneigung gegenüber einer kriegerischen Auseinandersetzung und die Friedensbereitschaft hat rasch eine erstaunliche Einigung ermöglicht: Die Vertreter der lombardischen Städte erklärten sich zur erneuten Unterwerfung unter den Kaiser bereit, und dieser versprach dafür, den Städten wieder seine Gnade mit dem Friedenskuß zu gewähren und ihnen den Frieden zu garantieren. Nach Erfüllung dieser ersten Vereinbarung sollten beide Parteien Vorschläge für einen förmlichen Friedensvertrag machen, der sodann von jeweils drei Männern der beiden Seiten bis Mitte Mai endgültig ausgearbeitet werden sollte. Falls sich diese sechs Männer über diesen oder jenen Punkt nicht einigen könnten, sollten die Konsuln von Cremona darüber entscheiden.

Es ist merkwürdig, daß die Konsuln einer der führenden Städte des lombardischen Bundes mit dieser Schiedsrichterrolle betraut wurden. Aber seit längerer Zeit bereits sagten Gerüchte, daß Cremona wegen des wachsenden Übergewichts der Mailänder im Bunde Geheimverhandlungen mit Erzbischof Christian aufgenommen hatte, und jetzt war von Cremona auch tatsächlich keine Streitmacht zum Kampf gegen den Kaiser erschienen. Beide Fakten mochten Barbarossa veranlassen, mit der Schiedsrolle Cremonas einverstanden zu sein, wohingegen die Städte vielleicht in Unkenntnis der geheimen Kontakte handelten. Schwierigkeiten bereitete bei den Vereinbarungen die Stadt Alessandria, die die verbündeten Städte selbstverständlich in die Abmachungen einbezogen wissen wollten, während der Kaiser diesen »Schandfleck« nach wie vor vom Erdboden vertilgen wollte, zumal die Stadt zum wesentlichen Teil auf altem Reichsgebiet gebaut war.

Am Tag darauf trafen sich die beiden Parteien wieder. Die Lombarden vollzogen nun die Unterwerfung wohl in der herkömmlichen Weise, also durch Niederlegen der Waffen, Senken der Banner und durch das Tragen entblößter Schwerter an Schlingen um den Hals. Der Kaiser gab dagegen den Führern des lombardischen Heeres den Friedenskuß, womit er allen Orten und Personen des Lombardenbundes Frieden gewährte. Für Alessandria einigte man sich zunächst auf einen Waffenstillstand bis Mitte Juni, und die vorgesehenen sechs Männer sollten darüber, wie über den ganzen Friedensvertrag, weiter entscheiden. Zwei italienische Grafen auf der Seite des Kaisers beschworen aber noch gesondert die Einhaltung des Waffenstillstandes für Alessandria und gelobten, sich bei den Lombarden in Haft zu begeben, falls die Vereinbarung vom Kaiser gebrochen würde. Beide Seiten waren über diese Lösung der kriegerischen Szene sehr erfreut und einigten sich darauf, ihre Streitkräfte nach Hause zu schicken, denn sowohl der Kaiser wie die Lombarden waren von dem weiteren Einigungsprozeß überzeugt, so daß die Kriegsmacht nicht mehr nötig war. Barbarossa entließ vor allem die Böhmen und die Brabanzonen, aber auch einige Bischöfe sind in den darauffolgenden Tagen mit ihrem Gefolge abgezogen. Der Kaiser begab sich nach Pavia.

Die Lombarden überreichten ihre Vorschläge für den endgültigen Friedensvertrag schon in den nächsten Tagen. Sie forderten vor allem anderen die Anerkennung Papst Alexanders III. durch den Kaiser. Ohne Erfüllung dieser Bedingung würden sie keinen Friedensvertrag abschließen. Außerdem müsse die Stadt Alessandria die gleichen Rechte wie die anderen lombardischen Städte erhalten. Weiter sahen die lombardischen Vorschläge im wesentlichen folgendes vor:

1. Die Bundesstädte sollen alle ihre gegenwärtigen Güter und Rechte behalten. Auch die Konsuln sollen weiter die Rechtspflege ausüben. Alle Besitztümer und Rechte, die der Kaiser den Bundesangehörigen entzogen hat, sollen ihnen zurückgegeben werden. Privilegien und Verleihungen über derartige Güter sind vom Kaiser rückgängig zu machen. Die Bundesstädte können ihre Befestigungen behalten und sie weiter ausbauen sowie neue errichten. Der lombardische Bund soll weiter bestehen bleiben und vom Kaiser eine Friedensgarantie erhalten. Bei einem Angriff des Kaisers oder seines Nachfolgers sollen die Bundesstädte trotz des geleisteten Eides das Recht der Verteidigung haben.
2. Die Bundesstädte anerkennen die Oberhoheit des Reiches. Der Kaiser erhält auf seinem Durchzug nach Rom zur Kaiserkrönung das Recht, Abgaben für die Heeresverpflegung zu fordern, sofern der Durchzug friedlich und ohne längeren Aufenthalt in feindlicher Absicht erfolgt. Die Bundesstädte sichern dem Kaiser dabei unbe-

helligten Durchzug zu. Die Vasallen leisten ihm den Treueid.

3. Im Fall von Differenzen zwischen den Vertragsparteien sollen die Konsuln der betroffenen Städte ihren Rechtsstandpunkt und ihre Angaben beeiden.

Nachdem die Lombarden schon sieben Jahre zuvor viele Bestimmungen der roncalischen Gesetze aus dem Jahre 1158 im Widerspruch zum Kaiser außer Kraft gesetzt hatten, versuchten sie jetzt mit ihren Friedensvorschlägen, das Plazet des Herrschers für die vollständige Tilgung der roncalischen Beschlüsse zu erreichen. Wie schon 1168 in Lodi, so zeigte sich auch jetzt wieder, daß die Lombarden den roncalischen Beschlüssen nur unter äußerstem Zwang zugestimmt hatten und daß sie sich unter allen Umständen davon befreien wollten. Aber die Vorteile, die sie aus dem nun abzuschließenden Friedensvertrag ziehen wollten, sollten ungleich größer sein als die Zugeständnisse, die sie dem Kaiser zu machen bereit waren. Natürlich handelte es sich nur um Vorschläge, und die Lombarden waren sich zweifellos bewußt, daß nicht alle ihre Wünsche in Erfüllung gehen würden. Aber ihre neue, als unabdingbar bezeichnete Forderung der Anerkennung von Papst Alexander war vom Kaiser wohl nur schwer zu erfüllen. Von dieser Bedingung war auch in den ersten Verhandlungen nicht die Rede gewesen, und es ist anzunehmen, daß sich hier erst nachträgliche Einflüsse alexandrinischer Kreise (wie zum Beispiel des Mailänder Erzbischofs Galdin) bemerkbar gemacht haben. Der Verdacht liegt aber auch nahe, daß die Lombarden den Kaiser mit ihrer maßlosen Forderung in die Enge treiben wollten – nachdem er einen wesentlichen Teil seiner Streitkräfte entlassen hatte, war er ein schwacher Verhandlungspartner. Sie selbst konnten überdies ihre Streitkräfte ungleich leichter wieder zusammenholen als der Kaiser.

Leider sind die Vorschläge Barbarossas für den Friedensvertrag mit dem Städtebund nicht überliefert. Aber allein schon die Kenntnis der lombardischen Vorschläge zeigt, daß die Einschaltung der cremonensischen Schiedsrichter unumgänglich war. Ihr Vermittlungsvorschlag ist glücklicherweise erhalten. Er ist allerdings kaum als unparteiisch zu bezeichnen und wurde vielleicht bereits mit Vorwissen Barbarossas erstellt, mit dessen Partei die Cremonenser ja seit einiger Zeit konspiriert haben sollten. Der Vermittlungsvorschlag sah in der grundlegenden Frage der Kirchenspaltung lediglich vor, daß die Bundesangehörigen frei entscheiden sollten, welchen Papst sie anerkennen, und daß der Kaiser auf Kleriker und Laien keinen Zwang ausüben dürfe. Von einer Anerkennung Alexanders war hier nicht die Rede und noch weniger von einer unabdingbaren Voraussetzung für den Abschluß des Friedensvertrages. Die Bewohner Alessandrias hingegen sollten mit Garantie des Kaisers an ihre früheren Wohnorte zurückkehren dürfen, was mit anderen Worten hieß, daß Alessandria nicht als freie Stadt anerkannt werden sollte und somit zerstört werden konnte. Zu den weiteren lombardischen Vorschlägen äußerten sich die Cremonesen:

1. Die Ansprüche der Städte auf ihre Güter und Rechte sowie auf die Rückgabe entzogener Besitztümer und Rechte werden wohl anerkannt, aber auch die Lombarden müssen dem Kaiser zurückgeben, was sie sich während der letzten sieben Jahre, also seit den Beschlüssen von Lodi 1168, angeeignet haben. Die Konsuln sollten vom Kaiser oder einem seiner Vertreter investiert werden.
2. Der Kaiser sollte nicht nur auf dem Krönungszug die herkömmlichen Rechte erhalten, sondern bei jedem Aufenthalt in Italien. Dafür sollte er auf alle Geldforderungen gegenüber den verbündeten Städten verzichten. Gegen die Urteilssprüche der Konsuln wurde die Appellation an den Kaiser vorgesehen. Sollte ein Bundesangehöriger die Rechte des Kaisers verletzen, so sind die anderen Bundesmitglieder, ohne Rücksicht auf den Bundeseid, zur Unterstützung des Kaisers verpflichtet.
3. Streitigkeiten sollten von einem gemischten Gremium aus je drei Angehörigen der Bundesstädte und der kaiserlichen Partei entschieden werden.

Damit sollten also die Beschlüsse der Lombarden aus dem

Jahre 1168 wieder annulliert werden und die roncalischen Gesetze erneut Gültigkeit erlangen. Die verbündeten Städte waren kaum bereit, sich ohne äußersten Zwang wieder so sehr unter das Joch des Kaisers zu begeben. Barbarossa konnte aber mit seinen wenigen Streitkräften keinen Zwang ausüben. Es war freilich auch keine Seite bereit, ihren Standpunkt in der Frage der Anerkennung des Papstes aufzugeben. Da die Lombarden den cremonensischen Schiedsspruch nicht akzeptieren wollten, erhob der Kaiser gegen sie den Vorwurf des Eidbruches, denn die Anerkennung des von den cremonensischen Konsuln vorgeschlagenen Kompromisses war mit Eid vereinbart worden. Andererseits fühlten sich auch die Lombarden durch den Kaiser getäuscht, da es für sie selbstverständlich war, daß sie Alessandria nicht aufgeben konnten. Sie gingen nach dem Waffenstillstand davon aus, daß auch der Kaiser diese Prämisse akzeptieren würde. Beide Seiten waren also von unterschiedlichen Voraussetzungen ausgegangen, die die jeweilige andere Seite nicht zu erfüllen bereit war. Es blieb deshalb bei dem Waffenstillstand oder Vorfrieden von Montebello. Der endgültige Frieden wurde nicht erreicht.

Wohl auf Grund des Waffenstillstandes hat Como bereits im Mai 1175 mit dem Kaiser wieder Verbindung aufgenommen und sich von ihm mit allen früheren Rechten belehnen lassen. Gerade das Gebiet von Como war für Barbarossa wegen der Verbindungen über die Alpen strategisch wichtig. Im gleichen Monat war auch in Rimini in der Romagna ein kaisertreuer Kleriker als Legat Barbarossas tätig geworden. Und die Cremonesen, die sich durch ihren Schiedsspruch bei ihren Bundesgenossen nicht gerade beliebt gemacht hatten, suchten immer mehr Anlehnung an den Kaiser. Dieser verstand es bald, auch auf die hadernden Städte Genua und Lucca sowie Pisa und Florenz wieder Einfluß zu gewinnen, so daß sie beschworen, seinen Anordnungen zur Beendigung des Streites um Sardinien zu gehorchen. Barbarossa konnte die beiden Städte Genua und Pisa zu einem gemeinsam auszuübenden Regiment über die Insel veranlassen.

Vielleicht hatte der Kaiser aus den Verhandlungen von Montebello den Eindruck gewonnen, daß mit Papst Alexander ein Friedensschluß erreicht werden könnte. Jedenfalls hatte er wohl erkennen müssen, daß er seine Ziele in seiner gegenwärtigen Lage ohne eine Einigung mit Alexander nicht erreichen konnte. Er ließ deshalb Alexander im Sommer 1175 wissen, daß er zu Gesprächen bereit sei, und bat darum, ihm Verhandlungsbevollmächtigte nach Pavia zu senden. Wahrscheinlich hoffte Barbarossa, daß er mit dem Papst einen Separatfrieden abschließen könne, nachdem ihm dies bei den Lombarden nicht gelungen war. Aber es zeigte sich sehr schnell, daß eine Spaltung seiner Gegner auch von dieser Seite her nicht zu erreichen war, denn auch Alexander verhandelte nur in enger Verbindung mit seinen Partnern. Die alexandrinische Seite hat dem Kaiser später für die Aufnahme dieser Verhandlungen prompt bloße taktische Überlegungen unterstellt.
Bald nach dem Abbruch dieser Gespräche in Pavia ließen die Lombarden wieder ihren Haß an den Fluren der Pavesen sowie um Como und in den Gebieten der kaiserfreundlichen Markgrafen aus. Barbarossa unternahm im November 1175 nochmals eine Attacke gegen Alessandria, aber seine Streitkräfte waren viel zu schwach, um ernsthaft etwas ausrichten zu können. Er mußte daher wieder einmal ein Hilfeersuchen an die deutschen Fürsten richten und sandte dazu Erzbischof Philipp von Köln über die Alpen.
Im Jahre 1175 hat der Kaiser die Botschaft von Sultan Saladin aus dem Vorjahr erwidert. Er sandte den Viztum Burchard von Straßburg in das Morgenland, aber es ist nicht bekannt, welchen Auftrag dieser konkret zu erfüllen gehabt hat. Der Sultan hatte 1174 noch Damaskus und Mittelsyrien erobern können, und vielleicht wollte sich der Kaiser darüber informieren. Ein erhaltener Reisebericht Burchards beschränkt sich auf geographische und sonstige Besonderheiten der Natur.
Die Jahreswende und den Anfang des Jahres 1176 verbrachte der Kaiser mit seiner Familie und seinem Gefolge in Pavia.

Sobald es aber das Wetter erlaubte, unternahm er weitere Angriffe gegen das verhaßte Alessandria, das sich jedoch nach wie vor tapfer und mit Erfolg verteidigte. Die Alessandriner konnten sogar einige kaiserfreundliche Orte in ihrer Umgebung zerstören. Die Rektoren des lombardischen Bundes hatten inzwischen die Mitgliedschaft Alessandrias erneut bestätigt und besondere Maßnahmen für die Unterstützung dieser Stadt beschlossen. Papst Alexander leistete Alessandria im Rahmen seiner Möglichkeiten Beistand, indem er es im Januar 1176 zum Bistum erhob. Eine Auflösung und Tilgung der Stadt, wie sie Barbarossa anstrebte, wurde damit auch kirchenrechtlich erschwert. Umgekehrt belegte Alexander kaisertreue Städte mit Kirchenstrafen; über Como verhängte er den Bann, dem Bischof von Pavia nahm er das Pallium, und anderen Städten drohte er ähnliche Zwangsmaßnahmen an.

Während sich der Kölner Erzbischof vor allem in den Rheinlanden um neue Unterstützung für den Kaiser bemühte, sah dieser Anfang 1176 die Möglichkeit zu einem persönlichen Treffen mit seinem Vetter Heinrich dem Löwen. Dieser war 1175 in Sachsen längere Zeit in Auseinandersetzungen mit den Askaniern verwickelt gewesen, aber nun hielt er sich nach Beendigung jener Kämpfe in seinem Herzogtum Bayern auf. Der Kaiser traf mit ihm in den letzten Januar- oder in den ersten Februartagen 1176 in dem zum Herzogtum Schwaben gehörenden Chiavenna nördlich des Comersees zusammen. Nach mehreren Quellen, die jedoch leider nicht sehr sicher und teilweise sogar widersprüchlich sind, bat der Kaiser den Herzog sehr dringend darum, ihm Mannschaften für den weiteren Kampf gegen den lombardischen Bund zur Verfügung zu stellen. Da sich Heinrich nicht sehr hilfsbereit gezeigt und auf die Rechtslage hingewiesen haben soll, wonach er außerhalb der deutschen Lande und ohne allgemeines Aufgebot zu keiner Unterstützung des Kaisers verpflichtet sei, soll ihn der Kaiser sogar mit einem Kniefall um seinen Beistand angefleht haben. Dies ist wohl angesichts der sonst sehr stolzen und rangbewußten Haltung des Kaisers recht

unwahrscheinlich, andererseits wissen die Quellen bemerkenswerte Einzelheiten über die Reaktionen der bei dem Kniefall anwesenden Personen zu berichten. Die arrogante Aufforderung von Heinrichs Truchseß an seinen Herrn, den Kaiser in seiner demütigen Stellung zu belassen, weil dessen Krone bald auf des Herzogs Haupt kommen werde, schließt die Bitte der Kaiserin, Friedrich möge sich doch erheben, nicht aus. Und ob der Herzog über den kaiserlichen Kniefall erschrocken war und seinen Vetter aufrichten wollte, oder ob er damit gezögert oder diese Geste überhaupt unterlassen hat, wie zwei Quellen berichten, ist eine Sache der subjektiven Beobachtung und Darstellung, die an dem Kniefall als solchem keinen Zweifel zuläßt.
Dieser Vorgang, wie überhaupt die ganze Begegnung in Chiavenna, hat angesichts der dürftigen Quellenlage in der Geschichtsschreibung sehr unterschiedliche Meinungen ausgelöst. Aber es scheint doch, daß sich sowohl die Begegnung in dem Alpental wie auch der Kniefall tatsächlich begeben haben. Der Kaiser hat sicher auch auf seine wiederholten Bemühungen hingewiesen, im Interesse Heinrichs den Frieden in Sachsen zu erhalten und die dortigen oppositionellen Fürsten zum Einlenken zu bewegen. Heinrich blieb jedoch unnachgiebig, zumal Friedrich die von ihm gewünschte neuerliche Übertragung der Rechte über die Stadt Goslar als Reichslehen ablehnte. Über die Motive Heinrichs des Löwen für die Verweigerung seiner Hilfe wurde im übrigen viel gerätselt. Sie müssen wohl in erster Linie in der psychischen Entwicklung Heinrichs gesucht werden. In jungen Jahren war dem noch unsicheren, verwaisten Herzog die Möglichkeit der Anlehnung an den älteren und ranghöheren Vetter willkommen gewesen. Obgleich es Heinrich nie an Selbstbewußtsein und Herrschsucht gefehlt hatte, ließ er sich doch den Schutz und den Beistand des Kaisers gern gefallen. Der unbewußte Wunsch nach Anleitung und auch nach Abenteuern hat den jungen Heinrich wohl ursprünglich veranlaßt, einige Unternehmungen seines Vetters mitzumachen. Inzwischen ging der Herzog aber auf die Fünfzig zu, und

nach der Heirat mit der englischen Königstochter und dem Tode Albrechts des Bären konnte er sich als mächtigster und reichster deutscher Fürst in einer sehr sicheren Stellung fühlen. Heinrich der Löwe mochte also jetzt glauben, einen solch hohen Grad an Unabhängigkeit vom Kaiser erreicht zu haben, daß er dessen Wünschen und Forderungen furchtlos trotzen konnte. Eine moralische Verpflichtung zur Unterstützung des bedrängten Kaisers wollte er offenbar nicht anerkennen.

Um die gleiche Zeit hat der Welfe die Aussicht auf eine weitere Vermehrung seiner Besitztümer gewonnen. Sein Onkel Welf VI. hatte sich nach dem Tode seines Sohnes wohl aus Verzweiflung über sein sinnlos gewordenes Streben einem sehr aufwendigen Leben ergeben. Nachdem er seine Rechte an den italienischen Reichslehen schon einige Jahre zuvor gegen eine finanzielle Abfindung an den Kaiser abgetreten hatte, zeigte er sich jetzt willens, die Allodien nördlich der Alpen an seinen Neffen Heinrich den Löwen zu verkaufen. Die Übertragung sollte nach seinem Tode erfolgen, die Zahlung aber sogleich fällig sein. Über diesen Handel schlossen die beiden Welfen einen Vertrag ab.

Im Februar 1176 griff der sizilische König Wilhelm II. in die Kämpfe um Mittelitalien ein, wahrscheinlich auf Wunsch von Papst Alexander, der sich in Anagni vor einem Angriff Erzbischof Christians wohl nicht sicher fühlte. Aber diesem gelang es schon Mitte März 1176, die Streitkräfte des Sizilers in die Flucht zu schlagen und eine Burg zu erobern, was ihm rund 150 wertvolle Ritterrüstungen und eine entsprechende Anzahl von Pferden einbrachte. Daraufhin zeigten die Siziler keine Neigung mehr, sich mit dem Erzbischof nochmals einzulassen.

Erzbischof Philipp von Köln entfaltete in den deutschen Landen viel Tatkraft, um neue Streitkräfte zur Unterstützung des Kaisers zu gewinnen. »Wenn wir ernstlich erwägen«, heißt es in einem überlieferten Dokument von ihm, »wie rühmlich und mit welcher Aufopferung sich unsere Väter um die Erhöhung der Majestät des römischen Reiches bemüht

haben, so müssen wir ihre Tugenden uns zum Vorbild nehmen und dürfen weder Kosten noch Anstrengungen scheuen, bis die kaiserliche Macht in ihrer vollen Kraft den Trotz der Rebellen beugt und sie sich dienstbar macht.« Der Kölner Erzbischof verpfändete sogar zwei dem Bistum gehörende Höfe, um mit den so erhaltenen 400 Mark sein Gefolge für den Zug nach Italien ausrüsten zu können. Neben ihm waren Erzbischof Wichmann von Magdeburg und Herzog Berthold von Zähringen die bekanntesten unter denen, die sich im April 1176 auf den Weg nach Italien machten. Allerdings wurde ihr Gefolge nur auf etwa 1000 Ritter und 1000 Mann Fußvolk geschätzt. Sie trafen gegen Ende Mai in der Nähe von Como mit dem Kaiser zusammen.
Barbarossa glaubte, mit seinem Heer die Mailänder überraschen zu können, aber diese hatten bereits Informationen über die neuen Streitkräfte erhalten und waren deshalb zusammen mit anderen Lombarden gegen die Kaiserlichen ausgezogen. Am Vormittag des 29. Mai 1176 trafen die Gegner nordwestlich von Mailand, an der Olona bei Legnano, aufeinander. Beide Parteien waren von dem Zusammentreffen überrascht, aber der Kaiser befahl sofort den Angriff seiner Ritter. Es entwickelte sich ein wilder Kampf, in dessen Verlauf es den Kaiserlichen gelang, die Reiterei der Lombarden in die Flucht zu schlagen und bis zu dem mailändischen Carroccio vorzudringen. Hier stießen sie auf das Fußvolk der Mailänder. Diese Männer waren bereit, ihren Fahnenwagen und sich selbst bis zum Letzten zu verteidigen, denn sie wußten aus ihren früheren Erfahrungen nur allzugut, was sie erwartete, wenn sie etwa in die Hände des Kaisers fielen. Mit eingelegten Speeren und vorgehaltenen Schilden stemmten sie sich in geschlossener Formation gegen die kaiserlichen Ritter, für die es völlig ungewohnt war, von dem verachteten Fußvolk angegriffen zu werden. Es dauerte nicht lange, bis der kaiserliche Bannerträger getroffen vom Pferd stürzte und von den Hufen der anderen Tiere zertrampelt wurde. Der Kampf zog sich über mehrere Stunden hin, und Barbarossa machte seinem Ruf als ausdauernder und mutiger Kämpfer

alle Ehre. Plötzlich wurde aber auch er aus dem Sattel geworfen und allen, die aus dem Anblick seiner prachtvollen Rüstung immer wieder Siegeszuversicht geschöpft hatten, sank der Mut dahin. Bald wollte jeder nur noch sein Leben retten. Glücklicherweise sank bereits die Nacht herein, so daß viele ihren Verfolgern entrinnen konnten. Wo aber war der Kaiser geblieben? Erzbischof Philipp von Köln, Herzog Berthold von Zähringen und Graf Philipp von Flandern fielen neben anderen in die Gefangenschaft der Lombarden. Im Lager der Deutschen machten die Feinde reiche Beute – kaiserliche Feldzeichen, Gold, Silber und Schmuck, Pferde und Waffen fielen ihnen in die Hände. Verständlicherweise empfanden die Lombarden ihren Sieg als großen Triumph und als eine vernichtende Demütigung für den Kaiser. Mehr noch, man sah in dieser Entscheidung auch einen Sieg der kirchlichen Partei Alexanders.

Barbarossa selbst war einige Tage verschollen, ehe er doch in Pavia wieder auftauchte, wo er mit großem Jubel begrüßt wurde. Da die Hauptmacht der kaiserlichen Streitkräfte an der Schlacht bei Legnano nicht teilgenommen hatte und sich immer mehr Versprengte in Pavia einfanden, zeigte es sich, daß die Verluste nicht so groß und die Niederlage nicht so gravierend waren, wie man ursprünglich angenommen hatte.

Trotzdem war der Kaiser fürs erste nicht mehr willens, eine Entscheidung mit den Waffen anzustreben. Die Konsuln von Cremona unterbreiteten einen neuen Friedensvertrag, der im wesentlichen auf ihrem Entwurf aus dem Frühjahr 1175 fußte, jedoch den Lombarden in einigen Punkten entgegenkam und vor allem die Anerkennung Alessandrias als freie Stadt durch den Kaiser vorsah. Aber den Mailändern und ihren Verbündeten waren die Zugeständnisse nicht genug, sie glaubten nach ihrem Sieg bei Legnano mehr für sich herausholen zu können. Die Cremonesen fühlten sich unter diesen Umständen immer mehr von den Mailändern an die Wand gedrängt. Sie ließen sich deshalb Ende Juli 1176 vom Kaiser wieder mit ihren alten Rechten und Besitztümern belehnen,

ohne allerdings bis dahin offiziell aus dem lombardischen Bund ausgetreten zu sein.
Da also die Lombarden zu dieser Zeit zu keinen Friedensverhandlungen nach Barbarossas Vorstellungen bereit waren, überlegte man am kaiserlichen Hof erneut, wie man mit Papst Alexander zu einer Übereinkunft kommen könnte. In der Umgebung des Kaisers mehrten sich die Stimmen, die auf eine Beilegung des Kirchenstreites drängten, und der Kaiser selbst mochte den Eindruck gewinnen, daß es für ihn keinen unübersehbaren Prestigeverlust brächte, wenn er die elf Jahre alten Würzburger Beschlüsse beiseite schieben würde. Barbarossa erwog den Plan, ein neues Konzil einzuberufen, mit dem die Kirchenspaltung beendet würde. Auf eine Anfrage an Papst Alexander, ob er zu Verhandlungen bereit sei und eine Delegation empfangen würde, erhielt der Kaiser einen positiven Bescheid und entsandte im Oktober 1176 die Erzbischöfe von Mainz und Magdeburg, den Bischof von Worms sowie seinen Protonotar mit umfassenden Vollmachten nach Anagni. Die Delegation wurde sogleich von Papst Alexander empfangen, und man machte sich zunächst gegenseitig sehr freundliche Komplimente. Der Kaiser ersehne von ganzem Herzen einen vollständigen Frieden mit der Kirche und möchte deshalb die im vorigen Jahr abgebrochenen Verhandlungen fortsetzen, damit durch die beiden Häupter der Welt den Christen der Friede zurückgegeben werde, so sprachen die kaiserlichen Gesandten. Und der Papst erwiderte, daß ihm nichts erwünschter sei, als wenn der Kaiser, der mächtigste Fürst der Welt, ihm und der Kirche vollen Frieden gewähren wollte.
Das Verlangen Alexanders und seiner Kardinäle, die Verhandlungen nur in Anwesenheit der Lombarden sowie von Abgesandten des Kaisers Manuel und des Königs Wilhelm zu führen, wurde von den Kaiserlichen geschickt abgefangen. Sie wiesen darauf hin, daß es überall Leute gäbe, die von dem Schisma profitieren und deshalb seine Beendigung hintertreiben wollten, so daß es angebracht sei, die Verhandlungen zwischen den Friedenswilligen wenigstens zunächst ge-

heim zu führen. Von dieser Argumentation ließ sich die päpstliche Seite überzeugen. Trotz erheblicher Schwierigkeiten wurden in den folgenden zwei Wochen zahlreiche Hindernisse kirchlicher und politischer Art überwunden, die zwischen den Parteien standen und zu denen zum Beispiel die künftige Stellung der bischöflichen Gegner Alexanders ebenso gehörte wie diejenige eines Konrad von Wittelsbach, des abgesetzten alexandrinischen Erzbischofs von Mainz. Zweifellos waren auch die Mathildischen Güter ein äußerst schwierig zu lösender Verhandlungspunkt, und wie sollte der Hader mit den Lombarden beendet werden?

Die Unterhändler der beiden Parteien fanden erstaunlicherweise für alle strittigen Fragen Lösungsvorschläge, die sie in 30 Artikeln zusammenfaßten. Es war von vornherein klar und die nicht zu umgehende Voraussetzung dieser Verhandlungen, wenn sie zum Erfolg führen sollten, daß der Kaiser Papst Alexander als den einzig rechtmäßigen Inhaber des apostolischen Stuhles anzuerkennen bereit war. Weiter wurde vorgesehen, daß der Kaiser alle während seiner Regierungszeit an sich gebrachten Regalien der Kirche an diese zurückgebe, ebenso die Präfektur über die Stadt Rom. Die Mathildischen Güter und alle sonstigen Güter der Kirche, die Barbarossa sich angeeignet hat, wird er zurückgeben. Der Papst dagegen erklärt sich bereit, den Kaiser wieder in die katholische Kirche aufzunehmen und die Exkommunikation aufzuheben. Der Kaiser wird mit den Lombarden sowie mit dem Kaiser von Byzanz und dem König von Sizilien Frieden schließen. Sollten in den Verhandlungen unüberwindliche Schwierigkeiten auftreten, so entscheidet die Mehrheit der päpstlichen und kaiserlichen Vermittler.

In einer Reihe von Einzelpunkten wurde sodann die Klärung der Angelegenheiten im Episkopat vorbereitet: Erzbischof Christian sollte das Erzbistum Mainz behalten, ebenso Erzbischof Philipp dasjenige von Köln. Der frühere Erzbischof Konrad von Mainz sollte das erste freiwerdende angemessene Erzbistum in den deutschen Landen erhalten. Für Papst Kalixt III. wurde eine Abtei vorgesehen, während seine Kardinäle in ihre früheren Stellungen zurückkehren sollten. Dem von Heinrich dem Löwen vertriebenen Bischof Udalrich von Halberstadt wurde zugesichert, daß er wieder in sein Bistum eingesetzt werde. Wie das Salzburger Erzbistum alles zurückerhalten sollte, was man ihm entzogen hatte, so sollte auch Bischof Garsidonius wieder in Mantua eingesetzt und der dort amtierende Bischof nach Trient versetzt werden. Über die Bistümer in Bremen, Basel und Straßburg wollte man Untersuchungen einleiten und erst danach entscheiden. Der Gemahlin des Kaisers und dem jungen König Heinrich wurde versprochen, daß Papst Alexander sie anerkenne und Beatrix überdies auch noch kröne. Eine für Friedrich I. besonders wichtige Bestimmung besagte, daß der Papst nur über die Kleriker in Italien und anderen nicht-deutschen Ländern urteilen werde, daß also dem Kaiser die Entscheidungen über die Kirche in den deutschen Landen vorbehalten bleiben solle.

In diesen Vereinbarungen ist besonders die Behandlung der Mathildischen Güter erstaunlich, die nun an die Kirche gegeben werden sollten, obgleich Barbarossa bislang doch auf deren Besitz so großen Wert gelegt hatte. Der Verzicht Alexanders auf Einsprüche gegen schismatische deutsche Kleriker konnte bestimmt ebenso schwer wiegen wie die Bereitschaft des Kaisers, Alexander als Papst anzuerkennen und Kalixt fallenzulassen. Bemerkenswert ist die Absicht, Erzbischof Christian in Mainz anzuerkennen, da der alexandrinische Konrad von Wittelsbach sicher nicht freiwillig auf dieses bedeutendste deutsche Erzbistum verzichte.

Während für die kirchlichen Probleme bis in die Einzelheiten Vorschläge ausgearbeitet wurden, blieb man bei der lombardischen Frage sehr im allgemeinen stecken. Schlimmer noch, wenn sich Kaiserliche und Lombarden nicht einigen konnten, sollten Kaiserliche und Päpstliche über den Kopf der Lombarden hinweg entscheiden können. Das war hochbrisanter Zündstoff für die Lombarden!

Der Papst versprach auch noch, daß er zu den endgültigen Friedensverhandlungen nach Oberitalien kommen werde,

und die Kaiserlichen sicherten ihm dafür freies Geleit zu, gleichgültig, ob der Friede zustande komme oder nicht. Die deutschen Gesandten versprachen, daß sie alle ihre Kräfte für die Ausführung der Vereinbarungen einsetzen und den Kaiser selbst die Rückgabe der kirchlichen Güter und Regalien beschwören lassen wollten.
Während der Verhandlungen in Anagni waren die Kämpfe in der Lombardei wieder aufgeflammt. Como wurde gezwungen, sich erneut dem Städtebund anzuschließen und mit den Mailändern einen Vertrag zu unterzeichnen, der neben anderen Nachteilen auch Gebietsabtretungen brachte. Für den Kaiser war das wegen der dadurch wieder behinderten Verbindungen nach Norden unerfreulich. Er konnte sich jedoch andererseits Tortona aneignen, wo man auf Alessandria längst eifersüchtig und deshalb rasch bereit war, dem Städtebund den Rücken zu kehren. Der Kaiser machte Tortona dafür erhebliche Zugeständnisse, teilweise sogar auf Kosten von Pavia. Die Cremonesen waren ebenfalls zur endgültigen Abkehr vom Städtebund bereit, aber auch sie wollten sich diesen Schritt vom Kaiser möglichst hoch honorieren lassen. Ihre Wünsche nach Sicherheiten war Barbarossa ohne weiteres zu erfüllen bereit. Als die Cremonesen aber auch noch Gebietsforderungen erhoben, verweigerte der Staufer seine Zustimmung auch dann noch, als sie ihm – wie er später selbst erzählt hat – mit einem Anschlag auf sein Leben drohten. Schließlich entlockte man ihm seine Einwilligung mit dem Versprechen von Gegenleistungen, die aber von den listigen Cremonesen nie erbracht wurden. Für den Kaiser war es jedoch im Augenblick wichtig, daß sowohl Tortona als auch Cremona offiziell aus dem lombardischen Bund ausschieden, weil unter den Städten dadurch beträchtliche Unsicherheit entstand.
Das Ende des Jahres 1176 verbrachte der Kaiser in Modena. Drei zurückliegende Ereignisse dieses Jahres sollen nicht übersehen, jedoch nur kurz angeschnitten werden:
In der 2. Jahreshälfte waren heftige Kämpfe zwischen den Österreichern und den Böhmen um die Grenze im Gebiet der

Thaya-Quellen ausgebrochen, die zu großen Zerstörungen im Herzogtum Österreich nördlich der Donau führten. Zu Beginn des neuen Jahres starb Herzog Heinrich II. Jasomirgott Mitte Januar 1177.
Im burgundischen Lyon bekehrte sich unter dem Eindruck einer Hungersnot der reiche Kaufmann Petrus Waldus zum Ideal der religiösen Armut und trat mit anderen gleichgesinnten Männern als Wanderprediger gegen den satten Klerus auf. Daraus entwickelte sich rasch die vorreformatorische Sekte der Waldenser, die bald auch nach Oberitalien, Spanien und nach den südlichen deutschen Ländern übergriff, so daß sie zusammen mit den älteren Katharern für die katholische Kirche sehr gefährlich wurde. Von den Katholiken waren schon im Jahre 1165, zu Erzbischof Rainalds Zeiten, vor den Mauern Kölns vier Katharer und ein dazugehöriges Mädchen verbrannt worden, und 1167 hatten die Katharer bei Toulouse eine Art Synode durchgeführt.
Schließlich hatte im kleinasiatischen Phrygien Kaiser Manuel I. von Byzanz im Kampf gegen die Seldschuken im Sommer 1176 bei Myriokephalon eine vernichtende Niederlage erlitten, die ihm die Möglichkeit nahm, seine Ambitionen auf eine Ausdehnung seines Reiches über die muselmanischen Staaten in Kleinasien weiter zu verfolgen.
Friedrich I. Barbarossa ließ mit List überall die Nachricht verbreiten, daß er sich mit Papst Alexander über einen Friedensschluß geeinigt habe, denn er sah damit eine Möglichkeit, die Verwirrung unter den verbündeten lombardischen Städten weiter zu steigern. Tatsächlich lösten die ersten Informationen über die getroffenen Vereinbarungen bei den Lombarden Schrecken und Bestürzung aus. Man beschuldigte Alexander des niederträchtigen Doppelspiels und des Verrats an der gemeinsamen Sache. Dem Kaiser war es also nach einer Reihe von ergebnislosen Versuchen offenbar gelungen, einen Keil zwischen Alexander und die Lombarden zu treiben.
Aber zwei päpstliche Legaten klärten die Rektoren und Konsuln der Städte umgehend darüber auf, daß kein Vertrag abgeschlossen worden sei, daß sich aber Barbarossa bereit er-

klärt habe, mit den Städten über einen Frieden zu verhandeln, und daß Papst Alexander selbst nach Oberitalien kommen wolle, um beim Abschluß eines Friedensvertrages mitzuwirken.

Nachdem die Wirren um die Verhandlungen zwischen Kaiser und Papst sich einigermaßen beruhigt hatten und die Lombarden ebenso wie König Wilhelm II. von Sizilien bereit waren, sich ihrerseits an Friedensgesprächen mit dem Kaiser zu beteiligen, begann das Tauziehen um den Ort der Verhandlungen. Das vom Kaiser vorgeschlagene Ravenna war den Lombarden zu kaisertreu und zu unsicher, in dem von diesen vorgeschlagenen Bologna wiederum fürchteten die Kaiserlichen um ihre Sicherheit, da Erzbischof Christian mit den Bolognesern nicht sehr glimpflich umgegangen war. Schließlich wurde Venedig vorgeschlagen, wo Papst Alexander nach einer stürmischen Fahrt von Süditalien über das Adriatische Meer mit Schiffen des sizilischen Königs gegen Ende März 1177 gelandet war. Er wurde unter anderem von zwei hohen Würdenträgern König Wilhelms begleitet und in Venedig vom Dogen und dem Patriarchen von Grado festlich empfangen. Eine unermeßliche Menschenmenge erwartete ihn vor der Markuskirche, berichtet die Überlieferung. Aber die Lombarden wollten Venedig nicht als Verhandlungsort akzeptieren, weil die Venetianer ihren Eid mit dem Städtebund gebrochen hatten.

Papst Alexander machte einen neuen Vorschlag und ging Anfang April nach Ferrara. Hier empfing er die Erzbischöfe von Mailand und Ravenna mit ihren Suffraganen sowie die Rektoren des Lombardenbundes und viele Konsuln und Podestàs. Er nahm die Gelegenheit wahr, ihnen die Beweggründe für seine Verhandlungen mit dem Kaiser persönlich zu erklären. Aber er wurde mit Vorwürfen überschüttet, daß er mit diesen Kontakten viel zu weit gegangen sei und daß er die Lombarden völlig unberücksichtigt gelassen habe. Die Lombarden erklärten sich durchaus zu einem Friedensschluß mit Barbarossa bereit, aber sie wollten dabei ihre eigenen Vorstellungen zur Geltung bringen.

Eine Gesandtschaft des Kaisers versicherte dem Papst in Ferrara, daß der Kaiser nach wie vor bereit sei, entsprechend den Vereinbarungen von Anagni mit der Kirche, dem König von Sizilien und den Lombarden Frieden zu schließen. Aber über den Verhandlungsort konnte man sich immer noch nicht einigen. Mehrere Tage wurde erneut darüber gestritten, ehe sich die Lombarden endlich mit Venedig einverstanden erklärten, vorausgesetzt, die Venetianer leisteten ausreichende Bürgschaften für die Sicherheit der Delegierten. Nachdem entsprechende Zusicherungen gegeben worden waren, kehrte der Papst gegen Mitte Mai nach Venedig zurück. Ein Aufenthalt des Kaisers in Venedig war nicht vorgesehen, zumal er noch unter dem 1160 von Alexander ausgesprochenen Bann stand, über den man sich ohnedies kurioserweise bei dem ganzen Gesandtschaftsverkehr sogar mit päpstlichen Kardinälen hinwegsetzte. Barbarossa bezog zunächst Quartier in Ravenna.
Der Kaiser hat die Erzbischöfe von Mainz, Magdeburg, Köln und Trier, den Bischof von Worms, den Kanzler Gottfried und seinen Protonotar zu den Friedensverhandlungen nach Venedig entsandt. Zu Beginn der Sitzungen schlug Papst Alexander vor, als erstes die lombardischen Angelegenheiten zu behandeln, da diese wohl die schwierigsten seien. Wie recht er damit hatte, zeigte spätestens die von Erzbischof Christian vorgetragene Forderung, die Lombarden sollten hinsichtlich der Regalien und sonstigen Güter des Kaisers entweder das 1158 zu Roncaglia von den Bologneser Rechtsgelehrten ergangene Urteil anerkennen, einen neuen Rechtsspruch akzeptieren, oder – als dritte Möglichkeit – Barbarossa das gleiche zugestehen, was ihre Vorfahren Kaiser Heinrich IV. gegeben haben. Nur auf der Grundlage einer dieser drei Alternativen hielt der Mainzer Erzbischof eine Verständigung für möglich.
Der Sprecher der lombardischen Gesandtschaft erwiderte darauf, daß man das Urteil der Bologneser Gelehrten über die Eigentumsverhältnisse an den Regalien nicht als unabhängigen Rechtsspruch und die darauf resultierenden Be-

fehle des Kaisers nicht als Gesetze oder gar als Beschlüsse des roncalischen Reichstages von 1158 bezeichnen könne. Die roncalischen Beschlüsse seien nichts anderes als kaiserliche Befehle. Einen Rückgriff auf die Zeit Kaiser Heinrichs IV. erklärte der Lombarde als undurchführbar, weil niemand mehr die damaligen Zustände und Verhältnisse genau nachprüfen könne. Zudem würden die Lombarden in Heinrich IV. nur einen Tyrannen sehen, nicht aber den Herrscher. Man sei jedoch bereit, auch jetzt wieder das gleiche dem Kaiser zu leisten wie zu Zeiten Heinrichs V., Lothars III. und Konrads III. sowie in den ersten Jahren Friedrichs I. Der Sprecher machte dann im Namen der lombardischen Städte das erstaunliche Angebot, den 1175 von den Cremonesen im Anschluß an die Vereinbarungen von Montebello ausgearbeiteten Schiedsvorschlag als Grundlage für die weiteren Verhandlungen zu verwenden. Voraussetzung sei jedoch, daß der Kaiser Papst Alexander anerkenne.
Was war der Grund dafür, daß die Lombarden jetzt von sich aus Friedensvorschläge ins Gespräch brachten, die sie zwei Jahre vorher entrüstet als unannehmbar und parteiisch zurückgewiesen hatten? Fühlten sie sich durch die einseitigen Verhandlungen des Papstes mit dem Kaiser so gefährdet? Waren sie durch die Übertritte Cremonas und Tortonas ihrer Sache so unsicher geworden?
Es ist sehr wahrscheinlich, daß die kaiserliche Delegation den Auftrag hatte, alles zu tun, um den Zwiespalt zwischen Lombarden und dem Papst zu vertiefen. Obgleich die kaiserliche Partei den Cremoneser Vorschlag zwei Jahre zuvor akzeptiert hatte, fanden die Abgesandten jetzt in Venedig allerlei daran auszusetzen. Sie lehnten einige Passagen ganz ab und versuchten andere zu ihren Gunsten umzudeuten. Natürlich führte das zu endlosen Debatten, bis man sich schließlich entschied, die Vermittlung Papst Alexanders anzurufen. Dieser erkannte, daß so nicht weiterzukommen war, und schlug vor, statt eines Friedensschlusses zwischen den Lombarden und dem Kaiser einen sechsjährigen Waffenstillstand zu vereinbaren. Er war sich wohl sicher, daß dadurch seine

Anerkennung durch den Kaiser nicht gefährdet würde. Aber es erschien Alexander wichtig, daß zwischen dem Kaiser und dem König von Sizilien gleichfalls eine Einigung zustande käme, wenn der Kirchenstreit mit dem römisch-deutschen Reich beendet würde. Deshalb schlug er den deutschen Gesandten auch einen Waffenstillstand mit Sizilien vor, falls man sich hier ebenfalls nicht auf einen Friedensvertrag einigen könne. Erzbischof Christian ließ den Papst jedoch nach Beratung mit den anderen Gesandten wissen, daß sie nur den Auftrag hätten, über Friedensabschlüsse zu verhandeln, nicht aber über einen Waffenstillstand. Da mit dem päpstlichen Vorschlag eine neue Situation entstanden sei, müßten sie dazu den Rat des Kaisers einholen, der sich gerade in der Abtei Pomposia auf einer Insel im Mündungsdelta des Po aufhielt.

Die Gesandten kamen mit einem ablehnenden Bescheid des Kaisers nach Venedig zurück: Er könne sich auf Waffenstillstände mit den Lombarden und dem König von Sizilien nicht einlassen, aber er wolle natürlich nach wie vor Frieden mit der Kirche schließen. Schon wenige Tage später ließ Barbarossa jedoch dem Papst ohne Wissen der offiziellen Verhandlungsdelegation eine gegensätzliche Nachricht zukommen: Aus Liebe zum Papst sei er bereit, auf die vorgeschlagenen Waffenstillstände einzugehen, wenn Alexander im Gegenzug eine andere Forderung akzeptiere. Diese Forderung solle aber nicht ihm, dem Papst, direkt mitgeteilt werden, sondern zwei Kardinälen. Der Papst solle sie jedoch unbesehen, ohne Kenntnis des Inhaltes, bewilligen, wenn ihm seine beiden Kardinäle dies vorschlügen. Alexander machte im Interesse des Friedens das Spiel zunächst mit, fand die Winkelzüge aber schließlich doch unerfreulich und ärgerlich.

Die kaiserlichen Wünsche betrafen die Mathildischen Güter, die entsprechend den in Anagni geplanten Vereinbarungen an den Papst zurückgegeben werden sollten. Diese Übereinkunft ging Barbarossa nun doch zu weit, und es war ihm eine willkommene Gelegenheit, den päpstlichen Wunsch nach Waffenstillständen mit seinem eigenen Änderungswunsch

aufrechnen zu können. Barbarossa wollte nun die Einkünfte aus den Mathildischen Gütern noch weitere fünfzehn Jahre beziehen. Nach Ablauf dieser Frist wollte er gegenüber der Kirche den Nachweis erbringen, daß diese Güter dem Reich gehörten. Während dieser rechtlichen Auseinandersetzung sollten die Güter jedoch weiter zu seiner Verfügung bleiben, bis die Angelegenheit entschieden wäre. Mit dieser unter Umständen endlosen Verlängerung wollte sich Alexander nicht einverstanden erklären, aber er stimmte dem Wunsch nach der fünfzehnjährigen Nutzung zu. Der Handel war übrigens der offiziellen kaiserlichen Gesandtschaft bald bekanntgeworden. Barbarossa hatte es zunächst vermieden, sie zu informieren, weil einige der Bevollmächtigten doch persönlich gelobt hatten, sich für die unveränderte Ausführung der Abmachungen von Anagni rückhaltlos einzusetzen. Nach der Einwilligung des Papstes in die Änderung war die weitere Geheimhaltung unnötig.
Anfang Juli 1177 hatte man sich soweit geeinigt, daß man an die schriftliche Formulierung der Vertragstexte gehen konnte. Die kaiserliche Delegation fand es sehr hinderlich, daß sie die Ansichten des Kaisers nur über eine so große Entfernung einholen konnte. Man erzielte daher allseitiges Einverständnis, daß der Kaiser mit einem kleinen Gefolge nach Chioggia zog, das bereits im Gebiet der Republik Venedig und nur wenige Stunden Weges von der Stadt entfernt liegt. Freilich mußten die Kaiserlichen vorher auf ihr Seelenheil beschwören, daß sich ihr Herr der Stadt ohne Erlaubnis nicht noch weiter nähern werde.
Die Verlegung des kaiserlichen Hofes brachte jedoch ganz andere Komplikationen mit sich, als man befürchtet hatte. Eine Gruppe venezianischer Anhänger des Kaisers suchte ihn in Chioggia auf und beriet mit ihm verschiedene Möglichkeiten zur Verbesserung seiner Situation. Daraus scheint Barbarossa die Erwartung geschöpft zu haben, daß sich die venezianische Bürgerschaft in Kürze zu seinen Gunsten erheben werde. Das war der Grund, warum er weder bereit war, die letzten Verhandlungsergebnisse zu akzeptieren

noch Bevollmächtigte der anderen Delegationen zu empfangen, um vor ihnen die Einhaltung des Friedens und der beiden ausgehandelten Waffenstillstände beschwören zu lassen. Die Anhänger des Kaisers bedrängten sowohl den Dogen als auch den Papst, und es kam schließlich soweit, daß die lombardischen Gesandten völlig verunsichert die Stadt verließen und sich nach Treviso begaben und daß auch die sizilianischen Gesandten mit ihrer Abreise drohten. Der Doge ließ endlich durch Heroldsruf am Rialto verkünden, daß jeder mit Strafe zu rechnen habe, der künftig noch über den Einzug des Kaisers in die Stadt spreche, bevor der Papst seine Einwilligung dazu gegeben habe.
Aber auch in der deutschen Delegation regte sich Ungeduld über die Hinhaltetaktik des Kaisers. Er verhandelte selbst in Chioggia noch persönlich mit einigen päpstlichen Kardinälen über die Behandlung der Mathildischen Güter im Friedensvertrag und erreichte es, daß diese umstrittenen Besitzungen schließlich im endgültigen Vertragstext überhaupt nicht mehr erwähnt wurden. Damit entfiel jegliche Festlegung hinsichtlich ihrer etwaigen Rückgabe, Barbarossa konnte also dank seiner zähen und unnachgiebigen Verhandlungsführung einen erheblichen Gewinn für sich und das Reich verbuchen. Aber in seiner Umgebung ist wohl die Befürchtung aufgekommen, daß durch weiteres Verhandeln, Schachern und Feilschen um einzelne Vertragsbestimmungen der ganze Friede wieder in Gefahr geraten könne, und Erzbischof Christian soll dem Kaiser gedroht haben, daß man künftig bei aller Treue in weltlichen Dingen doch nur noch Papst Alexander anerkennen wolle. Dieser feste Standpunkt, den sicher auch die anderen anwesenden Erzbischöfe aus Magdeburg, Trier, Köln und Besançon sowie die Bischöfe von Merseburg, Straßburg, Osnabrück, Minden und Worms teilten, soll den Kaiser sehr beeindruckt haben. Am 21. Juli 1177 hat er schließlich die Friedensurkunde endgültig genehmigt.
Am nächsten Tag bereits beschworen Graf Dedo von Groitzsch und der Kämmerer Sigibot im Auftrag des Kaisers in

Venedig vor dem Papst sowie vor lombardischen und sizilischen Bevollmächtigten, daß der Kaiser bereit sei, die Einhaltung des Friedens mit der Kirche sowie der Waffenstillstände mit den Lombarden und mit dem sizilischen König, so wie sie vereinbart sind, ohne jede Änderung und Weiterung auf sein Seelenheil beeiden zu lassen, sobald er nach Venedig komme. Dieser Zeremonie wohnten auch zahlreiche kirchliche und weltliche Fürsten sowie eine große Anzahl venezianischer Bürger bei. Alexander löste die Venetianer sofort von ihrer Verpflichtung, nach der sie den Kaiser nur mit seiner Genehmigung in ihre Stadt aufnehmen durften, und forderte sie auf, den festlichen Empfang des Kaisers vorzubereiten.

Der Doge sandte umgehend sechs Galeeren nach Chioggia, die Barbarossa zunächst zum venezianischen Lido brachten, wo er im Kloster S. Nikolaus Wohnung nahm. Am Sonntag, dem 24. Juli 1177 zog er dann in Venedig ein. Die Kardinalbischöfe von Ostia, Porto und Palermo sowie einige Kardinalpriester wurden vom Papst zuvor auf den Lido entsandt, um den Kaiser vom Bann zu lösen und ihn sowie sein Gefolge in die Einheit der Kirche aufzunehmen. Auf der festlich geschmückten Galeere des Dogen, zwischen diesem und dem Patriarchen von Grado, kam der Kaiser sodann nach Venedig. In einer großartigen Prozession legte er den kurzen Weg vom Ufer zum Markusplatz zurück. Der Platz wirkte in seinem Schmuck der Überlieferung gemäß wie ein großer Festsaal. Vor den Mittelportalen der Markuskirche hatte man für den Papst auf einer Tribüne den Thron errichtet. Eine riesige Menschenmenge war Zeuge des Zeremoniells. Als der Kaiser vor die Tribüne mit dem Thron des Papstes kam, legte er seinen Purpurmantel ab, begrüßte den Nachfolger Petri mit einer tiefen Verbeugung, stieg sodann die Stufen zum Thron hinauf und küßte dem Papst die Füße. Alexander war von der Beendigung des achtzehnjährigen Kirchenstreites zutiefst bewegt, unter Tränen richtete er den Kaiser auf und gab ihm den Friedenskuß. Unter dem festlichen Geläute des Domes und während die Menschenmenge das *Tedeum* sang, geleitete der Kaiser den Papst in die Kirche. Hier gab der Pontifex Maximus dem Staufer seinen Segen. Friedrich legte am Altar wertvolle Geschenke nieder und verließ dann zusammen mit Alexander wieder die Kirche. Beide begaben sich in ihre Wohnungen, der Papst in den Palast des Patriarchen, der sich damals am Canal Grande neben der Kirche des heiligen Silvester befand, der Kaiser bezog ein Quartier im Dogenpalast.

Um diese Ereignisse in Venedig rankten sich bald allerlei Gerüchte und Ausschmückungen, die vor allem die tiefe Demütigung des Kaisers vor dem Papst zum Inhalt hatten. Nach einer dieser Erzählungen soll der Papst dem vor ihm knienden Kaiser sogar den Fuß auf den Nacken gesetzt haben. Aber nach zuverlässigen Berichten war Alexander nichts so fern wie einen derart billigen Triumph und solche Hoffahrt zur Schau zu stellen – die Freude und die Erleichterung über das Ende der bedrückenden Zeit der Kirchenspaltung war bei allen wirklich maßgebenden Persönlichkeiten zweifelsfrei im Vordergrund. Das bezeugen für den Papst jedenfalls die Briefe, die er, befreit von den Sorgen über den Hader mit dem Kaiser, an verschiedene Empfänger richtete.

Am folgenden Tag zelebrierte der Papst auf Wunsch des Kaisers in S. Markus ein Hochamt. Friedrich ließ sich die lateinische Ansprache Alexanders vom Patriarchen von Aquileja ins Deutsche übersetzen, weil er das Lateinische nicht ausreichend verstand. Der Kaiser war sehr darauf bedacht, dem Heiligen Vater alle ihm zustehenden Ehren zu erweisen. Als die Messe in S. Markus zu Ende war, machte Barbarossa mit seinem Gefolge erneut einen Kniefall vor Alexander und überreichte ihm ein ansehnliches Geldgeschenk. Man hatte offenbar Gefallen aneinander gefunden, und der Kaiser geleitete den Papst zum Ausgang der Kirche, wo dieser, der Sitte entsprechend – es war das Fest des heiligen Jakobus –, einen weißen Zelter zu besteigen hatte. Der Kaiser hielt den Steigbügel und wollte das Pferd des Papstes dann als Marschall führen. Aber Alexander wehrte ab und verabschiedete sich vom Kaiser mit seinem Segen.

Die Befreiung von der Last des achtzehnjährigen Streites förderte die Freude an Kontakten und Gesprächen beim Papst und beim Kaiser wohl gleichermaßen. Friedrich suchte Alexander in dessen Wohnung auf, und es waren zweifellos auch Bedürfnisse für Beratungen über die künftige Gestaltung der Verhältnisse zwischen Reich und Kirche vorhanden. Die Beziehungen zwischen diesen beiden entscheidenden Gewalten mußten nun völlig neu gestaltet werden.

Der Friedensvertrag mit der Kirche war gegenüber dem Entwurf von Anagni nur in wenigen wesentlichen Punkten abgeändert worden:

1. Die Mathildischen Güter werden nicht mehr erwähnt, womit die Klärung dieser Angelegenheit auf unbestimmte Zeit vertagt wurde und allenfalls im Rahmen der sonstigen territorialen Probleme zwischen Reich und Kirche wieder aufgegriffen werden konnte.
2. Es wird nicht mehr nur die Rückgabe kirchlicher Güter durch den Kaiser vorgesehen, sondern auch umgekehrt die Rückgabe kaiserlicher Besitztümer, die die Kirche im Laufe der Auseinandersetzung an sich gebracht hat. In beiden Fällen blieben aber die Rechte vorbehalten, die der gegenwärtige Besitzer an den einzelnen Gütern eventuell geltend machen konnte, womit die Angelegenheiten offen und späteren Auseinandersetzungen vorbehalten blieben.
3. Die Verkettung – das Junktim – zwischen dem Friedensschluß der Kirche mit dem Kaiser und dem durch den Kaiser mit den Lombarden abzuschließenden Friedensvertrag wurde aufgelöst, womit die vom Papst und den verbündeten Städten ursprünglich geforderte strikte Gleichheit ihrer Beziehungen zum Kaiser aufgehoben wurde.

Für den sechsjährigen Waffenstillstand zwischen dem Kaiser und den lombardischen Städten wurde bestimmt, daß auf beiden Seiten Friedenswächter gewählt werden, die bei etwaigen Unstimmigkeiten für die Wiederherstellung des Friedens zu sorgen haben. Bei einem Friedensbruch soll – so wurde weiter festgelegt – in erster Linie die eigene Partei aktiv werden; es sollen also zum Beispiel die Bundesgenossen einer friedensbrüchigen Stadt über diese nach dem Urteil der Friedenswächter die Acht verhängen, während sich die Gegenseite zurückhalten soll, um die Ausweitung eines Konfliktes nach Möglichkeit zu vermeiden. Es soll sich auch keine Partei in Zwistigkeiten der anderen einmischen. Der Waffenstillstand soll auf der kaiserlichen Seite nicht nur im Namen des Kaisers und seines Sohnes beschworen werden, sondern auch von den anwesenden deutschen Fürsten, von Bischof Garsidonius von Mantua, von kaisertreuen italienischen Grafen sowie von den Konsuln der Städte Cremona und Pavia. Der Waffenstillstand zwischen dem Kaiser und König Wilhelm II. von Sizilien konnte etwas allgemeiner gehalten sein, weil zwischen diesen beiden Mächten keine so unmittelbaren Reibungsflächen vorhanden waren wie zwischen dem Kaiser und den oberitalienischen Städten. Da dieser zweite Waffenstillstand auf fünfzehn Jahre bemessen wurde, konnte man auch rundweg von einem Frieden zwischen den beiden Potentaten sprechen, mit dem der hundertjährige Hader zwischen dem römisch-deutschen Reich und den sizilischen Normannen beendet wurde.

Die Beeidigung der Verträge fand am 1. August 1177 statt. Dazu traf man sich am Wohnsitz des Papstes, im Palast des Patriarchen von Grado. Papst Alexander eröffnete die Zeremonie mit einer Ansprache, in der er sich sehr beglückt zeigte, daß der Kaiser wieder zur Einheit der Kirche zurückgefunden und diese damit den lang ersehnten Frieden gewonnen habe. Er nannte den Monarchen seinen teuersten Sohn, dessen religiöse und edle Gesinnung er erkannt habe. Er anerkannte auch die Gemahlin des Kaisers und dessen Sohn Heinrich als katholische Fürsten, denen er alle ihnen zukommenden Ehren erweisen lassen und für deren langes Leben er beten wolle. Der Papst sprach wohl italienisch, und Erzbischof Christian übersetzte seine Worte für den Kaiser, wie er auch die folgende deutsche Ansprache Friedrichs für den Papst übersetzt hat.

Der Kaiser bekannte, daß er durch Irrtümer und falsche Ratschläge zum Kampf gegen die Kirche veranlaßt worden sei. Er bestätigte nochmals seine Bekehrung zur rechtgläubigen Kirche und seine Anerkennung Papst Alexanders, für den er die gebührende Ehrfurcht von allen Gläubigen verlangte. Er versprach weiter, der Kirche sowie dem König von Sizilien und den lombardischen Städten gegenüber die vereinbarten Verträge ohne Falsch und unverbindlich einzuhalten. Für die dann folgende Eidesleistung wurden ein Splitter vom Kreuz Christi sowie Reliquien von verschiedenen Heiligen und ein Evangelienbuch zum Unterpfand genommen. Als erster beschwor Graf Heinrich von Diez im Namen des Kaisers die Einhaltung der geschlossenen Verträge, ihm folgten einzeln die Erzbischöfe von Mainz, Köln, Magdeburg und Trier, der Bischof von Worms, der Kanzler Gottfried und der Protonotar Wortwin, Markgraf Dietrich von der Lausitz sowie die Grafen Florentius von Holland, Dedo von Groitzsch und Robert von Dürn. Für die verbündeten Städte legten führende Männer aus Alessandria, Bergamo, Bologna, Brescia, Mailand, Novara, Padua, Parma, Piacenza, Reggio, Verona und Vicenza den Eid auf die Einhaltung des vereinbarten Waffenstillstandes ab. Für den König von Sizilien gelobten dessen zwei Abgesandte, der Erzbischof Romuald von Salerno und Graf Roger von Andria, daß ihr König vor einer kaiserlichen Gesandtschaft den abgeschlossenen Waffenstillstand beeiden lassen werde.

Papst Alexander III. wird teilweise als der große Sieger im Frieden von Venedig angesehen, vor dem sich Kaiser Friedrich I. Barbarossa zutiefst demütigen mußte, um endlich vom Bann gelöst zu werden. Das achtzehnjährige Schisma zeigt aber, daß beide Seiten in gleichem Maße immer wieder daran interessiert waren, die Kirchenspaltung und die damit verbundene Auseinandersetzung zwischen Kirche und Reich zu überwinden. Es braucht nur an die beiden inständigen Briefe Alexanders an den Salzburger Erzbischof Eberhard aus dem Jahre 1162 erinnert zu werden, in denen Alexander unter anderm schrieb, daß ihm nichts lieber wäre als die Versöhnung mit Friedrich. Barbarossas Ziel war es keineswegs in erster

Linie, von dem Bann loszukommen, der ihn kaum irgendwie behinderte, sondern dem Frieden und der Einheit in seinem Reich wieder eine feste Grundlage zu geben. Bei der Lösung der Verstrickungen wirkten sich zweifellos die mäßigenden Einflüsse und das diplomatische Geschick der Erzbischöfe Wichmann von Magdeburg und Christian von Mainz günstig aus.

Die reichen und handelstüchtigen Venetianer waren längst ein vielfältiges, reges Leben in ihrer Stadt gewöhnt. Aber die Beendigung des Streites zwischen Kirche und Reich durch den Frieden von Venedig hob das Ansehen der Stadt noch beträchtlich und brachte ihr einen Zustrom vieler hochgestellter Persönlichkeiten mit zahlreichem Gefolge. Nach der Überlieferung sollen in jenen Tagen den Erzbischof von Köln in Venedig allein 400 Gefolgsleute umgeben haben, den Patriarchen von Aquileja sowie die Erzbischöfe von Mainz und Magdeburg je dreihundert, für die Bischöfe von Augsburg und Bamberg werden je hundert Gefolgsleute genannt, und der junge Herzog Leopold von Österreich soll ebenso wie der Herzog von Kärnten auch hundert bis zweihundert Leute um sich gehabt haben. Das sind nur einige Beispiele dafür, wie viele Menschen die Lagunenstadt damals beherbergte, freilich wahrscheinlich mehr schlecht als recht.

Zahlreiche hohe Würdenträger der Kirchen sagten sich an jenen Tagen und Wochen von Papst Kalixt III. los und bemühten sich um ihre Absolution durch Papst Alexander III. Erzbischof Christian von Mainz soll das Pallium, das er einst von Papst Paschalis III. erhalten hatte, im Palast des Patriarchen von Grado persönlich verbrannt haben. Er erhielt ebenso wie andere Kirchenfürsten von Papst Alexander III. ein neues Pallium.

Auch die beiden feindlichen Erzbischöfe von Salzburg, Adalbert und Heinrich, waren nach Venedig gekommen, wo sie sich bei Papst Alexander um ihre Anerkennung und damit auch um die Absetzung ihres Gegners bemühten. Nach eingehenden Beratungen zwischen dem Kaiser und dem Papst wurde beschlossen, das Erzbistum Salzburg mit Kon-

rad von Wittelsbach neu zu besetzen. Damit wurden die Zwistigkeiten in Salzburg beendet und für den ehemaligen Erzbischof von Mainz eine akzeptable Lösung gefunden. Heinrich und Adalbert wurden bald anderweitig entschädigt.
Am 14. August 1177 wurde in der Markuskirche das im Friedensvertrag vorgesehene Konzil feierlich eröffnet. Papst und Kaiser waren umgeben von Patriarchen, Kardinälen, Erzbischöfen, Bischöfen, Äbten und weiteren Klerikern sowie zahlreichen weltlichen Fürsten. Man feierte erneut vor all den Herzugeströmten den Frieden zwischen Kaiser und Papst. Alexander kündigte den Bannspruch gegen alle diejenigen an, die den Frieden oder die Waffenstillstände brechen und nicht innerhalb von vierzig Tagen bereuen. Er bekräftigte auch nochmals den Bann über alle Schismatiker, die noch nicht um ihre Absolution gebeten und sie empfangen hatten. Schließlich erhielten alle Anwesenden brennende Fackeln, und in einer feierlichen Szene sprach der Papst: »Die Gebannten sollen von der Herrlichkeit des ewigen Lebens ausgeschlossen bleiben, und ihre Seelen sollen nach ihrem Tode vergehen, so wie diese Fackeln verlöschen.« Alle Fackeln wurden zu Boden geworfen und ausgetreten, und der Ruf »Fiat! Fiat!« – »Es geschehe!« – hallte durch die Kirche mit ihren fünfhundert Säulen.
Nach Beendigung des Konzils und der Abreise der Delegationen stellte Barbarossa den Venetianern ein großzügiges Privilegium aus, mit dem er alle früheren Verträge zugunsten der Stadt bestätigte. Er verbürgte den Venetianern nicht nur sicheren Frieden, sondern als Entgelt für ihre Mittlerrolle beim Friedensschluß auch freien Verkehr im ganzen römisch-deutschen Reich. Den Kirchen und Klöstern in Venedig und Verona bestätigte der Kaiser ihre Besitztümer. Die getreuen Grafen von Montferrat und Biandrate bedachte er mit Schenkungen.
In diese Zeit ist ein Briefwechsel zwischen Friedrich I. und Manuel I. zu datieren, der ein Schlaglicht auf die Beziehungen zwischen diesen beiden Potentaten zu jener Zeit wirft. In

Anagni war von kirchlicher Seite noch gefordert worden, daß Friedrich auch mit Byzanz einen Frieden vereinbaren müsse. Davon war in den Verhandlungen in Venedig nicht mehr die Rede. Manuel hatte sich bei Friedrich beklagt, daß dieser Beziehungen zu dem den Christen feindlichen Sultan von Ikonium unterhielt. In seinem Schreiben hatte sich Manuel nicht nur als Beherrscher der Römer aufgespielt, sondern seinen Namen auch vor denjenigen Friedrichs setzen lassen. Dadurch fühlte sich Friedrich beleidigt, und in seinem Antwortschreiben ließ er die Verhältnisse prompt umkehren und bezeichnete sich als Herrscher der Griechen. Er machte sich als Vermittler zwischen Manuel und dem Patriarchen von Konstantinopel anheischig, warf Manuel fortwährendes Doppelspiel vor und wies dessen Anschuldigungen hinsichtlich des Sultans von Ikonium zurück. Vor allem verwies Friedrich auf die Zweischwertertheorie, nach der es nur jeweils ein Reich und eine Kirche geben könne, weshalb Manuel verpflichtet sei, ihm und dem Papst Gehorsam zu leisten. Friedrich beanspruchte also ohne Einschränkung die Oberhoheit über das byzantinische Reich.
Bevor sich Papst und Kaiser in Venedig trennten, stellte Barbarossa Mitte September 1177 noch eine Urkunde für den Papst aus, in der er sich nochmals zur Einhaltung des Friedens verpflichtete, »soweit es an uns liegt«. Aber schon trübte sich der Himmel wieder, da der kinderlos verstorbene Graf von Bertinoro in der Romagna der Kirche Ländereien vermacht hatte, über die er nicht verfügen konnte. Auf diese Güter erhob der Kaiser nun Ansprüche. In ihrer letzten Unterredung bestimmten Papst und Kaiser ein Schiedsgericht, das in dieser Sache tätig werden sollte. Barbarossa leistete dem Papst nochmals den Fußkuß und empfing von diesem den Friedenskuß. Erzbischof Christian von Mainz wurde vom Kaiser mit der Rückgabe aller unstreitig der Kirche gehörenden Besitztümer und Regalien beauftragt.
Am 18. September 1177 verließ der Staufer Venedig und begab sich südwärts über Ravenna nach Cesena. Die zwischen ihm und Papst Alexander umstrittenen Besitztümer des Gra-

fen von Bertinoro waren nicht weit entfernt. Barbarossa bestellte die dort weilenden päpstlichen Bevollmächtigten zu sich und forderte von ihnen die Übergabe der Burg und der Ländereien. Als sie dies ohne Anweisung des Papstes verweigerten, zog der Kaiser mit einer bewaffneten Schar vor die Burg und vertrieb die Päpstlichen kurzerhand. Der noch in Venedig weilende Papst versuchte vergeblich, den Kaiser wieder zur Herausgabe der Besitzungen zu bewegen. Um den jungen Frieden nicht gleich zu gefährden, verzichtete er schließlich mit einer Bulle vom 8. Oktober 1177 zugunsten des Erzbischofs von Ravenna. Alexander dachte bei diesem Verzicht sicher auch daran, daß er in Kürze für seine Rückkehr nach Rom die Hilfe des Kaisers benötigen werde. Ein Spruch des ursprünglich in Venedig vereinbarten Schiedsgerichtes ist nicht bekannt, und da der Erzbischof von Ravenna an dem Besitz nicht interessiert war, blieb Bertinoro in den Händen des Kaisers – ein nicht gerade überzeugendes Beispiel seiner viel gerühmten Gerechtigkeitsliebe.
In diesen Wochen verlangte der lombardische Bund beim Kaiser die Revision einer Klausel des Waffenstillstandsvertrages. Es war vereinbart worden, daß kaiserliche Vasallen wegen unterlassener Lehnspflichten während des Waffenstillstandes nicht vor Gericht gestellt würden. In den Städten war man aber inzwischen zu der Meinung gelangt, daß derartige Versäumnisse auch nach Ablauf des Waffenstillstandes nicht geahndet werden sollten, weil sonst der Straferlaß während der Waffenruhe sinnlos gewesen wäre. Barbarossa stimmte ihnen zu und versicherte in einer schriftlichen Erklärung, die den verbündeten Städten Ende Oktober 1177 über den Papst zugeleitet wurde, daß die kaiserlichen Vasallen bei Pflichtversäumnissen während des Waffenstillstandes auch später weder vor Gericht gestellt würden noch ihre Lehen verlieren sollten.
Im Herzogtum Sachsen führten die Bestimmungen des Friedens von Venedig sogleich zu neuen Auseinandersetzungen. Der 1160 von Heinrich dem Löwen vertriebene Halberstädter Bischof Udalrich war im September 1177 auf Grund

des venezianischen Spruches wieder in sein Bistum zurückgekehrt. Er erklärte sogleich die von dem nun abgesetzten Bischof Gero vorgenommenen Priesterweihen für nichtig und zog alle während seines Exils ausgegebenen Lehen wieder ein, nicht zuletzt diejenigen, mit denen Herzog Heinrich beliehen worden war. Der Welfe befand sich seit einigen Wochen zusammen mit dem dänischen König und dem Markgrafen Otto von Brandenburg auf einem Kriegszug gegen die Pommern, um die wichtige Grenzfeste Demmin zu erobern. Als Heinrich von den Maßnahmen Bischof Uldalrichs erfuhr, brach er die Belagerung Demmins gegen Stellung von Geiseln und Zahlung von Tribut sogleich ab. Da sich Heinrich weigerte, die vom Bischof eingeforderten Kirchengüter herauszugeben, verhängte Udalrich über ihn den Bann. Der Welfe rächte sich durch Zerstörung einer Burg im Halberstädter Bistum und bedrohte den Bischof auch in seiner eigenen Stadt. Da im Westen des Herzogtums Sachsen schon seit mehreren Wochen Kämpfe zwischen Anhängern des Herzogs und Parteigängern des Erzbischofs von Köln tobten, taten sich die beiden Kirchenfürsten aus Halberstadt und Köln bald gegen den Löwen zusammen.
Im Herzogtum Böhmen erwies sich der 1173 vom Kaiser eingesetzte Herzog Sobeslaw keineswegs als so kaisertreu wie ehedem sein Vorgänger König Wladislaw. Nicht allein mit seinen Einfällen in das Herzogtum Österreich hatte er sich beim Kaiser unbeliebt gemacht, sondern auch durch die Einkerkerung seines Bruders Udalrich, der dem Kaiser nicht wenige wertvolle Dienste erwiesen hatte. Udalrich ist wohl infolge der im Kerker erlittenen Mißhandlungen 1177 verstorben. Den ungarischen Thronfolger Geisa, der auf der Flucht vor seinem Bruder durch Böhmen kam und bei Barbarossa Schutz zu finden hoffte, lieferte Sobeslaw an seine Verfolger aus. Der Kaiser war über diese und andere unfreundliche Handlungen des böhmischen Herzogs im höchsten Maß ergrimmt und forderte ihn wiederholt auf, zu ihm nach Italien zu kommen und sich für seine Taten zu verantworten. Aber Sobeslaw kam nicht. Da entzog ihm der Kaiser seine

Herzogswürde und ernannte 1177 Friedrich, den Sohn König Wladislaws, zum neuen Herzog, dem er seine Zustimmung 1173 aus lehnrechtlichen Gründen verweigert hatte. Friedrich mußte sich sein Herzogtum nun freilich erst von Sobeslaw erkämpfen.

Auch in anderen Gebieten des Reiches nördlich der Alpen kam es während der Abwesenheit des Kaisers zu Auseinandersetzungen zwischen einzelnen Adeligen. Heftige Kämpfe tobten ebenso im Elsaß wie im thüringischen Erfurt, wo die von Gegnern des Landgrafen aufgehetzten Bürger diesem den Gehorsam verweigert und seine Besitztümer teilweise zerstört hatten. Um diese Zeit – oder etwas später – wird wohl auch die von den sächsischen Kaisern erbaute Burg Kyffhausen von den Thüringern zerstört worden sein. Auch in Rheinfranken kam es anscheinend zu einigen Fehden.

Papst Alexander III. hatte im Oktober Venedig auf einem Schiff des venezianischen Dogen verlassen und in Süditalien zunächst Benevent aufgesucht. Aber als der nun auch vom Kaiser anerkannte rechtmäßige Papst wollte er naturgemäß möglichst bald in Rom residieren, das er seit seiner Wahl und Erhebung im Jahre 1159 nur noch selten und kurz gesehen hatte. Der ihm sehr zugetane Erzbischof Christian von Mainz, der im Auftrag des Kaisers die Restitution der päpstlichen Güter besorgen sollte, mußte allerdings bald feststellen, daß die Römer ebensowenig wie viele Grande der Campagna bereit waren, Alexander als ihren Herrn anzuerkennen. Auch der bisherige Papst Kalixt III. dachte nicht daran, sich Alexander zu unterwerfen.

Barbarossa durchzog im November und Dezember 1177 die Mark Ancona und das Herzogtum Spoleto. Obwohl die zahlreichen Unruheherde nördlich der Alpen seine Rückkehr dorthin dringend erforderlich machten, war es ihm doch wichtig, vorher noch sein Ansehen und seine Stellung in Italien zu festigen. Südlich von Ancona, in der Grafschaft Osimo, setzte der Kaiser mit einem Gesetz über die Nachlaßbehandlung seine rechtspflegerischen Maßnahmen fort. Die Richter bedrohte er bei Verfehlungen gegen dieses Gesetz

mit hohen Geldstrafen. Um Weihnachten befand sich Barbarossa im Gebiet von Assisi, wo ihn Erzbischof Christian über seine Bemühungen zur Rückführung der kirchlichen Güter in die Hand des Papstes informierte. Der Kaiser bedrohte alle die, die sich dem Friedensbeschluß von Venedig in dieser Hinsicht widersetzten, mit der Reichsacht, auch den unzufriedenen Kalixt.
Nachdem der Kaiser das Ende des 25. Jahres seiner Regierung im Gebiet von Perugia verbracht hatte, durchzog er Tuszien und kam Ende Januar 1178 nach Pisa, wo man ihm einen großartigen Empfang bereitete. Als er dann im Februar Genua besuchte, bemühten sich die mit den Pisanern stets rivalisierenden Genuesen, dem Monarchen noch mehr Ehrerbietung zu bezeigen. Auch die Gemahlin des Kaisers und sein Sohn, der junge König Heinrich, weilten in Genua. Man nahm die Anwesenheit Barbarossas zum Anlaß für ein großes Fest und bemühte sich auf alle Weise um die Gunst des Regenten. Sogar Geldgeschenke wurden ihm aus der Stadt und der Umgebung präsentiert. Sein Ansehen war also wieder sehr groß, und von einem Prestigeverlust im Gefolge des Friedensschlusses von Venedig konnte keine Rede sein. Mehrere italienische Markgrafen begleiteten den Kaiser, als er wenig später nach Pavia reiste, wo er sich bis etwa Mitte April aufhielt.
Um die gleiche Zeit kamen die kaiserlichen Gesandten, vor denen König Wilhelm II. nach den Vereinbarungen von Venedig den Waffenstillstand beschwören lassen sollte, nach Palermo. Sie wurden sehr ehrenvoll empfangen, und in einer feierlichen Zeremonie wurde die Waffenruhe von zwölf sizilischen Edelleuten beschworen sowie vom König in einer goldenen Bulle bestätigt.
Dagegen regte sich im März 1178 in Bologna schon wieder der alte Kampfgeist: Die Stadt schloß mit einigen benachbarten Kommunen Bündnisse, die das Ziel verfolgten, weitere Städte zu unterwerfen und einen gemeinsamen Schutz gegen Angriffe des Kaisers und seiner Parteigänger zu errichten. Solche Virulenzen mußten die Lösung der Aufgaben für

Erzbischof Christian erschweren, aber es gelang doch, das Einfluß- und Herrschaftsgebiet Papst Alexanders, der inzwischen wieder in Anagni residierte, stetig auszuweiten. Dazu trug auch eine kleine Streitmacht bei, die der Papst in seine Dienste genommen hatte. Schließlich waren auch die Römer zu Verhandlungen mit Alexander bereit. Nach den früheren Erfahrungen mit dem römischen Wankelmut ging die päpstliche Seite sehr vorsichtig zu Werk, und so kam erst nach langwierigen Beratungen eine Vereinbarung zustande. Die römischen Senatoren leisteten dem Papst den Treueid und sicherten ihm sowohl die Rückgabe aller Regalien und unverbrüchlichen Frieden zu als auch die Sicherheit für alle seine Besucher. Am 12. März 1178 konnte Alexander wieder in Rom einziehen. Überraschend bereiteten ihm die Bürger einen festlichen, jubelnden Empfang. Der Klerus zog dem Papst weit vor den Toren der Stadt mit Fahnen und Kruzifixen entgegen, der Senat empfing ihn unter feierlichen Tuba-Klängen, umgeben vom Adel und der Miliz der Stadt in prunkvollem Aufzug, und viele Bürger schwenkten Ölzweige zur Begrüßung des Pontifex maximus. So konnte Papst Alexander unter den erfreulichsten Umständen wieder in den Lateranpalast einziehen.
Unerfreulich hatten sich dagegen die Zustände nördlich der Alpen entwickelt. Herzog Heinrich der Löwe hatte sich erneut auf dubiose Weise einige Erbschaften angeeignet, diesmal aus der Verwandtschaft des Kölner Erzbischofs Philipp von Heinsberg. Ein förmliches Schutz- und Trutzbündnis zwischen dem Kölner und dem Halberstädter Kirchenfürsten gegen Heinrich den Löwen war deshalb Anfang 1178 die Folge. Und nur kurze Zeit später fiel Erzbischof Philipp mit einer großen Streitmacht in die westfälischen Gebiete des Löwen ein, wo er Burgen und Städte verwüstete. Bis an die Weser nach Höxter und Hameln drangen die Kriegsscharen des Erzbischofs vor und verbreiteten allenthalben Schrecken und Entsetzen. Erst hier gelang es einigen Kirchenfürsten unter Leitung des Erzbischofs Wichmann von Magdeburg, den Kölner zum Einhalten zu bringen. Es glückte sogar, ei-

nen Waffenstillstand zwischen den Streitenden zu vermitteln, in dem der Herzog einige Zugeständnisse machen mußte und die endgültige Regelung vom Kaiser erwartet wurde.
Barbarossa hatte sich inzwischen nach Piemont begeben. Er wollte Italien nun verlassen, und deshalb empfing er in Turin noch eine große Anzahl von lombardischen und anderen italienischen Herren, um seinen Auszug aus Italien vorzubereiten und für die Zeit seiner Abwesenheit Anweisungen zu erteilen. Er war darauf bedacht, seine Oberhoheit über die Lombardei klar herauszustellen und sich die Treue der ihm ergebenen Städte zu erhalten. Como und Asti gewährte er Vergünstigungen, und einige Zölle im Gebiet des Bischofs von Vercelli hob er dadurch auf, daß er dem Bischof die Rechte abkaufte und sie seiner Gemahlin schenkte, die die Zölle künftig nicht mehr verlangte. Barbarossa soll sich in Turin sogar bereit gezeigt haben, die Waffenruhe mit den lombardischen Städten in einen Frieden umzuwandeln, aber so weit ist es doch nicht gekommen.
Auch mehrere Fürsten aus den deutschen Landen waren auf Einladung des Kaisers nach Turin gekommen, unter ihnen der neue Erzbischof Konrad von Salzburg und sein Bruder Pfalzgraf Otto von Wittelsbach. Die beiden verstanden sich jetzt, nach Beendigung des Schismas und als Gefolgsleute des Kaisers, wieder bestens. Dem Erzbischof gab der Kaiser ein Privilegium, aus dem das nunmehrige gute Verhältnis zwischen den ehemaligen Gegnern deutlich wird. Der vormalige Salzburger Erzbischof Heinrich, der von Papst Alexander 1177 in Venedig abgesetzt worden war, erhielt in diesem Jahr das Bistum Brixen, nachdem der alte Bischof Richer dort resigniert hatte.
Der neue böhmische Herzog Friedrich fand sich ebenfalls in Turin am Hof des Kaisers ein. Sein Kampf gegen den abgesetzten Herzog Sobeslaw gab durchaus Anlaß zu Optimismus, denn er hatte nicht nur den jungen Herzog Leopold von Österreich zum Bundesgenossen, sondern auch den ehedem mit Sobeslaw vereinten Herzog Konrad-Otto von Znaim.

17 *Papst Alexander* III. *empfängt Friedrich Barbarossa vor dem Markusdom zu Venedig am 24. Juli 1177. Fresko von Aretino Spinello 1404 im Rathaus von Siena.*

18 *Kaiser Friedrich Barbarossa. Reichsmünzstätte Frankfurt/Main.*

19 *Beatrix von Burgund, Reichsmünzstätte Gelnhausen. (Staatliche Museen, Berlin).*

FRIDERI C. ROMAN.
IMPE RATOR
ISTE LIBER

Und gerade während Friedrichs Anwesenheit am kaiserlichen Hof in Turin konnten die Streitkräfte Leopolds und Konrad-Ottos im Juni 1178 an der Thaya einen entscheidenden Sieg über Sobeslaw erringen.
Mitte Juli 1178 verließ der Kaiser nach rund vierjährigem Aufenthalt Italien. Er zog wohl, wie im Jahre 1168 nach dem vierten Italienzug, durch das Tal der Dora Riparia und ritt dann über den Mont Genèvre, denn er wollte auch seine Stellung in Burgund wieder festigen. In Italien ließ er Erzbischof Christian von Mainz als seinen Statthalter zurück.

◀ **20** *Friedrich Barbarossa als Kreuzfahrer. Miniatur eines unbekannten Meisters um 1188 aus dem Kloster Schäftlarn (Rom, Vatikanische Bibliothek).*

Friedrich I. Barbarossa gegen Heinrich den Löwen 1178–1181

Durch das Tal der Durance hat Barbarossa mit einem kleinen Gefolge im Juli 1178 die Alpen verlassen und sich südwärts, dem Lauf der Rhône folgend, nach Arles begeben. Die Provence war bisher weder von ihm noch von einem früheren Träger der burgundischen Krone besucht worden. Deshalb waren auch die Beziehungen zu diesem Teil des Reiches sehr lose, und im Jahre 1166 hatte sich König Alfons II. von Aragon sogar der Provence bemächtigen können. Aber auch diese Herrschaft war sehr locker, so daß der Kaiser nun unbehelligt in Arles einziehen konnte. Tatsächlich hatte der Vater des aragonischen Königs 1162 die Absicht, sich vom Kaiser mit Gütern in der Provence belehnen zu lassen, und nur sein überraschender Tod auf dem Weg zum Reichstag in Turin hat ihn davon abgehalten, die Oberherrschaft des Kaisers in diesem Landesteil anzuerkennen. Die wenig ausgeprägten, lokkeren Herrschaftsverhältnisse hatten ihr Pendant in dem sich sehr selbstherrlich fühlenden provencalischen Adel.

Am Sonntag, dem 30. Juli 1178, ließ sich Friedrich Barbarossa im Dom Saint-Trophime zu Arles durch Erzbischof Raimund feierlich zum König von Burgund krönen. Damit erfüllte er sein Programm, für alle Welt sichtbar die Herrscherwürde über die drei Reichsteile Deutschland, Italien und Burgund in Besitz zu nehmen. Es war für ihn sicher bedeutungsvoll, die Krönung in Arles zu vollziehen, der Hauptstadt des Königreiches Arelat, die er am Krönungstag in einem Privilegium für den arelatischen Erzbischof als Hauptsitz des burgundischen Reiches bezeichnete. Da Friedrich die burgundische Krone bereits seit seiner Krönung zum deutschen König im Jahre 1152 besaß, hatte die Krönung in Arles nur noch symbolischen Charakter. Aber auf diese symbolische Demonstration kam es Barbarossa an.

Der Kaiser hielt sich zusammen mit seiner Gemahlin bis Anfang Oktober in Burgund auf. Er zog zunächst über Avignon und Valence nach Vienne, begab sich dann nach Lyon und schließlich nach Besançon. Er hielt Gerichts- und Hoftage an verschiedenen Orten, erteilte Privilegien, regulierte Zwistigkeiten und machte insgesamt von seiner königlichen Autorität umfassenden Gebrauch.

In Italien hat es Papst Alexander Ende August bereits nach fünfmonatigem Aufenthalt in Rom vorgezogen, die Stadt erneut zu verlassen und sich in Tusculum niederzulassen. Schon wenige Tage später erschien hier der unglückliche Kalixt in Begleitung einiger ihm noch treu ergebener Kleriker, warf sich dem Papst zu Füßen, beschuldigte sich selbst schismatischer Handlungen, anerkannte Alexander als das rechtmäßige Oberhaupt der katholischen Kirche und erflehte dessen Absolution. Alexander nahm ihn wieder in die Einheit der Kirche auf und ernannte ihn bald zum Rektor in Benevent. Damit schien das Schisma endgültig beseitigt zu sein. Allerdings ist nicht zu übersehen, daß die in Venedig vereinbarten Restitutionen des Kirchengutes noch nicht realisiert waren. Bei der Mentalität des Kaisers wie auch des Papstes und infolge der wenig klaren Vereinbarungen von Venedig konnte dies noch zu höchst unerquicklichen und schwierigen Auseinandersetzungen führen. Schon hielt man es in der Umgebung des Kaisers nicht nur für möglich, daß Alexander hinter antikaiserlichen Querelen in der Romagna steckte, sondern man schloß auch seine Mitwisserschaft an den Kämpfen italienischer Söldner nicht aus, die sich im Herbst 1178 in byzantinischem Auftrag in der Mark Ancona festsetzten.

Anfang Oktober verließ der Kaiser Burgund, um sich in die deutschen Lande zu begeben. Zuvor bestellte er noch einen Magister als Bevollmächtigten, der in Burgund vor allem richterliche Aufgaben wahrnehmen sollte. Die Kaiserin hat in den folgenden Jahren ihre Heimat häufig aufgesucht, um dort Lehen zu erteilen, zu empfangen oder im Auftrag des Kaisers oder von sich aus Anordnungen zu treffen.

Barbarossa ist wohl durch das inzwischen wieder beruhigte Elsaß nach Ulm geritten, wo er einen Hoftag gehalten hat. Kurze Zeit später eröffnete er am 11. November in Speyer einen Reichstag, auf dem zahlreiche Fürsten erschienen, da die vierjährige Abwesenheit des Herrschers viele Probleme mit sich gebracht hat. Im Vordergrund stand, wie schon so oft, das Herzogtum Sachsen. Heinrich der Löwe erhob sogleich heftige Klagen über seine Widersacher, vor allem wegen des Kriegszuges des Kölner Erzbischofs im Frühjahr 1178. Aber auch seine Gegner, voran Erzbischof Philipp von Köln, hielten mit ihren Anschuldigungen gegenüber dem Herzog keineswegs zurück, zumal dieser den geschlossenen Waffenstillstand nicht lange gehalten, sondern immer wieder Plänkeleien provoziert hat. Der Kaiser hörte sich die verschiedenen Beschwerden an und wollte erst entscheiden, wenn er die Angelegenheiten untersucht hätte. Dazu bestellte er Herzog Heinrich rechtskräftig für Mitte Januar 1179 auf einen Reichstag nach Worms, wo sich der Welfe nach dem Landrecht zu den gegen ihn vorgebrachten Klagen äußern sollte. Zum Jahresende 1178 hat der Kaiser den böhmischen Herzog Friedrich nach Würzburg geladen. Dem Böhmen war es inzwischen gelungen, sich in Prag festzusetzen und seinen Rivalen Sobeslaw nach Nordosten über die Elbe abzudrängen. Während Friedrichs Abwesenheit versuchte Sobeslaw zurückzukehren, doch Herzog Konrad-Otto von Znaim eilte dem heimkehrenden Friedrich zu Hilfe, und Ende Januar 1179 konnten sie Sobeslaw vor den Mauern Prags eine entscheidende Niederlage beibringen, die Friedrich die Herrschaft in Böhmen endgültig sicherte.

Zum Reichstag in Worms erschienen Mitte Januar 1179 viele Fürsten: die Erzbischöfe von Köln, Magdeburg, Trier und Bremen-Hamburg, weiter die Bischöfe von Halberstadt und Speyer sowie der noch nicht geweihte Konrad von Worms, die Herzöge Berthold von Zähringen und Welf VI., der Markgraf Dietrich von der Lausitz und viele weitere Grafen. Der geladene Herzog Heinrich der Löwe erschien indes nicht. Seine offenen und heimlichen Gegner brachten ihre Klagen

und Beschuldigungen deshalb nochmals mit um so größerem Nachdruck zu Gehör des Kaisers. Im Gegensatz zu früheren Zeiten versuchte Friedrich jedoch nicht, zwischen Heinrich und seinen Widersachern zu vermitteln, sondern er berief die anwesenden Fürsten zu einem Gerichtsspruch über den Welfen. Dieses harte, schonungslose Vorgehen des Kaisers gegen seinen Vetter kam vielleicht für manchen der Versammelten überraschend, aber der Staufer war nicht unvorbereitet. Heinrich konnte infolge seiner schwäbischen Abkunft nur unter Mitwirkung schwäbischer Richter abgeurteilt werden, und es ist nicht unwahrscheinlich, daß Friedrich absichtsvoll neben dem Zähringer und Welf VI. eine Reihe schwäbischer Grafen nach Worms geladen hat.
Unter Vorsitz des Kaisers wurde durch einen Spruch der Fürsten über den Löwen wegen fortgesetzten Landfriedensbruches die Reichsacht verhängt. Die Grundlage für diese Verurteilung bildeten die in Anwesenheit des Angeklagten in Speyer vorgebrachten Klagen. Durch das Nicht-Erscheinen zu der Verhandlung in Worms hat Heinrich auf eine Rechtfertigung verzichtet. Da er auch keine Vertagung verlangt hatte, war die sonst nach Landrecht erforderliche dreimalige Vorladung nicht nötig. Die Verkündung der Reichsacht über Heinrich den Löwen wurde aber in Worms noch bis zu einem neuen Reichstag ausgesetzt, der zum 24. Juni 1179 nach Magdeburg einberufen und zu dem der Herzog erneut geladen wurde. Da die Einzelheiten dieses Prozesses gegen den Welfen nur mangelhaft überliefert sind, gehört er zu den umstrittensten Ereignissen der mittelalterlichen Geschichte.
Für das veränderte Verhalten des Kaisers gegenüber seinem Vetter können verschiedene Gründe ausschlaggebend gewesen sein. Im Vordergrund mag bei Friedrich die Zurückweisung seines Hilfeersuchens durch Heinrich Anfang 1176 in Chiavenna gestanden haben. Darin konnte der Kaiser eine Beleidigung und eine Verletzung der Bedürfnisse des Reiches sehen. Aber offiziell spielte die Weigerung Heinrichs in dem jetzigen Prozeß keine Rolle. Sie wurde jedoch wohl auch vom Kaiser als ein Symptom für die zunehmenden Unab-

hängigkeits- und Gleichstellungstendenzen seines Vetters gewertet, und dagegen mußte er sich endlich wehren. Seine größere und stärkere Hausmacht gab ihm dazu die Möglichkeit, auch wenn er in dieser Hinsicht noch nicht mit Heinrich gleichziehen konnte. Die Beendigung des Kirchenstreites hatte ihm auch die nötige Rückenfreiheit für eine Auseinandersetzung mit dem Löwen gebracht. Ein Beweggrund für die veränderte Haltung des Kaisers gegenüber dem Welfen war wohl auch, daß er es überdrüssig war, ständig zwischen seinem hochfahrenden und selbstherrlichen Vetter und den über ihn verärgerten Fürsten vermitteln zu müssen, was auch ihm selbst schon manche Antipathie geschaffen hatte und wodurch auch der Landfriede immer wieder gefährdet wurde.

Der Wormser Reichstag gab dem Kaiser gleich noch Gelegenheit, seine Hausmacht weiter auszubauen. Welf VI. hatte im Jahre 1176 mit Heinrich dem Löwen ein Abkommen getroffen, daß er diesem seine Besitzungen nördlich der Alpen gegen die Bezahlung einer größeren Summe vererben werde. Nachdem aber Heinrich seinem Onkel bisher keine Zahlung geleistet hatte, traf Welf in Worms eine gleichartige Verabredung mit dem Kaiser und löste sich damit aus dem Handel mit seinem Neffen. Für den alexandrinisch eingestellten Welf war die Beilegung des Kirchenstreites sicher eine wichtige Voraussetzung für seine Annäherung an Barbarossa. Natürlich mußte diese Wendung der Dinge den Löwen weiter gegen Friedrich aufbringen. Aber das staufische Hausgut wurde durch die Vereinbarung mit Welf VI. nicht unerheblich vermehrt. Mit Zustimmung der in Worms anwesenden Fürsten belieh der Kaiser seine Söhne mit verschiedenen Gütern in Schwaben und Burgund.

Nach Beendigung dieses ereignisreichen Reichstages zog der Kaiser südwärts den Rhein entlang. Mitte Februar erneuerte er in Weißenburg an der Lauter einen weithin in Vergessenheit geratenen Landfrieden für Rheinfranken, dessen Ursprung man bei Karl dem Großen vermutete und dem Friedrich einige neue Bestimmungen, zum Beispiel über Falschmünzerei, hinzufügte. Möglicherweise stand dies im Zusammenhang mit der kaiserlichen Münzstätte im fränkischen Gelnhausen, von der um diese Zeit Brakteaten – einseitige Pfennige – geprägt wurden. Mit derartigen Gesetzen, zu denen Bestimmungen über die Regulierung der Zölle gehörten, trug Friedrich zur Entwicklung von Handel und Verkehr in seinem Reich bei. Dabei traten immer wieder die Juden als gewandte und kenntnisreiche Kaufleute hervor, wenngleich sie gerade in diesen Jahrzehnten der Kreuzzüge sehr oft außerhalb der Gemeinschaft der übrigen Bevölkerung standen. Deshalb wurden sie zunächst an einzelnen Orten und erstmals 1103 durch Kaiser Heinrich IV. in einem allgemeinen Landfrieden speziell geschützt. Friedrich I. erklärte die Juden im rheinfränkischen Landfrieden zu Mitgliedern der kaiserlichen Kammer und verpflichtete sie als Entgelt für den gebotenen Schutz zu regelmäßigen Zahlungen. Über die Mitglieder seiner Kammer hatte der Kaiser ein sehr weitgehendes Verfügungsrecht, und er konnte sie sogar verkaufen (Kammerknechtschaft, Kammerjuden).

In diesen Wochen ist wohl auch der Arzt des Papstes über die Alpen gekommen, der dem Kaiser einige Botschaften seines Herrn überbringen sollte. Vor allem war es Alexander darum zu tun, jeglichen Vermutungen des Kaisers entgegenzutreten, er – der Papst – hätte bei den antikaiserlichen Machenschaften in der Lombardei, in der Romagna oder gar bei den Kampfhandlungen der Griechen in der Mark Ancona die Hände im Spiel. Aber der Papst ließ den Kaiser auch an die noch nicht realisierten Vereinbarungen aus dem Friedensvertrag von Venedig erinnern. Dazu wandte er sich unter anderem auch an die Erzbischöfe von Köln und Magdeburg, damit diese in der gleichen Sache ihren Einfluß auf den Kaiser geltend machen sollten. Das bevorstehende Laterankonzil war für Alexander sicher die Veranlassung, die Entwicklung in den zwei Jahren seit dem Friedensschluß von Venedig nochmals zu rekapitulieren.

Zur Vorbereitung des Konzils hatte sich der Papst im Februar wieder nach Rom begeben. Nach einer Verschiebung wurde

die Kirchenversammlung am 5. März 1179 in der Lateranbasilika eröffnet. Etwa 300 Bischöfe sollen daran teilgenommen haben, vor allem natürlich aus Italien, aber auch sehr viele aus den deutschen Ländern, aus Burgund, Frankreich und Spanien. England, Irland, Schottland, Ungarn, Portugal und Dänemark waren mit einzelnen Bischöfen vertreten, und auch die lateinische Kirche des Orients hatte einige Kirchenfürsten entsenden können. Außer den Bischöfen waren viele Äbte sowie Kloster- und Weltgeistliche herbeigeströmt, nicht wenige, um noch ihre Absolution von schismatischen Beschuldigungen zu erwirken. Viele wollten Zugeständnisse oder Privilegien für ihren Sprengel erreichen, andere wollten drohende Verluste abwenden. Sogar die Waldenser haben eine Abordnung zu dem Konzil nach Rom entsandt, die alle gegen ihre Gemeinschaft erhobenen Anschuldigungen klären und ihre Lehren rechtfertigen sollte. Die Waldenser beurteilten ihre Abweichungen vom Kanon offenbar als nicht so gravierend wie die römische Kirche. Es war eine außerordentlich vielgestaltige Versammlung der abendländischen Christenheit, die sich zu diesem Konzil zusammengefunden hatte, das als das Dritte Laterankonzil in die Geschichte eingegangen ist. Papst Alexander konnte triumphierend die Überwindung und Beendigung der äußerst gefährlichen, achtzehnjährigen Kirchenspaltung feiern.
Zunächst wurden zahlreiche Beschlüsse für die Ordnung und Erneuerung des Episkopats gefaßt, neue Kardinäle ernannt und Bischöfe geweiht, so unter anderen Otto II. von Bamberg und Konrad von Worms. Die Bischöfe von Basel und Straßburg wurden abgesetzt. Nach einigem Hin und Her verlor auch Bremen seinen Erzbischof, der dann später in Metz eingesetzt wurde. Im Halberstädter Bistum wurden dagegen auf Grund der vorgebrachten Klagen die von Bischof Udalrich zunächst kassierten Weihen seines Widersachers wieder für gültig erklärt.
Den Beschlüssen des Konzils gingen viele Beratungen in Kommissionen voraus. Unter einer Reihe von Dekreten ist dasjenige über die Wahl des Papstes das bedeutendste. Mit

ihm wurde die Papstwahl zu einer reinen Entscheidung der Kardinäle gemacht, bei der keinerlei Laien – weder der Kaiser noch das Volk von Rom –, aber auch nicht der niedere Klerus mitwirken konnten. Der neue Papst benötigte künftig zwei Drittel der Stimmen der Kardinäle. Wenn ein Kandidat sich den päpstlichen Titel anmaßte, obgleich er die vorgeschriebenen zwei Drittel der Stimmen nicht erreicht habe, solle er dem Bann verfallen sein. Mit diesen Bestimmungen hoffte man, in Zukunft zwiespältige Wahlen zu vermeiden. Es wurde damit aber auch rückwirkend die Wahl Alexanders III. kanonisiert, während die Ausrufung Viktors IV. zum Papst für illegal erklärt wurde.

In einem weiteren Dekret – es wurden insgesamt 27 Dekrete verabschiedet – wurden alle von den Gegenpäpsten Viktor IV., Paschalis III. und Kalixt III. erteilten Weihen sowie die von ihnen verliehenen kirchlichen Würden und Benefizien für ungültig erklärt. Die von diesen drei falschen Päpsten verliehenen Kirchengüter mußten wieder zurückgegeben werden, sofern die Empfänger nicht den Bann wegen Ungehorsams auf sich ziehen wollten.

In anderen Dekreten verwahrte sich die römische Kirche vor der Besteuerung durch Laien und vor der Verurteilung ihrer Kleriker durch weltliche Gerichte. Christen durften nicht mit Juden oder Sarazenen zusammenwohnen und ihnen dienen. Da die Kirche das Streben nach materiellen Gewinnen ablehnte, wurde den Christen auch der Handel mit Geld und das Fordern von Zinsen verboten (damit wurden Geld- und Kreditgeschäfte in der sich entfaltenden Wirtschaft ausschließlich den Juden zugewiesen). Den Tempelherren und Johannitern wurde verboten, sich Rechte anzumaßen, die den Bischöfen vorbehalten waren. Eine Reihe von Vorschriften bestand bereits seit längerer Zeit, sie wurden nun erneuert, besser formuliert oder schriftlich niedergelegt, wobei man sich wegen der Autorität des Laterankonzils für die künftige Einhaltung besondere Hoffnungen machte.

Obwohl das Konzil dazu angetan und bestimmt war, die wiedergewonnene Einheit der Kirche zu feiern, wurde diese

Einheit doch von neu heraufziehenden Gefahren bedroht, mit denen sich die Konzilsväter befassen mußten. Katharer, Apostoliker, Waldenser, Patarener, Gazzari, Publikaner und anders benannte Sekten breiteten sich vor allem in Südfrankreich aus, schickten ihre Sendboten im ganzen Abendland herum und machten der katholischen Kirche ihre Gläubigen abspenstig, da sie teilweise sehr betont den schwärmerischen und mystischen Strömungen der Zeit entsprachen. Diesen anti-katholischen Gruppen mußte das Konzil entgegentreten, denn sie schmälerten und untergruben die kirchliche Autorität bereits seit längerer Zeit erheblich. Deshalb wurde über alle Anhänger und Beschützer dieser Sekten der Kirchenbann verhängt. Bedroht wurde damit, wer die Gebannten aufnahm oder mit ihnen Handel trieb. Die Besitztümer der Gebannten sollten konfisziert und sie selbst nach dem Willen der Fürsten zu Sklaven gemacht werden. Wer aber auf Wunsch oder Befehl eines Bischofs gegen die Ketzer die Waffen ergriff, konnte wie die Kreuzfahrer Ablaß von seinen Sünden und andere Wohltaten empfangen. Die zu dem Konzil gekommenen Waldenser hatten also nicht nur keine Erfolge, sondern sie mußten schnellstens das Weite suchen, wenn sie nicht die ersten Opfer dieses Dekrets werden wollten, denn die Mißstimmung über die Abtrünnigen war in der katholischen Kirche sehr bedrohlich.
Der Kaiser hielt sich auch weiter in den linksrheinischen Gebieten auf, war Ostern 1179, Anfang April, wohl in Hagenau und wirkte kurz darauf gelegentlich eines Hoftages in Selz an der Sauer wieder für den Landfrieden im Elsaß, nachdem dort zwei Jahre vorher grimmige Fehden ausgebrochen waren. Die gleiche Aufgabe hatte sich Friedrich wohl für einen Besuch in Kolmar Anfang Mai 1179 gestellt. Darauf ritt er an den Bodensee und verlebte das Pfingstfest in Konstanz. Seit einiger Zeit gab es Gerüchte, wonach eine Reihe schwäbischer Adeliger mit Herzog Heinrich dem Löwen in einer Konspiration gegen den Kaiser stünden, um dessen expansiver Territorialpolitik entgegenzutreten. Friedrich wollte diesen Gerüchten bei seinem nunmehrigen Aufenthalt im Her-

zogtum Schwaben wohl auf den Grund gehen. Er lud deshalb eine große Anzahl schwäbischer Herren zu sich nach Konstanz, tauschte mit ihnen die Meinungen über das Verhalten seines Vetters aus und legte sie auf ihre weitere Treue fest.

Wenn die Reiseleistungen Friedrichs schon in seinen jungen Jahren bemerkenswert waren, so sind sie jetzt für den alternden Kaiser – er ging immerhin bereits auf die Sechzig zu – geradezu erstaunlich, vor allem natürlich in Anbetracht der damaligen Verhältnisse. Nachdem er gegen Ende Mai noch am Bodensee geweilt hatte, brach er zu einem Ritt quer durch die deutschen Lande auf und hielt Mitte Juni in Eger einen Hoftag. Der böhmische Herzog Friedrich hatte nach dem Sieg über Sobeslaw Ende Januar 1179 vor Prag seine Stellung weiter festigen können – wobei man freilich sagte, daß die ehrgeizige Herzogin mehr regierte als der Herzog. Um Grenzstreitigkeiten und kriegerische Auseinandersetzungen wie im Jahre 1176 für die Zukunft nach Möglichkeit zu vermeiden, legte der Kaiser nun im Einvernehmen mit den Herzögen von Böhmen und Österreich die Grenzen neu fest, wobei die Böhmen einiges Land hinzugewannen.

Für den 24. Juni 1179 war Herzog Heinrich der Löwe nach Magdeburg geladen, und der Kaiser eilte, um von Eger rechtzeitig in Magdeburg einzutreffen. Zahlreich waren auch hier wieder die Kirchenfürsten, die ihn erwarteten: die Erzbischöfe von Köln, Salzburg und Magdeburg, die Bischöfe von Brandenburg, Halberstadt, Havelberg, Meißen, Minden, Münster und Osnabrück, und weiter die Markgrafen von Brandenburg, von Meißen und der Lausitz sowie eine Reihe von Grafen aus den sächsischen Gebieten. Aber Herzog Heinrich erschien auch vor diesem in seiner Sache einberufenen Gericht nicht. Er zog es vor, in seiner nahe gelegenen Burg Haldensleben zu bleiben und die Entwicklung abzuwarten. Diese neuerliche Mißachtung der Vorladung löste bei den Versammelten in Magdeburg größtes Mißfallen und Zorn aus. Sie fühlten sich von dem Herzog aufs äußerste provoziert, den sein Stolz daran hinderte, vor einem Gericht zu erscheinen. Das mußte jedoch dazu führen, daß jetzt die bereits im Januar in Worms über Heinrich verhängte Reichsacht wegen Mißachtung des Gerichtes ausgesprochen und wirksam wurde. Jeder konnte den geächteten Herzog nun töten, ohne deshalb eine Bestrafung befürchten zu müssen. Der Geächtete konnte sich aus diesem Bann wieder lösen, wenn er sich innerhalb eines Jahres dem Gericht stellte und sich dessen Urteil unterwarf.

Das Nichterscheinen Heinrichs des Löwen vor Gericht wurde als Mißachtung der königlichen Majestät, also als Majestätsverbrechen gewertet, weil Heinrich ein Lehnsmann des Königs war. Deshalb hat der Kaiser wohl schon im Frühjahr 1179 neben dem landrechtlichen auch ein lehnrechtliches Verfahren gegen den Herzog eingeleitet. Man kann davon ausgehen, daß die Vorladung nach Magdeburg nicht nur nach dem Landrecht erfolgt ist, sondern daß hier auch die erste Verhandlung in dem lehnrechtlichen Verfahren stattgefunden hat. Während in dem landrechtlichen Verfahren die Gesamtheit der deutschen Fürsten unter dem Vorsitz des Königs als Kläger und Richter fungierte, trat in dem lehnrechtlichen Verfahren Friedrich, der Lehnsherr seines Vetters, als Hauptkläger auf. Dieses Verfahren konnte zur Aberkennung der Lehen Heinrichs des Löwen führen, die er vom Reich erhalten hatte.

Nach der Überlieferung trat in Magdeburg Markgraf Dietrich von der Lausitz mit Klagen über Herzog Heinrich hervor, wonach dieser im Jahre 1178 die Wenden zu einem Einfall in die Niederlausitz aufgestachelt hatte. Die feindlichen Scharen waren über die Oder bis zum Spreewald vorgedrungen und hatten erhebliche Verwüstungen angerichtet. Der Markgraf hat das Verhalten des Herzogs in diesem Fall anscheinend als einen Verrat gegenüber dem Reich bezeichnet und sich angeboten, in einem Zweikampf mit Heinrich die Wahrheit seiner Anklage zu beweisen. Der Markgraf hat sich dabei sicher ein deutlich erkennbares Gottesurteil zu seinen Gunsten erhofft. Von Untreue und verbrecherischen Absichten des Herzogs mag man da und dort bereits im Zusammenhang mit den Gerüchten, die von einer Konspiration mit schwäbischen Fürsten gegen den Kaiser wissen wollten, gesprochen haben.

Nach dem Ende des Reichstages blieb der Kaiser noch weiter in Magdeburg, wo er sich bei einer Prozession am Peter- und Paul-Tag zusammen mit seiner Gemahlin und dem nun vierzehnjährigen König Heinrich dem Volk im feierlichen Schmuck der Kronen zeigte. Friedrich war darauf bedacht, seine königliche Herrschaft im Herzogtum Sachsen besonders herauszustellen, nachdem sich sein Vetter lange Zeit so gebärdet hatte, als sei er der oberste Herrscher in Sachsen. Den Bistümern von Havelberg und Brandenburg stellte der Kaiser in diesen Tagen Privilegien aus.

Auf Bitten Herzog Heinrichs traf sich der Monarch mit ihm nach Beendigung des Reichstages in der Nähe von Haldensleben. Heinrich hatte versucht, seinen Vetter zu begütigen, doch selbst wenn Friedrich gewollt hätte, wäre die Achterklärung nicht in einem Gespräch unter vier Augen wieder rückgängig zu machen gewesen. Er verlangte eine Bußzahlung in Höhe von 5000 Mark, doch Heinrich lehnte ab, da sie ihm zu hoch erschien. So gingen die beiden Kontrahenten ohne Ergebnis wieder auseinander. Heinrich hatte in dem lehnrechtlichen Verfahren wohl bereits eine neue Vorladung für Mitte August in die westlich von Altenburg gelegene kaiserliche Pfalz Kayna erhalten.

Ende Juli 1179 hielt der Kaiser in Erfurt einen Hoftag. Viele der in Magdeburg anwesenden Fürsten hatten ihn hierher begleitet, wo sich auch Landgraf Ludwig von Thüringen einstellte. Dieser wandte sich nun ebenso wie andere Fürsten auf Grund der jüngsten Entwicklungen von Heinrich dem Löwen ab, obwohl er sich bisher mit ihm gut verstanden hatte. Auch Pfalzgraf Otto von Wittelsbach kam nach Erfurt, ebenso sein Bruder Konrad, der salzburgische Erzbischof, der schon am Magdeburger Tag teilgenommen hatte.

Unterdessen hatte sich in Italien Erzbischof Christian im Frühjahr 1179 in die Mark Ancona begeben und dort wohl der byzantinischen Invasion ein Ende bereitet. Auch in Tuszien, der Romagna und im Herzogtum Spoleto brachte Christian die Herrschaft des Kaisers und des römisch-deutschen Reiches wieder zur Geltung – allerdings offenbar auf eine recht nachdrückliche und wenig tolerante Weise, die ihm und seiner Sache keine Sympathien eintrug. Man sprach sogar von Tyrannei und von Verwüstungen, die er angerichtet habe. Die Bolognesen und ihre Anhänger taten ihr Möglichstes, um das Land zu beunruhigen. Der junge Markgraf Konrad von Montferrat, mit dem sich Erzbischof Christian im Vorjahr bei einer gemeinsamen kaiserlichen Mission zerstritten hatte, beteiligte sich jetzt rachehungrig an einer Verschwörung gegen den kaiserlichen Legaten, obwohl er dem Erzbischof durch Eid und Geiseln zur Treue verpflichtet war. Gerade deshalb wurde er aber von seinen Mitverschwörern dazu ausersehen, den Erzbischof gefangenzunehmen, da dieser von ihm einen feindlichen Anschlag am wenigsten erwarten konnte. Tatsächlich gelang es auf diese Weise mühelos, Ende September 1179 Christian gefangenzunehmen und in Acquapendente, nördlich von Viterbo, einzukerkern. Der junge Markgraf von Montferrat soll sich umgehend nach Konstantinopel begeben haben, um dort den Lohn für seine Treulosigkeit zu kassieren, da ja Kaiser Manuel eine der Triebfedern für die Verschwörung gegen den deutschen Legaten gewesen war. Zwischen dem Komnenen und den Montferrats wurden bald auch eheliche Verbindungen geschlossen.

Obwohl der Friede von Venedig und die Beendigung des Schismas bereits zwei Jahre zurücklagen, hatten sich immer noch nicht alle Kardinäle Papst Alexander unterworfen. Jetzt, am 29. September 1179, wählten sie sogar nochmals einen neuen Gegenpapst, der aber keinerlei Bedeutung mehr erlangt hat und vier Monate später im Auftrag von Papst Alexander festgenommen wurde.

Im Norden war Mitte August 1179 auch der zweite Gerichtstag in dem lehnsrechtlichen Verfahren gegen Heinrich den Löwen verstrichen, ohne daß sich der Herzog in Kayna hatte sehen lassen. Im Gegenteil: Gunzelin von Schwerin und an-

dere herzogliche Vasallen waren schon einige Tage vorher in Westfalen über Anhänger des Kaisers hergefallen und hatten sie bei Osnabrück vernichtend geschlagen. In der Umgebung von Soest verwüsteten andere Parteigänger des Herzogs das Land, und das kölnische Medebach im Rothaar-Gebirge steckten sie in Brand. So entwickelte sich nun zwischen der kaiserlichen Partei und der des Herzogs von Sachsen und Bayern ein Krieg auf deutschem Boden. Die Kaiserlichen trafen rasch Gegenmaßnahmen und fielen in die herzoglichen Besitzungen ein. Heinrich wiederum besetzte widerstandslos Halberstadt, dessen Bischof Udalrich seiner Meinung nach der Urheber der ganzen gegen ihn gerichteten Entwicklung war. Am 23. September 1179 wurde die Stadt fast vollständig eingeäschert, nachdem einer von des Herzogs Männern eine Hütte in Brand gesteckt hatte; viele Bürger kamen dabei unter den brennenden Trümmern ihrer Häuser um. Vorher war bereits eine größere Anzahl von Bewohnern der Stadt inhaftiert und verschleppt worden, jetzt nahm man auch noch den Bischof und andere Kleriker gefangen. Man erzählte sich die übelsten Dinge über die Scharen des Herzogs, die die über die Stadt hereingebrochene Katastrophe und Panik dazu benutzt haben sollten, wehrlose Bürger zu töten, Frauen öffentlich zu entkleiden und zu schänden und in den Häusertrümmern zu plündern.
Die Ereignisse in Halberstadt brachten die Fürsten weiter gegen den geächteten Heinrich auf, der freilich bald beteuerte, daß diese Greuel von ihm nicht beabsichtigt gewesen seien. Aber sie trugen doch jedenfalls zu einer Verschärfung der Situation bei.
Erzbischof Wichmann von Magdeburg zog Anfang Oktober 1179 mit grimmigen Racheabsichten und einer beträchtlichen Streitmacht vor die Burg Haldensleben nordwestlich von Magdeburg, die von Herzog Heinrich mit besonderer Sorgfalt ausgebaut worden war. Der Kölner Erzbischof sammelte ein Heer von angeblich 4000 Mann, vornehmlich Söldnern, für die damals die Bezeichnung »Rotten« aufgekommen ist. Mit diesem Heer durchzog Philipp Westfalen zum zweiten-

mal, um nun Erzbischof Wichmann zu unterstützen. Dabei wurden die Besitztümer des Welfen verwüstet, seine Anhänger vertrieben, und rasch griff in dem Kölner Heer das Faustrecht um sich – es wurden Kirchen und Klöster gebrandschatzt, geplündert und geraubt, in einer Kirche angeblich sogar während einer Messe.

Nach Haldensleben zogen neben Erzbischof Wichmann und Philipp von Köln auch Landgraf Ludwig von Thüringen mit etwa 400 Rittern sowie andere Fürsten aus den ostsächsischen Gebieten. Trotz dieses beträchtlichen Aufgebotes wollten sich die Belagerten aber nicht ergeben. Sie verstanden es sogar, von den Angreifern zunächst unbemerkt die Moore in der Umgebung der Burg in Brand zu stecken, so daß sich die Glut bald bis in das Lager der Kaiserlichen fraß und dort sogar Belagerungsgeräte vernichtete, die nicht rechtzeitig in Sicherheit gebracht worden waren.

Heinrich der Löwe war in die Gebiete Erzbischof Wichmanns an der Bode eingefallen und verwüstete dort mit Feuer und Schwert alles, was sich ihm entgegenstellte. Anfang November zerstörte er die bischöfliche Pfalz Calbe an der Saale und verheerte das Land bis an die Elbe. Aufs neue hatte er auch den Einfall wendischer Scharen veranlaßt, die diesmal über die Spree hinweg nach Westen vordrangen und Jüterbog einäscherten. So zwang der Herzog den Erzbischof, die Belagerung Haldenslebens schnellstens abzubrechen und zum Schutz seiner eigenen Gebiete zu eilen. Zwischen den Belagerern waren zudem Meinungsverschiedenheiten entstanden, und der hereinbrechende Winter beendete das Unternehmen, bevor die Angreifer das erhoffte Ziel erreicht hatten. Welfische Streitkräfte zerstörten dagegen noch die zum Bistum Halberstadt gehörende Festung Hornburg südlich von Braunschweig, und die »Rotten« des Kölner Erzbischofs zogen brennend und sengend wieder an den Rhein zurück. Philipp soll fest entschlossen gewesen sein, sich nie wieder mit diesen undisziplinierten Horden einzulassen.

Der Kaiser war von Kayna nach Süden gezogen und hatte Mitte September 1179 in Augsburg einen Reichstag einberufen, auf dem er seine Herrschaft in den oberdeutschen Ländern wieder demonstrieren wollte. Neben dem Erzbischof von Salzburg nahmen die Bischöfe von Bamberg, Brixen, Passau, Regensburg und Passau an der Versammlung teil, ebenso die Herzöge Berthold von Zähringen, Leopold von Österreich und Hermann von Kärnten sowie die Pfalzgrafen von Wittelsbach. Durch das gemeinsame Vorgehen des Kaisers und des Salzburger Erzbischofs wurden die neuerlichen Unabhängigkeitsbestrebungen im Bistum Gurk vereitelt. Aber für Friedrich war es zweifellos wichtiger, die süddeutschen Fürsten erneut auf ihre Treue zum Reich einzuschwören. Wenn auch Bayern für Heinrich den Löwen im Vergleich zu seinem Herzogtum Sachsen immer nur ein Nebenland gewesen ist, so mußte der Kaiser doch davor auf der Hut sein, daß der Welfe etwa in den gegenwärtigen Auseinandersetzungen plötzlich eine unerwartete Anhängerschaft unter den bayerischen Fürsten gewinnen könnte. Deshalb hielt sich der Kaiser noch bis zum Jahresende in den süddeutschen Ländern Bayern und Schwaben auf und hielt sorgsam Kontakt zu den dortigen Fürsten.

Heinrich der Löwe feierte das Weihnachtsfest 1179 in Lüneburg mit allem möglichen fürstlichen Prunk. Auf solche Weise wollte er zeigen, daß ihm die Verhängung der Acht gar nichts anhaben konnte. Dem in seinem Gewahrsam befindlichen Bischof Udalrich von Halberstadt versprach er die Freiheit, wenn dieser ihn vom Kirchenbann löse und die entzogenen kirchlichen Lehen wiedergebe. Der gefangene alte Udalrich ließ sich auf diesen Handel ein und erhielt dafür die Freiheit, starb aber schon nach wenigen Monaten. Kaiser und Papst erklärten später die in Lüneburg getroffene Vereinbarung für ungültig.

Für Mitte Januar 1180 hat Kaiser Friedrich einen Reichstag nach Würzburg einberufen, und Herzog Heinrich der Löwe erhielt dazu die dritte Vorladung in dem lehnsrechtlichen Verfahren. Der Welfe wollte freilich auch hier nicht vor seinen Richtern erscheinen. Aus Bayern, Schwaben, Franken, Lothringen und Sachsen kamen zahlreiche kirchliche und

weltliche Fürsten. Da Herzog Heinrich nun keiner der an ihn ergangenen Ladungen gefolgt war, wurde er durch einen Spruch der Reichsfürsten seiner Reichslehen, der Herzogtümer Bayern und Sachsen für verlustig erklärt. In einer Urkunde beschuldigte der Kaiser den Herzog der Beraubung und der Minderung der Rechte der Adeligen und der Kirche. Als Begründung für die Verurteilung werden in der Urkunde die Weigerungen des Herzogs genannt, auf die Vorladungen des Kaisers zum Gericht zu erscheinen, um sich gegenüber seinen Anklägern zu verantworten. Als er nach dem Urteil der Fürsten und seiner schwäbischen Standesgenossen der Acht verfallen war, habe er sogar weiter den Landfrieden gebrochen. Obgleich er nach Lehnsrecht wegen Mißachtung des Kaisers und wegen offenkundigen Majestätsverbrechens dreimal vor Gericht geladen war, sei er doch weder selbst erschienen, noch habe er einen Bevollmächtigten entsandt. Das Urteil und die Einziehung der Reichslehen wird besonders mit dem Ungehorsam gegenüber dem Lehnsherrn begründet.
Obwohl Heinrich dem Löwen nun seine beiden Herzogtümer aberkannt worden waren, schlossen die sächsischen Fürsten nach ihrer Heimkehr von dem Würzburger Reichstag mit ihm einen Waffenstillstand, der bis Ende April 1180 befristet war. Sicher wollten beide Seiten in den Wintermonaten ihre Rüstungen verbessern, um für die erwarteten Kämpfe besser gewappnet zu sein.
Der Kaiser aber mußte nun überlegen, wie er das Urteil von Würzburg vollstrecken könnte. Es mag wohl sein, daß Friedrich erwogen hat, die beiden Herzogtümer Bayern und Sachsen einigen seiner fünf Söhne zu geben. Diese Lösung war zweifellos sehr verführerisch, denn der Gewinn für die staufische Hausmacht wäre fulminant gewesen. Aber dieser Weg war für den Kaiser doch nicht gangbar, denn er hätte damit die einhellige Aversion der Fürsten gegen sich provoziert. Er mußte und wollte jedoch weiter mit ihnen zusammenarbeiten und brauchte ihre Hilfe, weshalb er sie nicht zu seinen Feinden machen durfte.

Für Anfang April 1180 wurde ein Reichstag nach Gelnhausen unweit von Frankfurt einberufen. Dort erschienen selbstverständlich vor allem die Gegner Heinrichs des Löwen, also sowohl der Erzbischof Philipp von Köln wie auch Wichmann von Magdeburg, die Askanier und die Wettiner, aber darüber hinaus noch zahlreiche Fürsten aus den anderen deutschen Ländern. Zunächst wurde über die weitere Bestimmung des Herzogtums Sachsen verhandelt. Man einigte sich darauf, Graf Bernhard von Anhalt, den jüngsten Sohn Markgraf Albrechts von Brandenburg, mit dem östlichen Teil des Herzogtums Sachsen zu belehnen. Der Kölner und Paderborner Sprengel Sachsens wurde zu einem selbständigen Herzogtum erhoben und der Erzbischof Philipp von Köln zum Herzog ernannt. In dem neuen, verkleinerten Herzogtum Sachsen hat der Kaiser den Kirchenfürsten erlaubt, alle kirchlichen Lehen Heinrichs des Löwen wieder an sich zu nehmen. Sowohl mit dieser Maßnahme wie überhaupt mit der Teilung des Herzogtums wollte der Kaiser vermeiden, daß nochmals eine ähnliche Macht- und Besitzanhäufung wie bei Heinrich dem Löwen zustande käme. Die Askanier hatten in Sachsen nun ohnedies eine sehr starke Stellung, da neben dem neuen Herzog auch der Markgraf von Brandenburg aus ihrem Hause stammte und ihnen auf diesem Reichstag in Gelnhausen auch noch das Erzbistum Bremen-Hamburg zufiel.
In einer berühmten Gelnhauser Urkunde, die den Verlauf des Prozesses gegen Heinrich den Löwen verkürzt nacherzählt, wurden alle damit zusammenhängenden Vorgänge von der kaiserlichen Kanzlei der Nachwelt überliefert. Allerdings läßt dieses Dokument recht unterschiedliche Auslegungen zu, weshalb über die Daten und Ergebnisse des Prozesses bereits viele Auseinandersetzungen geführt wurden und wohl auch noch weiter geführt werden.
Die sächsische Pfalzgrafschaft war kurz vor dem Reichstag durch den Tod des bisherigen Pfalzgrafen frei geworden. Der Kaiser belehnte nun den Landgrafen Ludwig von Thüringen damit.

Zwei päpstliche Kardinallegaten waren ebenfalls in Gelnhausen erschienen. Sie sollten die noch offenen Fragen um die Rückgabe der in Italien gelegenen Kirchengüter an den Papst klären. Für den Wechsel des Bischofs von Brandenburg in das Erzbistum Bremen-Hamburg brachten die beiden Legaten die Zustimmung des Papstes. Erzbischof Wichmann dagegen hatte mit der Besitzergreifung der Abtei Nienburg an der Saale im Rahmen eines Gütertausches den Zorn des Papstes erregt, denn Alexander sah darin Simonie – er drohte dem Erzbischof mit Strafmaßnahmen und warnte den Kaiser vor dem Jüngsten Gericht, falls der Tausch nicht rückgängig gemacht werde.

Da allem Anschein nach nicht zu erwarten war, daß Heinrich der Löwe seine beiden Herzogtümer freiwillig herausgeben würde, wurde in Gelnhausen eine Reichsheerfahrt gegen ihn beschlossen. Sie sollte am 25. Juli 1180 beginnen. Landgraf Ludwig von Thüringen und andere sächsische Fürsten sollten in der Zwischenzeit die Reichsstadt Goslar vor einem etwaigen Angriff Heinrichs schützen.

Tatsächlich zog der geächtete Welfe Anfang Mai gegen die von ihm immer schon begehrte gewinnträchtige Stadt. Da er aber erwartet wurde, konnte er wenig ausrichten. Immerhin gelang ihm jedoch die Zerstörung der Bergwerkseinrichtungen am Rammelsberg. Auf seinem weiteren Zug brannte er die Pfalzen in Mühlhausen und Nordhausen sowie ein Kloster nieder und richtete noch mehr Verwüstungen im Lande an. Der neue Herzog Bernhard von Sachsen und Landgraf Ludwig konnten Heinrich schließlich nahe der Unstrut bei Weißensee zwar stellen, aber sie waren ihm mit ihren Streitkräften weit unterlegen und erlitten am 14. Mai 1180 eine vollständige Niederlage. Landgraf Ludwig geriet mit vielen seiner Ritter sogar in die Gefangenschaft des Löwen und wurde im Triumph nach Braunschweig gebracht.

Um die gleiche Zeit fielen zum drittenmal wendische Scharen, von Heinrich aufgehetzt, in der Lausitz ein. Sie verwüsteten das Land von Markgraf Dietrich mit höllischem Vergnügen und kehrten mit reicher Beute und vielen Gefangenen nach Hause zurück. In Braunschweig feierte Heinrich mit den Seinen Freudenfeste, da er der kaiserlichen Partei solche Niederlagen hatte beibringen können. Der Löwe hoffte wohl noch, daß er trotz des Verlustes des westlichen Sachsen mit Glück eine ausreichende Streitmacht zusammenhalten können würde, um den Angriffen des Kaisers widerstehen zu können. Die Bayern konnte er infolge der weiten Entfernung gegenwärtig allerdings nicht in seine Berechnungen einbeziehen, aber außer acht gelassen hat er sie für die Zukunft sicher nicht.

Barbarossa hat sich von Gelnhausen aus zunächst nach Worms begeben, Anfang Juni war er in Würzburg, und gegen Ende Juni hielt er sich in Regensburg auf. Dort wurde auf einem Landtag allseits über die Untaten des geächteten Löwen geklagt, und man war sich einig, daß auch in Bayern bald ein neuer Herzog eingesetzt werden sollte. Da Heinrich nun seit Jahr und Tag in der Acht war und keine Schritte unternommen hatte, sich davon zu lösen, verfiel er jetzt der Aberacht, die nicht mehr rückgängig zu machen war. Damit wurde er völlig recht- und ehrlos und verlor auch alle persönliche Habe. Als neuer Herzog von Bayern kam zweifellos am ehesten Pfalzgraf Otto von Bayern aus dem Hause der Wittelsbacher in Betracht, der sich für den Kaiser schon seit mehr als 25 Jahre immer wieder mit großer Hingabe eingesetzt hatte und der fast stets in der Begleitung des Staufers zu finden war. Der Bischof von Freising nutzte die Gunst der Stunde und erwirkte vom Kaiser die Zustimmung, daß die von Heinrich 1157 zerstörte Brücke über die Isar bei Föhring wieder mit Marktrechten errichtet werden durfte und daß die Konkurrenz bei München wieder beseitigt werden müsse. Ausgeführt wurde der Abbruch der Münchner Brücke allerdings nicht.

Zunächst mußte der Kaiser nach Sachsen, um die Reichsheerfahrt gegen Heinrich den Löwen anzuführen. In der versammelten Streitmacht fand sich der Erzbischof von Köln und neue Herzog von Westfalen mit seinem Suffragan, dem Bischof von Utrecht, dazu mehrere Vasallen des Erzbischofs,

auch Wichmann von Magdeburg war mit seinen Suffraganbischöfen von Brandenburg, Merseburg und Naumburg gekommen, ebenso der neue Erzbischof von Bremen und sein Bruder, Herzog Bernhard von Sachsen, die Wettinischen Brüder von Meißen, der Lausitz, von Groitzsch und Brehna nutzten natürlich die Gelegenheit, gegen ihren Erzfeind Heinrich zu ziehen. Ferner war der kaiserliche Halbbruder Pfalzgraf Konrad bei Rhein mit seinem Gefolge zu sehen, daneben der Bischof von Würzburg und möglicherweise auch der Bischof von Speyer. Der junge Graf Adolf von Holstein hatte sich mit Heinrich kurz vorher überworfen und wollte wohl die erste Gelegenheit nutzen, sich bei dem Löwen für unfreundliche Forderungen zu revanchieren.
Es war eine stattliche Heeresmacht, die zunächst gegen die welfische Festung Lichtenberg bei Wolfenbüttel zog und sie gleich Anfang August 1180 überwältigen konnte. Am 15. August hielt der Kaiser in der nahe gelegenen alten Pfalz Werla einen Hoftag, auf dem mit Zustimmung der anwesenden Fürsten ein ebenso vorteilhafter wie wirksamer Beschluß verkündet wurde: Alle Anhänger Heinrichs sollen die kaiserliche Gnade erlangen, wenn sie sich spätestens bis 11. November 1180 unterwerfen. Wer dies nicht tut, verliert wegen Ungehorsams alle seine Besitztümer.
Wenige Tage später befand sich das kaiserliche Heer in der Gegend von Halberstadt. Die Stadt wurde nach dem Brand vor einigen Jahren allmählich wieder aufgebaut. Zum Schutz von Goslar entsandte der Kaiser eine Abteilung seiner Streitmacht, und auch die Ruine der Harzburg ließ er wieder restaurieren und besetzen.
Der Beschluß von Werla zeigte schon bald sehr günstige Folgen. Eine ganze Reihe von Vasallen Heinrichs übergaben ihre Burgen und Festungen dem Kaiser: Lauenburg, Heimburg, Regenstein am Harz werden genannt, und es sollen schließlich so viele gewesen sein, daß der Kaiser schon Anfang September 1180, also keine drei Wochen nach dem Beschluß von Werla, sein Heer auflösen und selbst in seine Pfalz nach Altenburg an der Pleiße ziehen konnte. Er war

wohl davon überzeugt, daß sein Vetter zumindest in den südlichen Teilen seines ehemaligen Herzogtums nichts mehr ausrichten könnte. In Altenburg hielt der Kaiser Mitte September einen Hoftag, und bei dieser Gelegenheit belehnte er Otto von Wittelsbach mit dem Herzogtum Bayern.

Auch dabei war Friedrich nach seinen Erfahrungen mit dem Löwen darauf bedacht, nur noch ein kleineres Machtgebiet zu verleihen. Trotz der über zwei Jahrzehnte bewiesenen unverbrüchlichen Treue des Wittelsbachers trennte der Kaiser nun die Steiermark von Bayern ab und erhob sie zu einem selbständigen Herzogtum unter dem jungen bisherigen Markgrafen Ottokar IV. Auch die ihm verwandten Grafen von Andechs (westlich von München), die seit 1173 mit der Markgrafschaft Istrien von ihm belehnt waren, löste der Kaiser aus der Vasallität Herzog Ottos und verlieh ihnen den Titel der Herzöge von Kroatien, Dalmatien und Meranien (Küstengebiet am Adriatischen Meer), der freilich kaum eine Bedeutung hatte, weil diese Gebiete wechselweise im Besitz von Byzanz und Ungarn waren. Trotz dieser Schmälerungen seiner herzoglichen Herrschaft im Vergleich zu seinem Vorgänger konnte sich der Wittelsbacher dank seinem großen Ansehen rasch durchsetzen.

Um die gleiche Zeit verstarben zwei der namhaftesten und bedeutendsten Gegenspieler Kaiser Friedrichs I., nämlich der französische König Ludwig VII. (am 18. September 1180) und Kaiser Manuel I. Komnenos von Byzanz (am 24. September 1180). Ludwig hatte ein knappes Jahr zuvor im November 1179 seinen vierzehnjährigen Sohn Philipp August krönen lassen, und dieser hatte nach einem Schlaganfall seines Vaters bereits das Regiment übernommen. Er stand zunächst unter dem Einfluß des Grafen Philipp von Flandern, von dem er sich jedoch bald gelöst hat. Im Juni 1180 erneuerte Philipp August ein drei Jahre zuvor von seinem Vater mit König Heinrich II. von England geschlossenes Freundschaftsbündnis.

Zwischen den beiden verstorbenen Potentaten waren in ihrem Todesjahr noch verwandtschaftliche Beziehungen hergestellt worden, da Manuels Sohn und Nachfolger Alexios die Tochter Agnes des französischen Königs heiratete. Die im Jahre 1171 gegebene Anregung Papst Alexanders fand damit noch eine späte und überraschende Verwirklichung. Manuels Tragik war es, daß ihm in Friedrich I. Barbarossa eine starke Persönlichkeit gegenüberstand, die alle seine Pläne zur Vereinigung des abendländischen und des morgenländischen Kaisertums zunichte machte. Aber der Komnene glaubte auf Grund astrologischer Prophezeiungen fest an derartige Möglichkeiten und war sogar bereit, diesen Plänen unter Umständen die Ostkirche zu opfern, womit er sich natürlich in Byzanz keine Freunde schuf. Seine wohl sehr beträchtlichen finanziellen Zuwendungen an abendländische Parteigänger hat er seinen Untertanen vergeblich abgepreßt, da ja die damit verfolgten Ziele nicht erreicht wurden.

Für den geächteten Heinrich den Löwen war es zweifellos eine bittere Erfahrung, als ihn nun so viele seiner Lehnsleute im Stich ließen, selbst solche, deren Väter ihm schon gedient und die unter ihm herangewachsen waren. Nun zog er nach Norden, wo er sich mehr Treue und Bestand seiner Herrschaft erhoffen mochte. Dort konnte er auch den Wortbruch des jungen Grafen Adolf von Holstein rächen und dessen Burg Plön erobern. Das befestigte Segeberg, das unter der Mutter des Grafen verteidigt wurde, ergab sich, nachdem der Brunnen ausgetrocknet war. Heinrich sagte der Besatzung freien Abzug zu, aber er ließ nur Adolfs Mutter mit ihrer Dienerschaft frei. Im Süden des Herzogtums verwüstete einer seiner berüchtigtsten Vasallen, Bernhard von Lippe, die Gebiete des Erzbischofs von Magdeburg.

Angesichts dieser Umtriebe mag es der Staufer bereut haben, daß er sein Heer so frühzeitig entlassen hatte. Gegen das Ende der von ihm in Werla ausgeschriebenen Amnestiefrist ritt er von Altenburg in die Gegend von Goslar. Jetzt unterwarfen sich ihm weitere Grafen mit ihren Burgen. Trotzdem mußte Friedrich spätestens gegen Ende des Jahres bei einem Aufenthalt in Erfurt erkennen, daß er ohne einen neuen Heerzug gegen seinen Vetter den Frieden nicht erreichen könne. Seine Neffen, der Landgraf Ludwig von Thüringen und dessen Bruder, schmorten seit sieben Monaten in den Kerkern des Löwen.

Der Tod Manuels in Konstantinopel hatte vielerlei Folgen. Obgleich sich Barbarossa wiederholt mit Güte und mit Drohungen um die Freilassung Erzbischof Christians aus dem Kerker der Montferrats bemüht hatte, war ihm dies nicht gelungen. Manuel hatte lange geplant, den wichtigen Vertrauensmann seines römisch-deutschen Gegners nach Konstantinopel bringen zu lassen, um ihn ein für allemal unschädlich zu machen. Jetzt, nach Manuels Tod und rund einjähriger Gefangenschaft, öffneten sich für Christian die Tore, aber die Montferrats verlangten die 12000 Goldstücke zurück, die sich der Erzbischof zwei Jahre zuvor von ihnen hatte zahlen lassen. Sogleich nach seiner Freilassung stürzte sich der kaiserliche Statthalter wieder auf all die Saumseligen und Abtrünnigen in Tuszien, der Mark Ancona und im Herzogtum Spoleto und brachte sie in die Botmäßigkeit des Reiches zurück.Nachdem Ungarn vom Druck Manuels befreit war, konnte es sich unter Bela III. dem byzantinischen Einfluß mehr und mehr entziehen, und nach der Eroberung von Galizien entfaltete das Land sogar eine beachtliche Selbständigkeit zwischen dem abendländischen und dem morgenländischen Imperium. Während auch das Königreich Serbien bald die Unabhängigkeit von Byzanz erreichte, scheinen die Christen im lateinischen Orient durch den Tod Manuels um eine Hoffnung ärmer geworden zu sein, denn er hatte im Vergleich zu vielen abendländischen Fürsten doch mehr Interesse an ihrem Schicksal gezeigt. Es ist deshalb nicht auszuschließen, daß sein Tod nun Papst Alexander bewogen hat, in einer neuen Bulle vom 16. Januar 1181 die Gläubigen des Abendlandes erneut zu einem Kreuzzug ins Heilige Land aufzurufen. Er hatte damit allerdings trotz des längst beendeten Kirchenstreites keinen Erfolg, weil die europäischen Potentaten viel zu sehr mit ihren eigenen Angelegenheiten beschäftigt waren und mit dem gläubigen Volk allein kein Kreuzzug möglich war.

Im Norden war Heinrich der Löwe durch die zahlreichen Übertritte seiner Vasallen zu den Kaiserlichen gegen die noch verbliebenen Getreuen mißtrauisch geworden, und einem von ihnen nahm er schließlich das befestigte Ratzeburg ab. Plön und Segeberg baute er stark aus und hoffte, für die nächste Zukunft in diesem Gebiet sicher zu sein. Im Magdeburger Sprengel trieb es Bernhard von Lippe so arg, daß sich Erzbischof Wichmann entschloß, die dem Welfen verbliebene Festung Haldensleben erneut anzugreifen. Um nicht nochmals den Tücken der moorigen Umgebung der Festung zum Opfer zu fallen, wollte er sich diesmal den Wasserreichtum der Gegend zunutze machen – er versuchte die Burg durch eine gewaltige Überschwemmung zu überwältigen. Dazu ließ er mächtige Dämme errichten, einen, der den Abfluß der Ohre sperrte, und einen zweiten, der den Abfluß des gestauten Wassers in die Umgebung der Festung verhindern sollte. Das war wohl ein umständliches Verfahren, aber die Belagerer erreichten im Februar 1181, daß Haldensleben völlig unter Wasser stand. Die Bewohner mußten unter dem Dachgebälk ihrer Häuser Zuflucht suchen, weil die unteren Räume überschwemmt waren, und weil auch der Friedhof unter Wasser stand, konnten nicht einmal mehr die Toten bestattet werden. Der Druck der Wassermassen war zuletzt aber so stark, daß die Dämme brachen und die Belagerten befreit aufjubelten. Erzbischof Wichmann ließ jedoch neue und stärkere Dämme errichten, so daß neue Wassermassen in die Festung flossen und jeden Tag höher stiegen. Die Belagerten fanden eine Möglichkeit, einen Hilferuf an Heinrich den Löwen zu senden, der jedoch der tapferen Besatzung keine Hilfe bringen konnte. So mußte sich Bernhard von Lippe mit den Seinen am 3. Mai 1181 ergeben. Der Erzbischof gewährte ihnen freien Abzug mit aller Habe, die sie binnen drei Wochen wegschaffen konnten. Danach wurde die Festung vollständig zerstört.

König Heinrich II. von England war um seinen geächteten Schwiegersohn Heinrich den Löwen und um seine Tochter sehr in Sorge, daher versuchte er den jungen französischen

König Philipp August für ein gemeinsames kriegerisches Eingreifen zugunsten des Welfen zu gewinnen. Unter dem Einfluß des Grafen Heinrich von Troyes – desselben, der 1162 bei dem gescheiterten Treffen an der Saône so aktiv war – lehnte Philipp August im Frühjahr 1181 eine derartige Einmischung in die deutschen Verhältnisse ab. Daraufhin konnte sich auch der Engländer nicht dazu entschließen, seinen Schwiegersohn mit den Waffen zu unterstützen. Schließlich versagte auch der Dänenkönig Waldemar I., den der Löwe bei einem persönlichen Treffen um Hilfe anging, seinen Beistand.

Der Kaiser hielt sich in der ersten Hälfte des Jahres 1181 in den süddeutschen Ländern auf. Er war dort wahrscheinlich für den neuen Heerzug gegen Heinrich den Löwen tätig, den er für den Sommer plante. Wir finden ihn am 1. März in Nürnberg, zehn Tage später in Donauwörth, Mitte April in Konstanz, von wo aus er Anfang Mai wieder nordwärts reiste um über Ulm Mitte Mai nach Eßlingen zu kommen. Einige Tage später besuchte er die Stammesburg seines Geschlechtes auf dem Hohenstaufen bei Göppingen. Es mag wohl sein, daß ihn seine beiden Söhne, der nun siebzehnjährige Herzog Friedrich von Schwaben und der sechzehnjährige König Heinrich, die während der letzten Monate öfters bei ihm waren, auch hierher begleitet haben.

Mitte Juni sammelte sich das vom Kaiser aufgebotene Reichsheer in der Gegend südlich von Braunschweig. Im Gegensatz zum Vorjahr stellten sich nun nicht nur Fürsten aus Sachsen und den Rheinlanden mit ihrem Gefolge ein, sondern es kamen auch Streitkräfte aus den Herzogtümern Bayern und Schwaben – ein Ergebnis von Friedrichs Aktivitäten in diesen Ländern. In einer Kriegsberatung entschloß sich der Staufer, das stark befestigte welfische Braunschweig nicht anzugreifen, sondern einen Teil seiner Streitmacht in der Nähe der Stadt zu deren Bewachung zu lassen, damit ihm die dortigen Truppen Heinrichs nicht in den Rücken fallen konnten, wenn er mit seiner Hauptmacht nach Norden zog. Friedrich riskierte es sodann, mit seinem Heer die Lüneburger Heide zu durchqueren. Das war für eine solch große Menschenmenge recht gewagt, denn in der Heide war die Frage der Verpflegung für Menschen und Tiere schwierig zu lösen. Offenbar war aber alles gut vorbereitet, denn der Sprung ist gelungen, und der Kaiser kam mit den Seinen bald vor die Stadt Lüneburg. Heinrich hatte die thüringischen Gefangenen, die länger hier festgehalten worden waren, kurz vorher nach Segeberg bringen lassen. Seine Gemahlin Mathilde hielt sich indes unverzagt in der nun sehr gefährdeten Stadt auf und ließ Friedrich wissen, daß Lüneburg zu ihrem Heiratsgut gehöre. Der Kaiser respektierte dies und ließ die Stadt unbehelligt. In dem benachbarten, damals wohl bedeutenderen Bardowick wurde er gut aufgenommen.

Der Löwe machte unterdessen eiligst seine Burgen in den Gebieten nördlich der Elbe abwehrbereit, um gegen einen Angriff des Kaisers gewappnet zu sein; Plön und Segeberg wußte er in zuverlässigen Händen. In Lübeck ordnete er alles Nötige für eine wirksame Verteidigung an. Aber von der Besatzung in Ratzeburg, das sich Heinrich erst einige Monate vorher gewaltsam angeeignet hatte, wurde er prompt im Stich gelassen. Schnellstens ritt er zur Artlenburg, seiner wichtigsten Festung an der Elbe. Der Fluß war wegen seines wechselnden Wasserstandes oft schwer zu überschreiten, bei der Artlenburg, westlich von Lauenburg, war jedoch einer der günstigsten Übergänge, und diesen wollte Heinrich für die Kaiserlichen natürlich vor allem sperren. Der Löwe mußte nun aber erkennen, wie wenig Freundschaft und Treue wert sind, wenn Not und Bedrängnisse ins Haus stehen. Er sah keine Möglichkeit, die Artlenburg gegen die Kaiserlichen zu halten, und so legte er erbittert selbst Feuer an die Festung, um sie nicht in die Hände der Gegner fallen zu lassen. In einem Nachen entkam er nach Stade.

Friedrich und die Seinen konnten ungehindert über die Elbe setzen und bald vor Lübeck erscheinen. Dort fanden sich auch Holsteiner, Dänen und Wenden zur Unterstützung der Kaiserlichen ein. Im Lager vor Lübeck haben der Staufer und

der dänische König die Verlobung des Kaisersohnes Herzog Friedrich von Schwaben mit einer Tochter des Königs vereinbart. Damals belehnte der Kaiser auch den pommerschen Fürsten Bogislaw und den Obodritenfürsten Niklot von Werle mit ihren Ländern. Die beiden Machthaber anerkannten damit die Oberhoheit des Reiches in ihren Gebieten von der Insel Rügen bis zur Weichsel, wo vor allem die Zisterzienser hervorragende landwirtschaftliche Kolonisationsarbeit geleistet haben. Mit dieser Belehnung anerkannte der Kaiser natürlich Bogislaw und Niklot umgekehrt auch als Reichsfürsten.
Lübeck wurde nun von der Land- und Seeseite her belagert, denn der dänische König war mit einer großen Flotte in die Travemündung eingefahren. Heinrich hatte seine kriegstüchtigsten Männer in die Stadt beordert, während er selbst in Stade weilte, das er ebenfalls sorgfältig befestigen ließ. Die Lübecker hielten ihrem geächteten Herzog fest die Treue, da sie ihm viele Wohltaten verdankten. Als sie aber feststellen mußten, daß ihnen die Vorräte fehlten, mit deren Hilfe sie durchhalten könnten, forderten sie ihren Bischof auf, sich zum Kaiser zu begeben. Er sollte dem Regenten klarmachen, daß sie ohne eigene Schuld in diese Bedrängnis gekommen seien und daß sie nicht bereit seien, die ihnen vom Herzog verliehene Stadt kampflos in die Hände des Kaisers zu geben. Dieser möge ihnen gestatten, bei ihrem Herzog in Stade nach dessen Absichten zu fragen. Wenn er sie entsetzen wolle, würden sie die Belagerung aushalten so lange wie irgend möglich. Wenn ihnen der Herzog dies jedoch nicht versprechen könne, würden sie sich dem Willen des Kaisers fügen. Falls ihnen aber diese Anfrage beim Herzog nicht gestattet werde, dann wollten sie lieber bei der Verteidigung ihrer Stadt ehrenvoll sterben als treubrüchig werden.
Solche tapfere Gesinnung der Lübecker konnte auf den Kaiser nicht ohne Eindruck bleiben. Nach dem Vortrag des Bischofs soll er erwidert haben, daß die Stadt durch die Ächtung des Herzogs ihm, dem Kaiser zugefallen sei und daß die Lübecker deshalb unrecht täten, wenn sie ihm die Tore nicht

öffneten. Aber er wolle ihre Widersetzlichkeit nicht bestrafen, sondern eine Gesandtschaft bewilligen. Wenn jedoch die Tore der Stadt nach der Rückkehr der Bevollmächtigten nicht geöffnet würden, müsse die Stadt mit schweren Strafen rechnen.

Der Löwe konnte den Lübeckern die Befreiung aus der Umklammerung nicht in Aussicht stellen. Er mußte wohl erkennen, daß seine Sache verloren war, und übermittelte die Anweisung, die Stadt dem Kaiser zu übergeben. Die Lübecker waren selbst in dieser Bedrängnis noch auf ihren Vorteil und auf ihre Unabhängigkeit bedacht, und so erlangten sie, bevor sie dem Kaiser die Tore öffneten, nach geschickt geführten Verhandlungen die Bestätigung ihrer bisherigen Freiheiten und ihrer Rechte, so daß die Stadt in etwa eine reichsunmittelbare Stellung erhielt. Erst jetzt konnte der Staufer um den 10. August 1181 mit großem Prunk und – wie Arnold von Lübeck berichtet – unter dem Jubel des Volkes in die Stadt einziehen.

Unterdessen war es in Mittelitalien Erzbischof Christian von Mainz gelungen, die Autorität des Kaisers wieder weitgehend herzustellen. Die Montferrats kehrten zu ihrer früheren reichsfreundlichen Haltung zurück. Allerdings war es den Bolognesen im Juli 1181 gelungen, das kaisertreue Imola zu unterwerfen und damit der antikaiserlichen Partei zu verpflichten.

Im Gefolge der Beschlüsse des Dritten Laterankonzils von 1179 wurde in Südfrankreich ein Kreuzzug gegen die ketzerischen Katharer durchgeführt. Unter der Leitung des neu ernannten Kardinalbischofs Heinrich von Albano richtete der Zug im Sommer 1181 besonders bei Béziers furchtbare Verheerungen an. Die katholischen Exekutoren erreichten wohl, daß viele der Sektierer nach außen ihrem Glauben abschworen, aber die mystisch-religiösen Erwartungen dieser Menschen konnten von dem verweltlichten Klerus der römischen Kirche nicht gestillt werden.

Papst Alexander hat sich vermutlich in Rom nicht ausreichend sicher gefühlt und residierte in den zurückliegenden

Monaten an verschiedenen Orten in Mittelitalien. Er, der in letzter Zeit immer öfters von Krankheiten heimgesucht wurde, verstarb am 30. August 1181 in Civita Castellana nördlich von Rom. Als man den Leichnam des während einer Reise plötzlich verstorbenen Pontifex in die Ewige Stadt brachte, wurde er von den Römern mit Schmähungen empfangen und mit Steinen und Kot beworfen. Nur im geheimen konnten die Kardinäle das Oberhaupt der katholischen Kirche bestatten, das 22 Jahre lang unter schwierigsten Verhältnissen regiert und diese Verhältnisse mit Geschick und Beharrlichkeit überwunden hatte. Alexander III. hatte sich durch hervorragende juristische und theologische Kenntnisse bereits vor seiner im Jahre 1159 erfolgten Wahl zum Papst als Lehrer des Kirchenrechts in Bologna ausgezeichnet.

Die Kardinäle wählten als Nachfolger den bisherigen Bischof Hubald von Ostia, der unter Alexander III. häufig in diplomatischen Missionen gedient hatte. Der Neugewählte, ein Zisterzienser, nahm den Namen Lucius III. an. Im Herbst ging Lucius, der älter als der verstorbene Papst war, nach Rom. Da er aber den Römern, anders als frühere Päpste, keine großen Geldgeschenke machen konnte oder wollte, erwarb er sich rasch deren Antipathien. Unter diesen Umständen war es nützlich, daß er schon früher mit dem Kaiser sympathisiert hatte und sich so auf den Schutz Erzbischof Christians verlassen konnte.

Nach dem Fall von Lübeck unterwarfen sich in rascher Folge auch jene Orte und Gebiete nördlich der Elbe, die noch unter dem Regiment des Löwen standen. Auch Heinrich selbst gab den Kampf auf und erwirkte von seinem Vetter freien Durchzug zu seiner Gemahlin nach Lüneburg. Der Kaiser räumte das nördliche Sachsen und entließ sein Heer zum größten Teil bereits Anfang September in der Braunschweiger Gegend. Als er sich kurz darauf in Goslar aufhielt, kamen auch seine thüringischen Neffen Landgraf Ludwig und dessen Bruder zu ihm, die von Heinrich entlassen worden waren. Es ist eigenartig, daß ihre Freilassung vom Kaiser nicht gefordert worden war, aber er hatte ja auch Heinrich nicht zu einer förmlichen Kapitulation gezwungen. Man ging einfach auseinander, als man glaubte, daß es nichts mehr zu kämpfen gäbe, und der Kaiser gewährte seinem geächteten Vetter sogar noch freien Durchzug. Heinrich glaubte, sich durch die Freilassung der Thüringer ohne Lösegeld-Forderung ein Verdienst erworben zu haben. Allerdings unternahm er von Lüneburg aus mehrere Versuche, den Kaiser zur Milde zu stimmen.

Etwa Ende September 1181 sollten die Fürsten während eines Gerichtstages in Quedlinburg über das weitere Schicksal Heinrichs entscheiden. Der Löwe erschien, lag aber bald mit seinem Nachfolger, Herzog Bernhard, im Streit. So vertagte man sich ohne Ergebnis auf Mitte November zu einem Reichstag nach Erfurt.

Am 11. November 1181 finden wir den Kaiser auf einem Gerichtstag in Altenburg. Fünf Tage später kam er mit großer Begleitung nach Erfurt. Eine noch größere Anzahl, vor allem von sächsischen Fürsten, erwartete ihn hier. Mit festlichem Gepränge wurde der Reichstag am 16. November 1181 eröffnet. Heinrich, der dazu keinen offiziellen Zutritt mehr hatte, wurde vorgelassen. Er warf sich dem Kaiser zu Füßen und erflehte seine Gnade. Mit Bitternis hatte der einst so stolze und selbstherrliche Mann einsehen müssen, daß er nur von der Gnade seines Vetters noch Hilfe für sich erwarten konnte. Der Kaiser erhob Heinrich und bot ihm den Friedenskuß. Fürchtete der Kaiser nicht den Widerspruch der Fürsten, wenn er dem Verhaßten und Geächteten den Friedenskuß bot? Die Überlieferung spricht sogar von Tränen, die sich dem Kaiser entrungen haben – der dem gestürzten Welfen wohlgesonnene Arnold von Lübeck bezweifelt allerdings, daß sie ehrlich gemeint waren. Aber die Fürsten hatten ohnedies über das Schicksal Heinrichs zu entscheiden, und sie entschieden, daß er für drei Jahre das Reich verlassen mußte.

20 *Die Krönung Kaiser Heinrichs VI. in Rom am 15. April 1191. Buchminiatur aus der Handschrift »Liber at Honorem Augusti« des Petrus de Ebulo, um 1195/96 entstanden. Bern, Bürgerbibliothek.*

celestin'
ecclia beati petri
crisma
brachia

23 *Friedrich Barbarossa. Holzschnitt des 16. Jh. (Universitäts-Bibliothek Basel).*

◀ 22 *Relief des 12. Jh. (Heinrich v.?). Speyer, Histor. Museum der Pfalz.*

24 *Gök-su (im Altertum Kalykadnus, im Mittelalter Saleph), Fluß in Anatolien. Friedrich Barbarossa ertrank im Gök-su am 10. Juni 1190.*

Ohne Erlaubnis des Kaisers sollte er nicht wieder zurückkehren dürfen. Daß er entsprechend den gegen ihn ergangenen Urteilssprüchen alle seine Reichslehen und Eigengüter wie auch sämtliche Rechte und Würden auf Lebenszeit verloren hatte, war selbstverständlich. Nur mit Mühe konnte der Kaiser seinem Vetter den Besitz seiner Allodien in Braunschweig und Lüneburg bewahren, die Bürger dieser Städte aber, die wegen ihres Festhaltens an ihrem Herrn geächtet worden waren, wurden nun aus der Acht gelöst. Heinrich schwor dem Reichstag, daß er das Reich verlassen und nur mit Erlaubnis des Kaisers zurückkehren werde. Er entsagte allen Würden, Lehen und Gütern.

So war Friedrich I. Barbarossa aus dem Kampf gegen Heinrich den Löwen als Sieger hervorgegangen. Ein weiteres Kapitel in den Auseinandersetzungen zwischen Staufern und Welfen war abgeschlossen. Es war freilich nicht das letzte Kapitel. Hätte sich dieser dreijährige Kampf zwischen Friedrich und Heinrich und hätte sich die Demütigung des Kaisers in Chiavenna 1176 vermeiden lassen, wenn Friedrich nicht vierzehn Jahre lang mit so endloser Geduld zunächst allen Forderungen und Eskapaden des Welfen nachgegeben hätte? Oder wäre Friedrich dann das gleiche Schicksal beschieden gewesen wie seinem Vorgänger Konrad III. in seinem Kampf gegen die Welfen?

Auf dem Erfurter Reichstag wurden natürlich auch noch andere Angelegenheiten entschieden. Stadt und Grafschaft Stade kamen zum Erzbistum Bremen, und dem Bistum Schwerin wurden alle Schenkungen bestätigt, die es von Heinrich erhalten hatte. Die Verhältnisse in Holstein und den wendischen Ländern wurden zugunsten der Fürsten wieder so hergestellt, wie sie vor den jüngsten Kriegsmaßnahmen des Löwen gewesen waren. Auch in Thüringen wurden die Besitztümer zur Zufriedenheit des Landgrafen und seines Bruders geregelt. Schwieriger waren die Angelegenheiten der zahlreichen Grafschaften zu klären, die Heinrich meist rücksichtslos an sich gerissen hatte und woraus ihm die vielen Feindschaften erwachsen waren. Häufig hatte er an die Stelle reichsunmittelbarer Grafen reichsmittelbare setzen können, die dann von ihm abhängig waren. Alle diese in rund vierzig Jahren mit großer Energie von Heinrich geschaffenen Verhältnisse, auch im kirchlichen Bereich, die den Unmut der Fürsten verursacht hatten, sollten nun in Erfurt rechtens entschieden werden. Die Grafschaften, die eindeutig in herzoglichem Besitz waren, gingen selbstverständlich auf Herzog Bernhard über, und ihm wurde auch das Herzogtum nochmals ausdrücklich bestätigt.

Der Reichstag nahm lange Zeit in Anspruch, und der Kaiser schloß ihn erst ab, als alle anwesenden Fürsten geschworen hatten, daß sie künftig Frieden halten wollten. Obwohl Friedrich den Kampf gegen Heinrich den Löwen ohne die Hilfe der Fürsten nicht hätte bestehen können, brachte ihm die Verurteilung des Herzogs und die Vollstreckung des Urteils doch einen gewaltigen Autoritätsgewinn.

Der Kaiser blieb noch bis Mitte Dezember 1181 in Erfurt, Weihnachten soll er in Merseburg gefeiert haben.

Friede mit den Lombarden und der sechste Italienzug 1182–1186

Nach dem großen und entscheidungsreichen Erfurter Reichstag ritt der Kaiser Anfang 1182 wieder westwärts und weilte längere Zeit zunächst wohl in den rheinischen und später in den bayerischen und schwäbischen Gebieten. Heinrich der Löwe blieb noch einige Monate in den deutschen Landen, und sein Schwiegervater unternahm während dieser Zeit auf verschiedenen Wegen Versuche, die Ausweisung Heinrichs abzuwenden. Eine englische Delegation unter dem Grafen von Essex erschien beim Kaiser, und auch König Philipp August von Frankreich sowie der Graf von Flandern setzten sich für den Welfen ein. Aber der Beschluß des Reichstages war für den Kaiser unumstößlich. Lediglich den Begleitern Heinrichs wollte und konnte er sichere Heimkehr garantieren, außerdem durfte die Gemahlin Mathilde die Verwalter ihrer Heiratsgüter für die Zeit des Exils selbst bestimmen. Ihr wurde es sogar freigestellt, diese Güter eventuell selbst zu verwalten und nicht mit ins Exil zu gehen. Anfang März 1182 finden wir den Kaiser in seiner Pfalz in Gelnhausen. Vermutlich hat der neue Papst Lucius III. einen Versuch unternommen, die Fragen um die Rückgabe der strittigen Güter in Italien erneut aufzuwerfen. Jedenfalls beriet sich der Kaiser darüber in Gelnhausen mit einigen Fürsten, und Erzbischof Konrad von Salzburg übernahm es, dem Papst einen Vorschlag zu überbringen, der ihm beträchtliche Vorteile und die Befreiung von den ständigen finanziellen Sorgen in Aussicht stellte. Die noch in der Hand des Kaisers befindlichen Kirchengüter in Italien sollten nach diesem Vorschlag beim Reich verbleiben, der Papst und die Kardinäle sollten aber dafür von allen gegenwärtigen und künftigen Einnahmen des Kaisers aus seinen italienischen Gütern je ein Zehntel erhalten. Damit wäre ein beide Seiten

zufriedenstellender Ausgleich in den schwierigen und viel Zündstoff enthaltenden Fragen der Rückgabe jener strittigen Güter erzielt worden. Der Kaiser erklärte sich überdies bereit, mit seinen Söhnen zuverlässige Bürgschaften für die Einhaltung einer derartigen Vereinbarung zu leisten, und auch die Reichsfürsten sollten den etwaigen Vertrag beschwören. Umgekehrt sollten auch der Papst und die Kardinäle entsprechende Bürgschaften erbringen.
Erzbischof Konrad traf Papst Lucius in Velletri. Erwartungsgemäß war es auch ihm nicht möglich gewesen, sich bei den Römern beliebt zu machen. Die Kirche hatte um diese Zeit auch sonst in Italien – vor allem in der Lombardei – mit oppositionellen Kräften zu kämpfen. Über Lodi hatte der Bischof sogar das Interdikt verhängt, weil dort, wie auch in anderen Orten, gegen das Verbot der Kirchenbesteuerung vom Dritten Laterankonzil verstoßen wurde. Unter all diesen unerfreulichen Umständen wäre für den kaiserfreundlichen Lucius die Annahme der Vorschläge, die ihm Erzbischof Konrad brachte, sicher sehr vorteilhaft gewesen. Für die Kirche bestand ohnedies kaum die Möglichkeit, die fraglichen Güter gegen den Willen des Kaisers in ihren Besitz zu bringen oder gegen die eigenen Feinde in Italien wirksam zu schützen. Es wäre also außerordentlich günstig gewesen, dafür sichere und regelmäßige Geldzahlungen einzutauschen. Lucius wollte trotz seiner kaiserfreundlichen Einstellung in erster Linie die Unabhängigkeit der Kirche bewahren, die aber sah er ernstlich in Gefahr, wenn er sie finanziell so eng an das Reich ketten würde. Deshalb gab er Erzbischof Konrad trotz der deutlichen Vorteile des kaiserlichen Vorschlages einen dilatorischen Bescheid mit auf den Rückweg, den dieser wohl Mitte Juni 1182 angetreten hat.
Friedrich feierte unterdessen das Pfingstfest Mitte Mai in Mainz mit großem Prunk und in Anwesenheit seiner Gemahlin Beatrix, seines Sohnes Heinrich, des jungen Königs, sowie vieler kirchlicher und weltlicher Fürsten. Er verband das Fest mit einem Reichstag, auf dem nicht zuletzt flandrische Angelegenheiten besprochen wurden. Graf Philipp von

Flandern, der sowohl vom Kaiser als auch vom französischen König Länder zu Lehen hatte, war mit dem letzteren in Streit geraten. Der Kaiser hatte deshalb seinen Sohn, den König Heinrich, schon im Februar mit der Abhaltung eines Hoftages in Lüttich beauftragt, denn er sah sich genötigt, für seinen flandrischen Vasallen Partei zu ergreifen. Der versprach dafür jetzt in Mainz, daß er seine reichen Ländereien einem der Söhne des Kaisers vermachen wolle, falls er ohne leiblichen Erben sterben würde.

Heinrich der Löwe hat am 25. Juli 1182 das Reich in Begleitung seiner Gemahlin, zweier Söhne und einer Tochter verlassen. Ein dritter Sohn soll als Geisel zurückgeblieben sein. Der Welfe zog mit großem Gefolge an den Hof seines Schwiegervaters in die Normandie, wo er mit beträchtlichem Aufwand leben konnte. König Heinrich stattete ihn offenbar mit reichlichen Mitteln aus.

Nachdem im Nordwesten der Friede nicht zuletzt unter Mitwirkung des englischen Königs wieder gesichert war, brach im Sommer 1182 in Böhmen eine Verschwörung gegen Herzog Friedrich aus. Der ehedem mit ihm befreundete Konrad-Otto von Znaim vertrieb ihn nun und ließ sich selbst zum Herzog von Böhmen wählen. Solche Eigenmächtigkeiten in seinen Vasallenländern wollte und konnte der Kaiser selbstverständlich nicht hinnehmen, und so lud er die böhmischen Großen für den September zu einem Reichstag nach Regensburg. Nachdem er zuvor noch im August einen Hoftag in Nürnberg gehalten hatte, ritt er Ende September nach Regensburg. Dort erschienen die Böhmen, freilich nicht gerade gern, denn sie waren sich wohl darüber im klaren, daß der Kaiser die Vertreibung Herzog Friedrichs nicht billigen würde. Sie mußten ihren ungeliebten Herzog wieder anerkennen, aber der schneidige Konrad-Otto von Znaim wurde vom Kaiser mit Mähren belehnt und somit auch Reichsfürst und Herzog Friedrich gleichgestellt. Der Staufer hat also die Gelegenheit wahrgenommen und eine weitere reichsunmittelbare Markgrafschaft geschaffen, um die Macht der Fürsten zu reduzieren.

Während dieses Reichstages hat Friedrich auch den Juden ein neues Privileg ausgestellt. Wenige Tage später hielt er sich in Augsburg auf, von wo er sich wieder nach Sachsen begab. Zunächst hat er wohl in Altenburg und Pegau Hoftage gehalten, ehe er Ende November in Erfurt eintraf, wo er während eines Hoftages einen Vergleich zwischen dem Landgrafen von Thüringen und dem Abt des Klosters Hersfeld beurkundete. Anfang Dezember 1182 begab sich der Kaiser nach Merseburg. Zwischen Herzog Bernhard und seinen Vasallen war es zu Streitigkeiten gekommen, mit Graf Adolf von Holstein gab es sogar offenen Kampf. Der Kaiser hat die Stellung Herzog Bernhards seit dem Sturz Heinrichs des Löwen auch nicht immer in der richtigen Weise gestützt, wie sich am Beispiel der Stadt Lübeck gezeigt hat, der er eine reichsunmittelbare Position einräumte. Aber Herzog Bernhard übte seine Herrschaft nicht mit der nötigen Energie aus, so daß in seinem Herzogtum bald Unsicherheit und Willkür an der Tagesordnung waren. Schließlich drohte ihm sogar der Verlust der Gebiete nördlich der Elbe, nachdem Adolf von Holstein zusammen mit Gunzelin von Schwerin und weiterer Unterstützung die herzogliche Lauenburg an der Elbe zerstört hatte, die Bernhard erst kurz zuvor stärker hatte ausbauen lassen. In Merseburg konnte der Kaiser nun im Dezember 1182 diese Streitigkeiten zu einem Ende bringen. Er verpflichtete die aufständischen Grafen zu Bußgeldzahlungen an den Herzog und zum Wiederaufbau der Lauenburg. Adolf von Holstein konnte die Gebiete von Oldesloe und Ratkau behalten, obgleich sie ursprünglich herzoglicher Besitz waren, die Grafschaft Dithmarschen hingegen mußte er an das Erzbistum Bremen zurückgeben. Eine grundsätzliche Klärung des Lehnsverhältnisses zwischen Herzog Bernhard und Graf Adolf wurde nicht unternommen.

Wie in Sachsen, so entwickelten sich auch in Dänemark die Dinge für den Kaiser recht unerfreulich. Nach dem Tod König Waldemars I. im Mai 1182 war dessen Sohn Knud nicht bereit, das im Vorjahr von seinem Vater und dem Kaiser vor Lübeck erneuerte Einvernehmen fortzusetzen. Knud ließ mehrere Aufforderungen des Staufers, ihm zu huldigen, nicht nur unbeachtet, sondern begegnete ihnen mit offenem Trotz. Dabei wurde er von Erzbischof Absalon von Lund unterstützt. Zweifellos trug auch seine Gemahlin Gertrud, die Tochter Heinrichs des Löwen, das ihre zu Knuds unfreundlicher Haltung bei. Die Dänen fühlten sich freilich durch den Kaiser schlecht behandelt, denn sie hatten erwartet, daß man sie mit Pommern belehne, und waren verbittert, daß Herzog Bogislaw das Gebiet erhalten hatte. Und schließlich dürfte die antikaiserliche Stimmung durch einige Anhänger der Welfen, die an den dänischen Hof geflüchtet waren, nach Kräften geschürt worden sein. Knud soll dem Kaiser sarkastisch mitgeteilt haben, daß er ihn nicht unbedingt mit Dänemark belehnen müsse, da er doch auch mit einem anderen Land zufrieden sei, womit er sicher Pommern gemeint hat. Im neuen Jahr 1183 finden wir den Kaiser vor allem wieder mit den Verhältnissen in Italien beschäftigt, denn der 1177 abgeschlossene sechsjährige Waffenstillstand mit den oberitalienischen Städten lief aus, und beide Seiten schienen daran interessiert zu sein, einen endgültigen Frieden zu vereinbaren. Der Sturz des in Italien so gefürchteten Heinrichs des Löwen und der Ausfall der byzantinischen Macht infolge des Todes Manuels I. hat das Prestige des Kaisers auf der Apenninenhalbinsel spürbar gehoben. Einzelne Städte wie Vercelli und Tortona versuchten, schon vor allgemeinen Verhandlungen für sich Vergünstigungen und Privilegien beim Kaiser zu erreichen. Große Sorgen hatten die Alessandriner, denn sie wußten wohl, daß Barbarossa nach wie vor die Zerstörung ihrer Stadt im Sinn hatte. Der Städtebund schien ihnen gegen diese kaiserliche Bedrohung kein ausreichender Schirm mehr zu sein, da die Einigkeit der verbündeten Städte nicht mehr so sicher war wie ehedem. In den Jahren des Waffenstillstandes hatten sich die Alessandriner deshalb auf verschiedenen Wegen durch Verträge mit den Montferrats, mit Genua und anderweitig abzusichern versucht. Aber Anfang 1183 haben sie wohl mit dem Kaiser selbst Gespräche aufgenommen, und diese führten schließ-

lich so weit zu einer Einigung, daß während eines Hoftages in Nürnberg Mitte März 1183 von beiden Seiten eine Urkunde beschworen werden konnte. Danach mußte die ganze Bevölkerung Alessandrias die Stadt räumen. Der Kaiser, so hieß es, wolle dann symbolisch die Stadt neu gründen und ihr den Namen Cäsarea geben. Ein kaiserlicher Beauftragter werde den Bürgern die Stadt übergeben und sie wieder dorthin zurückführen. Die Bürger dürften ihre Konsuln zwar selbst wählen, müßten sie jedoch vom Kaiser bestätigen lassen. Alle Einwohner der Stadt vom 14. bis 70. Lebensjahr sollten dem Kaiser und König Heinrich Treue schwören. Den Konsuln der Stadt werde die Rechtsprechung übertragen, dem Kaiser stehe jedoch ein Appellationsrecht zu. Eine Reihe benachbarter Städte und Markgrafen sollten mit Cäsarea gegenseitige Schutzbündnisse abschließen.
So haben sich die Alessandriner dem Kaiser unterworfen und seine Anerkennung erlangt. Man sollte es nicht als verbohrt oder übertrieben bezeichnen, daß Barbarossa die Stadt nur nach dem Namenswechsel anerkannt hat, denn er hat damit gegenüber dem ursprünglichen Status Alessandrias auch wichtige Reichsrechte durchgesetzt. Es ist also auch durchaus verständlich, daß er diesen Stein des Anstoßes beseitigen wollte, und die jetzt gefundene Lösung war jedenfalls human im Vergleich zu jenen Plänen, die eine Vernichtung der Stadt vorgesehen hatten.
Mit der Übereinkunft zwischen den Bürgern dieser Stadt und dem Kaiser war eine wichtige Voraussetzung für die allgemeine Friedensregelung in Oberitalien geschaffen worden. Zu dem Hoftag Mitte März waren noch zahlreiche andere namhafte Italiener nach Nürnberg gekommen, und zweifellos wurde dabei über die Möglichkeiten zu einem Friedensvertrag gesprochen. Der Kaiser ermächtigte eine Delegation unter Führung des Bischofs von Asti, in seinem Namen mit dem Städtebund zu verhandeln. Er soll sogar von vornherein zugesagt haben, daß er die Verhandlungsergebnisse dieser Delegation gutheißen wolle, was allerdings recht wenig glaubwürdig erscheint.

Die Beratungen fanden in Piacenza statt. Da beide Seiten am Abschluß eines Friedensvertrages interessiert und zu Konzessionen bereit waren, kam verhältnismäßig rasch eine Einigung zustande. Schon am 30. April 1183 beschworen die Rektoren des Städtebundes sowie einige Podestàs und Konsuln den Frieden, die kaiserliche Delegation aber gelobte, daß sie die Anerkennung und den Vollzug der Vereinbarungen durch den Kaiser und seinen Sohn König Heinrich bewirken werde. Die Zeremonie in Anwesenheit des Kaisers sollte während eines Reichstages in Konstanz spätestens eine Woche nach Pfingsten stattfinden. Die verbündeten Städte beschworen unter sich nochmals, daß sie an den ausgehandelten Abmachungen unbedingt festhalten und sich zu keiner Änderung bereitfinden wollten, außerdem versprachen sie feierlich, daß sie jeden Angriff auf die Rechte aus dem Friedensvertrag abwehren würden. Alle Befehle der Rektoren sollten in den Bundesstädten zuverlässig befolgt und das Ganze von den Bürgern beschworen werden.
Der Kaiser war Ende Mai 1183 in Eger. Hier erteilte er in Anwesenheit des bayerischen Herzogs Otto seinem bisherigen Kapellan Konrad die Investitur für das Bistum Lübeck, nachdem der dortige Bischof gegen Ende 1182 gestorben war. Mit seinem ihm nahestehenden Kapellan wollte der Kaiser wohl seinen Einfluß in den Gebieten nördlich der Elbe verstärken. Das war dringend erforderlich, da sich Herzog Bernhard in seinem Herzogtum gegen die ihm mißgünstigen und aufsässigen Fürsten und gegen die Anhänger der Welfen nicht durchsetzen konnte. Das Recht des Stärkeren herrschte überall – Kaufmannsfahrzeuge, klagte eine zeitgenössische Quelle, wurden überfallen, Kirchen geplündert, Raub und Mord blieben vielfach ungesühnt. Es schien aber, als ob der Kaiser die Bedrängnisse des Herzogs nicht ungern gesehen hatte, um nun endlich die Macht des Reiches in Sachsen stärker zur Geltung zu bringen, nachdem dies während der Zeit Heinrichs des Löwen nicht gelungen war.
Von Eger ritt der Kaiser über Regensburg nach Konstanz, wo er am 20. Juni 1183 von dem bereits versammelten Reichstag

begrüßt wurde. Die Herzöge Otto von Bayern, Berthold von Zähringen, Welf und Konrad von Spoleto sowie die Bischöfe von Asti, Chur, Como, Konstanz, Metz und Münster waren ebenso wie viele Markgrafen, Grafen, Äbte und Abgesandte der italienischen Städte anwesend, nicht zuletzt aber auch zwei päpstliche Legaten und die beiden Kaisersöhne Friedrich und Heinrich sowie der Kanzler Gottfried.

In einer feierlichen Zeremonie beschwor der Kämmerer Rudolf von Siebeneich den Friedensvertrag zwischen dem Kaiser und dem Städtebund für den Kaiser und König Heinrich. Eine Reihe von kirchlichen und weltlichen Fürsten leistete den Eid im eigenen Namen, und insgesamt 63 Abgeordnete aus Italien gaben ihr Wort für die verbündeten Städte. Damit traten nun folgende Vereinbarungen in Kraft:

Der Kaiser räumte den Städten die Nutzung bestimmter Regalien sowie herkömmlicher Rechte ein und erhielt dafür eine Abstandssumme von insgesamt 15000 Mark. Innerhalb der Stadtbereiche konnten die Kommunen über sämtliche Regalien verfügen, außerhalb dieser Gebiete über genau festgelegte. In Zweifelsfällen sollte eine Schiedskommission entscheiden. Die Städte konnten sich aber die Nutzung zweifelhafter Regalien durch ein Zahlungsversprechen von jährlich 2000 Mark sichern. Bisherige Pacht- und Zinsverträge blieben bei den Städten. Die Konsuln konnten von den Bürgern gewählt werden, aber sie mußten vom Kaiser im Abstand von fünf Jahren bestätigt werden. Für einfachere Rechtsstreitigkeiten waren die Konsuln zuständig, aber die oberste Gerichtsbarkeit lag beim Kaiser. Alle Bürger der verbündeten Städte mußten dem Kaiser Treue schwören und sich verpflichten, ihm bei der Wiedergewinnung und Bewahrung der Rechte und Besitztümer des Reiches in der Lombardei außerhalb des Bundesbereiches zu helfen. Der Städtebund wurde vom Kaiser anerkannt, die Städte konnten ihn nach Belieben erneuern und sich nach eigenem Ermessen befestigen. Wenn der Kaiser in die Lombardei komme, solle er die herkömmliche Kriegssteuer – das Fodrum – erhalten, ihm und seinem Gefolge sei das Marktrecht

zu gewähren, für den Hin- und Rückzug sind Wege und Brücken instand zu halten.
Weitere Passagen des umfangreichen Vertrages befaßten sich mit der Restaurierung von Gütern und Rechten, deren Besitzer während der Auseinandersetzungen zwischen dem Kaiser und den Städten gewechselt hatten sowie mit der Gültigkeit von Urteilen aus jener Zeit.
Über alle diese Bestimmungen stellte die kaiserliche Kanzlei in Konstanz am 25. Juni 1183 eine umfangreiche Urkunde aus. Der Vertrag ist deshalb als Konstanzer Vertrag in die Geschichte eingegangen und muß von dem ebenso benannten Vertrag zwischen dem Kaiser und dem Papst aus dem Jahre 1153 unterschieden werden.
Der Kaiser hat sich die Oberhoheit über die Städte trotz des Zugeständnisses ihrer Selbstverwaltung erhalten können – die Konsuln mußten von ihm anerkannt werden, und er blieb oberster Gerichtsherr. Der Vertrag ging auch davon aus, daß der Kaiser Herr über die Regalien war, die er den Städten überließ. Deshalb konnte Barbarossa in seiner Urkunde mit Recht sagen, daß er die Städte wieder in seine Gnade aufgenommen hatte: »Die kaiserliche Gnade und Milde hat sich gegenüber den Untertanen stets großzügig und huldreich gezeigt, da sie das römische Reich lieber in Ruhe und Frieden sowie mit Toleranz und Nachsicht regiert und trotzige Rebellen lieber zur richtigen Treue und zum nötigen Gehorsam zurückbringt als ihre Verfehlungen mit Strenge zu bestrafen.«
Solche Darlegungen konnten ein neues Verhältnis Barbarossas zu den Italienern und eine gewisse Altersweisheit des Kaisers ankündigen, dem es zweifellos lieber gewesen wäre, wenn er die roncalischen Gesetze aus dem Jahre 1158 hätte aufrechterhalten können. Aber der Friedensvertrag entsprach den zeitgemäßen Realitäten, denn er war ein kluger Kompromiß zwischen den Ansprüchen des Kaisers und den Interessen der Städte. Wieweit allerdings die Treueschwüre und Hilfsversprechen der Bürger in Taten umzusetzen gewesen wären, wurde nicht erprobt, und sogar die vereinbarten Bestätigungen der Konsuln wurden später nicht reali-

siert. Aber in Konstanz erteilte der Kaiser entsprechend dem Friedensvertag noch einer großen Anzahl von Konsuln die Investitur.

Auch über kirchliche Fragen wurde in Konstanz verhandelt. Die beiden päpstlichen Legaten trugen die Angelegenheiten der Güter in Italien wieder vor, über deren Verbleib nach dem Friedensschluß von Venedig entschieden werden sollte. Der kaiserliche Vorschlag vom Frühjahr 1182 wurde neben anderen Möglichkeiten sicher nochmals diskutiert, aber es wurde kein endgültiger Beschluß gefaßt. Die Legaten übermittelten den Wunsch des Papstes nach einer persönlichen Begegnung mit dem Kaiser, die für Ende Juni des kommenden Jahres in Aussicht genommen wurde.

Eine andere aktuelle kirchliche Angelegenheit nahm den Kaiser in Konstanz sehr in Anspruch: In Trier war Ende Mai sein treuer Helfer Erzbischof Arnold gestorben. In der Nachfolgefrage verstand es der Archidiakon Folmar, eine Mehrheit der Kleriker und des Volkes für sich zu gewinnen, während die eigentlich wahlberechtigten Domherrn für den Dompropst Rudolf von Wied waren. Nach einem intrigenreichen Hin und Her nahmen die Trierer unter Hinweis auf das Wormser Konkordat von 1122 die Hilfe des Kaisers in Anspruch. Friedrich veranlaßte die Wiederholung der Wahl in seiner Anwesenheit, die erwartungsgemäß auf Rudolf von Wied fiel, dem daraufhin die Investitur erteilt wurde. Folmar widersetzte sich jedoch dieser Wahl und verhinderte den Einzug des neuen Erzbischofs in seinen Dom mit einer Schar Bewaffneter. Um eine offene Auseinandersetzung zu vermeiden, wurde schließlich die Einsetzung Rudolfs in sein Erzbistum in einer anderen Trierer Kirche vollzogen. Aber trotzdem sollte sich aus dieser Angelegenheit noch ein langwieriger Streit entwickeln.

Auf dem Heimweg vom Konstanzer Reichstag verstarb am 11. Juli auf der Burg Pfullendorf nördlich des Bodensees einer der treuesten und ältesten Freunde und Gefolgsmänner des Kaisers, der bayerische Herzog Otto von Wittelsbach. Das Herzogtum fiel auf seinen damals etwa zehn Jahre alten Sohn

Ludwig, dessen Rechte seine Mutter Agnes und die Brüder seines verstorbenen Vaters wahrten.
Auch in Italien traf den Kaiser um diese Zeit ein bitterer Verlust. Papst Lucius, der sich in Segni aufhielt, befand sich mit den Römern seit einiger Zeit im Streit. Er veranlaßte die Tusculaner, ihre Stadt stärker zu befestigen. Den Römern gefiel das nicht, und sie zogen vor Tusculum, belagerten es und zerstörten die Kirchengüter in seinem Umkreis. Verhandlungen zwischen dem Papst und den römischen Senatoren führten zu keinem Ergebnis. Da rief Lucius den Erzbischof Christian zu Hilfe, der auch sogleich mit einer größeren Streitmacht anrückte, die Römer vor Tusculum vertrieb und nun seinerseits Ländereien der Stadt Rom verwüstete. Aber plötzlich ergriff ihn ein Fieber, und auch dieser getreue Helfer Friedrichs starb rasch, inmitten der Erfüllung der Aufgaben seines Herrn am 25. August 1183. Für Papst Lucius, der bald darauf nach Anagni ging, war der Verlust kaum geringer als für den Kaiser, und er ordnete für alle deutschen Stiftskirchen eine dreißigtägige Totenfeier an.
Mit dem Tod Christians von Buch verlor auch das weitreichende und mächtige Erzbistum Mainz seinen Oberhirten. Freilich war Christian während der letzten zwölf Jahre nicht mehr in seiner Kirchenprovinz gewesen, weil er für Kaiser und Reich in Italien beschäftigt war. Die ständige Abwesenheit des Metropoliten war dem Erzbistum nicht gut bekommen, und im Mainzer Klerus gab es zahlreiche Stimmen, die es sehr begrüßten, als nun Erzbischof Konrad von Salzburg an den Rhein zurückkehrte, um den Stuhl wieder einzunehmen, den er 1165 verlassen hatte. Konrad will seinen Dom ohne Tor und Dach und ohne allen Schmuck vorgefunden haben, also in einem Zustand großer Verwahrlosung. Für die Salzburger Kirchenprovinz war der Weggang des energischen Erzbischofs zweifellos ein Verlust. Auf Wunsch des Kaisers wurde hier im November 1183 wieder der frühere Erzbischof Adalbert inthronisiert.
Der Kaiser hielt sich nach dem Konstanzer Reichstag weiter in den südlichen Gebieten der deutschen Länder auf. Aber es

ist nur zu berichten, daß er im Herbst einen Hoftag in Ulm hielt. Gegen Ende des Jahres finden wir ihn auf einem Hoftag in Worms, wo er die der Stadt 1074 von Kaiser Heinrich IV. und 1156 von ihm selbst verbrieften Privilegien erneuerte. Er erließ den Wormsern nun auch das Mortuarium, so daß sie ihm beim Tod von Familienhäuptern nicht mehr wie bisher auf Grund des sogenannten Hauptrechtes das beste Stück Vieh abliefern mußten. Diese Abgabe wurde auch als Besthaupt bezeichnet und bestand meistens in einem Pferd. Auch hier zeigte sich, wie sehr der nun bereits im 62. Lebensjahr stehende Kaiser den Übergang seiner Herrschaft auf seinen Sohn, König Heinrich VI., vorbereitete, denn in der den Wormsern unter dem 3. Januar 1184 ausgestellten Urkunde heißt es ausdrücklich, daß der Kaiser das Privileg »nach Rücksprache und im Einvernehmen mit seinem Sohn Heinrich, dem erhabenen römischen König« erteilt habe. Heinrich war ja nun schon achtzehn Jahre alt.
Barbarossa entsandte Anfang 1184 Seinen Kanzler Gottfried von Helfendorf nach Italien, damit dieser an Stelle Erzbischof Christians die Belange des Kaisers wahrnehme. Glücklicherweise hatte der verstorbene Kirchenfürst die Verhältnisse in Mittelitalien noch so weit festigen können, daß durch seinen Tod keine unmittelbare Gefahr entstand. Und in Norditalien war die Lage in der Folge des Konstanzer Vertrages auch einigermaßen sicher und stabil, mit Mailand entwickelte sich allmählich sogar eine gute Zusammenarbeit.
Der Kaiser weilte Anfang 1184 in Straßburg und hielt sich dann längere Zeit zusammen mit seinen beiden ältesten Söhnen in Hagenau auf. Er wird dort mit ihnen und verschiedenen Fürsten die Lage des Reiches beraten haben, die sich nun, nach der Beseitigung der größten Sorgenherde – Kirchenstreit, Hader mit den norditalienischen Städten und der Zwist mit Heinrich dem Löwen –, recht günstig darstellte und neue Initiativen ermöglichte. Nach der Verkleinerung der großen Herzogtümer Sachsen, Bayern, Österreich und Böhmen brauchten die Staufer auch nicht mehr mit Schwierigkeiten von seiten eines allzu mächtigen Herzogs zu rech-

nen, zumal sie nun nach der Ausschaltung Heinrichs des Löwen und der Welfenmacht eindeutig die mächtigste Dynastie im Reich waren. Diese Befreiung von den drückendsten Kümmernissen hat den Kaiser wohl veranlaßt, für die Schwertleite seiner beiden ältesten Söhne zu Pfingsten ein großes Fest in Mainz zu planen, und die Vorbereitungen dazu wurden sicher in Hagenau ebenso besprochen wie die für den geplanten neuen Zug nach Italien.
Im Nordwesten des Reiches war es unterdessen zwischen dem französischen König Philipp August und dem flandrischen Grafen Philipp wieder zu einer bedrohlichen Situation gekommen. Der Franzose hatte von dem Flandrer die Herausgabe zweier Burgen verlangt, die abgelehnt wurde. Schon standen sich die Streitkräfte gegenüber, die flandrischen mit Verstärkungen des kaiserlichen Lehnsherren. Da konnte, wie schon 1182, durch Vermittlung König Heinrichs von England im Mai 1184 ein Waffenstillstand die Situation bereinigen.
Während sich der Kaiser in Hagenau über die Beseitigung der schlimmsten Streitfälle freute, gerieten im Osten sein Neffe Landgraf Ludwig von Thüringen und Markgraf Otto von Meißen aneinander. Otto war nach der Entdeckung von Silberadern im Erzgebirge im Jahre 1163 zu beträchtlichen Reichtümern gekommen – man nannte ihn deshalb bald Otto den Reichen – und hatte in Thüringen große Besitzungen erworben. Dadurch fühlte sich der Landgraf von ihm bedroht, der in das Meißener Land eindrang, den Markgrafen gefangennahm und auf seine Feste Wartburg brachte. Die Klagen der sächsischen Fürsten über diesen schamlosen Landfriedensbruch kamen sehr schnell vor den Kaiser, der umgehend nach Fulda ritt, wohin er Ludwig mit dem gefangenen Otto vor ein Fürstengericht entbot. Hier gelang ein Ausgleich zwischen den beiden Streitenden, so daß Otto als freier Mann wieder nach Hause reiten konnte.
Der Zank zwischen den beiden Sachsen hat den Kaiser bei seinen Vorbereitungen zum großen Mainzer Pfingstfest sicher auf eine höchst unwillkommene Weise gestört. Die Ein-

ladungen waren bereits in alle Windrichtungen ergangen, und man erwartete viele Tausende von Gästen. Natürlich konnten derartige Menschenmengen nicht in Mainz untergebracht werden, deshalb errichtete man gegenüber der Stadt auf dem rechten Rheinufer nördlich des Mains auf der Maraue ein riesiges Zeltlager. Dazu wurde aus Holz auch eine kaiserliche Pfalz sowie eine große Kirche gebaut, um der Zeltstadt einen Mittelpunkt zu geben und Feierlichkeiten in prunkvoller Form zelebrieren zu können. Viele Fürsten kamen selbstverständlich mit ihren eigenen prächtigen Zelten, so daß das Lager am Rhein bald in allen Farben glänzte. Es ist unmöglich, alle fürstlichen Teilnehmer an dem Fest einzeln aufzuzählen, aber mit den Erzbischöfen kamen viele ihrer Suffraganbischöfe und eine große Anzahl von Geistlichen. Die Herzöge von Sachsen, Böhmen, Österreich, Steiermark, Oberlothringen, Brabant, Berthold von Zähringen, der alte Welf und der junge Ludwig aus Bayern erschienen vor einer Vielzahl von Grafen, Edlen und Ministerialen. Zur Demonstration ihres Reichtums und ihrer Macht haben die Fürsten teilweise ein sehr zahlreiches Gefolge mitgebracht, so zum Beispiel soll der Herzog von Böhmen mit rund 2000 Rittern gekommen sein, der Kölner Erzbischof mit etwa 1700, die Gefolgsscharen des Pfalzgrafen bei Rhein, des Landgrafen von Thüringen und des Erzbischofs von Mainz werden mit je rund 1000 Männern angegeben. Auch aus Italien, Frankreich, Ungarn und Spanien kamen Ritter nach Mainz. Die ganze Festversammlung auf der Rhein-Main-Ebene wurde von Teilnehmern auf 40000 bis 70000 Menschen geschätzt – sicher sind das weit auseinandergehende Schätzungen, aber die ganze Menge war jedenfalls unübersehbar, und der Kaiser hatte recht getan, daß er vorher riesige Mengen an Geflügel, Schlachtvieh, Brot und sonstigen Lebensmitteln sowie Wein hatte herbeischaffen lassen.
Die feierliche Eröffnung des Festes erfolgte am 20. Mai 1184 in der eigens errichteten Kirche mit einem geistlichen Hochamt. Aber schon vor dem Beginn gab es protokollarische Schwierigkeiten, da Erzbischof Philipp von Köln und Abt

Konrad von Fulda den gleichen Platz in der Rangordnung nach dem Mainzer Erzbischof beanspruchten. Eine päpstliche Verleihung hatte den Fuldaer Äbten diesen Platz in der kirchlichen Hierarchie gegeben. Der Kölner Erzbischof machte aber seine Verdienste um den Kaiser und das Reich geltend, als es in einer mündlichen Auseinandersetzung in der Kirche um die Rangeinstufung und Plazierung ging. Schließlich gelang es dem Kaiser und König Heinrich, die beiden rivalisierenden Kirchenfürsten zu beruhigen und den Abt zum Nachgeben zu bewegen.

Sieben Erzbischöfe und viele Bischöfe, Äbte und sonstige Würdenträger verliehen diesem Hochamt einen besonderen Glanz, der noch erhöht wurde, da der Kaiser und seine Gemahlin sowie König Heinrich mit ihren Kaiser- und Königskronen erschienen. Beim Auszug aus der Kirche nach dem Hochamt trug Graf Balduin von Hennegau der Prozession das Reichsschwert voran. Da auch hier Zank zwischen einigen konkurrierenden Fürsten zu befürchten war, hat der Kaiser das Problem dadurch aus der Welt geschafft, daß er den Schwiegervater des französischen Königs bat, das Schwert in der Prozession zu übernehmen. Bei einem fröhlichen Festmahl wetteiferten anschließend Herzöge und Markgrafen als Mundschenken, Truchseß, Marschall und Kämmerer.

Der zweite Pfingsttag brachte dann mit der Schwertleite der beiden Kaisersöhne den Höhepunkt des Festes. Zunächst mußten die Jünglinge vor den versammelten Fürsten ihr Können in der Führung ritterlicher Waffen beweisen, anschließend zog man in einem feierlichen Aufmarsch in die Kirche, wo Friedrich und Heinrich das Rittergelübde ablegten. Nachdem sie der Vater mit schweren Ritterschwertern umgürtet hatte, wurden sie in den Stand der Ritter aufgenommen und mündig gesprochen. Zu dieser Zeremonie hat sich wohl eine unübersehbar große Anzahl der anwesenden Ritter in ihren Rüstungen auf prächtig geschmückten Pferden versammelt. Sicher trug ein Teil davon die neuartigen, aus geflechtartig vernieteten oder zusammengeschweißten

Eisenringen bestehenden Kettenpanzer, die von Kreuzfahrern aus dem Orient mitgebracht worden waren. Andere Ritter trugen die schon länger gebräuchlichen Schuppenpanzer, bei denen ein enganliegendes Tuch- oder Ledergewand mit einer Menge dachziegelartig aufgenähter Eisenringe oder Eisenplättchen bedeckt war. In jedem Fall haben die Männer über ihren Rüstungen wohl ein kostbar verziertes Gambeson-Waffenhemd getragen, um sich vor allzu großer Sonnenhitze zu schützen. Die Teilnehmer an dem anschließenden Turnier haben nach der Überlieferung keine Panzer getragen, sondern sind nur mit Schild und Speer erschienen. Es war ja ein fröhliches Spiel, zu dem man sich nicht mit den schweren, heißen Eisenpanzern belasten wollte.

Vor allem ergötzte man sich am Buhurt, bei dem zwei Ritter auf ihren Pferden mit Schild und Speer gegeneinander anrannten und bei dem zur allgemeinen Belustigung eine Unzahl von Speeren an den Schilden zerbrachen. Nicht selten gab es Unfälle, weshalb die Kirche diese Turniere wiederholt, aber immer vergeblich, zu unterbinden suchte. An dem Mainzer Spiel hat auch der Kaiser teilgenommen, und er wie auch die Fürsten haben die Ritter und Knappen reich beschenkt. Die zahlreich anwesenden Spielleute, Sänger, Gaukler, Pilger und sonstiges Volk haben von der frohgemuten Großzügigkeit der Adeligen ebenfalls profitiert.

Über alle diese festlichen Vergnügungen ist die Nachwelt vor allem durch Heinrich von Veldeke unterrichtet, der das Mainzer Fest in seiner mittelhochdeutschen *Eneide*, einer Dichtung auf der Grundlage von Vergils *Äneis*, geschildert hat:

Ich vernahm von keinem Feste
In aller Zeiten Märe,
Das ähnlich glanzvoll wäre
Wie des Äneis, nur eins
Kenn' ich: das Fest zu Mainz
Das war schier unermeßlich,
Da unser Kaiser Friedrich
Gab zwei Söhnen das Schwert.

Heinrich von Veldeke, der aus der Umgebung von Maastricht stammte, gilt mit seiner *Eneide* als der Begründer der mittelhochdeutschen ritterlichen Dichtung. Neben ihm haben auch einige französische Troubadoure an dem Mainzer Pfingstfest teilgenommen. Heinrich von Veldeke und Guiot de Provins waren sich mit anderen Teilnehmern darin einig, daß keiner je ein ähnlich großes und prunkvolles Fest erlebt hatte. Der Provencale stellte sogar Vergleiche mit den Hoffesten von König Artus, Xerxes und Alexander dem Großen an.

Diesen Eindruck konnte auch ein Unglück am dritten Tag nicht mindern, bei dem am Abend aufkommender Sturm die hölzerne Kirche und einige andere Gebäude niederriß. Mehrere Menschen wurden unter den Trümmern begraben.

In dem Trubel des Festes ging anscheinend die Ankunft des geächteten Heinrich des Löwen fast ganz unter. Hatte er vom Kaiser die Erlaubnis, aus seinem Exil zu dem Fest zu erscheinen? Dann wäre seine Anwesenheit wohl nicht so völlig glanzlos verlaufen. Also mußte der Löwe entgegen seinem Schwur in das Reich gekommen sein, wohl in der Hoffnung, daß ihm sein kaiserlicher Vetter in der Feststimmung Gnade zuteil werden ließ. Aber Heinrich mußte ohne Ergebnis wieder in die Normandie zurückkehren.

Nach der allgemeinen Abreise traf der Kaiser mit dem Grafen Balduin von Hennegau noch ein sehr bedeutsames Abkommen. Danach wollte der Graf das ihm zustehende Erbe seines Onkels, des Grafen Heinrich von Namur und Luxemburg, nach Erhalt dem Kaiser übertragen. Diese Erbgüter sollten sodann mit den Reichslehen von Graf Heinrich zu einer Markgrafschaft vereinigt und an Graf Balduin zu Lehen gegeben werden, wobei dieser zum Markgrafen und Reichsfürsten erhoben werden sollte. Die neue Mark wurde dem künftigen Markgrafen von Hennegau vom Kaiser als unteilbares und erbliches Lehen zugesichert. Für das Lehen wurde eine Vergütung von 800 Mark Silber und 5 Mark Gold vereinbart. Durch diese Übereinkunft hat der Staufer endlich konstruktiv in die Verhältnisse des seit Jahrzehnten in kleine Herrschaften aufgesplitterten früheren Herzogtums Niederlothringen eingegriffen. Der Kölner Erzbischof Philipp fühlte sich dadurch allerdings sogleich benachteiligt, denn er wußte selbstverständlich, daß 1152 die Neigung bestanden hatte, Niederlothringen seinem Vorgänger Arnold auf dem Erzbischofsstuhl zu geben.

In Böhmen war es Herzog Friedrich nicht gelungen, sich unter den dortigen Großen einen Anhang zu schaffen. Kaum hatte er im Mai 1184 mit 2000 Rittern das Land verlassen, um sich zu des Kaisers Pfingstfest nach Mainz zu begeben, da zog ein Bruder des verdrängten Sobeslaw mit einer Streitmacht nach Prag und belagerte die Stadt. Aber Elisabeth, die Gemahlin des Herzogs, wehrte die Rebellen ab, bis Friedrichs Bruder, Erzbischof Adalbert von Salzburg, die Belagerer in die Flucht jagte. Die böhmischen Fürsten, die gegen ihren Herzog konspiriert hatten, unterwarfen sich nach dem gescheiterten Aufstand aufs neue.

Im Nordosten zeigte sich der junge dänische König Knud VI. auch weiterhin nicht bereit, sich dem Kaiser zu unterstellen. Friedrich versuchte trotzdem, die Beziehungen möglichst positiv zu entwickeln, da ihm eine Auseinandersetzung in diesen Gebieten höchst unwillkommen gewesen wäre. Eine große Gesandtschaft mit etwa 400 Reisigen, die unter Führung des Bremer Erzbischofs Sigfried stand, sollte die im Jahr 1181 dem Herzog Friedrich von Schwaben, dem ältesten Kaisersohn verlobte dänische Prinzessin abholen und an den Kaiserhof führen. König Knud gab jedoch deutlich zu erkennen, daß ihm diese eheliche Verbindung mit dem deutschen Kaiserhof nicht angenehm war. Er gab seiner Schwester nur ein geringes Gefolge mit, eine Aussteuer, die einer Königstochter nicht würdig war, und von der ohnedies recht bescheidenen Mitgift von 4000 Mark bezahlte er zunächst nur einen Bruchteil. So mußte der Kaiser wohl erkennen, daß er auch auf diesem Wege nicht zu einem guten Verhältnis zu Knud kommen konnte. Er suchte deshalb nach Möglichkeiten, die Sicherheit und den Stolz des Dänen etwas zu kappen. Den Pommernfürsten Bogislaw lockte er mit der Aussicht, ihn mit der im dänischen Besitz befindlichen Insel Rügen zu belehnen. Aber der Pommer hatte Pech, denn als er im Mai 1184 Rügen erobern wollte, wurde er mit seiner riesigen Flotte von angeblich rund 500 Schiffen von den vereinigten Ranen und Dänen vernichtend geschlagen. Nur mit wenigen Booten konnte sich Bogislaw in die Peenemündung retten. Einige Wochen später unternahm Knud einen Angriff auf die pommersche Odermündung, und Erzbischof Absalon von Lund eroberte die Insel Wollin und zerstörte einige Bollwerke an der Swinemündung. Aber zweimal mußten die Dänen in diesem Jahr 1184 wegen fehlender Nahrungsmittel wieder umkehren, ohne ihre Ziele erreicht zu haben.

Mitte Juni 1184 hielt der Kaiser einen Hoftag in Gelnhausen. Zwischen dem Bischof von Cambrai und den Bürgern seiner Stadt bestand ein alter Zwist. Die in Gelnhausen anwesenden Fürsten sicherten den Bürgern nun ihren Rechtsstand, und der Bischof mußte sich zufriedengeben.

Zwischen dem Landgrafen Ludwig von Thüringen und dem Erzbischof Konrad von Mainz war es gleichfalls zu Meinungsverschiedenheiten gekommen. Konrad beklagte den Zustand seines Erzbistums aufs heftigste, denn die ständige Abwesenheit seines Vorgängers Christian hatte dazu geführt, daß das Mainzer Kirchengut weitum zerstreut und verschleudert worden war. Nicht wenige Güter waren als Lehen ausgegeben oder verpfändet worden, beträchtliche Schulden waren angelaufen, und der Kaiser hatte zu guter Letzt nach dem Tod von Erzbischof Christian für ein Jahr, bis zur neuen Ernte auf Grund des Regalienrechtes, die Einkünfte des Erzbistums für sich beansprucht. Der Landgraf von Thüringen, der sich nach Meinung des Erzbischofs Mainzer Kirchengut widerrechtlich angeeignet hatte, weigerte sich, es herauszugeben. Deshalb wurde wohl in Gelnhausen vor dem Kaiser darüber verhandelt, aber eine Einigung konnte nicht erzielt werden. König Heinrich erhielt von seinem Vater den Auftrag, die Angelegenheit zu regulieren, und während er dies in Erfurt im Juli 1184 mit Erfolg tat, hielt der Kaiser in Lautern ein Hofgericht.

Friedrich war offenbar in Zeitnot, da er doch schon im Juni in Italien hatte sein wollen, um sich mit dem Papst zu treffen. Die Klärung polnischer Komplikationen übertrug er nun ebenfalls seinem Sohn Heinrich, den er überhaupt für die Zeit seiner Abwesenheit in Italien als seinen Stellvertreter bestimmte. In vieler Hinsicht war der Vater darauf bedacht, den nun mündigen Sohn mehr und mehr in die Regierungsgeschäfte einzuführen. Er trug sich damals auch mit der Absicht, Heinrich bald durch den Papst zum Kaiser krönen zu lassen, damit seine Nachfolge voll gesichert wäre.
Im August traf sich der Kaiser in Regensburg mit den Fürsten, die mit ihm nach dem Süden ziehen wollten. Er hatte die Absicht, diesmal in Italien nur Verhandlungen zu führen, so daß es sich erübrigte, in größerer Anzahl Bewaffnete mitzunehmen. Am 1. September 1184 brach die kaiserliche Kavalkade in Regensburg auf und kam knapp drei Wochen später nach Mailand, wo sie festlich empfangen wurde. Die ehedem dem Kaiser so feindlich gesonnenen Bürger, die auch die kaiserliche Unnachsichtigkeit so hart zu spüren bekommen hatten, waren nun durch den Friedensschluß von Konstanz von vielen drückenden Sorgen befreit und gaben bei dieser Gelegenheit ihrer Freude darüber Ausdruck.
Um die gleiche Zeit begab sich Erzbischof Philipp von Köln im Auftrag des Kaisers zum englischen König. Die ständigen Reibereien zwischen dem Grafen von Flandern und dem französischen König Philipp August ließen es Barbarossa geraten erscheinen, Kontakte zu dem Engländer zu suchen, um nicht etwa eine Koalition zwischen diesem und dem Franzosen entstehen zu lassen. Dazu sollte der Kölner Erzbischof sogar eine eheliche Verbindung zwischen dem englischen Thronerben und einer Kaisertochter vorschlagen, nachdem der junge englische König Heinrich III. im Vorjahr verstorben war. Natürlich brachte Heinrich II. bei dieser Gelegenheit seinen Schwiegersohn, den verbannten Löwen ins Gespräch, dessen Rückkehr und Restitution ihm vor allem auch im Interesse seiner Tochter und Enkelkinder sehr am Herzen lag. Man einigte sich darauf, daß der Löwe auf das Herzog-

tum Westfalen verzichtete, dafür versprach der Erzbischof, der Rückkehr des Geächteten nichts mehr in den Weg legen zu wollen. Zu weiteren Verhandlungen sollte eine englische Gesandtschaft zum Kaiser nach Verona gehen. Dem gleichfalls in London anwesenden Grafen Philipp von Flandern versprach der englische König für seine Auseinandersetzungen mit dem Franzosen, daß er künftig eine wohlwollende Neutralität einhalten wolle.
Der Kaiser blieb etwa eine Woche in Mailand und hielt dort auch einen Hoftag. Dann feierte er Wiedersehen mit Pavia, wo er sich gleichfalls einige Zeit aufhielt. Über Cremona erreichte Barbarossa Mitte Oktober Verona, wo er ebenso wie in Mailand und Pavia freudig begrüßt wurde. Papst Lucius III. war bereits seit Juli in der Stadt an der Etsch. Nach den Attakken der Römer gegen Tusculum und dem Tod Erzbischof Christians hatte sich der Heilige Vater von Anagni nach Veroli begeben, aber er war wohl froh, die Gegend der ihm übel gesonnenen Römer gänzlich verlassen zu können. Seine Situation war vor allem in finanzieller Hinsicht nicht gerade günstig. In jüngster Zeit hatte er Hilfe vom englischen König Heinrich II. entgegennehmen müssen, der zunächst aus seiner eigenen Tasche zahlte, dann aber mit Ärger feststellen mußte, daß ohne seine Zustimmung auch noch in seinem Land für den Papst gesammelt wurde.
Diese schwache Position des Papstes kannte natürlich auch Barbarossa, und er hatte sich deshalb nicht gerade beeilt, nach Verona zu kommen. Lucius war es klar, daß er den Kirchenstaat und Rom nur mit Hilfe des Kaisers wiedergewinnen konnte. Zunächst mußte er sich freilich in Angelegenheiten um Barbarossas Hilfe bemühen, die noch dringender waren. Das Dritte Laterankonzil hatte bereits 1179 den Kirchenbann gegen die verschiedenen ketzerischen Strömungen der Katharer, Waldenser, Apostoliker usw. ausgesprochen. Aber weder diese Maßnahme noch der Kreuzzug gegen die Katharer in Südfrankreich im Sommer 1181, noch andere Verfolgungen konnten diesen Sekten ein Ende bereiten. In Oberitalien erhielten diese Bewegungen infolge der bürgerli-

chen Freiheiten in den Städten sogar immer mehr Zulauf. Nach Beratungen zwischen Kaiser und Papst wurde zum 4. November 1184 in den Dom von Verona eine Synode einberufen, in deren Verlauf der Papst in Anwesenheit des Kaisers ein Dekret gegen die Häretiker verkündete. Darin wurde der Kirchenbann gegen die Ketzer und alle ihre Beschützer erneuert. Wer nicht bereit war, der Irrlehre abzuschwören, der sollte vor ein weltliches Gericht gestellt und bestraft werden. Die Kirchenfürsten wurden beauftragt, jährlich mindestens einmal alle der Ketzerei Verdächtigen in ihren Wohnungen und sonstigen Aufenthaltsräumen inspizieren zu lassen. Die Konsuln, Rektoren und Grafen wurden ebenfalls in diese Aufgaben mit einbezogen und bei Unterlassung mit dem Bann bedroht. Die Ankündigung weltlicher Strafen für die Häretiker durch den Papst wurde durch einen Beauftragten des Kaisers zunächst mündlich bestätigt, und Barbarossa selbst warf den Ketzern in einer symbolischen Geste den Fehdehandschuh vor die Füße.
Mit diesem Veroneser Dekret gegen die Andersgläubigen und mit der Anweisung an die Bischöfe, jene aufsuchen und inspizieren zu lassen sowie der weltlichen Gerichtsbarkeit zuzuführen, wurde der entscheidende Schritt zur Inquisition getan. In größerem Umfang wurden ihre Methoden allerdings erst im 13. Jahrhundert praktiziert, woraus aber deutlich wird, daß auch die vereinten Maßnahmen von Kirche und Reich gegen diese Zeitströmungen nicht aufkamen.
Neben insgesamt sieben Erzbischöfen aus den deutschen Landen, aus Burgund und Italien war auch der Patriarch von Jerusalem nach Verona gekommen. Die Christen im Morgenland fühlten sich durch Sultan Saladin und seine Scharen aufs äußerste bedroht, nachdem diese im Vorjahr auch noch Aleppo erobert hatten. Im Abendland wurden zwar immer wieder Kreuzzüge ins Heilige Land diskutiert und geplant, aber es war bisher immer nur beim Reden geblieben. Nun sagte Kaiser Friedrich I. zu, daß er nach der Rückkehr in seine Heimat mit den deutschen Fürsten gelegentlich eines Reichstages über einen Kreuzzug zur Befreiung des Heiligen Gra-

bes aus den Händen der Ungläubigen beraten wolle. Barbarossa versprach sogar, gleich zu Anfang des nächsten Jahres mit den Vorbereitungen dafür zu beginnen.
Sowohl in der Frage der Ketzer-Verfolgungen als auch bei den Plänen für den neuen Kreuzzug hat sich der Kaiser zweifellos als Vogt und Beschützer der Kirche gefühlt. Hier fand er seine Ansichten und Vorstellungen von den Aufgaben gegenüber Papst und Kirche voll und ganz bestätigt. Aber selbstverständlich erwartete er vom Papst Gegenleistungen, die es ihm ermöglichen sollten, seine beschützende Rolle auch weiterhin zu behalten. Im Widerspruch zu der Vereinbarung von Venedig aus dem Jahre 1177, wonach der Papst auf Einsprüche gegen ehedem schismatische Kleriker in den deutschen Ländern verzichtete, hatte das Dritte Laterankonzil 1179 unbeschränkt alle Weihen für ungültig erklärt, die Gegenpäpste und von diesen Ordinierte verliehen hatten. Schon 1183 in Konstanz hatten daraufhin die päpstlichen Legaten, dem Wunsch des Kaisers folgend, mehreren auf diese Weise abgesetzten niederen Klerikern erneut die Weihen erteilt. Nun waren nach Verona viele Geistliche gereist, die durch das Laterankonzil ihre Würden verloren hatten. Sie erhofften sich nach einem Fürspruch des Kaisers die Reordination durch den Papst. Nachdem Lucius anfangs Bereitwilligkeit in dieser Frage gezeigt und schriftliche Gesuche der Betroffenen gewünscht hatte, schwenkte er plötzlich um und kündigte an, daß darüber erst während eines Konzils in Lyon entschieden werden könne.
In der Frage des Erzbistums Trier hatte sich der selbsternannte und von den Domherrn abgewiesene Kandidat Folmar mit einer Beschwerde an den Papst gewandt. Es sollte darüber bei der Begegnung von Papst und Kaiser gesprochen werden. Aber Lucius wollte oder konnte sich auch hier zu keinem Entschluß durchringen, obgleich die Situation nach dem Wormser Konkordat eindeutig war.
Nachdem durch die Gesandtschaften über die beiderseitigen Gesprächswünsche bereits vor der Zusammenkunft in Verona Klarheit erzielt worden war, hatte der Papst auf seiner

Reise nach Verona seinen Vertrauten mitgeteilt, er wolle mit dem Kaiser über die Einheit der Kirche und über die Kaiserkrönung des jungen Heinrichs VI. verhandeln. Nun hat er jedoch den Wunsch des Kaisers nach der Krönung Heinrichs nur mit einigen leeren Ausflüchten abgeschlagen.
Ähnlich erging es den Vorschlägen Barbarossas in der Frage der nach wie vor ungeklärten Rückgabe der strittigen Ländereien. Auch hier kam keinerlei Beschluß zustande.
Während seines Aufenthaltes in Verona empfing der Kaiser die Gesandtschaft des englischen Königs, die Erzbischof Philipp von Köln bei seinen Gesprächen in London vereinbart hatte. Der Staufer versicherte den Engländern, daß er gegen eine vorzeitige Rückkehr seines Vetters aus dem Exil nichts einzuwenden habe. Möglicherweise wurde auch über die schon in London ventilierte eheliche Verbindung zwischen den beiden Dynastien gesprochen. Als Heinrich II. die Nachricht über die mögliche vorzeitige Beendigung des Exils seines Schwiegersohnes erhielt, soll er hocherfreut gewesen sein und Dankesbotschaften nicht nur an den Kaiser gesandt haben, sondern auch an den Papst, der zu diesem Gnadenakt wohl auch beigetragen hatte.
Das Fazit der Veroneser Begegnung zwischen Kaiser und Papst muß enttäuschen. Trotz guter Absichten auf beiden Seiten war man mit den Ausgleichsbemühungen nicht weitergekommen. Die möglichen Gründe für dieses Scheitern wurden von den Historikern eingehend diskutiert. Nachdem der Papst in der Frage der Reordination der ehemals schismatischen Kleriker in den Veroneser Tagen seine Meinung gewechselt hat, liegt es nahe, daß er durch ein Ereignis während dieser Zeit beeinflußt worden ist. Man glaubt, den Schlüssel in einem Vorgang gefunden zu haben, der sich am 29. Oktober 1184 in Augsburg abgespielt hat. Dort wurde an diesem Tag im bischöflichen Palast ein Ehevertrag zwischen König Heinrich VI. und Konstanze von Sizilien, Tochter König Rogers II. abgeschlossen. König Heinrich war selbst anwesend, und der Vertrag wurde auf der sizilianischen Seite von einigen Gesandten beschworen. Die Braut war elf Jahre

älter als der König, ihre Mitgift wurde auf 40000 Mark vereinbart. Konstanze galt als Erbin des normannischen Reiches in Süditalien, wenn der jetzige König Wilhelm II. kinderlos sterben sollte. Aber es wäre zu diesem Zeitpunkt wohl nur als ein allzu kühnes Phantasieprodukt bezeichnet worden, wenn jemand ernsthaft mit dieser Möglichkeit gerechnet hätte, da König Wilhelm II. rund 30 Jahre alt und einige Jahre mit einer Tochter des englischen Königs verheiratet war. Zwar war die Ehe bisher kinderlos geblieben, aber das konnte sich jederzeit ändern. Es ist deshalb wohl davon auszugehen, daß für die Liaison zwischen Staufern und Normannen andere Interessen ausschlaggebend waren: Barbarossa wollte unter allen Umständen die seit dem Frieden von Venedig 1177 erheblich verbesserten Beziehungen zu dem Normannenreich weiter ausbauen, wobei nicht auszuschließen ist, daß er dabei an eine Liaison gegen den Papst dachte. Der sizilische König dagegen zog wohl mehr die Fortsetzung seiner Kämpfe gegen Byzanz ins Kalkül und wollte dafür durch die Verbindung mit dem römisch-deutschen Kaiser wenigstens Rückenfreiheit, möglichst aber einen mächtigen Verbündeten gewinnen. Vielleicht war das Motiv für den Augsburger Ehevertrag aber auch eine Kabale zwischen den Beratern des sizilianischen Königs. Es war ohnedies nicht der erste Versuch dieser Art, denn Barbarossa hatte doch schon 1174 eine seiner Töchter dem sizilischen König antragen lassen, aber dieser hatte damals mit Rücksicht auf den Papst verzichtet. Und wer wollte nun im Herbst 1184 wissen, ob dieser Ehevertrag zwischen dem jungen König und der erheblich älteren Konstanze jemals realisiert würde?

Aber die Kurie – vornehmlich die Kardinäle, weniger der Papst, wie man meint – sah in diesem während der Veroneser Tage bekannt gewordenen Verlöbnis und seinen möglichen Auswirkungen eine derartige Bedrohung für die Unabhängigkeit der Kirche, daß man die neue Situation wohl erst einmal überdenken wollte, bevor man dem Kaiser Zugeständnisse hinsichtlich der Krönung seines Sohnes oder seiner anderen Wünsche machen wollte.

Unzufrieden und verdrossen hat Barbarossa Verona verlassen. In Padua entschied er bald einige italienische Angelegenheiten, in Vicenza beurkundete er einer neuen Reichsabtei einige Privilegien und entschied einen Streit zwischen dem Patriarchen von Aquileja und dem Grafen von Tirol. In Treviso schließlich nahm Barbarossa den Spoletanern zur Strafe für ihre wiederholten Treulosigkeiten einige Ortschaften weg und sprach sie der Grafschaft Foligno zu. Ähnlich wie schon 1158 die Johanniter, so stellte der Kaiser nun auch den Orden der Templer unter den besonderen Schutz des Reiches und befreite ihn von allen Abgaben.

In diesen Tagen wird den Kaiser die Nachricht erreicht haben, daß seine Gemahlin Beatrix am 15. November 1184 in der Pfalz Gelnhausen gestorben ist. Erst kurz vorher war seine Tochter Agnes verstorben, über deren Verheiratung noch im Herbst mit dem englischen König verhandelt worden war. Der Tod von Beatrix war für den Kaiser ein harter Schlag, denn er hatte sich mit ihr ausgezeichnet verstanden, und sie hatte ihn bei seinen Bemühungen und bei seinem Wirken stets verständnisvoll unterstützt. Friedrich und Beatrix hatten sieben Kinder: fünf Söhne und zwei Töchter. Die beiden letzteren überlebten allerdings ihre Mutter nicht, da die Tochter Beatrix bereits etwa 1181 verstorben war. Die Beisetzung der Gemahlin des Kaisers erfolgte erst am 28. August 1185 in Anwesenheit ihres Sohnes Heinrich im Dom zu Speyer.

Barbarossa sah offenbar keine Möglichkeit, wegen des Ablebens seiner Gemahlin den Aufenthalt in Italien zu unterbrechen. Er ging weiter in der Mark Friaul, in Padua, Verona, Brescia und Bergamo seinen Aufgaben nach. In Lodi kam eine Abordnung der Cremasken zu ihm und beklagte sich über ihre alten Rivalen, die Cremonesen. Vor seinen Augen fiel eine bewaffnete Schar aus Cremona über die Cremasken her und attackierte diese mit ihren Schwertern. Barbarossa war über die Cremonesen empört, zumal als er hörte, daß diese die Cremasken kurze Zeit später auch aus ihren Häusern vertrieben hatten. Seit ihn die Cremonesen 1176 mit nicht eingehaltenen Versprechungen geprellt hatten, war er schlecht auf sie zu sprechen, und er nahm sich vor, sie nun zu bestrafen. Dazu fand er schon Ende Januar 1185 Gelegenheit, als er den 1176 erschlichenen Gütererwerb der Cremonesen rückgängig machte.

Im Februar kam Friedrich über Piacenza und Parma nach Reggio, wo sich in der Kaiserpfalz zahlreiche kirchliche und weltliche Fürsten um ihn versammelten. Hier wurde nun ein Schutz- und Trutzbündnis zwischen dem Kaiser und der Stadt Mailand abgeschlossen, das wohl bereits während Barbarossas Besuch in Mailand im Herbst 1184 vorbereitet worden war. Im wesentlichen wurde damit folgendes vereinbart: Der Kaiser überließ Mailand die im Konstanzer Frieden festgelegten Regalien nicht nur für das Gebiet der Stadt, sondern für das ganze Erzbistum. Als Gegenleistung wurde ein jährlicher Zins von 300 Pfund kaiserlicher Münze vorgesehen. Barbarossa versprach der Stadt seine Unterstützung beim Wiedererwerb und bei der Bewahrung ihrer Besitzungen und Rechte. Er sagte auch zu, mit aller Kraft für den Wiederaufbau der Stadt Crema Sorge zu tragen. Beide Partner verpflichteten sich, ohne Zustimmung des anderen keine Sonderbündnisse abzuschließen. Die Mailänder gelobten dem Kaiser bei der Bewahrung seiner Güter und Rechte in der Lombardei, der Mark, der Romagna und insbesondere der Mathildischen Güter beizustehen und ihm vor Verlust gegen jedermann zu helfen. Auf Grund dieses bilateralen Bündnisses wollten die Mailänder den Kaiser auch gegen diejenigen verbündeten Städte unterstützen, die etwa den Konstanzer Vertrag verletzen würden.

Interessant an diesem Vertrag ist nicht zuletzt, daß der Kaiser den Mailändern die Regalien auch in jenen Gebieten versprach, die diese den Cremonesen abgetreten hatten. Er provozierte die Mailänder also förmlich zum Kampf gegen Cremona und zur Wiedereroberung dieser Gebiete. Aber der Kontrakt enthielt auch einige Passagen, die bei der Kurie Unbehagen auslösen mußten. Wenn die Mailänder versprachen, dem Kaiser bei der Bewahrung der Mathildischen Güter beizustehen, so war dies natürlich ausschließlich gegen die Kirche gerichtet. Überhaupt konnten die Kompromisse zwischen den Städten und dem Reich nur zum Nachteil der Kirche gedeihen. Das zeigte sich deutlich am Beispiel der die Kirche so sehr störenden ketzerischen Sekten. Diese gewannen nämlich in den auf ihre Autonomie bedachten Städten beachtliche Freiheiten, die den absolutistischen Ansprüchen der Kirche völlig zuwiderliefen.

In der Grafschaft Reggio gewann der Kaiser noch einige Grande zu Vasallen, so daß ihm deren Burgen zur Verfügung standen. Durch verschiedene Privilegien und Verleihung der Reichsunmittelbarkeit band Barbarossa im März 1185 die Gebiete, die zu den ehemaligen Besitzungen der Gräfin Mathilde gehörten, weiter an sich.

Modena, Bologna, Piacenza, Pavia waren weitere Stationen des Kaisers in den kommenden Wochen. Anfang Mai 1185 kehrte er wieder nach Mailand zurück und nahm das Kloster des heiligen Ambrosius unter seinen besonderen Schutz. Jetzt gab er auch das Zeichen für den Wiederaufbau von Crema. Für die lombardischen Städte war das ein Triumph, zu dem nicht nur die Mailänder ihren Carroccio sandten, sondern zu dem auch Abordnungen aller Verbündeten an die Baustelle kamen. Nur die Cremonesen sahen dieses Beginnen mit Zorn, denn ihnen war ursprünglich versprochen worden, daß Crema niemals mehr aufgebaut werde.

Der Kaiser unterhielt in diesen Monaten auch lebhafte Beziehungen zum Senat von Rom. Wiederholt weilten Senatoren und auch der Präfekt bei ihm, und selbst Oddo Frangipane, seinen ehemaligen prominenten Gegner aus der Zeit Alexanders III., konnte er empfangen. Es gab im Frühjahr 1185 auch Bestrebungen, ein Gespräch zwischen dem französischen König und dem Kaiser zu vereinbaren, aber dieses Treffen ist nicht zustande gekommen, vor allem , weil der Franzose bald wieder in Auseinandersetzungen mit dem Grafen Philipp von Flandern verwickelt wurde.

Diese Kämpfe wurden schon im Juli 1185 durch den Frieden von Boves beendet, in dem der Flandrer die Grafschaft Amiens und den größten Teil der Grafschaft Vermandois mit insgesamt 65 Burgen an den französischen König abtreten mußte. König Heinrich VI. wollte gegen diese beträchtliche Machtausweitung Philipp Augusts zu Felde ziehen, aber er erhielt von seinem Vater aus Italien die Anweisung, auf keinen Fall etwas gegen Frankreich zu unternehmen. Auch als Heinrich in dem Streit um den Trierer Erzbischofsstuhl recht forsch gegen die Anhänger Folmars vorging, sie teilweise ins Gefängnis warf und ihre Häuser zerstörte, paßte das nicht in die Pläne seines Vaters.

Im Norden gelang es dem Dänenkönig Knud im Frühjahr 1185, den Pommernherzog Bogislaw zu bezwingen. Dieser mußte, ebenso wie der Obodritenfürst Niklot von Werle, dem Dänenkönig den Vasalleneid leisten und dessen Oberhoheit anerkennen. Knud verlangte Kontributionen, jährliche Tributzahlungen und außerdem die Lieferung von Geiseln als Sicherheit für die Erfüllung seiner Forderungen. Der Däne nannte sich stolz »König der Slawen«. Herzog Bernhard von Sachsen war nicht in der Lage, etwas gegen diese Eroberungen der Dänen zu unternehmen. Hier machte sich erneut das Fehlen der starken Hand Heinrichs des Löwen im Norden des Reiches bemerkbar, zumal Kaiser Friedrich in Italien festgehalten war und die Verhältnisse wohl auch nicht ausreichend überblickte, um etwa König Heinrich zu schikken. So gingen diese Gebiete von der Insel Rügen bis zur Weichsel, die der Kaiser erst 1181 durch die Lehnseide der Fürsten gewonnen hatte, wieder verloren.

In Italien wurde Cremona im Juli 1185 durch ein Hofgericht in die Reichsacht erklärt. Der Kaiser hatte eine umfangreiche Klageschrift gegen die Stadt erstellen lassen, in welcher der ihm durch Verschulden der Cremonesen entstandene Schaden auf nicht weniger als 300000 Mark beziffert wurde.

In Tuszien und im Herzogtum Spoleto verfolgte Barbarossa eine umgekehrte Politik wie in der Lombardei. Er beschnitt die Macht der Städte – zum Beispiel Lucca und Florenz – und förderte den Adel, indem er diesem die Reichsunmittelbarkeit verlieh. Auch die Kirchenfürsten bedachte der Kaiser auf seinem Umritt mit einer Reihe von Privilegien, einige von ihnen erhob er sogar zu Reichsfürsten. Den Spoletanern, denen er erst im November 1184 zur Strafe einige Orte weggenommen hatte, schenkte er nun in Erwartung ihres künftigen Gehorsams wieder seine Huld. Durch sein Erscheinen, seine Gnadenakte und Privilegien befestigte der Kaiser also in diesen Gebieten sein Ansehen und seine Herrschaft.

Im Mittelmeer hatte König Wilhelm II. von Sizilien das gute Einvernehmen mit Barbarossa bereits dazu benützt, einen neuen Kriegszug gegen Byzanz zu unternehmen. Am 24. August 1185 konnten seine Normannen Thessaloniki einnehmen, wobei sie ein furchtbares Blutbad unter den Griechen anrichteten, angeblich um die Metzeleien zu rächen, durch die 1182 viele der dort ansässigen Ausländer getötet worden waren. Byzanz reagierte darauf mit einer freundlicheren Haltung gegenüber den Venetianern, denen bald wieder ihre früheren Handelsprivilegien eingeräumt wurden, um so ihre Unterstützung gegen die Normannen zu gewinnen.

Der Ehevertrag zwischen König Heinrich VI. und der Sizilierin Konstanze sollte tatsächlich erfüllt werden. Die Hochzeit wurde für Ende Januar 1186 in Mailand geplant. Aber mitten in die Vorbereitungen kam die Nachricht, daß Papst Lucius III. am 25. November 1185 in Verona gestorben war. Das gute Verhältnis, das er als Bischof von Ostia zum Kaiser hatte, war nach Antritt seines Pontifikates nicht fortgesetzt worden. Vielleicht war Lucius III. allzusehr von dem Wunsch durchdrungen, den Besitzstand der Kirche und ihre Unabhängigkeit zu wahren, vielleicht unterlag er aber auch übermäßig den Einflüssen seiner Kardinäle. Auf dem Sterbebett soll er jedoch noch angeordnet haben, daß sein Nachfolger dazu verpflichtet werde, König Heinrich VI. so lange nicht zum Kaiser zu krönen, als Friedrich I. Kaiser sei.

Dieser Nachfolger wurde von den Kardinälen in Verona noch am Todestag von Lucius gewählt. Ohne Gegenstimmen wurde Erzbischof Humbert von Mailand dazu bestimmt, der sich als Papst Urban III. nannte. Er stammte aus dem mailändischen Geschlecht der Crivelli, das bei der Eroberung Mailands 1162 durch den Kaiser unnachsichtig, ja grausam verfolgt worden war. Unter diesen Vorbedingungen war kein gutes Verhältnis zwischen dem neuen Papst und dem Kaiser zu erwarten. Ein höflicher und von seiten des Kaisers ehrerbietiger Briefwechsel im Dezember 1185 konnte über diese Tatsachen nicht hinwegtäuschen. Barbarossa machte Urban das Angebot, als Schirmvogt der Kirche das Patrimonium Petri unter seinen besonderen Schutz zu stellen und seinen Sohn Heinrich dorthin zu entsenden. Der Papst nahm dieses Angebot mit großen Dankesbezeigungen an.

Als sich die Fürsten in den deutschen Landen zur Hochzeit des Königs nach Mailand auf den Weg machten, zögerte Erzbischof Philipp von Köln. Er war über die Staufer verärgert. Zum einen wegen des Abkommens zwischen dem Kaiser und dem Grafen Balduin von Hennegau über dessen Erhebung zum Markgrafen, zum anderen auch, weil ihn König Heinrich wegen einiger Händel mit Duisburger Kaufleuten zur Zahlung einer Buße verurteilt hatte. Darüber hinaus war er verstimmt, weil die kaiserlichen Privilegien für Aachen die Aktivitäten der Kölner Kaufleute störten. Noch dazu hatte der Kaiser unlängst mit der Erhebung von Kaiserswerth zur Stadt mit Zollstätte eine weitere Konkurrenz in der Nähe von Köln geschaffen, und dort wurde jetzt auch eine Kaiserpfalz vollendet. Das alles hatte schon dazu geführt, daß sich Erzbischof Philipp in dem Streit um den Trierer Erzbischofsstuhl auf die Seite des antikaiserlichen Folmar gestellt hatte. Als er sich jetzt entschloß, nicht zur Mailänder Hochzeit zu reisen, hat zweifellos auch die Rückkehr Heinrichs des Löwen in das Reich zu dieser Entscheidung beigetragen, denn nun wollte er sein Herzogtum Westfalen doch nicht verlassen.

Aus dem ganzen römisch-deutschen Reich strömten im Januar 1186 Gäste nach Mailand, um die Hochzeit festlich zu begehen. Es war ein demonstratives Zeichen der neuen Freundschaft zwischen dem Kaiser und der großen lombardischen Stadt, daß dieses Fest in ihren Mauern begangen wurde. Der sizilische Hof hatte die künftige Kaiserin des rö-

misch-deutschen Reiches großartig ausgestattet: Über die vereinbarten 40000 Mark hinaus brachte ein Brautzug von 150 Maultieren beinahe unübersehbare Schätze an Gold, Silber, Edelsteinen, Pelzen und kostbaren Gewändern aus Samt und Seide für Konstanze nach dem Norden.
Die Trauung fand am 27. Januar 1186 in der Kirche des heiligen Ambrosius statt. Sie wurde verbunden mit einer Festkrönung, bei der der burgundische Bischof von Vienne dem Kaiser, Erzbischof Konrad von Mainz der Königin Konstanze und der Patriarch von Aquileja König Heinrich die Kronen auf die Häupter setzten. In festlicher Prozession zeigten sich die Teilnehmer und Gäste der Trauung beim Auszug aus der Kirche dem schaulustigen Volk und demonstrierten den Reichtum fürstlicher Hofhaltung. In einer eigens vor den Mauern der Stadt errichteten und festlich geschmückten hölzernen Halle fand das ebenso prunkvolle wie fröhliche Hochzeitsmahl statt. Man hat immer schon gerne Parallelen zwischen den beiden prachtvollen Festen in Mainz 1184 und Mailand 1186 gezogen.
In staatsrechtlicher Hinsicht werden verschiedene Versionen mit diesem Hochzeitsfest verbunden. Es ist umstritten, ob König Heinrich durch die Festkrönung auch zum König von Italien erhoben worden ist oder ob die Krönung nur symbolischen Charakter hatte. Ebenso ist es umstritten, ob Barbarossa seinen Sohn anläßlich dieser Hochzeit zum Cäsar und damit zum Mitkaiser erhoben hat. Nachdem er die Krönung Heinrichs zum Kaiser durch den Papst nicht hat erreichen können – Papst Urban III. nahm an der Hochzeit überhaupt nicht teil, obgleich er formal sogar noch Erzbischof von Mailand war! –, erscheint es zumindest möglich, daß Barbarossa in Anlehnung an frühere Gebräuche römischer Imperatoren auf solche Weise die Kontinuität der Nachfolge sichern wollte. Eine klare Auskunft der Quellen dazu gibt es jedoch nicht.
König Wilhelm II. von Sizilien soll erstaunlicherweise noch im gleichen Jahr auf einem Reichstag von den Fürsten seines Reiches den Huldigungseid für Konstanze und Heinrich als Erben seines Thrones verlangt haben.

Die Mailänder Hochzeit hat das Verhältnis zwischen Papst Urban III. und Kaiser Friedrich I. zweifellos wesentlich verschlechtert, denn der Papst war natürlich darüber mißgestimmt, daß er so völlig beiseite geschoben worden ist. Wenn die Berichte über die Ernennung König Heinrichs zum Mitkaiser zutreffen, hat sich der Kaiser durch die Krönung seines Sohnes allerdings von der Gunst des Papstes unabhängig gemacht. Um so heftiger sah sich Barbarossa vom Papst bald in der Frage des Regalien- und Spolienrechtes attackiert. Gewohnheitsrechtlich konnte der Kaiser und deutsche König als Lehnherr der Kirchenfürsten bei deren Ableben oder Versetzung während der Zeit der Sedisvakanz die Einkünfte des Bistums oder Erzbistums für sich beanspruchen. Friedrich hatte dieses Recht einheitlich auf ein Jahr festgelegt, womit Unklarheiten und Zwistigkeiten bei kürzerer oder längerer Dauer der Sedisvakanz ausgeschaltet wurden.
Das Spolienrecht betraf den beweglichen Nachlaß verstorbener Bischöfe, Äbte und Pröpste. Hier hatte der Kaiser das Recht, im Todesfall alles bare Geld, Hausgeräte, Vieh, Wagen, Getreide usw. für den Fiskus einziehen zu lassen. Diese beiden Gewohnheitsrechte boten dem Kaiser ebenso große Vorteile, wie sie den Prälaten Nachteile brachten. Nach der kirchlichen Rechtsauffassung sollten die Regalien und Güter während einer Sedisvakanz jedoch stets von einem kirchlichen Beauftragten verwaltet werden, damit sie dem neuen Würdenträger zugunsten seiner Diözese oder seines Amtes sogleich zur Verfügung stünden. Friedrich machte aber vom Regalien- und Spolienrecht mit wenigen Ausnahmen immer Gebrauch und stellte es als eine besondere Vergünstigung dar, wenn er – wie im Erzbistum Köln im Jahre 1166 – darauf verzichtete. Papst Urban machte dem Kaiser sogar den Vorwurf, daß er zahlreiche Äbtissinnen wegen angeblichen unsittlichen Lebenswandels entfernt und durch Einzug der Einkünfte viele Frauenkongregationen ruiniert habe. Der Papst bestritt dem Kaiser das Recht zur Ausübung des Regalien- und Spolienrechtes, und er erwartete dabei zweifellos die Unterstützung des deutschen Episkopats, da die kaiserli-

chen Forderungen stets ein erheblicher Aderlaß für die Diözesen waren. Urban mochte deshalb hoffen, daß er dem Kaiser seine wichtigsten Helfer abspenstig machen könnte. Er schritt auch gleich zur Tat, indem er sein bisheriges Erzbistum Mailand durch einen Prokurator verwalten ließ und auf diese Weise die Einkünfte dem Kaiser vorenthielt. Daß Urban auch sonst die Rechte des Kaisers möglichst schmälern wollte, machte der neue Bischof von Verona deutlich, der sicher unter dem Einfluß des Papstes seinen Treu- und Mannschaftseid auf Kaiser und König durch den Zusatz »unbeschadet unseres Standes« weitgehend wertlos machte.
Für die Verhandlungen mit dem Papst über diese Fragen bediente sich der Kaiser zunächst des Mainzer Erzbischofs und dann der Bischöfe von Münster und Asti. Obwohl Urban III. keinen Zweifel daran ließ, daß er die Rechte und die Unabhängigkeit der Kirche ebenso wahren wolle wie seine Vorgänger, machte er doch bald einige überraschende Zugeständnisse. Die Unterhändler des Kaisers berichteten diesem nicht nur, daß sich der Papst in der Frage der Mathildischen Güter erstaunlich aufgeschlossen gezeigt habe, sondern daß er sogar mit einem feierlichen Eid gelobt habe, den antikaiserlichen Folmar niemals zum Erzbischof von Trier zu weihen. Solches Entgegenkommen wollte auch Barbarossa seinerseits honorieren, und er beauftragte nun seinen Sohn Heinrich, den Kirchenstaat wieder für den Papst zu gewinnen.
In bezug auf Cremona waren Kaiser und Papst allerdings entgegengesetzter Ansicht. Während Barbarossa sich anschickte, die im Juli 1185 über die Stadt verhängte Reichsacht mit Hilfe der lombardischen Städte und Bischöfe zu vollstrecken, forderte der Papst die Städte zum Stillhalten auf und bedrohte die Bischöfe mit Suspension und Bann, wenn sie den Kaiser gegen Cremona unterstützten. Aber Urbans Einfluß war offensichtlich sehr gering, denn als Barbarossa Anfang Mai von Pavia gegen Cremona aufbrach, hatte er sowohl von den Städten als auch von den Kirchenfürsten reichlich Streitkräfte zur Verfügung.

Vielleicht war ohnmächtiger Zorn darüber die Ursache, daß der Papst schon wenige Wochen nach seinem feierlichen Gelöbnis, Folmar niemals zum Trierer Erzbischof zu weihen, diesen Eid brach. Mitte Mai, als die Kaiserlichen gegen Cremona vorrückten, erklärte Urban III. die Wahl Rudolfs von Wied auf den Trierer Erzbischofsstuhl für ungültig und diejenige Folmars für kanonisch. Am 1. Juni 1186 weihte der Papst Folmar zum neuen Trierer Erzbischof. Als Barbarossa von diesen Vorgängen erfuhr, ließ er sogleich alle Wege zwischen Verona und den Alpen überwachen, um die Verbindungen des Papstes zu den deutschen Klerikern zu blockieren. Mit seinem Eidbruch hatte der Papst nach Meinung des Kaisers einen neuen Kirchenstreit mit dem Reich vom Zaun gebrochen, und das machte entsprechende Gegenschritte erforderlich. Vor allem wollte Barbarossa Versuche des Papstes unmöglich machen, zwischen ihm und den deutschen Geistlichen Zwietracht zu säen. König Heinrich erhielt außerdem Anweisung, im Kirchenstaat den Eidbruch zu vergelten.

Im Gebiet von Cremona richteten die Kaiserlichen viele Verwüstungen an. Ihre Streitmacht war offenbar so erdrückend, daß die Cremonesen schon bald ihren Bischof mit Verhandlungen beauftragten, die bereits nach wenigen Tagen zur Unterwerfung der Stadt führten. Die Geächteten mußten alle Bedingungen des Kaisers erfüllen und unter anderem die immer noch gefangengehaltenen Cremasken freigeben sowie auf alle Rechte und Privilegien gegenüber Mailand verzichten. Sämtliche erwachsenen Cremonesen mußten dem Kaiser und König Heinrich den Treueid leisten und als Dank für den gewährten Frieden insgesamt 1800 Pfund kaiserliche Denare bezahlen.

Dieser Frieden mit Cremona ermöglichte es dem Kaiser, weitere Ländereien der reichsunmittelbaren Verwaltung zu unterstellen. Mailand bekam zwanzig Burgen zu Lehen, und auch die anderen Helfer erhielten entsprechende Belohnungen. Die Cremonesen taten sich allerdings schon im September wieder mit den Pavesen in einem Bündnis zusammen, um sich vor Angriffen der Mailänder und Piacentiner zu schützen.

Barbarossa beklagte sich gegenüber Papst Urban, daß dieser ihm mit seiner versuchten Unterstützung der geächteten Stadt Cremona in den Rücken gefallen sei. Er habe – so ließ Barbarossa den Papst wissen – entsprechende päpstliche Briefe in die Hand bekommen. Darauf erwiderte Urban in einem ausführlichen Schreiben, daß es sich dabei wohl um gefälschte Briefe handeln müsse. Er habe im Gegenteil alles unterlassen, was die Cremonesen in ihrem Widerstand gegen den Kaiser hätte bestärken können. Außerdem wisse er nichts davon, daß er den lombardischen Bischöfen und Städten verboten habe, mit dem Kaiser gegen Cremona zu ziehen. Aber es sei sein gutes Recht, Kirchenfürsten zu entsetzen, die von ihren Diözesen unmäßige Leistungen forderten. Urban erhob sogleich Klagen gegen König Heinrich, der offenbar nicht zur Befreiung des Kirchenstaates ausgezogen sei, sondern zur Bedrückung der dortigen Städte, da er in ihnen unter Drohungen Abgaben eingetrieben habe. Auch sonst kehrte der Papst den Spieß um und beklagte sich über allerlei Ausschreitungen der Kaiserlichen.
Papst Urban hatte während der letzten Monate enge Beziehungen zu Erzbischof Philipp von Köln entfaltet, was dem Kaiser nicht verborgen blieb. Von diesen beiden gegen ihn eingestellten Männern konnte leicht eine größere Oppositionsbewegung ausgehen, zumal Erzbischof Philipp ebenso wie der mit diesem konspirierende Erzbischof von Reims in der Trierer Angelegenheit auf der antikaiserlichen Seite stand. Nicht ohne Grund hatte Barbarossa also den Papst von seinen deutschen Gesinnungsfreunden zu isolieren gesucht. Eine weitere Liaison dieser antikaiserlichen Fronde mit Heinrich dem Löwen war nicht auszuschließen. So hielt es der Kaiser für geboten, eiligst wieder in die deutschen Lande zurückzukehren, bevor sich dort eine allzu starke Koalition gegen ihn zusammenbraute. Über Varese, Bellinzona und Biasca machte sich Barbarossa Ende Juni 1186 auf den Weg über die Alpen, wobei er wohl den Lukmanierpaß benutzt hat, obgleich seit dem 12. Jahrhundert auch der Gotthard-Paß für die Alpenüberquerung zur Verfügung

stand. Während seines rund zwei Jahre dauernden sechsten Aufenthaltes in Italien hat Barbarossa mit diplomatischem Geschick mehr für die Interessen des Reiches und für die Bewahrung des Friedens erreicht als während seiner kriegerischen Italienzüge.

Der Kaiser ließ seinen Sohn Heinrich in Italien mit umfassenden Vollmachten zurück. Dieser hat im Juni bereits die Stadt Siena unterworfen und dort, ähnlich wie sein Vater im Vorjahr in den Gebieten von Lucca und Florenz, weitgehend eine reichsunmittelbare Verwaltung eingesetzt. Die Stadt Siena mußte 5000 Pfund an Kontributionen bezahlen. Nun nahm Heinrich die Herrschaft im Kirchenstaat für sich in Anspruch und schaltete dort nach eigenem Ermessen und zum eigenen Nutzen. Der Stadt Perugia gewährte er am 7. August 1186 beträchtliche Privilegien, und mit dem römischen Senat pflegte er freundliche Beziehungen. Den Papst hielt er in Verona wie einen Gefangenen eingeschlossen, während er im Oktober 1186 in Ravenna einen großen Hoftag hielt, zu dem zahlreiche Bischöfe und Adelige erschienen.

Letzte Auseinandersetzungen und Friedensschlüsse 1186–1189

In den letzten Augustwochen des Jahres 1186 beriet der Kaiser im elsässischen Mülhausen mit den Erzbischöfen von Besançon und Vienne sowie mit den Bischöfen von Genf, Lausanne und Basel sowie zahlreichen weltlichen Fürsten wohl vor allem burgundische Angelegenheiten. Es ging nicht zuletzt um den Grafen Wilhelm von Genf, gegen den der Kaiser wegen Übergriffen in den Bistümern Genf und Lausanne die Reichsacht verhängt hatte.

Um diese Zeit ist Gottfried von Helfendorf aus der kaiserlichen Kanzlei nach rund fünfzehnjähriger Tätigkeit ausgeschieden und hat das Amt des Bischofs von Würzburg übernommen. Als Kanzler hat er Kaiser und Reich dank seiner Kenntnisse hervorragende Dienste erwiesen.

Dem vom Papst geweihten Folmar von Trier war es trotz der kaiserlichen Absperrungen geglückt, den Weg über die Alpen zu finden. Obgleich er vom Kaiser nicht investiert war und auch nicht nach Trier gelangen konnte, nahm er doch alle Rechte des Trierer Erzbischofs für sich in Anspruch. Er exkommunizierte geistliche und weltliche Anhänger seines Gegners Rudolf von Wied, suspendierte die Trierer Domherren, die ihn nicht gewählt hatten, und löste überall in der Erzdiözese große Unruhe aus.

Um die Partei des Folmar und deren agitatorisches Treiben einzudämmen, versammelte der Kaiser in Lautern die Trierer Domherren, den erwählten Rudolf von Wied, den Suffraganbischof von Metz und andere Herren um sich. Friedrich berichtete persönlich über den empörenden Eidbruch des Papstes und über die eigenartige Kanonisierung und Weihe Folmars zum Erzbischof. Er forderte, daß Rudolf sein Amt nun antreten und energisch führen oder zurücktreten solle. Die Prälaten entschieden sich für die erste Lösung und führten Rudolf erneut als ihren Erzbischof nach Trier.

Nachdem der Kaiser diese Angelegenheit aus seiner Sicht soweit geregelt glaubte, begab er sich Ende November zu einem Reichstag nach Gelnhausen. Hier wollte er vor allem mit der Koalition zwischen dem Papst und dem Kölner Erzbischof abrechnen und ihre weitere Ausbreitung unterbinden. Deshalb hatte er besonders viele Einladungen an die Kirchenfürsten aussenden lassen, und es erschienen dann die Erzbischöfe von Mainz, Köln, Bremen, Magdeburg, Salzburg und die Bischöfe von Brixen, Freising, Gurk, Hildesheim, Lübeck, Meißen, Merseburg, Münster, Naumburg, Passau, Regensburg, Verden, Würzburg und andere Geistliche.
Natürlich kamen auch weltliche Fürsten wie zum Beispiel Herzog Bernhard von Sachsen und der Landgraf Ludwig von Thüringen. Ebenso wie in Lautern ergriff Kaiser Friedrich selbst das Wort und sagte nach der Überlieferung: »Wir bitten Euch, Ihr höchsten Geistlichen, Bischöfe und Fürsten, in deren Herzen die Gerechtigkeit wohnt, meine Worte zu beherzigen. Es ist Euch wohl hinlänglich bekannt, mit welchen Widerwärtigkeiten ich vom Papst belästigt werde. Ich weiß aber nicht, womit ich seine Gunst verwirkt habe. Nur das eine weiß ich bestimmt, daß ich den Papst nie erzürnen wollte, daß ich nie wider seinen Willen handelte. Auch habe ich nie Ungebührliches und Ungerechtes von ihm verlangt. Auf seine Vorwürfe und Anklagen habe ich stets ohne Zorn und Widerspruch geantwortet, in folgsamster Weise habe ich über alles Rechenschaft abgelegt. Weil ich mir deshalb in jeder Beziehung meiner Unschuld bewußt bin, lasse ich mich nicht beunruhigen. Wenn es dem Papst gefällt, mich wie seinen geliebten und unterwürfigen Sohn zu behandeln, so werde ich in ihm meinen geliebten und ehrwürdigen Vater verehren, wenn er aber gewisse Maßregeln ergriffen hat, die ungerecht und sinnlos auf meine Erniedrigung zielen, so wird mich hoffentlich Gottes Gnade begünstigen und Euer Rat und Eure Tat unterstützen, damit ich ihm unerschrocken auf alles antworten kann.«
Nach dieser Einleitung berichtete der Kaiser, wie Papst Urban das geächtete Cremona unterstützt und den Bischöfen

sogar mit dem Bann gedroht habe, falls sie ihm – dem Kaiser – die schuldige Unterstützung leisteten. Er ließ seine Enttäuschung erkennen, daß der Papst nach den anfänglichen Bekundungen der Einigkeit und Reichsfreundlichkeit so radikal zu den Reichsfeinden umgeschwenkt sei. Besonders verbittert zeigte sich der Kaiser über das Verhalten des Papstes in der Trierer Angelegenheit. Der anwesende Bischof Hermann von Münster bezeugte, daß der Papst im März 1186 eidlich gelobt habe, Folmar niemals zum Erzbischof zu weihen. Den Bruch dieses Gelöbnisses bezeichnete der Kaiser als eine unerträgliche Erniedrigung des Reiches, die Weihe dieses Erzbischofes vor der Belehnung mit den Regalien sei ein unerhörter Eingriff in die vereinbarten Rechte des Reiches. Nach weiteren Vorwürfen an die Adresse des Papstes und der Kurie forderte der Kaiser die anwesenden Kirchenfürsten auf, ihm ihre Meinung zu all diesen Dingen zu sagen: »Gebt Gott, was Gottes ist, und dem Kaiser, was des Kaisers ist.«

Nach unsicherer Überlieferung soll sich daraufhin der Kölner Erzbischof geäußert haben. Er ging aber auf die Rede des Kaisers nicht ein, sondern griff die Ausübung des Regalien- und Spolienrechtes durch den Kaiser an, wohl in der Erwartung, damit die Anwesenden am ehesten gegen den Kaiser aufwiegeln zu können. Der Erzbischof bezeichnete die kaiserliche Praxis als nicht widerrechtlich, aber als unziemlich, weil die Bistümer dadurch ausgeplündert würden.

Friedrich soll daraufhin seine Rechte nachdrücklich verteidigt und darauf hingewiesen haben, daß seine Vorgänger bei der Einsetzung der Bischöfe erheblich größere Rechte gehabt hätten und daß er sich den ihm verbliebenen kleinen Rest nicht auch noch nehmen lasse.

Erzbischof Konrad von Mainz, der mächtigste deutsche Kirchenfürst, wies sodann auf die doppelten Verpflichtungen der Kirchenfürsten gegenüber dem Papst und dem Kaiser hin. Dem ersteren hätten sie in allen geistlichen Fragen zu gehorchen, vom zweiten besäßen sie ihre weltlichen Besitztümer zu Lehen und seien ihm deshalb Treue und Mannschaft schuldig. Da jedoch jetzt der Papst die Rechte des Kai-

sers angegriffen habe, müßten die Kirchenfürsten zur Erhaltung dieser Rechte beitragen und sich demnach gegen den Papst erklären. Konrad schlug vor, den Papst in einem Schreiben zum Frieden zu mahnen.
Von den Erzbistümern Magdeburg und Salzburg sind Schreiben in diesem Sinne an den Papst erhalten. Dem Kaiser war es also gelungen, die Absicht von Papst Urban, einen Keil zwischen ihn und die deutschen Kirchenfürsten zu treiben, ins Gegenteil umzukehren und den deutschen Episkopat in eine Frontstellung gegen den Papst zu bringen. Erzbischof Philipp von Köln war isoliert. Diese Einstellung der großen Mehrheit der deutschen Bischöfe war für den Papst zweifellos sehr enttäuschend. Aber er gab den Kampf keineswegs auf. Er, der schon einen Eidbruch nicht gescheut hatte, brachte es nun fertig, Kaiser Friedrich vorzuladen, und zwar wegen widerrechtlicher Aneignung kirchlicher Güter, insbesondere des Kirchenstaates und der ehemaligen Mathildischen Besitzungen. Der Kaiser brachte noch Ende 1186 eine Gesandtschaft an den Papst auf den Weg, um nach Möglichkeit eine realistische Verhandlung einzuleiten.
Die letzten Tage des Jahres 1186 verbrachte der Kaiser auf der Burg in Nürnberg. Von hier erließ er am 29. Dezember erneut ein Gesetz zur Bewahrung des Landfriedens. Es richtete sich vor allem gegen die Brandstifter, die mit der Acht und mit Exkommunikation bedroht wurden. Sie konnten sich von diesen Strafen durch Zahlung von Schadenersatz und durch eine Bußfahrt in das Heilige Land oder nach Santiago de Compostela in Spanien lösen. Die Zerstörung von Obst- und Rebenpflanzungen wurde mit den gleichen Strafen bedroht. Da sich das absolute Verbot von Fehden auf Grund des roncalischen Landfriedens von 1158 nicht hatte durchsetzen lassen, wurde jetzt vorgeschrieben, daß jede Fehde drei Tage vor Beginn anzusagen sei. Wer eine Waffenruhe vor der vereinbarten Frist aufkündige, mache sich künftig des Treubruchs schuldig. Um den Ritterstand vor ungeeigneten Männern zu bewahren, wurde in dem Gesetz schließlich festgelegt, daß ihm Priester- und Bauernsöhne nicht angehö-

ren könnten. Diese Bestimmung lehnte sich wohl an eine Justinianische Verordnung an, aber sie entsprach voll und ganz den Auffassungen Friedrichs über die elitären Aufgaben des Ritterstandes.

Priestersöhne? Papst Gregor VII. hatte im 11. Jahrhundert wohl den Zölibatsgedanken energisch verfochten, aber es dauerte noch einige Jahrhunderte, bis die priesterliche Ehelosigkeit in der katholischen Kirche wirklich allgemein praktiziert wurde. Im 12. Jahrhundert war das Gegenteil noch so häufig, daß die Priestersöhne sogar in einem Gesetz genannt wurden.

Die Gesandten, die in Friedrichs Auftrag zu Papst Urban nach Verona geritten waren, kehrten Anfang 1187 unverrichteter Dinge wieder zurück. Der Papst bedrohte den Kaiser und König Heinrich nun mit einem neuerlichen Bann, weil Barbarossa seiner Vorladung nicht gefolgt war. In einem Brief bat Urban den Magdeburger Erzbischof, seinen Einfluß beim Kaiser geltend zu machen, damit dieser der römischen Kirche die ihr gehörenden Besitzungen in Italien zurückgebe. Wenn der Kaiser diesen Grund der Zwietracht nicht beseitige, treffe ihn die Schuld an der Fortdauer des Zerwürfnisses.

Dieser Brief hat den Magdeburger Erzbischof wohl in Regensburg erreicht, wohin der Kaiser für Ende Februar 1187 einen Reichstag einberufen hatte. Anläßlich eines Streites zwischen dem böhmischen Herzog Friedrich und dem Bischof von Prag wurde dem letzteren urkundlich seine Eigenschaft als Reichsfürst bestätigt, womit er seine gewünschte Unabhängigkeit vom Herzog erreicht hatte. Natürlich wurde das päpstliche Schreiben an Erzbischof Wichmann sogleich beraten, und man entschied sich zu einer neuen Gesandtschaft an den Papst, der auch der neue Bischof Gottfried von Würzburg, der bisherige Kanzler, angehören sollte, weil er doch mit allen Problemen am besten vertraut sei.

Im Februar und März 1187 führten die Erzbischöfe Folmar und Philipp in ihren Erzbistümern Trier und Köln Synoden durch. Papst Urban hatte beide Gewährsmänner kurz vorher

zu seinen Legaten ernannt, womit sie vor allem gegenüber ihren Suffraganbischöfen als Stellvertreter des Papstes mit mehr Autorität auftreten konnten. Trotzdem protestierten die Bischöfe von Toul und Verden gegen die Ladung Folmars zu der Synode. Der erstere wurde deshalb von Folmar exkommuniziert, der zweite schied gleich freiwillig aus seinem Amt. Einige weitere Prälaten wurden wegen Nichterscheinens bei der Synode abgesetzt, gebannt oder beides. Bischof Bertram von Metz hingegen wurde bald von Beauftragten des Kaisers aus seinem Bistum vertrieben, weil er sich erst kurz vorher recht scheinheilig gegen Folmar ausgesprochen und nun doch an der Synode teilgenommen hatte.
Erzbischof Philipp hielt in Köln Ende März eine regelrechte Heerschau, da er nicht nur die Geistlichen aufbot, sondern auch alle seine weltlichen Vasallen. Etwa 4000 Ritter sollen nach Köln gekommen sein, und Philipp mag es angesichts dieser Macht wohl gereizt haben, bei passender Gelegenheit gegen den Kaiser zu rebellieren. Die Kölner Synode war jedenfalls mehr eine Demonstration der weltlichen Macht des Erzbischofs als seines geistlichen Hirtenamtes.
Der Kaiser, der seit 1182 der Brüderschaft des Klosters Sankt Ulrich und Afra in Augsburg angehörte, ließ es sich nicht nehmen, im April an der Einweihung der neuen Klosterkirche teilzunehmen. Der Mainzer Erzbischof war mit beinahe allen Kirchenfürsten nach Augsburg gekommen, und der Kaiser trug zusammen mit drei Bischöfen die Gebeine des Heiligen an ihre neue Ruhestätte. Auch die Söhne Friedrich, Konrad und Otto nahmen an den Feierlichkeiten teil. Der exkommunizierte Bischof Petrus von Toul war ebenfalls anwesend, so daß wohl über die Angelegenheiten des Erzbistums Trier gesprochen wurde. Friedrich ritt auch in den nächsten Wochen selbst nach Toul in Lothringen, um die Sache des Bischofs zu unterstützen. Der Kaiser bestätigte dort dem Grafen Balduin von Hennegau nochmals die 1184 getroffene Regelung für das Erbe des Grafen Heinrich von Namur und Luxemburg, das ihm nicht nur vom Kölner Erzbischof und dem Grafen Philipp von Flandern streitig gemacht wurde, son-

dern vor allem vom Erblasser selbst, der als über Sechzigjähriger noch eine Tochter bekommen hatte, die er jetzt als Erbin einsetzen wollte. Aber der Kaiser blieb bei seinen vor zwei Jahren gegebenen Zusagen sicher nicht nur aus moralischen, sondern auch aus politischen Gründen.

Dem 22jährigen französischen König Philipp August bereitete es längst Unbehagen, daß der weitaus größte Teil der Küsten seines Landes in englischem Besitz war. Die englische Übermacht in Frankreich war im wahrsten Sinn des Wortes erdrückend. Philipp August strebte deshalb seit seinem Regierungsantritt im Jahre 1180 danach, diesen Zustand zu ändern. In Anbetracht der Kräfteverhältnisse mußte ihm dazu ein Bündnis oder wenigstens ein Stillhalteabkommen mit dem Kaiser als notwendig erscheinen. Es ist anzunehmen, daß der Schwiegervater des Königs, der beim Kaiser hoch in Gunst stehende Graf Balduin von Hennegau, dazu Verhandlungen vermittelt hat. Sie führten am 17. Mai 1187 zu einem Vertragsabschluß, womit sich der Franzose die kaiserliche Unterstützung und Duldung seiner Interessen im Nordosten Frankreichs sicherte und dafür seinen Beistand in der Form versprach, daß er Folmar den Aufenthalt in seinem Land nicht gestatten wolle.

Für den Franzosen zeigten sich schon nach kurzer Zeit die Vorteile dieses Vertrages, als seine Streitkräfte den englischen bei Châteauroux in Berry gegenüberstanden und Heinrich II. im Juni 1187 sehr schnell zu einem Waffenstillstand bereit war. Der Kaiser scheint mit einer kleinen Streitmacht die Saar abwärts geritten zu sein, vielleicht in der Absicht, die Nordostgebiete Frankreichs vor einem Überfall zu schützen. Aber der Kölner Erzbischof hat in der angespannten Lage den Vormarsch des Kaisers als gegen sich gerichtet betrachtet und sofort seine Streitkräfte alarmiert. Die Kölner zerstörten eine Brücke über die Mosel und stoppten damit die kaiserlichen Scharen. Das war für Friedrich eine unerhörte Provokation, die er nach all den vorhergegangenen unfreundlichen Äußerungen und Nadelstichen des Erzbischofs nicht stillschweigend hinnehmen konnte. Er lud Philipp für den 15. August zu einem Reichstag nach Worms und ordnete an, daß der Stadt Köln ab 25. Juli 1187 die Zufuhr von Wein und Getreide gesperrt und daß der Schiffsverkehr südlich der Stadt abgeriegelt wurde. Das war eine erhebliche Beeinträchtigung des Handels, den Köln kaum lange ertragen konnte.

Inzwischen hatte der Kaiser nach Dänemark geschickt, um die rückständige zweite Rate der Mitgift für die Braut seines Sohnes Friedrich abzuholen. Aber König Knud VI. verweigerte die Bezahlung, weshalb die Staufer die Braut wieder nach Dänemark zurückschickten. Obendrein retournierte auch Landgraf Ludwig von Thüringen ebenfalls seine dänische Gemahlin Sophie, die Mutter König Knuds. Dieser schätzte die Lage nach der Absetzung Herzog Heinrichs des Löwen nicht unrichtig ein und erhob nun nach der Eroberung von Pommern und Mecklenburg auch Ansprüche auf Stormarn, Holstein, Wagrien und das Polaberland. Die Grafschaft Dithmarschen hatten sich die Dänen bereits einverleibt, und nun wollten sie die untere Elbe zur Grenze zwischen ihrem Land und dem Reich erheben. Knud VI. verfolgte seine Ambitionen mit großer Energie und trieb bald die ihm untertänigen Wenden dazu, in die deutschen Gebiete einzufallen, um auf solche Weise Unruhe zu stiften.

In Italien konnte dagegen König Heinrich die reichsfreundliche Stimmung vertiefen. Den Florentinern gab er die Gerichtsbarkeit als Lohn für geleistete Dienste zurück, ohne allerdings deshalb die Rechte des Adels zu schmälern, zu dem er gute Beziehungen pflegte. Heinrich war ständig von verschiedenen Kirchenfürsten umgeben, von denen er sich beraten ließ und die deshalb auch für ihn Partei nahmen, sehr zum Verdruß von Papst Urban, der in Verona nach wie vor weitgehend isoliert war. Die Mathildischen Güter wurden vom Reichsmarschall Heinrich von Lautern verwaltet.

Zum Reichstag in Worms stellte sich am 15. August 1187 wohl eine stattliche Anzahl von weltlichen und kirchlichen Fürsten ein, aber der geladene Erzbischof Philipp von Köln erschien nicht. Er sah keine Notwendigkeit, sich zu rechtfer-

tigen, und sandte nur seinen Domdekan. Mehrere bisherige Anhänger und Sympathisanten des Erzbischofs waren nach Worms gekommen und legten nun einen Reinigungseid ab, um sich von dem Verdacht zu entlasten, weiterhin gegen Kaiser und Reich zu konspirieren. Darunter befanden sich die Grafen von Sayn, Bentheim, Arnsberg und Jülich wie auch Bischof Rudolf von Lüttich, der Zähringer, der schon 1160 einmal mit dem Kaiser bei der Besetzung des Mainzer Erzbischofsstuhles in Streit geraten war. Die Kölner hatten inzwischen das Gerücht ausgestreut, daß der Kaiser im Juni keineswegs die Absicht gehabt hatte, dem französischen König zu helfen, sondern daß er in Wirklichkeit ihre Stadt und den Erzbischof angreifen wollte. Über solche Rabulistik erboste sich der Monarch heftig, und da ihm die Kölner den Durchzug durch Reichsgebiet verwehrt hatten, wurde der Erzbischof nach Landrecht zum 1. Dezember vor einen Hoftag nach Straßburg geladen.
Von Worms begab sich der Kaiser in seine Pfalz in Kaiserslautern, wo ihn die Gesandtschaft antraf, die er im März unter Führung von Bischof Gottfried von Würzburg zum Papst beordert hatte. Dem bewährten Verhandlungsgeschick des vormaligen Kanzlers war es wohl zuzuschreiben, daß sich Urban nach freilich mehrmonatigen Beratungen bereit erklärte, Folmar seiner erzbischöflichen Würde wieder zu entkleiden, wenn auch der Kaiser Rudolf von Wied fallenließe. In Trier solle dann neu gewählt werden. Zu diesem Entschluß des Papstes hatte sicher auch seine Isolierung und der mißglückte Versuch beigetragen, den deutschen Episkopat dem Kaiser abtrünnig zu machen. Über diese neue Situation beriet sich Friedrich mit seinen Vertrauten, nachdem er sich an den Bodensee begeben hatte. Hier erschien auch der Kölner Domdekan wieder zu Verhandlungen, aber die Gespräche brachten wohl kein konkretes Ergebnis.
Überraschend starb am 20. Oktober 1187 Papst Urban III. in dem der Reichsacht verfallenen Ferrara, wohin er sich auf seiner wohl ersten und einzigen Reise als Papst begeben hatte. Ein zeitgenössischer Trierer Geschichtsschreiber meinte,

daß Urban III. mit allen Kräften darauf hingearbeitet habe, die Würde und Hoheit des Kaisers zu erniedrigen. Die Kurienkardinäle hatten ihn zwei Jahre zuvor in der Erwartung gewählt, mit ihm dem Kaiser einen harten Widerpart entgegenzusetzen. Jetzt herrschte unter den Kardinälen eine gegenteilige Tendenz, und man bestimmte den bisherigen päpstlichen Kanzler zum Nachfolger, einen sehr versöhnlichen Mann, der sich Gregor VIII. nannte. Allerdings hatte auch er seine Ecken und Kanten, denn nicht von ungefähr hatte er sich den großen Reformpapst Gregor VII. zum Vorbild gewählt. Gregor galt als außerordentlich sittenstreng und pflichteifrig. Er machte sehr schnell von sich reden, als er zu Beginn seines Pontifikates das Grab des ersten Gegenpapstes im alexandrinischen Schisma, Viktor IV., zerstören und die Gebeine zerstreuen ließ. Alexander III. war 1164 über den Tod Viktors in Tränen ausgebrochen!

Gegen Ende des Jahres 1187 mehrten sich schlechte Nachrichten über die Christen im Heiligen Land. Vor allem erschütterte zunächst der Bericht über eine vernichtende Niederlage, die die Christen am 4. Juli 1187 in der Nähe des Sees Genezareth erlitten hatten. Kurze Zeit später kam die Hiobsbotschaft, daß Jerusalem an Sultan Saladin verloren worden sei. Die Gerüchte über die orientalischen Sklavenmärkte, auf denen gefangene Christen angeboten wurden, verdichteten sich bald zur Gewißheit und ebenso die über die niedergemetzelten Templer und Johanniter, in denen der Sultan seine schlimmsten Feinde sah. Saladin – ein gebürtiger Kurde – galt jedoch als ein fairer, großmütiger Mann, freilich von strenger muslimischer Gesinnung, der vielen Christen die Freiheit schenkte. Viele meinten, daß er ein idealer Herrscher wäre, wenn er sich nur zum Christentum bekennen würde. Aber wie stets in solchen Zeiten standen die schlimmen Gerüchte im Vordergrund, und die Niedergeschlagenheit, die die ersten Nachrichten auslösten, machte bald allerweg dem Verlangen Platz, die gefallenen und verkauften Christen an den Ungläubigen zu rächen und die heiligen Stätten zurückzuerobern.

In dieser Stimmung mußte ein Aufruf des Papstes zu einem neuen Kreuzzug auf offene Ohren treffen. Von Parma aus, wo sich Gregor VIII. aufhielt, entsandte er Kardinalbischof Heinrich von Albano nach Frankreich und in die deutschen Lande, um für den Kreuzzugsgedanken zu werben. Schon vorher hatte der Papst in einem Schreiben die deutschen Bischöfe dazu angehalten, die weltlichen Fürsten und das Volk zu einem Kreuzzug aufzurufen.

In einem Briefwechsel zwischen Gregor VIII. und König Heinrich VI. waren sich die beiden so nahegekommen, daß Heinrich besondere Anweisung gab, den Papst überall als seinen Gast aufzunehmen. Dagegen rügte Gregor in einem Brief an Folmar dessen Schroffheit, beschuldigte ihn des Mißbrauches der Exkommunikation sowie eines Willkür- und Gewaltregimentes und meinte schließlich, daß diesem Zustand ein Ende bereitet werden müsse. Sofortige Maßnahmen gegen den merkwürdigen Trierer Erzbischof wollte der Papst allerdings nicht ergreifen.

Auf Grund des Beschlusses von Worms hielt der Kaiser am 1. Dezember 1187 in Straßburg einen Hoftag. Aber der geladene Kölner Erzbischof erschien auch hier nicht, so daß eine dritte Vorladung erforderlich wurde. Jedoch hatte der Kardinalbischof Heinrich von Albano zwei Boten nach Straßburg gesandt, die in seiner Vertretung den geplanten Kreuzzug propagieren sollten. Ihre Schilderungen der üblen Lage der Christen im Heiligen Land löste aber bei den Zuhörern keine Reaktionen aus, und auch Bischof Heinrich von Straßburg konnte trotz seiner beachtlichen Beredsamkeit niemand spontan dazu veranlassen, sich zur Teilnahme am Kreuzzug zu melden. Die Erinnerungen und Erzählungen derjenigen, die den zweiten Kreuzzug mit seinen Leiden, Opfern und Bedrängnissen mitgemacht hatten, waren noch allzu lebendig und durch die neuen Berichte über die Niederlagen der Christen im Orient wieder aufgefrischt worden. Keiner hatte Neigung, im heißen Wüstensand zu verdursten oder in einer Oase als Sklave bis zum Lebensende arbeiten zu müssen. Als sich aber schließlich doch ein Ritter für den geplanten Kreuz-

zug meldete, kamen die Emotionen ins Wallen, und es sollen
sich an die 500 Ritter und viel Volk zur Verfügung gestellt ha-
ben. Der Kaiser konnte sich allerdings nicht entschließen,
ebenfalls das Kreuz zu nehmen, solange der Frieden im Reich
durch den Kölner Erzbischof gefährdet war.
Im Dezember 1187 trafen sich der Kaiser und der französi-
sche König in der Nähe von Mouzon, einem Grenzort in
Lothringen, um ihren im Mai geschlossenen Freundschafts-
pakt persönlich zu bekräftigen. Das Datum des Treffens ist
nicht bekannt, manche Historiker verlegen es sogar in den
Juli 1187. Zweifellos wurde über die Umtriebe Folmars im
Trierer Erzbistum gesprochen, denn dieser erschien wenig
später am Hof des englischen Königs, wo er gute Aufnahme
fand. In der Erbschaftsfrage des Grafen Heinrich von Namur
und Luxemburg waren sich die zwei Potentaten einig, daß
Graf Balduin von Hennegau der Erbe sein solle. Beide Grafen
waren übrigens anwesend. Da auch Kardinalbischof Hein-
rich von Albano zu dem Treffen gekommen war, wurde
selbstverständlich über den geplanten Kreuzzug gespro-
chen. Der Kaiser wollte wohl mit seinem französischen Ver-
bündeten in das Heilige Land ziehen und bot diesem sogar
an, alle seine Männer während des Kreuzzuges zu verpfle-
gen. Aber Philipp August lehnte ab, da er sein Land nicht
verlassen wolle, wenn der englische König zu Hause bliebe.
Man einigte sich darauf, gemeinsam auf Heinrich II. einzu-
wirken, damit auch er an dem Kreuzzug teilnähme. Bei die-
sem Treffen trat übrigens erstmals der neue Kanzler des Kai-
sers, Johannes, in Erscheinung.
Mitten in diesen ersten Vorbereitungen für den Kreuzzug
eilte die Kunde durch die Lande, daß Papst Gregor VIII. nach
nur knapp zweimonatigem Pontifikat am 17. Dezember 1187
gestorben sei. Er hatte sich noch bemüht, die erneut ausge-
brochenen Zwistigkeiten zwischen Pisa und Genua um Sar-
dinien zu schlichten, und war dabei in Pisa gestorben. Zwei
Tage später wählten die Kardinäle den Kardinalbischof Pau-
lus von Palestrina zum neuen Papst, der sich Clemens III.
nannte. Es war bereits der zwölfte Papst (einschließlich der

Gegenpäpste) während der Regierungszeit Friedrichs I. Barbarossa.
Das Weihnachtsfest 1187 feierte der Kaiser in Trier, und es sind seine bitteren Klagen überliefert, daß er in seinem hohen Alter nun von dem »Kölner Pfaffen« noch gezwungen werde, gegen seinen Willen ein Land seines Reiches zu verwüsten. Aber zunächst wurde Erzbischof Philipp nochmals vor ein Fürstengericht in Nürnberg geladen.
Trotz der im Juni 1187 zwischen Engländern und Franzosen vereinbarten zweijährigen Waffenruhe kam es schon im Januar 1188 wieder zu Plänkeleien. Im Beisein zahlreicher Fürsten, Bischöfe und auch des päpstlichen Legaten Heinrich von Albano trafen sich die beiden Könige in der Normandie erneut. Wieder wurde ein Waffenstillstand vereinbart, diesmal für die Dauer des Kreuzzuges, und wer ihn brechen würde, der sollte exkommuniziert werden. In schwierigen Verhandlungen wurde das gegenseitige Mißtrauen beseitigt, einer der beiden Könige könnte zu Hause bleiben und das Gebiet des anderen in dessen Abwesenheit überfallen. Sowohl Philipp August wie auch Heinrich II. verpflichteten sich ebenso zur Teilnahme an dem Kreuzzug wie viele Erzbischöfe, Bischöfe, Adelige, Ritter und mehrere tausend Männer aus dem Volk.
Die dritte Vorladung Erzbischof Philipps hatte endlich Erfolg, da er sich am 2. Februar 1188 in Nürnberg dem Fürstengericht stellte. Die Forderung des Kaisers, sich auf Gnade und Ungnade zu unterwerfen, lehnte der Kölner jedoch ab. Friedrich wollte seinem alten Mitstreiter und ehemaligen Kanzler nochmals Bedenkzeit einräumen und vertagte den Urteilsspruch auf den für März in Mainz vorgesehenen Reichstag. Um die gleiche Zeit hat aber der aus Italien zurückgekehrte König Heinrich VI. in Koblenz die Lehnsleute des Erzbischofs zusammengerufen und gegen ihren Lehnsherren aufzuwiegeln versucht. Über seinen Erfolg sind widersprüchliche Nachrichten überliefert, aber viele Anhänger hatte der Erzbischof ohnedies nicht mehr.
Anfang Februar 1188 konnte endlich wieder ein Papst in Rom

einziehen. Dem gebürtigen Römer Clemens III. war dies auf Grund der von König Heinrich noch für seinen Vorgänger eingeleiteten Vorbereitungen vergönnt, nachdem weder Lucius III. noch Urban III. die Stadt hatten betreten können. Das römische Volk begrüßte den Papst mit feierlichen Lobgesängen. Am 31. Mai »des 44. Jahres seit Aufstellung des heiligen Senates« (1188) wurde ein Vertrag zur Regelung der Beziehungen zwischen dem Papst und den Römern geschlossen. Die Oberhoheit des Papstes über die Stadt wurde darin anerkannt und ebenso sein Recht, den Senat zu investieren, der ihm den Treueid zu leisten hat. Die Regalien wurden dem Papst zurückerstattet, jedoch erhielt der Senat ein Drittel des Erlöses aus der päpstlichen Münze. Der Papst verpflichtete sich zu den bei großen Feierlichkeiten üblichen Geldgeschenken an die Senatoren und die Beamten des Senats, an Richter und Notare. Er mußte auch zu den Befestigungen der Stadt beitragen und die den bisherigen Päpsten nahestehenden Städte Tusculum und Tivoli fallenlassen. Die Zugeständnisse waren also nicht gering, die die Römer vom Papst verlangten, als sie sich mit seinem Aufenthalt in ihrer Stadt einverstanden erklärten.

Der Kaiser hatte dem französischen König schon im Dezember 1187 mitgeteilt, daß er für den 27. März 1188 einen Reichstag nach Mainz einberufen werde, der der Vorbereitung des Kreuzzuges dienen solle. Dieser Reichstag hat im Volksmund schon vorweg den Namen »Hoftag Jesu Christi« bekommen. Zunächst wurde dort wohl aber die Sache des Kölner Erzbischofs verhandelt. Philipp war erst nach vielseitigem Zuspruch bereit, sich, der Forderung des Kaisers entsprechend, auf Gnade und Ungnade zu unterwerfen. Er mußte drei Reinigungseide leisten – je einen wegen seiner Weigerung, nach Worms und Straßburg zu kommen, sowie einen, weil er von den Kölner Juden Abgaben verlangt hatte, obwohl diese unter dem Schutz des Kaisers standen und ihm dafür abgabenpflichtig waren. Der Erzbischof beschwor, daß er die Ehre des Kaisers in keinem der drei Fälle verletzen wollte. Zusammen mit der Stadt Köln mußte Philipp an den

Kaiser 2000 Mark und an den Hof 260 Mark bezahlen. Die Kölner mußten außerdem eines ihrer neuen Stadttore bis zum untersten Stockwerk abtragen und vom Stadtgraben insgesamt 1600 Fuß zuschütten. Dabei handelte es sich aber nur um Bußübungen, weshalb die Kölner den Graben gleich wieder ausheben und das Tor wieder aufbauen konnten. Der Friede zwischen dem Kaiser und den Kölnern war damit zwar nach außen wiederhergestellt, aber der Erzbischof trug doch auch weiterhin einen Groll gegen Friedrich in sich, obgleich dieser ihn sehr geschont hatte.

So war der Weg frei für die Teilnahme des Kaisers am Kreuzzug. Friedrich räumte während des weiteren Verlaufes des »Hoftages Jesu Christi« den Vorsitz symbolisch Christus ein, indem er seinen Stuhl unbesetzt ließ. Bischof Gottfried von Würzburg hatte dank seiner Beredsamkeit während der vergangenen Monate schon viele für die Kreuzzugsidee begeistern können. Jetzt vermochte er es in Mainz erneut, die Anwesenden in einen Taumel der Verzückung fortzureißen, und die meisten von ihnen nahmen zusammen mit dem Kaiser in einem enthusiastischen Rausch das Kreuz. Friedrich, der von jeher zutiefst davon überzeugt war, daß ihm die Kaiserkrone und die damit verbundene Führungsaufgabe gegenüber der abendländischen Christenheit von Gott selbst übertragen worden war, betrachtete es als den herrlichsten Abschluß dieser Aufgabe, an der Spitze eines Heeres von Gläubigen den Ungläubigen das heilige Grab Christi zu entreißen. Noch in Mainz wurde beschlossen, daß sich die Kreuzfahrer in etwas mehr als einem Jahr, am Tage des heiligen Georg, des Beschützers der Kreuzfahrer, in Regensburg versammeln würden.

Die Gefahr erneuter Ausschreitungen gegen die Juden, wie sie anläßlich des zweiten Kreuzzuges vorgekommen waren, blieb beträchtlich. Die Mainzer Juden hatten die Stadt vor Beginn des Reichstages vorsorglich verlassen. Der Kaiser erließ am 29. März 1188 ein Gesetz: »Wer einen Juden anrührt und ihn verwundet, dem wird eine Hand abgehauen, und wer einen Juden umbringt, der wird auch umgebracht.«

Auch der Mainzer Erzbischof drohte: »Jeder, der seine Hand gegen Juden ausstreckt, soll vernichtet werden und dessen Kreuzfahrt wird wertlos sein.«
Die Zwischenzeit bis zur Versammlung des Kreuzheeres in Regensburg benutzte der Kaiser eifrig zu Vorbereitungen verschiedenster Art. Es wurde sorgfältig beraten, welchen Weg das große Kreuzzugsheer nehmen sollte, den Land- oder den Seeweg. Die schlimmen Erfahrungen des zweiten Kreuzzuges auf dem Landweg waren nicht ermutigend. Aber wie würde es mit Schiffen gehen – hätte man überhaupt genügend zur Verfügung, um die vielen tausend Ritter, ihre Begleiter und Pferde sowie den Proviant über das Meer bringen zu können? Und hätte man im Heiligen Land Häfen, in denen man vor den Feinden geschützt die Ausschiffung vornehmen könnte? Da der Seeweg noch unsicherer als der Landweg war, entschloß man sich zu letzterem. Der Kaiser sandte Botschaften an die Herrscher der Länder, durch die das Heer seinen Weg nehmen mußte, damit dort der friedliche Durchzug gesichert würde. Sultan Saladin ließ er durch eine Gesandtschaft sogar auffordern, das Heilige Land den Christen zu überlassen und Genugtuung für die erschlagenen Gläubigen zu leisten. Sollte Saladin dazu nicht bereit sein, so kündige er ihm die Freundschaft auf und werde ihn mit dem römischen Reich um den ganzen Erdkreis bekämpfen.
Mitte April 1188 finden wir den Kaiser zu Ostern in seiner Pfalz zu Gelnhausen. Wenige Tage später ritt er an den Main nach Seligenstadt, wo er mit Gesandten von König Alfons VIII. von Kastilien und Toledo einen Ehevertrag für die Vermählung seines dritten Sohnes Konrad mit der Königstochter Berengaria abschloß. Die Hochzeit sollte möglichst bald in Kastilien stattfinden, und Konrad wurde als Thronfolger von Alfons vorgesehen, falls dieser ohne männliche Nachkommen stürbe. Der Braut wurden als Morgengabe die reichen Allodien zugesichert, die Konrad von seinem Vater und von Herzog Friedrich von Rothenburg erhalten hatte. Die Braut bekam von ihrem Vater eine Mitgift von 42000 Goldgulden.

Zuletzt wurde der Ehevertrag aber wegen zu naher Blutsverwandtschaft der Brautleute doch nicht realisiert.
Da der Kaiser eine sehr lange Abwesenheit vom Reich erwartete, suchte er vor dem Kreuzzug noch alle schwebenden Fragen zu klären. Nachdem er dem Grafen Balduin von Hennegau zum wiederholten Male die Erbschaftsregelung aus dem Jahre 1164 bestätigt hatte, diesmal zusammen mit König Heinrich VI., ritt der Kaiser an die Werra zu seiner Pfalz Boyneburg. Hier schlichtete er einen Streit zwischen der Äbtissin von Eschwege und dem Klostervogt. Dann ritt er nach Sachsen, das ihm nach wie vor besondere Sorge bereitete, weil der schwache Herzog Bernhard nicht in der Lage war, in seinem Herzogtum Ruhe und Frieden zu sichern. Straßenraub, Fehden aller Art und Brandstiftungen waren keineswegs selten. An der Weser hob Friedrich einige Raubnester aus. Für Ende Juli berief er einen Hoftag nach Goslar, während dessen er zu Gericht saß und Unruhestifter verurteilte sowie Zwistigkeiten schlichtete. Der Kaiser hatte auch Heinrich den Löwen nach Goslar entboten, der sich seit seiner Rückkehr aus dem Exil in Braunschweig aufhielt, aber doch jede Gelegenheit nutzte, um seine Güter zu mehren und seine Besitzungen zu vergrößern. Der Löwe mochte immer noch auf eine Rehabilitation durch seinen Vetter hoffen, zumal es sich doch jetzt zeigte, wie richtig und erfolgreich seine Politik gegenüber den Dänen und Wenden im Norden und Nordosten gewesen war. Aber selbst wenn der Kaiser gewollt hätte, was nicht auszuschließen ist, hätte er den Löwen jetzt unmittelbar vor dem Kreuzzug auf keinen Fall wieder einsetzen können, denn das hätte während seiner Abwesenheit mit Sicherheit zu endlosen Unruhen geführt. So stellte Friedrich nun ganz im Gegenteil seinen Vetter vor die Alternative, entweder an dem Kreuzzug teilzunehmen, endgültig auf einen Teil seiner Besitzungen bei Rückgabe einiger anderer zu verzichten oder aber erneut drei Jahre ins Exil zu gehen. Der Löwe entschied sich für das Exil und verpflichtete sich, das Reich noch vor dem Aufbruch des Kreuzzugheeres zu verlassen.

Das ganze zweite Halbjahr 1188 blieb Friedrich in Sachsen, wo er mit zahlreichen Fürsten die weitere Entwicklung besprach. Den Lübeckern bestätigte und erweiterte er die 1181 erteilten Privilegien. In einem Streit zwischen der Stadt und dem Grafen Adolf III. von Holstein wegen der Zollabgaben an der Travemündung konnte der Kaiser einen Vergleich erzielen. Mit seinem Sohn Heinrich hielt er sich einige Wochen in Altenburg auf. Er gab dem Bistum Merseburg Ersatz für einige Güter, die es an das Kloster Pegau abgetreten hatte, und verlieh der zu Merseburg gehörenden Siedlung Neumarkt auf dem rechten Saale-Ufer Markt- und Stadtrechte (für die ältere Siedlung an der Saalefurt bestand ein Markt-, Münz- und Zollrecht bereits seit 1004). In diesem Jahr 1188 wurde auch das Magdeburger Stadtrecht aufgezeichnet, das zum wichtigsten Mutterrecht für die Städte im Osten bis nach Wolhynien, Ruthenien und in die Ukraine wurde. Über Breslau, Posen, Allenstein, Königsberg, Minsk, Krakau, Lemberg bis Kiew und über den Dnjepr hinaus wurden Städte mit dem Magdeburger Stadtrecht bedacht.
Im November 1188 zog der Kaiser nach Erfurt, wo er mit Bischof Petrus von Toul und dem Kapellan Gislebert des Grafen Balduin von Hennegau zusammentraf. Da Balduin gewalttätig in die ihm zugesprochenen Erbländer eingefallen war, um sie sich endlich zu sichern, führte die Gegenseite beim Kaiser gegen ihn Klage, und er mußte sich rechtfertigen. Am 20. November 1188 hielt der Kaiser einen Hoftag in Gernrode im Harz. Hier entschied er unter anderem einen Streit zwischen dem Herzog Bernhard und der Stadt Goslar, die einen vom Herzog verlangten Zoll am Elbübergang bei der Artlenburg nicht bezahlen wollte. Wohl in Anbetracht von Goslars Reichsunmittelbarkeit befreite der Kaiser die Stadt von der Leistung des Zolles. Vom Harz ritt Friedrich wieder südwärts und kam Anfang Dezember nach Saalfeld. Hier wurde auf Grund eines Weistums des Abtes Siegfried von Hersfeld festgelegt, daß die Bischöfe die ihnen übertragene Gerichtsbarkeit nicht als Lehen weitergeben dürften. Die mit der Rechtsprechung verbundene öffentliche Gewalt

sollte unteilbar sein. Der Kaiser hätte die Übersicht verloren, wenn die Rechtsprechung auf eine Vielzahl von Aftervasallen übertragen worden wäre. Eine gegensätzliche Verfügung des Bischofs von Trient erklärte der Kaiser für ungültig.
Das Jahresende verbrachte Friedrich in seiner Pfalz in Eger. Sein Sohn König Heinrich führte unterdessen in Worms die Vereinbarungen von 1184 mit dem Grafen Balduin von Hennegau durch und erhob diesen zum Markgrafen.
Zu Beginn des Jahres 1189 berief der Kaiser einen Reichstag nach Nürnberg ein, der der weiteren Vorbereitung des Kreuzzuges dienen sollte. Erzbischof Konrad von Mainz, der in Gran mit dem ungarischen König Bela III. über den Durchzug des Kreuzfahrerheeres verhandelt und darüber dem Kaiser schon nach seiner Rückkehr im Herbst berichtet hatte, schilderte seine Vereinbarungen nun den Fürsten. Der ungarische König hatte sich bereit erklärt, den Kreuzfahrern Pferdefutter pro 100 Rationen für eine Mark zur Verfügung zu stellen und für jeweils vier Schlachtochsen den gleichen Preis zu garantieren. Gesandte des Großzupans von Serbien versprachen einen festlichen Empfang und gute Versorgung in der Hauptstadt Nisch. Die Gesandtschaft des byzantinischen Kaisers Isaak II. Angelos machte kein Hehl daraus, daß man in Konstantinopel den Kreuzzug nur als einen Vorwand betrachtete, unter dem der römisch-deutsche Kaiser in Byzanz einfallen und es unterjochen wolle. Isaak hatte erst im Vorjahr Unabhängigkeitsbestrebungen der Bulgaren mühsam niedergeschlagen und mußte natürlich befürchten, daß diese wieder aufflammten, wenn das Kreuzzugsheer durchzog. Der Führer der Gesandtschaft, der Kanzler und Großlogothet Johannes Dukas beschwor jedoch die Sicherheit für die Durchziehenden, nachdem der Kaiser seine Friedfertigkeit durch den Bischof Gottfried von Würzburg, seinen Sohn Herzog Friedrich von Schwaben und Herzog Leopold von Österreich hatte beeiden lassen. Vom Sultan Kilidsch Arslan II. von Ikonium war wohl in Anbetracht seiner bisherigen guten Kontakte zu Friedrich Barbarossa eine freundliche Antwort zu erwarten. Eine außerordentlich zahlreiche Gesandt-

schaft – sie wird allerdings unglaubwürdig mit 1000 Männern und nur 500 Pferden angegeben! – des Sultans versicherte Freundschaft und Hilfsbereitschaft und brachte kostbare orientalische Geschenke. Ebenso erfüllte aber auch die Botschaft Sultan Saladins die Erwartungen, die man bei realistischer Betrachtung der Forderungen des Kaisers haben mußte. Schon die Titulierung »König von Alamanien« drückte die Geringschätzung des Sultans gegenüber den Drohungen des Kaisers aus. Und Friedrichs Forderungen beantwortete Saladin mit dem Verlangen, ihm die restlichen Hafenplätze der Christen zu übergeben, wofür er diesen immerhin erlauben wollte, in Jerusalem ihren Glauben auszuüben.
Nach dem Nürnberger Reichstag hielt sich der Kaiser im Januar und Februar 1189 noch in den fränkischen und bayerischen Gebieten auf, dann begab er sich nach Hagenau. In der sich nun schon rund sechs Jahre hinziehenden Angelegenheit des Erzbischofs von Trier war Papst Clemens III. ebenso wie sein Vorgänger Gregor VIII. bereit, die im Herbst 1187 ins Auge gefaßte Neuwahl zu akzeptieren. Auch in der Frage der Kaiserkrönung Heinrichs VI. konnte eine Einigung zwischen Kaiser und Papst erreicht werden, da sich Clemens – wohl nicht zuletzt im Hinblick auf den bevorstehenden Kreuzzug – sehr an einem Ausgleich interessiert zeigte. Diese Übereinstimmung führte dazu, daß König Heinrich in einer am 3. April 1189 in Straßburg ausgestellten Urkunde den Besitz des Kirchenstaates wieder dem Papst übertrug – den Besitz *(quo ad possessionem)*, aber nicht das Eigentum und unter Respektierung der Rechte des Reiches! Die Adeligen und Städte der Romagna und Campagna, die Heinrich den Treueid geleistet hatten, wurden davon entbunden, so daß sie den Papst unbedenklich als ihren Herrn anerkennen konnten. Es folgte dann noch ein Austausch von Botschaften, in denen die Staufer vor allem Wert darauf legten, daß die Kaiserkrönung Heinrichs vom Papst nicht mit irgendwelchen Formeln einer Belehnung durchgeführt werde. Ein Termin für die Krönung wurde jedoch noch nicht vereinbart. Der Kaiser war aber zweifellos sehr befriedigt, daß er auf diese Weise kurz

vor dem Kreuzzug die Frage seiner Nachfolge noch regeln konnte.
In Hagenau versammelte Barbarossa nochmals seine fünf Söhne Friedrich, Heinrich, Otto, Konrad und Philipp um sich. Heinrich sollte während seiner Abwesenheit die Regentschaft im Reich übernehmen, nachdem er schon während der letzten Jahre immer mehr Regierungsgeschäfte ausgeführt hatte. Herzog Friedrich von Schwaben sollte den Vater auf dem Kreuzzug als Stellvertreter begleiten. Pfalzgraf Otto von Burgund hatte bereits seit längerer Zeit die Erbschaft seiner Mutter Beatrix übernommen und wollte in Zusammenarbeit mit seinem Bruder Heinrich die speziellen burgundischen Probleme lösen. Herzog Konrad von Rothenburg sollte demnächst wohl die Reise nach Kastilien zu seiner Vermählung antreten. Philipp war als Dompropst in Aachen tätig. Die Allodien und Hausgüter der Staufer hatte der Kaiser bereits 1179 auf dem Reichstag in Worms unter seine vier älteren Söhne aufgeteilt, die Krongüter waren selbstverständlich König Heinrich vorbehalten.
Um diese Zeit – im April 1189 – verließ Heinrich der Löwe erneut das Reich und zog wiederum zu seinem Schwiegervater an den englischen Hof. Seine Gemahlin Mathilde begleitete ihn diesmal nicht; sie starb schon kurze Zeit später am 28. Juni 1189 in Braunschweig.
In Hagenau erreichte den Kaiser wohl ein Sendschreiben des Markgrafen Konrad von Montferrat aus dem Heiligen Land, der zur Eile beim Kreuzzug mahnte, da die Christen nicht nur von Sultan Saladin und den Sarazenen bedrängt würden, sondern mehr noch durch Intrigen in den eigenen Reihen alles zu verlieren drohten. Der Kaiser entsandte zu dieser Zeit eine kleine Gruppe von Rittern nach Konstantinopel, um den Durchzug entsprechend den Vereinbarungen zu sichern.
Es wurde höchste Zeit, daß sich der Kaiser nach Regensburg begab, denn dort sammelten sich die Kreuzfahrer bereits seit Ende April 1189. Auf seinem Ritt dorthin wurde er von seinen Söhnen mit Ausnahme Heinrichs begleitet. Er begann bereits seine guten Werke, indem er noch in Hagenau dem

Hochstift Besançon eine Schenkung für das Seelenheil seiner Gemahlin Beatrix machte, für Hagenau selbst stiftete er ein Hospital für Bedürftige und Obdachlose, in Donauwörth machte er am 29. April dem Bischof von Brixen eine große Schenkung und stiftete ferner das Augustinerkloster in Aue im Erzgebirge. Während seines Aufenthaltes in Neuburg an der Donau gewährte der Kaiser auf Bitten des Grafen Adolf III. von Holstein den Hamburger Bürgern in einer Urkunde vom 7. Mai weitgehende Zollfreiheiten, Fischereirechte und Befreiung von Heerfahrten des Reiches. Graf Adolf war ja seit dem Vorjahr dabei, in Hamburg neben der erzbischöflichen Altstadt eine gräfliche Neustadt aufzubauen, die vor allem dem Handelsumschlag dienen sollte.

Nachdem Folmar von Trier entgegen den Erwartungen von Papst Clemens nicht bereit war, von sich aus der Würde des Erzbischofs zu entsagen und auch einer Vorladung des Papstes nicht gefolgt war, sprach Clemens mit einer Bulle am 26. Juni 1189 seine Absetzung aus. König Heinrich begab sich Mitte August zusammen mit päpstlichen Legaten nach Trier. Die Diözese wurde in ihrer Gesamtheit aus der Obedienz gegenüber Folmar und Rudolf von Wied entlassen, und die Exkommunikationen Folmars wurden annulliert. Als neuer Erzbischof von Trier wurde der bisherige Kanzler Johannes gewählt und vom König sogleich investiert.

Philipp II. August von Frankreich und Heinrich II. von England waren sich erneut in die Haare geraten und hatten also den Waffenstillstand vom Januar 1188 wieder gebrochen. Die Kämpfe wurden erst im Sommer beendet, kurz bevor der englische König am 6. Juli 1189 starb. Der französische König konnte nun die Auvergne wieder für sich gewinnen. Der rechtzeitige Aufbruch zum Kreuzzug wurde für die Franzosen und Engländer dadurch natürlich unmöglich.

Am 10. August 1189 hielt König Heinrich in Würzburg seinen ersten Hoftag nach dem Aufbruch des Kaisers. Dabei verpflichtete er die versammelten Ministerialen und sonstigen Großen, ihn übers Jahr auf seinem Krönungszug nach Italien zu begleiten. Heinrich konnte in Würzburg auch einen Streit

im Hause der Wettiner schlichten. Markgraf Otto der Reiche von Meißen hatte seinen älteren Sohn als Erben in sein Testament eingesetzt, aber seine Gemahlin wollte ihren jüngeren Lieblingssohn vorschieben. Der Kaiser hatte sich vor seinem Abzug wohl noch um diesen Zwist gekümmert, seine Schlichtung aber dann Heinrich überlassen müssen.
Landgraf Ludwig von Thüringen paßte die Planung des Kaisers nicht, oder er zog es aus anderen Gründen vor, mit großem Gefolge nach Brindisi zu reiten und sich dort im Sommer 1189 ins Heilige Land einzuschiffen. Andere Gruppen hatten sich schon im März 1189 oder gar bereits 1188 auf den Weg gemacht. Bei den Kölnern mochte das aus Animosität gegenüber dem Kaiser geschehen, bei anderen, wie etwa denen vom Niederrhein und aus Bremen, vielleicht weil sie nicht so lange warten wollten. Über irgendwelche Wirkungen oder Erfolge dieser Separatisten wurde nichts bekannt.

Kreuzzug und Tod Friedrichs I. Barbarossa 1189–1190

»Als der Frühling nahte, füllten sich im ganzen Reiche alle Straßen mit Bewaffneten, so zahlreich wie der Sand am Meer, wie die Sterne am Himmel«, heißt es in einer Kölner Chronik über die nach Regensburg ziehenden Kreuzfahrer. Nach dieser blumigen Beschreibung erschiene es wohl glaubhaft, wenn die Zahl der an dem Kreuzzug teilnehmenden Ritter auf 20000 Mann geschätzt wurde, zuzüglich Troß und Geistlichkeit. Aber das ergäbe ein Heer von mindestens 40000 Mann und 20000 Pferden – eine derartige Menschenmenge täglich zu versorgen, wäre in der damaligen Zeit und auf einem Weg von rund 2000 Kilometern allein bis zum Marmarameer schlechthin unmöglich gewesen.

Da der Kaiser jedoch über die geringe Anzahl von Teilnehmern überrascht war und den Kreuzzug deshalb sogar aufgeben wollte, wie überliefert ist, trifft eine andere Annahme von etwa 3000 Rittern (K. Jordan) die Wirklichkeit sicher besser. Zweifellos war auch bei vielen, die sich ursprünglich zur Teilnahme gemeldet hatten, der erste Begeisterungssturm während der langen Vorbereitungszeit verraucht.

Noch ehe Friedrich nach Regensburg kam, hatte er auf Grund seiner Erfahrungen aus dem zweiten Kreuzzug (1147 bis 1149) Anweisung gegeben, daß an dem Zug nur Berittene teilnehmen dürften, die in den Waffen geübt waren und über ausreichend Geld zur eigenen Versorgung für zwei Jahre verfügten. Ausgenommen von dieser Vorschrift wurden nur Knappen und Werkleute.

Der Staufer wollte auf diese Weise verhindern, daß wieder eine Vielzahl von ungeeigneten und unfähigen Leuten an dem Zug teilnähmen, die das Vorwärtskommen nur belasteten und erschwerten. Auf seine Anordnung hin wurden in Regensburg auch Wagen für Kranke und Verwundete, Belagerungsgeschütze und Transportschiffe gebaut.

Während seines Aufenthaltes in Regensburg belehnte der

Kaiser den Markgrafen Konrad-Otto von Mähren durch Überreichung der Fahne mit dem Herzogtum Böhmen, nachdem Herzog Friedrich kurz vorher gestorben war.
Am 11. Mai 1189 erfolgte der Aufbruch von Regensburg. Das Kreuzheer kam in vier Tagen – der Kaiser per Schiff auf der Donau – nach Passau. Als sich unterhalb von Linz die Einwohner Mauthausens an den Kreuzfahrern durch Erhebung von Zoll bereichern wollten, ließ der Kaiser die Häuser in Brand stecken. Der österreichische Herzog Leopold konnte wegen Grenzstreitigkeiten mit dem ungarischen König nicht teilnehmen, aber er zeigte sich den Kreuzfahrern gegenüber während ihres Aufenthaltes in Wien sehr gastfreundlich. Der Kaiser soll dort rund 500 Abenteurer und Taugenichtse zurückgeschickt haben, die sich dem Kreuzzug anschließen wollten.
Am 28. Mai konnte man bereits in Ungarn, bei Preßburg, das Pfingstfest feiern. Auf dem Vierfeld an der Donau wurde das ganze Heer versammelt, und der Kaiser erließ strenge Anordnungen, um die Disziplin und Ordnung zu wahren. Er saß auch zu Gericht, und einige Diebe sollen enthauptet, anderen soll eine Hand abgeschlagen worden sein, weil sie Streitigkeiten mit den Waffen ausgetragen hatten. Vor der ungarischen Hauptstadt Gran begrüßte König Bela III. am 4. Juni den Kaiser und das Kreuzzugsheer. Auch Bela konnte infolge kriegerischer Verwicklungen – nicht nur mit den Österreichern, sondern auch mit Venedig und Polen – am Kreuzzug nicht teilnehmen, aber er sorgte entsprechend seinen Zusagen für die Verpflegung und sonstigen Bedürfnissen der Kreuzfahrer, solange sie in seinem Land waren. Während des Aufenthaltes in Gran wurde ein Verlöbnis Herzog Friedrichs von Schwaben mit einer ungarischen Königstochter geschlossen. Auf Wunsch des Kaisers entließ König Bela seinen einstmals rivalisierenden Bruder Geisa nach 17jähriger, fast ununterbrochener Haft aus dem Kerker. Die Königin schenkte dem Staufer ein kostbares Zelt mit einem Ruhebett und einem aus Elfenbein kunstvoll hergestellten Sessel.

Nach mühe- und gefahrvoller Überschreitung von Drau und Save erreichte der Zug Ende Juni Belgrad. Der Kaiser war offenbar über den guten Fortschritt erfreut und schlug während eines Turniers 60 Knappen zu Rittern. Aber er ließ auch wieder zwei Männer enthaupten und vieren die Hände abhacken, die gegen seine Anordnungen oder die seiner Beauftragten verstoßen hatten.
Nach Überschreiten der Morawa kam der Zug jedoch in erhebliche Schwierigkeiten, da er – auf dem gleichen Weg wie Herzog Heinrich der Löwe im Jahre 1172 – südwärts ein Gebiet zu durchqueren hatte, in dem zahlreiche feindliche Überfälle das Vorwärtskommen erschwerten. Ständige Angriffe von Partisanen machten es notwendig, den engen Zusammenhalt des Zuges trotz des unwegsamen Geländes zu wahren, denn jedem, der sich vom Gros entfernte, drohte das Schicksal eines Aacheners, den man eines Tages lebendig gepfählt auffand.
Als der Kaiser mit seinem Zug gegen Ende Juli nach Nisch kam, trugen ihm Serben und Bulgaren Bündnisse an. Sie hatten Mühe, sich im Kampf mit Byzanz zu behaupten, und wünschten deshalb die Anlehnung an das römisch-deutsche Reich. Aber Friedrich erschien es im Hinblick auf den geplanten Durchmarsch durch das byzantinische Reich wohl nicht opportun, auf diese Vorschläge einzugehen. Zudem fand sich hier ein Vetter des byzantinischen Kaisers ein, der Friedrich im griechischen Reich begrüßte und Führer sowie Lebensmittel für den weiteren Marsch versprach. Trotzdem teilte Friedrich den Zug nun in vier große Gruppen ein, um auf dem weiteren Vormarsch beweglicher zu sein und Angriffen leichter begegnen zu können. Tatsächlich mehrten sich auf dem Marsch nach Sofia die Widrigkeiten erheblich, da der Zug immer wieder aus dem Hinterhalt angegriffen wurde. Die Pässe waren durch Verhaue gesperrt und mußten mühsam freigemacht werden, wobei die Feinde die beste Gelegenheit hatten, die Kreuzfahrer mit vergifteten Pfeilen zu attackieren.
Mitte August kam das von Krankheiten und hinterhältigen

Angriffen geschwächte Heer in Sofia an, wo eine Verstärkung durch lothringische Ritter unter Bischof Petrus von Toul sehr willkommen war. Offenbar hielt man sich in der Stadt nicht lange auf, sondern zog der Trajanspforte entgegen. Auch dieser alte Paß mußte erst mit Feuer und Äxten freigemacht werden, aber es war das letzte derartige Hindernis vor der Thrazischen Ebene, die der Zug nach fünfwöchigem Marsch durch das Gebirge und das Tal der Maritza erreichte. Am 24. August 1189 kam das Heer nach Philippopel, dem heutigen Plovdiv, wo man reichlich Lebensmittel und auch Futter für die Pferde fand.

Die Gesandtschaft, die der Kaiser im Frühjahr nach Konstantinopel geschickt hatte, war, wie sich jetzt herausstellte, gefangengenommen worden. Es wurde auch bekannt, daß Isaak II. von Byzanz und Sultan Saladin einen Vertrag gegen Kaiser Friedrich abgeschlossen hatten. In einem Sendschreiben warf Isaak dem deutschen Kaiser vor, daß er nicht zur Befreiung der christlichen Stätten im Morgenland ausgezogen sei, sondern um das griechische Reich für seinen Sohn Friedrich zu unterwerfen. Aus diesem Grunde habe Barbarossa auch Verbindung zum serbischen Großzupan aufgenommen. Wenn er – Isaak – die Vereinbarungen von Nürnberg erfüllen solle, so müsse Friedrich zuerst eine Reihe fürstlicher Geiseln stellen und ihm einen Anteil an den Eroberungen in Syrien zusichern. Um die Verhältnisse zu klären, machte sich erneut eine kaiserliche Gesandtschaft auf den Weg nach Konstantinopel, die auch die gefangengehaltene erste Gesandtschaft befreien sollte. Das gelang endlich nach wochenlangen Verhandlungen Ende Oktober 1189.

Kaiser Friedrich entschloß sich, in Thrazien zu überwintern und sein Hauptlager Ende November nach Adrianopel, dem türkischen Edirne, zu verlegen. Die Thrazische Ebene bot ideale Voraussetzungen für einen längeren Aufenthalt und sicherte ausreichende Vorräte für die Überwinterung des Heeres. In einem Brief an seinen Sohn Heinrich forderte der Kaiser für das Frühjahr 1190 Hilfe durch Schiffe der italienischen Seestädte an, denn er war überzeugt, daß ihm Kaiser

Isaak das Übersetzen nach Asien mit seinen Schiffen nicht zugestehen würde. Friedrich schrieb seinem Sohn auch, der Papst möge zu einem Kreuzzug gegen die Griechen aufrufen, weil der Patriarch von Konstantinopel in der Hagia Sophia zur Ermordung von Kreuzfahrern aufgefordert und dies sogar als ein gutes Werk gepriesen habe. Schließlich ermahnte Barbarossa seinen Sohn, gegen die Friedensstörer im Reich auf jeden Fall mit aller Strenge vorzugehen.

Diese Ermahnung war mehr angebracht, als der Kaiser zu dieser Zeit ahnen konnte. Heinrich der Löwe war nämlich im Oktober 1189 unter Bruch seines Gelöbnisses nach Sachsen zurückgekehrt. Er wollte die Abwesenheit des Kaisers und vieler Fürsten ausnützen, seine Besitztümer wieder zu erobern. König Heinrich sagte ihm wohl noch im Oktober auf einem Reichstag in Merseburg den Kampf an, aber der Löwe konnte mit Unterstützung von Erzbischof Hartwig II. von Bremen rasch zahlreiche feste Plätze in Sachsen unter seine Herrschaft bringen. Das reiche Bardowick brannte er nieder, da ihm dort die Tore nicht geöffnet wurden. An dem erhalten gebliebenen Dom wurde später die Inschrift *Vestigium leonis* (»Spur des Löwen«) angebracht. Lübeck konnte er einnehmen. Segeberg widerstand ihm. Der einbrechende Winter hinderte König Heinrich daran, dem Löwen Einhalt zu gebieten.

Am 18. November 1189 ist auch König Wilhelm II. von Sizilien gestorben. Da er keine Nachkommen hinterließ, ging die Krone auf König Heinrich VI. und seine Gemahlin Konstanze über. Dagegen opponierte jedoch eine normannische Adelsgruppe, die den Halbbruder Wilhelms II., Tankred von Lecce, auf den Thron erheben wollte. Die Kurie begrüßte diese Entwicklung, denn sie befreite den Papst von der drohenden Umklammerung durch das römisch-deutsche Reich. Papst Clemens entband deshalb die Fürsten des sizilischen Reiches rasch von ihrem 1186 gegenüber König Heinrich VI. und seiner Gemahlin geleisteten Treueid und gab seine Zustimmung, daß der Erzbischof von Palermo Tankred im Januar 1190 zum König von Sizilien krönte.

Barbarossa und seine Fürsten unternahmen währenddessen mit ihren Rittern und Knappen von Adrianopel aus Streifzüge durch Thrazien und machten sich das reiche, fruchtbare Land für ihre gegenwärtige Verpflegung und für ihren Weiterzug im Frühjahr zunutze. Die Disziplin im Heer der Kreuzfahrer war während dieser Monate des Stillstandes nur schwer aufrechtzuerhalten, und immer wieder kamen Übergriffe der verschiedensten Art – Raub, Erpressungen, Vergewaltigungen usw. – vor, die den Kaiser zu scharfem Vorgehen veranlaßten. In der Bevölkerung kursierten noch Erinnerungen an die Freveltaten des zweiten Kreuzzuges, und auch jetzt erwarben sich die Kreuzfahrer keine Sympathien, allenfalls bei den Bulgaren und Armeniern, die die Unterdrückung durch die Griechen noch mehr fürchteten.
Im Januar 1190 kam es zu ernsthaften Kontakten zwischen Isaak und Barbarossa. Der Kaiser von Byzanz war offenbar an einem gütlichen Übereinkommen mit den Kreuzfahrern interessiert, aber der Deutsche hielt es für tunlich, trotzdem die mit den Serben und Bulgaren inzwischen aufgenommenen Verhandlungen weiterzuführen, um auf diese Weise Isaak bei der Stange zu halten. Möglicherweise sah sich Isaak aber auch durch den Regierungswechsel auf Sizilien, durch die Kreuzzugsvorbereitungen in Frankreich und England sowie durch die ihm vielleicht bekannt gewordene Aufforderung Barbarossas an die italienischen Seestädte zur Entsendung ihrer Flotten gegen Konstantinopel zum Einlenken gezwungen. Jedenfalls wurde Mitte Februar 1190 ein Vertrag geschlossen, der den weiteren Durchzug der Kreuzfahrer durch das griechische Reich und ihr Übersetzen nach Kleinasien sicherte. Dazu sollte der Kaiser für die Dauer der Überfahrt als Bürgschaft zwei Städte an der Küste besetzen, zusätzlich wurde außerdem noch vereinbart, zu welchen Bedingungen die Kreuzfahrer einkaufen konnten. Kaiser Isaak verpflichtete sich, alle gefangengehaltenen Pilger, Handelsleute usw. freizulassen und diejenigen seiner Untertanen, die mit den Kreuzfahrern Beziehungen gepflegt hatten, in keiner Weise zu verfolgen. Isaak verzichtete auch auf Ent-

schädigungsansprüche für die Verluste, die sein Land durch die Kreuzfahrer erlitten hat, lieferte jedoch später vier Zentner Silbermünzen für die Gegenstände, die den Gesandten Barbarossas abgenommen worden waren. Schließlich versprach Isaak die Stellung von achtzehn namhaften Geiseln als Unterpfand für die Einhaltung des Vertrages – sechs Prinzen aus dem Kaiserhaus, sechs hohe Beamte und sechs prominente Bürger aus Konstantinopel.
Diese Abmachungen belasteten das griechische Reich sehr und vertieften die Antipathien gegen die Kreuzfahrer, zumal in einem Nachtrag noch vereinbart worden war, daß diese auf dem Weg von Adrianopel zum Hellespont von den Einwohnern Getreide, Wein und Futter nach Bedarf nehmen durften, wobei sie sich lediglich aller Gewalttätigkeiten zu enthalten hatten. Der Vertrag wurde auf beiden Seiten von je 500 Männern beschworen.
Vom 22. bis 28. März 1190 setzte das Kreuzzugsheer mit den griechischen Schiffen über den Hellespont, ohne auf dem Weg dorthin nach Konstantinopel gekommen zu sein. Das Unternehmen verlief ohne Verluste, und Barbarossa entließ zwölf der achtzehn Geiseln entsprechend den getroffenen Vereinbarungen. Ebenso wie auf der Halbinsel Gallipoli ließ man auch hier einen Teil der Wagen zurück und beschränkte sich auf Saumtiere, um bei den schlechten Wegverhältnissen besser vorwärtszukommen. Schon nach wenigen Tagen erreichte das Heer die von Lateinern bewohnte Stadt Bigha am Granikus, von wo es nach kurzer Rast in südöstlicher Richtung weiterging. Bald kam man an die große Straße, die von Konstantinopel über Smyrna nach Ikonium führte. Am 21. April erreichte der Zug Philadelphia (das heutige Alasehir), eine griechische Grenzfeste gegen die Seldschuken. Hier, wo nochmals Bogenschützen zu den Kreuzfahrern stießen, wurden die letzten sechs griechischen Geiseln entlassen. In den letzten Apriltagen kam man zu der Stadt Laodicea im Stromgebiet des Mäander, wo Otto von Freising mit seinem Gefolge während des zweiten Kreuzzuges eine katastrophale Niederlage erlitten hatte.

Barbarossas Heer überschritt nun die Grenze zum seldschukischen Reich. In Begleitung von Gesandten des Sultans von Ikonium glaubte sich der Kaiser sicher, obgleich nicht mehr Kilidsch Arslan regierte, sondern dessen Sohn Kutbeddin. Aber der Glaube trog, denn bald sahen sich die Kreuzfahrer von feindseligen Nomaden umgeben, die sie bei Tag und Nacht attackierten. Die Gesandten meinten, daß ihr Sultan nicht allen Bewohnern seines Reiches bindende Verhaltensvorschriften machen könne und daß er sogar oft selbst unter den aufrührerischen Stämmen zu leiden habe. In den gebirgigen Gegenden wurde es immer schwieriger, ausreichend Futter und Wasser für die Pferde zu beschaffen. Man mußte Gepäck zurücklassen, und als Kundschafter die Nachricht brachten, daß der Paß von Myriokephalon von Seldschuken besetzt sei, ordnete Barbarossa eine Umgehung dieser Engstelle über einen hohen, steilen Gebirgskamm an. Während dieser beschwerlichen Tage verlor der Minnesänger Friedrich von Hausen am 6. Mai 1190 durch einen Sturz vom Pferd sein Leben. Er hatte sich vor allem um die Vermittlung provençalischer Dichtung und um ihren Einfluß auf den deutschen Minnesang verdient gemacht. Bereits vor dem Kreuzzug hatte er sich öfters in der Umgebung des Kaisers und König Heinrichs aufgehalten.
Vor der Stadt Philomelium (das heutige Aksehir) gaben die seldschukischen Gesandten vor, den Emir des Gebietes über die Kreuzfahrer informieren zu wollen, damit der Zug unbehelligt bliebe. Aber Barbarossas Heer wurde trotzdem angegriffen, und die Kreuzfahrer sahen nun, daß sie von den Seldschuken hintergangen worden waren. Das wurde noch deutlicher, als man feststellen mußte, daß das Vieh und alles, was den Kreuzfahrern hätte dienen können, entfernt worden war. Wenn es trotzdem zu Kontakten mit einzelnen Nomaden kam, schraubten diese die Preise für eine Kuh oder einen Ochsen auf fünf bis neun Mark und für ein kleines Brot auf eine Mark hinauf. Deshalb galt das Fleisch von Pferden und Lasttieren bald als Rarität, und man machte sich alles zunutze, um wenigstens den ärgsten Durst zu löschen. Freilich

trieb die Phantasie hinterher auch grandiose Blüten, und so wollten 600 Kreuzfahrer ein Heer von 300000 Seldschuken unter der Führung Sultan Kutbeddins in die Flucht geschlagen haben, allerdings nur mit Hilfe des heiligen Georg, den man in schneeweißem Gewand auf einem herrlichen Schimmel den Christen voranreiten gesehen haben wollte – die Seldschuken wiederum wollten sogar 7000 himmlische Reiter auf weißen Rossen an der Seite der Christen gesehen haben.

Am 16. Mai 1190 langte das Heer vor Ikonium (das heutige Konya) an. Trotz aller früheren Zusicherungen, daß er freien Durchzug gewähren wolle, forderte der Sultan nun dreihundert Zentner Gold und die Überlassung des christlichen Gebietes von Armenien (Kilikien), das er erst kurz vorher ohne Erfolg angegriffen hatte. Aber der Kaiser lehnte es ab, auf diesen Bruch der ursprünglichen Abmachungen einzugehen. Zwei Tage nach ihrer Ankunft vor Ikonium gelang den Kreuzfahrern die Erstürmung der Stadt. Nun konnten sie sich wieder mit Nahrungsmitteln, frischen Pferden und sonstiger Ausrüstung eindecken. Die Seldschuken mußten zehn Emire und zehn Barone als Geiseln für den unbehelligten weiteren Marsch durch ihr Gebiet stellen. Da Sultan Kutbeddin eine Tochter Sultan Saladins geheiratet hatte, konnte sich der Kaiser auf keine mündlichen Friedensbeteuerungen mehr verlassen. Am 26. Mai brach das Heer wieder auf und kam nach vier Tagen in dem etwa 100 Kilometer entfernten Laranda (das heutige Karaman) an. Hier wurden letzte Vorbereitungen für das Übersteigen des Taurus getroffen, denn man wollte jetzt zur Mittelmeerküste vorstoßen. Dazu drang man in den nächsten Tagen in das obere Tal des Saleph (heute Gök-su, im Altertum Kalykadnus) vor, durch das man nach Seleukia an der Küste kommen wollte. Aber die Talsohle war nur über gefahrvolle, steil abstürzende schmale Steige zu erreichen. Obwohl die Kreuzfahrer schon auf dem Gebirgskamm die ersten Anzeichen gesichtet hatten, daß sie nun im Gebiet der christlichen Armenier waren, behielten sie ihre Rüstungen an, womit sie sich den Marsch natürlich sehr erschwerten. Am 8. Juni erreichte man immerhin eine Brücke über den Saleph – man war in einer zivilisierten Gegend. Eine Gesandtschaft des Herrschers dieses Gebietes begrüßte den Kaiser. Auf dem weiteren Marsch trennte sich Barbarossa am 10. Juni 1190 vom Gros des Kreuzzuges, um mit einem kleinen Gefolge nach Seleukia vorauszueilen. Mittags, so wird berichtet, wollte der Kaiser nach dem Mahl in der sengenden Hitze im Saleph ein erfrischendes Bad nehmen. Man warnte ihn, denn das Wasser des Gebirgsflusses war eiskalt. Aber der Achtundsechzigjährige ließ sich nicht abhalten und stürzte sich in die kühle Flut. Zum Entsetzen seiner Begleiter entschwand er im Nu ihren Augen, wurde von den Strudeln fortgerissen, und man konnte ihn nur noch tot aus dem Fluß bergen.

Die Schreckensnachricht breitete sich mit Windeseile aus und löste bei den Kreuzfahrern große Bestürzung aus. Der Kaisersohn Herzog Friedrich von Schwaben übernahm die Führung. Er ordnete in Seleukia eine mehrtägige Totenfeier an. Danach kehrte ein Teil der Ritter mit ihren Knappen um und strebte wieder der Heimat zu. Man legte den Leichnam in Essig und brachte ihn nach Antiochia, dem heutigen Antakya am Orontes. Diese Stadt war 1098 während des ersten Kreuzzuges von den Christen erobert und zur Hauptstadt des Fürstentums Antiochien erhoben worden. Hier wurde das Fleisch von den Gebeinen der Leiche des Kaisers gelöst und in der Kathedrale beigesetzt.

Die islamische Welt war durch das Näherrücken des deutschen Kreuzzugheeres aufs höchste alarmiert. Die Streitmacht des Kaisers und der vorauseilende Ruf brachte alle muslimischen Eroberungen ins Wanken. Sultan Saladin hatte bereits aus Bagdad Hilfe angefordert, als die Nachricht vom Tod des großen Kaisers Friedrich I. Barbarossa wie ein von Allah geschicktes Wunder eintraf. Saladin sah in dieser unerwarteten Wende der Dinge seine Rettung aus höchster Gefahr.

Die deutschen Kreuzfahrer wurden freilich bald von einem neuen Unglück heimgesucht, denn eine pestartige Krankheit

raffte viele von ihnen hinweg, unter anderen auch Bischof Gottfried von Würzburg. Der Zug wurde immer kleiner, und Herzog Friedrich schiffte sich mit dem verbliebenen Rest in Tripolis ein, um sich nach Tyrus, dem heutigen Sur, zu begeben. Hier wurden die Gebeine des Kaisers deponiert, wohl in der Absicht, sie später entweder im Reich oder in Jerusalem endgültig beizusetzen. Dann zog das klein gewordene deutsche Häuflein weiter gegen Akkon, das heutige Acra. Vor den Mauern dieser Stadt starb im Januar 1191 auch noch Herzog Friedrich von Schwaben an einer Seuche. Die deutschen Kreuzfahrer waren nun vollständig ohne Führung. Während der monatelangen Belagerung von Akkon stifteten Bremer und Lübecker Kaufleute ein Hospital, das die Keimzelle für den Deutschen Orden oder Deutschherrenorden bildete.
Vor Akkon waren auch die französischen und englischen Kreuzfahrer unter ihren Königen Philipp II. August und Richard I. Löwenherz mit ihren Schiffen eingetroffen, während Dänen und Flamen mit ihren Flotten schon seit Herbst 1189 vor der syrischen Küste lagen. Die sizilische Flotte, die noch im Frühsommer 1189 von Wilhelm II. entsandt worden war, hatte dagegen nach dem Tod des Regenten im Herbst 1189 wieder nach Sizilien zurückkehren müssen. Das vereinigte Kreuzfahrerheer konnte die Festung Akkon im Juli 1191 erobern. Jerusalem erreichte der dritte Kreuzzug nicht. Sultan Saladin räumte in einem Vertrag mit dem englischen König lediglich ein, daß Pilger die Stadt besuchen durften.
In den deutschen Ländern war unterdessen durch Vermittlung der Erzbischöfe von Mainz und Köln im Juli 1190 zwischen König Heinrich VI. und Heinrich dem Löwen der Friede von Fulda geschlossen worden. Dadurch erhielt der König freie Hand, um den Kampf um sein Erbe in Süditalien aufnehmen zu können.

Einige abschließende Bemerkungen

Der englische Historiker *Geoffrey Barraclough* hat Kaiser Friedrich I. Barbarossa eine der umstrittensten Persönlichkeiten der deutschen Geschichte und das 12. Jahrhundert eines der großen konstruktiven Zeitalter in der europäischen Entwicklung genannt.

Ist es nicht eigenartig, daß eine Ära so glanzvoll herausgehoben und eine ihrer größten Gestalten gleichzeitig so ins Zwielicht gestellt wird? Im einleitenden Kapitel dieses Buches wurde gezeigt, welch erstaunliche Fortschritte das 12. Jahrhundert auf den verschiedensten Gebieten gebracht hat, und während es darüber kaum einen Zweifel gibt, gehen die Meinungen bedeutender Historiker über Kaiser Friedrich Barbarossa teilweise weit auseinander. Während *Johannes Haller* rühmt, daß »an persönlichem Ansehen sich keiner unter den Fürsten der Zeit mit dem Kaiser messen durfte«, tut der Belgier *Henri Pirenne* Friedrich I. als einen »Phantasten« ab, dessen Laufbahn »von tosender Unruhe und unfruchtbaren Unternehmungen« angefüllt war. Wenn *Karl Bosl* in Barbarossas Regierungstätigkeit »ein klargeschautes System« erkennt, dann sieht der Österreicher *Friedrich Heer* nur ein »rückschrittliches und anachronistisches« Regierungsschema. Der Anerkennung Friedrichs I. als des »größten deutschen Politikers und des bedeutendsten Kaisers des deutschen Mittelalters« durch den Franzosen *Marcel Pacaut* steht eine Verurteilung durch den Amerikaner *J. W. Thompson* gegenüber, dem Barbarossas Politik als »ein gefährlicher Anachronismus« erscheint. Wo *Johannes Haller* in der Politik Friedrichs I. einen Reichtum »an neuen schöpferischen Gedanken« sieht, erkennt *Karl Hampe* nur eine »nicht eben schöpferische Politik«. Die Reihe der gegensätzlichen Urteile ließe sich noch sehr lange fortsetzen.

Trotz dieser widersprüchlichen Meinungen kann kein Zweifel darüber bestehen, daß Friedrich Barbarossa einer der volkstümlichsten deutschen Herrscher des Mittelalters war.

Dazu hat nicht zuletzt die Sage beigetragen, nach der Barbarossa bis heute im Kyffhäusergebirge darauf wartet, wieder in die deutschen Lande zurückzukehren und alles Unrecht auf der Welt zu beseitigen. Diese Sage galt allerdings ursprünglich nicht ihm, sondern seinem Enkel Friedrich II., mit dem die Kaiserzeit der Staufer zu Ende ging. Bald nach dessen Tod im Jahre 1250 sprach man in Süditalien davon, daß der Kaiser nicht gestorben, sondern in Begleitung seiner Ritter in den Ätna eingezogen sei, aus dem er eines Tages wieder zurückkehren werde. Diese Sage wurde nördlich der Alpen bald auf Friedrich Barbarossa übertragen, den man sich im Kyffhäuser vorstellte. In einem Volksbuch aus dem Jahre 1519 ist diese Version erstmals schriftlich überliefert. Sie war die Grundlage für die romantischen nationalen Darstellungen Friedrichs I. Barbarossa im 19. Jahrhundert, deren bekanntestes Zeugnis Friedrich Rückerts Ballade *Der alte Barbarossa, der Kaiser Friederich* (1817) war. Hier wie auch in Otto von Freisings *Gesta Friderici* I. ist wohl die Quelle für die vaterländische Begeisterung zu suchen, die diesen Staufer zu einer der volkstümlichsten Herrschergestalten des deutschen Mittelalters gemacht hat. Dieser Verklärung und Überhöhung konnte sich auch die Geschichtsschreibung nicht entziehen, und so wurde in dem Verlangen nach einer Idealgestalt in den Lebensbeschreibungen Barbarossas all das besonders betont, was diesen Wünschen entsprach. »Friedrich I. wurde seit jeher als Heldengestalt der deutschen Vergangenheit verehrt, er soll es auch bleiben«, forderte 1954 der Historiker Theodor Mayer kurz und bündig.

Friedrich Barbarossa hat selbst sehr viel dazu beigetragen, daß man seine Leistungen so bewertete, denn er war ein äußerst geschickter Propagandist für seine eigene Sache, vor allem in Verbindung mit Rainald von Dassel. Der Staufer hat in Otto von Freising, in Gottfried von Viterbo sowie in Otto und Acerbus Morena ergebene Geschichtsschreiber gefunden, die sehr in seinem Sinne berichteten und denen er teilweise eigens dazu aufbereitetes Material zukommen ließ. Die Wirkungen seines Vorbildes Karl der Große auf die Nachwelt

förderten bei Friedrich den Wunsch, von seinen Nachkommen in ähnlicher Weise verehrt zu werden. Wie sehr Barbarossa auch auf eine günstige Beurteilung durch seine Zeitgenossen Wert legte und wie er immer darauf bedacht war, die »öffentliche Meinung« zu seinen Gunsten zu beeinflussen, beweisen seine propagandistischen Äußerungen nach dem Reichstag von Besançon 1157 ebenso wie seine Agitation zur Vorbereitung seines Treffens mit Ludwig VII. an der Saône 1162 und seine die Niederlage von Carcano 1160 beschönigenden Informationen an die deutschen Fürsten. Immer hatte Friedrich die Wirkung seiner Taten bei seinen Zeitgenossen im Auge, und natürlich war er stets bemüht, seine Taten in möglichst günstigem Licht erscheinen zu lassen. Friedrich handelte damit nach allgemein üblichen staatsmännischen Grundsätzen, da er wußte, daß er auf die Zusammenarbeit mit Fürsten und Rittern angewiesen war und daß er diese um so leichter gewinnen konnte, je mehr Zustimmung seine Politik fand.
Es ist erstaunlich, wie – angefangen bei Otto von Freising – Barbarossa immer wieder ein ausgeprägtes Bewußtsein für Recht und Gerechtigkeit nachgerühmt wird. Dabei war der Kaiser doch stets bereit, Recht und Gerechtigkeit den Interessen des Reiches nach- und unterzuordnen. Das herausragendste Beispiel ist Heinrich der Löwe, dessen Eigenmächtigkeiten der Kaiser rund zwei Jahrzehnte lang gegen alle Klagen der anderen Fürsten gedeckt hat und den er erst fallenließ und zur Verantwortung zog, als es ihm selbst richtig erschien. Berthold von Zähringen hat den Kaiser in einem Schreiben an den französischen König Ludwig VII. rundheraus als einen »Zerstörer der Gesetze« angeprangert, weil Barbarossa ihm das Protektorat über Burgund und sonstige Privilegien entzogen hat. Auch Welf VI. wird über die Rechtlichkeit Friedrichs keine gute Meinung gehabt haben, da dieser ihn aus den italienischen Gütern wieder hinauszudrängen suchte, mit denen er ihn vorher belehnt hatte. Den Mailändern versprach der Kaiser 1158 das Recht auf die eigene Wahl der Konsuln, aber schon wenige Monate später entzog

er ihnen dieses Privileg wieder unter Berufung auf die inzwischen ergangenen roncalischen Gesetze. Auch gegenüber den Pisanern erwies sich Friedrich 1162 keineswegs als vertragstreu, und die Rivalitäten zwischen Pisa und Genua machte er sich 1164/65 in den Auseinandersetzungen um Sardinien kräftig zunutze, indem er sich von beiden Städten für die Belehnung mit der Insel bezahlen ließ. In Italien versah die kaiserliche Kanzlei die Urkunden häufig mit der Klausel »salva per omnia imperiali iusticia«, womit gesagt war, daß das verliehene Privileg nur unter Berücksichtigung der Rechte des Reiches Gültigkeit habe. Das betreffende Privileg konnte also jederzeit widerrufen werden, wenn es die Interessen des Reiches zweckmäßig erscheinen ließen. Das war für die Beliehenen alles andere als eine zuverlässige Rechtsgrundlage. Im Herbst 1177 schob Friedrich sogar ein mit Papst Alexander III. vereinbartes Schiedsgericht kurzerhand wieder beiseite und ging nach eigenem Gutdünken vor.

Zweifellos hat Friedrich I. Wesentliches für die Kodifizierung des Rechtes getan, und seine großen Landfriedensgesetze von 1152 und 1186 – zu Beginn und gegen Ende seiner Regierungszeit – bedeuteten einen wichtigen Fortschritt bei der Überwindung des mündlich überlieferten und allzusehr subjektiv auslegbaren Gewohnheitsrechtes. Dazwischen hat Friedrich während seiner ganzen Regierungszeit eine Fülle von lokal gültigen Privilegien und Anordnungen erteilt und beurkundet. Seine Befriedungsaktionen zeigen, daß er keineswegs nur für die Stärkung seiner kaiserlichen Machtstellung in Italien gearbeitet und die deutschen Lande darüber vernachlässigt hat, wie ihm das immer wieder vorgeworfen wird. Allerdings stand die Reichspolitik für ihn im Vordergrund, und der Gedanke ist nicht von der Hand zu weisen, daß der Kaiser den Frieden in den Reichsteilen nördlich der Alpen in erster Linie deshalb so nachdrücklich gefördert hat, damit er südlich der Alpen freie Hand für seine Kämpfe gegen die Städte und den Papst habe und Unterstützung aus der Heimat erhalten könne.

Es war in der Einstellung Friedrichs ebenso begründet wie in den politischen Notwendigkeiten, daß er die Zusammenarbeit mit den Fürsten auf der Grundlage des Lehnsrechtes so sorgfältig pflegte. In den Fürsten und Adeligen – weltlichen wie geistlichen – sah er seinesgleichen, denen er weitaus mehr Vertrauen entgegenbrachte als den ihm suspekten Stadtverwaltungen. Bei der Größe des Reiches brauchte er die Fürsten, die ihre Gebiete in eigener Verantwortung verwalteten. Natürlich konnten die Großen des Landes bei diesem System unter einem schwachen König leicht eine Übermacht erringen. Bei der Übernahme der Regierung durch Friedrich im Jahre 1152 waren die Fürsten nach Lothar III. und Konrad III. tatsächlich in einer starken Position gegenüber dem Regenten. Das Engagement des Staufers im Kampf mit den oberitalienischen Städten und im Kirchenkampf machte es ihm aus taktischen und kräftemäßigen Gründen schwer, gegen die Ansprüche der Fürsten etwas zu erreichen. Heinrich der Löwe konnte deshalb in seinem Herzogtum Sachsen und in den neu gewonnenen Ostgebieten die Königsrechte sogar weitgehend für sich usurpieren. Friedrich konnte nur ständig versuchen, diese Entwicklungen auszubalancieren, indem er seine Hausmacht stärkte und die Krongüter vermehrte. Aber auch die Verkleinerung der Herzogtümer Sachsen, Bayern und Böhmen diente Friedrich zur Reduzierung der fürstlichen Macht. Und seine Untätigkeit gegenüber der Aufsplitterung des Herzogtums Niederlothringen hatte zweifellos die gleichen Motive. Zur Festigung und Erhaltung seiner Machtposition war der Kaiser unermüdlich unterwegs, denn zu seiner Zeit war das persönliche Auftreten der sicherste Weg zur Bewahrung der Herrschaft.
Ganz anders als nördlich der Alpen taktierte Friedrich in Italien. Dort hatten die Städte das Übergewicht, sie hatten unter Lothar III. und Konrad III. die Herrschaft an sich gerissen und den Adel in den Hintergrund gedrängt. Dies mußte das Ordnungsgefühl Friedrichs stören, der selbst dem Hochadel entstammte. Nur allmählich konnte sich der Kaiser darauf einstellen, daß auch mit den bürgerlichen Konsuln der Städte

eine Zusammenarbeit möglich war. Er änderte jedoch nur sein äußerliches Verhalten und nicht seine Meinung, und nach dem Frieden von Konstanz im Jahre 1183 bevorzugte er in Italien den Adel, wo immer es ging. In den ersten Jahrzehnten seiner Regierung in Italien aber trat Barbarossa so auf, daß man in Versuchung ist, ihn mit einem Kolonialherrn der neueren Zeit und seine Gefolgsleute mit einer Besatzungsarmee zu vergleichen. Man muß wohl davon ausgehen, daß Barbarossa für die Italiener keinerlei Verständnis hatte, da er von ihnen Treue und Anhänglichkeit erwartete, während sie sich von ihm ausgebeutet und unterdrückt fühlten, also gar keinen Anlaß zu Treue und Anhänglichkeit sahen. Man hat Barbarossa verschiedentlich finanzielle Motive für seine Herrschaft in Italien unterstellt. Dafür sprächen die roncalischen Gesetze von 1158, die Friedrich in der Tat reiche Erträge bringen sollten, dafür sprächen auch seine Winkelzüge in bezug auf Sardinien, die ihm hohe Zahlungen von Pisa und Genua brachten, und schließlich spräche auch sein Vorschlag für die finanzielle Lösung in der Frage der zwischen der Kirche und dem Reich umstrittenen italienischen Güter dafür – und dies sind nur drei von vielen Beispielen. Aber trotzdem erscheint es nicht gerechtfertigt, finanzpolitische Aspekte als ausschlaggebendes Motiv anzusehen, wo in Wirklichkeit doch die Verpflichtung im Vordergrund stand, das Reich und das Kaisertum in seiner Integrität zu bewahren und zu erneuern.

Friedrichs Verhalten in Italien während der ersten Jahrzehnte läßt es verwunderlich und höchst fragwürdig erscheinen, wie man ihm die »Mutter der Rittertugenden«, die *mâze*, das Maßhalten und die *milte*, die Großmut, zuschreiben konnte. Es war wohl auch nach den damaligen Begriffen nichts anderes als maßlose Brutalität, wenn Gefangenen die Augen ausgestochen und Holzsammlern die Hände abgehackt wurden, nur um ihre Landsleute in Schrecken zu versetzen und sie zum Nachgeben zu bewegen. Wo blieben Barbarossas *mâze* und *milte* bei den Belagerungen von Tortona, Mailand und Crema, oder als er 1174 aus Rache Susa nieder-

brennen ließ, obwohl ihm die Stadt nach seiner Gefangennahme kein Haar gekrümmt und ihm 1168 nur die Geiseln abgenommen hatte, um sich vor Repressalien der Lombarden zu bewahren?
Völlig anders als in Italien ist Friedrich in Burgund aufgetreten. Hier hatte er es freilich mit einer Aristokratie zu tun, der er mehr Achtung entgegenbrachte als den gewählten Konsuln in den italienischen Städten. Die Beziehungen Burgunds zum Reich waren während Barbarossas Regierungszeit auf einem Höhepunkt. Trotzdem war Burgund auch unter seiner Ägide ebensowenig wie früher in vergleichbarem Maße wie Italien in das Reich eingegliedert, so daß Friedrich hier keine ähnlichen Rechte geltend machen konnte und brauchte wie dort. Und schließlich – aber nicht zum geringsten – machten sich bei dem Verhalten Friedrichs gegenüber Burgund die Einflüsse seiner Gemahlin Beatrix bemerkbar. Vor allem nach dem Aufenthalt der beiden in Burgund und der Krönung in Arles im Herbst 1178 hat Friedrich seiner Gemahlin auch nach außen in ihrem Geburtsland weitgehend freie Hand gelassen. Aber schon vorher waren es zweifellos Beatrix' Ratschläge und Einflüsse, die Friedrichs Vorgehen in Burgund maßgeblich bestimmt haben. Die Anspielungen auf seine Offenheit und Geneigtheit gegenüber den Wünschen seiner Gemahlin kamen nicht von ungefähr, wenngleich sie vielleicht übertrieben waren und es auch Stimmen gegeben hat (Giesebrecht), die bei Barbarossa keine weiblichen Einwirkungen entdeckten.
Für die lange Zeit seiner rund achtunddreißigjährigen Regierung wird man Friedrich einen Wandel seiner Ansichten und Verhaltensweisen zubilligen müssen. Es wäre unnatürlich, wenn er mit Dreißig – bei seinem Regierungsantritt – in der gleichen Weise agiert und reagiert hätte wie beim Aufbruch zum Kreuzzug, als er fünfundsechzig war. Es ist auch ganz normal, daß Friedrich in der ersten Hälfte seiner Regierungszeit eindeutig kämpferischer war als in der zweiten Hälfte. In seinen späten Jahren, zum Beispiel während des sechsten Italienzuges, hat Barbarossa beträchtliches diplomatisches

Geschick entfaltet, wie ihm auch seine Gegner, zum Beispiel F. Heer, bestätigen.
Machtpolitik hat der Staufer immer getrieben, und sein Ziel der Wiederherstellung des Reiches und des Kaisertums hat er während seiner ganzen Regierungszeit mit großem sittlichen Ernst und mit aller Energie verfolgt, nur die Mittel hat er verändert. Friedrich hat sein Ziel nie aus den Augen verloren, er hat sich niemals durch Widerstände und noch weniger durch Möglichkeiten des Wohllebens und der Bequemlichkeit davon ablenken lassen. Friedrich war eine in sich gefestigte, zuverlässige und aufrichtige Persönlichkeit mit einem starken, wagemutigen Willen. Er fühlte sich selbst an seine Pflichten gebunden und konnte sich das Leben ohne Ordnung nicht vorstellen. Nur so war es für ihn möglich, seine Aufgaben als König und Kaiser zu erfüllen und dem Reich zu dienen. Die auseinanderstrebenden Ambitionen der Fürsten konnten nur durch eine starke Hand zusammengehalten werden.
Die Vorwürfe, die dem »reaktionären« und »anachronistischen« Kaiser Friedrich I. Barbarossa gemacht werden, berücksichtigen zu wenig die Verhältnisse, in die Friedrich hineingestellt worden ist. Es ist unbestritten, daß er bei seinem Regierungsantritt eine starke Gruppe von Herzögen und Markgrafen angetroffen hat, die stets nachdrücklich auf ihre Rechte, auf ihre Unabhängigkeiten und auf ihre Unentbehrlichkeit für den König gepocht hat. Friedrich mußte sich zwangsläufig mit den Herzögen und Markgrafen arrangieren und konnte es nicht als seine Aufgabe ansehen, Neuerungen einzuführen, da es nach Lage der Dinge für ihn wichtiger war, das Kaisertum erst einmal aus der Krise herauszuführen und wiederherzustellen. Man kann wohl sagen, daß Friedrich Barbarossa zur deutschen Kaiseridee nichts Neues beigetragen hat. Aber er hat für diese Idee gekämpft und sie mit neuem Leben erfüllt. Das ist im Urteil der Mit- und Nachwelt häufig mehr wert als reformerische Inspirationen.
Lange Zeit wurde Friedrich Barbarossa von verschiedenen Seiten – Sybel, Below u. a. – vorgeworfen, er habe das eigent-

liche Ziel der deutschen Politik, die Ostgebiete, vernachlässigt und sich statt dessen in fruchtlosen Unternehmungen in Italien festgebissen. Dieser Vorwurf ist vor allem im 19. Jahrhundert von der sogenannten kleindeutschen Seite erhoben worden. Wie sehr zeitbedingt er war, das wird nun an den Realitäten seit 1945 deutlich. Es ist immer fragwürdig, historische Entscheidungen nach Wünschen und Vorstellungen späterer Generationen zu beurteilen. Die Tradition wie auch die machtpolitischen Notwendigkeiten, bei denen die Abwehr der abendländischen Gelüste Kaiser Manuels I. von Byzanz eine gewichtige Rolle spielte, schrieben Barbarossa die Entscheidungen in hohem Grade vor. Hätte er Italien, dieses Kernstück des römisch-deutschen Reiches, den Auseinandersetzungen zwischen Byzanz und den sizilischen Normannen überlassen sollen? Das Urteil der Geschichte über ihn wäre vernichtend!

Wie riskant es für den Kaiser war, die Interessen des Reiches auf Kosten der Fürsten zu verfolgen, zeigt das Beispiel Goslars. Die Rückführung der Stadt aus der Hand Heinrichs des Löwen in die Reichsunmittelbarkeit im Jahre 1168 war vielleicht die Ursache für die Gefolgschaftsverweigerung Heinrichs 1176 in Chiavenna. Im Bereich theoretischer Überlegungen muß es bleiben, ob es für den Kaiser ein Gewinn gewesen wäre, wenn er beim Sturz seines Vetters die Herzogtümer Sachsen und Bayern unter seine Söhne aufgeteilt und damit sicher eine scharfe Opposition bei den Fürsten provoziert hätte. Mit Sicherheit läßt sich dagegen auf Grund der Tatsachen sagen, daß die Erhebung Bernhards von Anhalt zum Herzog und die Belehnung Erzbischof Philipps von Köln mit Teilen des Herzogtums Sachsen keine glückliche Lösung war. In den folgenden Jahren zeigte es sich deshalb, daß der Kaiser überfordert war, wenn er auch im Nordosten des Reiches eine aktive Politik führen und die Annexionsgelüste des dänischen Königs abwehren sollte.

Es ist bemerkenswert, wie 1153 und 1184 – zu Beginn und gegen Ende von Friedrichs Regierungszeit – Papst und Kaiser die Feinde des einen auch zu Feinden des anderen erklärten –

und es ist ebenso bemerkenswert, daß sich die deutschen Kirchenfürsten 1157 nach dem Reichstag von Besançon wie auch 1186/87 in den Auseinandersetzungen Friedrichs mit Papst Urban III. fast einmütig auf die Seite des Kaisers geschlagen haben. Unter den deutschen Kirchenfürsten hatte Friedrich hervorragende Helfer, nicht nur Christian von Buch, Rainald von Dassel und Wichmann von Magdeburg, sondern auch Gottfried von Helfendorf und Konrad von Wittelsbach nach der Beendigung des alexandrinischen Schismas. Friedrich gelang es auch, den Einfluß des Papstes auf die deutschen Königswahlen, der bei den Erhebungen seiner Vorgänger so stark gewesen war, wieder zurückzudrängen. Wie gefährlich der Papst dem Kaiser werden konnte, zeigt nicht so sehr der gegen Friedrich geschleuderte, recht wirkungslose Kirchenbann, als vielmehr die wohl zu Recht bestehende Vermutung, daß Papst Alexander III. noch als Kanzler Roland die Meinung aufgestellt hat, nach der die Päpste die Kaiserkrone von den Griechen auf die Deutschen übertragen haben und sie deshalb diesen auch wieder nehmen könnten, wenn sie nicht mehr genügend willfährig wären. Hier mußte die schärfste Frontstellung zu den Auffassungen des Staufers von seiner göttlichen Berufung entstehen. Trotzdem konnten sich beide im Frieden von Venedig 1177 auf einen Kompromiß einigen, nachdem sowohl Papst wie Kaiser nach rund achtzehnjährigen Auseinandersetzungen erkannt hatten, daß sie ihre jeweiligen extremen Standpunkte nicht ungeschmälert der anderen Seite aufzwingen konnten. Alexander III. hat sogar die Hoheit des Kaisers über die Reichskirche anerkannt, so daß Friedrich seine Rolle als Kirchenvogt mit päpstlicher Approbation wiederaufnehmen konnte.

Die Kirche hat in ihrem fortwährenden Kampf um Unabhängigkeit von den weltlichen Kräften im 11. und 12. Jahrhundert erhebliche Fortschritte gemacht, wofür das Wormser Konkordat des Jahres 1122 das herausragendste Signal ist. Aber dieses Streben der Kirche nach Befreiung von weltlicher Bevormundung war zwiespältig, denn den Schutz der weltlichen Mächte wollte die Kirche nach wie vor genießen. Es konnte jedoch nicht ausbleiben, daß die Stellung des Königs ihrer priesterlichen Komponente entkleidet wurde. Die Kirche drängte den König aus ihren Bezirken hinaus, nahm ihm seine sakralen Funktionen und beschränkte ihn auf die Aufgaben als Schirmherr -- für die Zukunft nicht immer zu ihrem Vorteil. Diese Veränderungen wollte Friedrich nicht wahrnehmen, denn für ihn waren die kirchliche und die profane Gewalt ebensowenig getrennt voneinander vorstellbar wie die Welt ohne Gott und Gott ohne die Welt.

In Friedrichs Person und Charakter sind zweifellos widersprüchliche und damit menschliche, allzu menschliche Züge vereinigt. Der starken Religiosität steht in seinen jüngeren Jahren die Fähigkeit zur Grausamkeit gegenüber; trotz seiner Ansprüche auf absolute Autorität ließ er es geschehen, daß viele Bauern und vor allem eine große Anzahl von Ministerialen aus der Unfreiheit entlassen wurden; dem Streben nach Gerechtigkeit geboten taktische Überlegungen und die Dominanz der Reichsinteressen im Denken des Staufers immer wieder Einhalt; dem Wunsch nach Frieden und Ruhe im Reich wirkte die Bereitschaft entgegen, für seine Überzeugungen zu kämpfen; seinem vorwärtsstürmenden Elan legte ein ausgeprägtes Traditionsbewußtsein Zügel an. Die widersprüchlichen Urteile über Friedrich Barbarossa beruhen zum Teil auf der Betonung dieser oder jener Eigenschaften und Verhaltensweisen. Unbestritten ist es aber, daß der Staufer während seiner ganzen Regierungszeit mit all seinen Kräften danach gestrebt hat, die Hoheit, Würde und Macht des römisch-deutschen Reiches wiederherzustellen. In diesem Streben war er ein Held, der gekämpft, der aber auch geirrt und gefehlt hat, der besiegt und geschlagen wurde und doch immer wieder aufgestanden ist und für seine Überzeugung und für sein Ziel von neuem zu kämpfen begonnen hat. Er hat das Reich 1190 wesentlich gefestigter hinterlassen, als er es 1152 angetroffen hat.

Nachwort und Literaturhinweise

Die vorliegende Biographie Kaiser Friedrichs I. Barbarossa soll einen möglichst großen Kreis von Lesern ansprechen, die sich über eine der herausragenden Persönlichkeiten und Epochen der deutschen Geschichte sachlich informieren wollen. Selbstverständlich wurde der heutige Stand der Forschung möglichst vollständig berücksichtigt, zumal seit Jahrzehnten keine ähnlich detaillierte Lebensbeschreibung des großen Staufers erschienen ist. Ich hoffe, einen guten Kompromiß zwischen Zuverlässigkeit und relativer Exaktheit einerseits und einer allgemein ansprechenden Darstellung andererseits gefunden zu haben.

Vieles in der Lebensgeschichte Barbarossas ist noch ungeklärt und wird es wohl bleiben, wenn nicht etwa überraschend neue Urkunden gefunden werden. Naturgemäß konnten die teilweise weit auseinandergehenden Meinungen nicht alle wiedergegeben oder gar auf einen Nenner gebracht werden.

Gegenüber der Zusammenfassung größerer Komplexe habe ich einer möglichst konsequenten chronologischen Darstellung den Vorzug gegeben. Dadurch konnten zwar Entwicklungen, die sich über mehrere Jahre hinzogen, nicht zusammenhängend beschrieben werden, aber der Leser erhält bei der hier eingeschlagenen Methode einen klaren Einblick in die Gleichzeitigkeit vieler Geschehnisse auf den verschiedenen Schauplätzen. Er wird also unmittelbarer Zeuge, mit welchen Aufgaben Friedrich Barbarossa jeweils zur selben Zeit konfrontiert war, und verliert nicht den chronologischen Überblick.

Auf die Wiedergabe mündlicher Äußerungen wurde weitgehend verzichtet, weil die Überlieferung hier doch in der Regel allzuwenig zuverlässig ist.

Unter der benutzten Literatur bilden die Reihe »Geschichtschreiber der deutschen Vorzeit« sowie die einschlägigen Bände der Freiherr vom Stein-Gedächtnisausgabe »Ausgewählte Quellen zur deutschen Geschichte des Mittelalters«, herausgegeben von R. Buchner (Darmstadt 1961 ff.), die Grundlagen, zum Beispiel mit den Bänden von Otto von Freising, Helmold von Bosau, zur Geschichte des Bauernstandes usw. Dazu kommt die umfassende und unentbehrliche »Geschichte der deutschen Kaiserzeit« von W. von Giesebrecht, (Band 5/6 1888/95), die P. Munz als »monumental digest« bezeichnet (Frederick Barbarossa, London 1969), sowie die Biographie von H. Prutz (1871/74). Eine große Hilfe war mir die Bibliothek der MONUMENTA GERMANIAE HISTORICA in München mit ihren reichen Spezialbeständen zur mittelalterlichen Geschichte. Schließlich habe ich folgende neuere Literatur benutzt:

APPELT, H.: Die Kaiseridee Friedrich Barbarossas. 1967.

APPELT, H.: Friedrich und die italienischen Kommunen. In: Mitteilungen des Instituts für österreichische Geschichtsforschung. 1964.

BAAKEN, G.: Die Altersfolge der Söhne Friedrich Barbarossas und die Königserhebung Heinrichs VI: Deutsches Archiv für Erforschung des Mittelalters. 1968.

BAAKEN, G.: Unio regni ad imperium. Die Verhandlungen von Verona 1184 und die Eheabredung zwischen König Heinrich VI. und Konstanze von Sizilien. In: Quellen und Forschungen aus italienischen Archiven und Bibliotheken. 1972.

BAAKEN, G.: Recht und Macht in der Politik der Staufer. Historische Zeitschrift 1975.

BARRACLOUGH, G: Friedrich Barbarossa und das 12. Jahrhundert. In: Geschichte in einer sich wandelnden Welt. 1957.

BELOW, G. VON: Die italienische Kaiserpolitik des deutschen Mittelalters. In: Historische Zeitschrift 1927, Beiheft 10.

BOSL, K.: Die Reichsministerialität der Salier und Staufer, ein Beitrag zur Geschichte des hochmittelalterlichen deutschen Volkes, Staates und Reiches. 1967/69.

BOSL, K.: Mensch und Gesellschaft in der Geschichte Europas. 1972.

BÜTTNER, H.: Staufer und Zähringer im politischen Kräftespiel zwischen Bodensee und Genfersee während des 12. Jahrhunderts. 1961.
BÜTTNER, H.: Friedrich Barbarossa und Burgund. In: Probleme des 12. Jahrhunderts. 1968.
CARTELLIERI, A.: Das deutsch-französische Bündnis von 1187 und seine Wandlungen. In: Historische Vierteljahresschrift. 1932.
CLASSEN, P.: Das Konzil von Toulouse 1160: eine Fiktion. In: Deutsches Archiv für Erforschung des Mittelalters. 1973.
ELBOGEN, I., FREIMANN, A. und TYKOCINSKI, H.: Germania Judaica, Band 1. 1963.
ENGELS, O.: Beiträge zur Geschichte der Staufer im 12. Jahrhundert (I). In: Deutsches Archiv für Erforschung des Mittelalters. 1971.
FALKENSTEIN, L.: Alexander III. und der Streit um die Doppelwahl in Châlons-sur-Marne. In: Deutsches Archiv für Erforschung des Mittelalters. 1976.
FASOLI, G.: Friedrich Barbarossa und die lombardischen Städte. In: Wolf, G. (Hrsg.) Friedrich Barbarossa. 1975.
FAUSSNER, H. C.: Die Verfügungsgewalt des deutschen Königs über weltliches Reichsgut im Hochmittelalter. In: Deutsches Archiv für Erforschung des Mittelalters. 1973.
FRIED, J.: Der Regalienbegriff im 11. und 12. Jahrhundert. In: Deutsches Archiv für Erforschung des Mittelalters. 1973.
GANSHOF, F.L.: Das Hochmittelalter. In: Propyläen-Weltgeschichte, Band 5. 1963.
GOEZ, W.: Der Leihezwang. 1962.
GRUNDMANN, H.: Rotten und Brabanzonen. In: Deutsches Archiv für Erforschung des Mittelalters. 1942.
HALLER, J.: Von den Karolingern zu den Staufern. 2. Auflage 1942.
HAMPE, K.: Deutsche Kaisergeschichte in der Zeit der Salier und Staufer. 12. Auflage 1968, bearbeitet von F. Baethgen.
HASHAGEN, J.: Europa im Mittelalter. Alte Tatsachen und neue Gesichtspunkte. Eine Einführung mit besonderer Berücksichtigung der nichtdeutschen Staaten. 1951.

HAVERKAMP, A.: Die Regalien-, Schutz- und Steuerpolitik in Italien unter Friedrich Barbarossa bis zur Entstehung des Lombardenbundes. In: Zeitschrift für bayerische Landesgeschichte. 1966.

HAVERKAMP, A.: Friedrich I. Barbarossa. In: Die Großen der Weltgeschichte. Band III. 1973.

HEER, F.: Die Tragödie des Heiligen Reiches. 1952.

HEER, F.: Das Heilige Römische Reich. 1967.

HEINEMEYER, W.: Die Verhandlungen an der Saône im Jahre 1162. In: Deutsches Archiv für Erforschung des Mittelalters. 1964.

HEINEMEYER, W.: Der Friede von Montebello. In: Deutsches Archiv für Erforschung des Mittelalters. 1954/55.

HEYDEL, J.: Das Itinerar Heinrichs des Löwen. In: Niedersächsisches Jahrbuch 1929.

HERKENRATH, R. M.: Regnum und Imperium. 1969.

HERKENRATH, R. M.: Rainald von Dassel als Verfasser und Schreiber von Kaiserurkunden. In: Mitteilungen des Instituts für österreichische Geschichtsforschung. 1964.

HOLTZMANN, R.: Der Weltherrschaftsgedanke des mittelalterlichen Kaisertums und die Souveränität der Staaten. In: Historische Zeitschrift. 1939.

JORDAN, K.: Friedrich Barbarossa. 2. Auflage 1967.

JORDAN, K.: Die Bistumsgründungen Heinrichs des Löwen. 1939.

LENEL, W.: Der Konstanzer Friede von 1183 und die italienische Politik Friedrichs I. In: Historische Zeitschrift. 1923.

MASCHKE, E.: Friedrich I. In: Die Großen Deutschen. Band 1. 1956.

MAYER, H. E.: Zum Brief Heinrichs II. von England an Friedrich Barbarossa von 1157. In: Innsbrucker Beiträge zur Kulturwissenschaft Band 12. 1966.

MAYER, TH.: Größe und Untergang des Heiligen Reiches. In: Historische Zeitschrift. 1954.

MITTEIS, H.: Zur staufischen Verfassungsgeschichte. In: Zeitschrift der Savigny-Stiftung für Rechtsgeschichte, Germanistische Abteilung. 1947.

MONUMENTA GERMANIAE HISTORICA, Diplomata Band X, Teil 1. Die Urkunden Friedrichs I. 1152–1158, bearbeitet von H. Appelt. 1975.
OHNSORGE, W.: Abendland und Byzanz. 1958.
OHNSORGE, W.: Die Byzanzpolitik Barbarossas und der »Landesverrat« Heinrichs des Löwen. In: Deutsches Archiv für Erforschung des Mittelalters. 1943.
OTTO, E.: Friedrich Barbarossa. 1940.
OTTO, E.: Friedrich Barbarossa in seinen Briefen. In: Deutsches Archiv für Erforschung des Mittelalters. 1942.
PACAUT, M.: Friedrich Barbarossa. 1969.
PETERSOHN, J.: Saint Denis – Westminster – Aachen. Die Karls-Tranlatio von 1165 und ihre Vorbilder. In: Deutsches Archiv für Erforschung des Mittelalters. 1975.
POOLE, A. L.: Die Welfen in der Verbannung. In: Deutsches Archiv für Erforschung des Mittelalters. 1938.
RASSOW, P.: Honor imperii. Die neue Politik Friedrich Barbarossas 1152-1159. 2. Auflage 1961.
RILL, G.: Zur Geschichte der Würzburger Eide von 1165. Würzburger Diözesangeschichtsblätter. 1960.
RUNDNAGEL, E.: Die Ehescheidung Friedrich Barbarossas. In: Festschrift R. Holtzmann. 1933.
SCHAMBACH, K.: Der genaue Tag des Achtspruches und Aberachtspruches im Prozeß Heinrichs des Löwen. In: Zeitschrift der Savigny-Stiftung für Rechtsgeschichte, Germanistische Abteilung. 1952.
SCHMALE, F.-J.: Friedrich I. und Ludwig VII. im Sommer des Jahres 1162. In: Zeitschrift für bayerische Landesgeschichte. 1968.
SCHMALE, F.-J.: Lothar III. und Friedrich I. als Könige und Kaiser. In: Probleme des 12. Jahrhunderts. 1968.
SIMONSFELD, H.: Jahrbuch des deutschen Reiches unter Friedrich I. 1908.
STENGEL, E. E.: Zum Prozeß Heinrichs des Löwen. In: Deutsches Archiv für Erforschung des Mittelalters. 1942.
TRAUTZ, F.: Die Könige von England und das Reich 1272–1377. 1961. WOLF, G.: (Hrsg.): Friedrich Barbarossa. 1975.

Für den einführenden ersten Abschnitt des vorliegenden Buches ist auf folgende Literatur hinzuweisen:

AUBIN, H. und ZORN, W. (Hrsg.): Handbuch der deutschen Wirtschafts- und Sozialgeschichte, Bd. 1. 1971. BÜHLER, J.: Die Kultur des Mittelalters. 4. Auflage 1948.

DAWSON, CHR.: Die Gestaltung des Abendlandes. 2. Auflage 1950.

DURANT, H.: Das Zeitalter des Glaubens. 1966.

FINKE, H.: Die Frau im Mittelalter. 1913.

GRUNDMANN, H.: Religiöse Bewegungen im Mittelalter. 2. Auflage 1961.

HABERKERN, E. und WALLACH, J. F.: Hilfswörterbuch für Historiker. 2. Auflage 1964.

HERRAD VON LANDSBERG: Hortus deliciarum. Hrsg. von A. Straub und G. Keller. 1901.

HITZLER, H.: Die Straße. 1971.

JÜNGER, E.: Das Sanduhrbuch. 1954.

KEYSER, E.: (Hrsg.): Deutsches Städtebuch. 1939 ff.

KIENITZ, F.-K.: Das Mittelmeer. 1976.

KIENITZ, F.-K.: Städte unter dem Halbmond. 1972.

KÖNIGER, E.: Aus der Geschichte der Heilkunst. 1958.

LE GOFF, J.: Kultur des europäischen Mittelalters. 1970.

LEYEN, F.v.d.: (Hrsg.): Das Buch deutscher Dichtung, 1. Band: Frühes und hohes Mittelalter. 1939.

LUCIDARIUS: Neuausg. von F. Heidlauf. 1915.

LÜDTKE, G. und MACKENSEN, L.: Deutscher Kulturatlas. 1928/36.

MAURICE, K.: Von Uhren und Automaten. 1968.

MAURICE, K.: Die deutsche Räderuhr. 1976.

PIRENNE, H.: Geschichte Europas. 1956.

RÖRIG, F.: Wirtschaftskräfte im Mittelalter. 1959.

RUNCIMAN, ST.: Geschichte der Kreuzzüge. 1975.

SCHADENDORF, W.: Zu Pferde, im Wagen, zu Fuß. 1959.

SCHIEDLAUSKY, G.: Essen und Trinken. 1956.

SEIDLMAYER, M.: Das Mittelalter. 1967.

SOUTHERN, R. W.: Gestaltende Kräfte des Mittelalters. 1960.

STEIN, W.: Kulturfahrplan. O.J.

THEOPHILUS PRESBYTER: Schedula diversarum artium. Neuausg. (Auswahl) von W. Theobald. 1933.
WHITE, L.: Die mittelalterliche Technik. 1968.

Zusätzlich zu diesen Literaturangaben sei auch auf die Bibliographien zu den Ausführungen über Friedrich I. Barbarossa von H. Heimpel in der »Neuen deutschen Biographie«, Band 5, 1961 und von K. Jordan sowie K. Bosl in Gebhardt »Handbuch der deutschen Geschichte«, Band 1, 9. neubearbeitete Auflage 1970 hingewiesen.

München, im Januar 1977 Helmut Hiller

Namenregister

(Der Einfachheit halber wird hier Friedrich I. Barbarossa nur Barbarossa genannt. Alle Jahreszahlen bezeichnen, außer bei Päpsten, jeweils die Geburts- und Todesjahre.)

März 1172 Reichstag zu Worms, Juli 1174 zu Regensburg; insgesamt sechs Jahre in den deutschen Landen. Sept. 1174 neuer Zug über die Alpen, Vernichtung von Susa, Einnahme von Asti; Belagerung von Alessandria, nach sechs Monaten Rückzug; Friedensverhandlungen m. d. lombard. Bund; Nov. 1175 nochmals Attacke gegen Alessandria, wiederum ohne Erfolg; Februar 1176 Treffen mit Heinrich d. Löwen in Chiavenna; Mai 1176 Kampf gegen die Mailänder, Niederlage d. Kaiserlichen; ab Oktober 1176 Friedensverhandlungen m. Papst Alexander III.; Friedensvertrag m. der Kirche, Waffenstillstände mit den Lombarden und Wilhelm II. von Sizilien; Juli 1177 Einzug in Venedig, Kniefall vor Alexander, Beendigung des Kirchenstreites; 14. 8. 1177 Konzil mit Alex. u. Barbarossa in der Markuskirche zu Venedig. Nov. u. Dez. 1177 in d. Mark Ancona u. im Herzogtum Spoleto; Jan. 1178 in Pisa, Febr. in Genua, Pavia, Piemont und Turin; Juli 1178 Rückkehr aus Italien u. Krönung in Arles zum König von Burgund; Nov. 1178 Reichstag zu Speyer; Januar 1179 Reichstag zu Worms, Reichsacht über Heinrich d. Löwen, auf dem Reichstag zu Magdeburg im Juni 1179 wirksam geworden; Sept. 1179 Reichstag zu Augsburg; Januar 1180 zu Würzburg, Aberkennung d. Herzogtümer Bayern und Sachsen von Heinrich d. Löwen. 1180 Reichstag zu Gelnhausen; Aug. 1180 Reichsheerzug gegen Heinrich d. L., Abfall der Vasallen Heinrichs; Juni 1181 erneuter Reichsheerzug gegen Heinrich d. L.; November 1181 Reichstag zu Erfurt, Verbannung Heinrichs d. L.; Mai 1182 Reichstag zu Mainz, Sept. zu Regensburg. März 1183 Umbenennung Alessandrias in Cäsarea; Friedensverhandlungen mit dem lombard. Städtebund; Juni 1183 Reichstag zu Konstanz, »Konstanzer Vertrag« mit d. lombard. Städtebund; Pfingsten 1184 glanzvolle Schwertleite seiner beiden ält. Söhne in Mainz. Sept. 1184 Aufbruch nach Italien; Ankunft in Mailand, Pavia u. Verona; Beratungen mit Papst Lucius III.; Besuch vieler ital. Städte; Februar 1185 Schutz- und Trutzbündnis mit Mailand; Juli 1185 Reichsacht über Cremona; Januar 1186 in Mailand Hochzeit seines Sohnes Heinrichs VI. mit Konstanze von Sizilien; Unterwerfung Cremonas; Ende Juni 1186 Rückkehr aus Italien. November 1186 Reichstag zu Gelnhausen, Februar 1187 zu Regensburg. Mai 1187 Vertrag mit Philipp II. August von Frankreich; Juli 1187 Reichstag zu Worms; Dez. 1187 Treffen mit Philipp II. August. März 1188 Reichstag zu Mainz; anschließend sechs Monate in Sachsen, »Magdeburger Stadtrecht«; Anfang 1189 Reichstag zu Nürnberg. Mai 1189 Aufbruch zum Kreuzzug, Juni in Ungarn, Ende Juni in Belgrad, Mitte August in Sofia, Winter in Thrazien. Februar 1190 Vertrag mit Isaak II. von Byzanz; über den Hellespont; Mai 1190 vor Ikonium, am 8. Juni am Saleph (in Armenien); am 10. Juni 1190 bei einem Bad im Saleph ertrunken; sein Fleisch in der Kathedrale von Antiochia beigesetzt, die Gebeine in Tyrus, wo sie verschollen sind.

Friedrich von Rothenburg, Herzog von Schwaben (Sohn Konrads III., Neffe Barbarossas; bekam von diesem 1152 das Herzogtum Schwaben übertragen) 33, 55 f., 59, 101, 113, 129, 138, 144, 147, 159, 182, 189, 197, 212, 221, 246, 399

Friedrich, Herzog von Schwaben (erster Sohn Barbarossas; 1164 bis 1191; gestorben auf dem Kreuzzug) 177, 181, 188, 210, 224, 267, 339, 354, 358 f., 361, 364, 389, 391, 399, 402, 404, 408, 410, 416 f.

Friedrich II., dt. König und Kaiser (der letzte Staufer; Enkel Barbarossas; 1194–1250; König ab 1212, Kaiser seit 1220; erbte das Königreich Sizilien) 419

Friedrich, Herzog von Böhmen (seit 1173; Sohn Wladislaws; gest. 1189) 259, 262, 309, 312 f., 316, 323, 349, 364, 388, 407

Friedrich, Erzbischof von Köln 113, 124

Friedrich von Hausen (Minnesänger aus mittelrhein. Geschlecht; gefallen 1190 auf einem Kreuzzug) 24, 414

Galdin, Erzbischof von Mailand seit 1166, 216 f., 219, 253, 279

Garsidonius, Bischof von Mantua 274, 290, 302

Gebhard von Sulzbach, Graf 267

Geisa, ungar. Thronfolger (Bruder König Belas) 308, 408

Bildquellennachweis

1 Archiv für Kunst und Geschichte, Berlin 13, 21
2 Bildarchiv Foto Marburg 10, 11, 22
3 Bildarchiv Preußischer Kulturbesitz, Berlin 14, 17, 20
4 Bilderdienst Süddeutscher Verlag, München 16
5 Stadtarchiv Göppingen 1, 2, 3, 4
6 Hirmer Fotoarchiv, München 18, 19
7 Foto Klammet, Ohlstadt b. Garmisch 7, 24
8 Leonard von Matt, Buochs/Schweiz 5, 23
9 Foto Mauritius, Mittenwald 6, 12, 15
10 Entnommen dem Werk: Helga Wagner, Barocke Festsäle in bayerischen Schlössern und Klöstern, Süddeutscher Verlag München 1974. Foto: Ursula Pfistermeister 9
11 Rheinisches Landesmuseum, Bonn 8

Die Zeichnungen im Text S. 15 und 17 sind folgendem Werk entnommen: Hortus Deliciarum. Le »Jardin des Délices« de Herrade de Landsberg. Editions Oberlin, Strasbourg 1945.

Der Verlag dankt Herrn Dr. Dieter Kauß vom Stadtarchiv Göppingen für die zahlreichen wertvollen Hinweise bei der Zusammenstellung des Bildteils.

DAS REICH
FRIEDRICHS I. BARBAROSSA
MIT DEN ERZBISTÜMERN